U0674037

孙文全集

书信（下）

黄彦 主编

第八册

SPM
南方出版传媒
广东人民出版社
· 广州 ·

孙文全集编辑委员会

主　　编：黄　彦

学术顾问（以姓氏笔画为序）：

　　　张　磊　张海鹏　金冲及　章开沅　魏宏运

编辑委员（以姓氏笔画为序）：

　　　丁旭光　王　杰　刘路生　李玉贞　李兰萍

　　　李吉奎　李廷江　李振武　张金超　赵　军

　　　柏　峰　莫世祥　倪俊明　高文平　黄健敏

　　　萧润君　蒋海波

本册编纂：丁旭光

本 册 目 录

书 信（下）

书 信

（下）

致何成濬请经营长江军事函

（一九一八年一月二日）

雪竹①吾兄大鉴：

亚伯②来粤，藉知盛况，为国勤劳，毋任钦佩。日来北方仍以停战聒西南，各路来电，均谓其绝无诚意，再战之期，当不在远。长江一带，知兄近来多所尽力，兹特倩兄专意经理，并望与荆、襄黎、石两总司令③商榷。如宁、赣早动，则北寇为不足虑矣。余由亚伯转达。此请

台安

孙文启

一月二日

据原函，台北、中国国民党文化传播委员会党史馆藏

致头山满告派殷汝耕赴日述护法状况函

（一九一八年一月二十日）

头山先生惠鉴：

自违教益，瞬又两度新年，惟春祺纳福，覃第凝祥为颂。

文自客秋南下，从国中有志，共矢护法，徒以棉薄，未克早收成效。引领东望，何胜惭惶。先生于敝国之改革，东亚之兴隆，持之十年如一日。此次更有日支国民协会之设，敝国拜赐实多，大德不谢，惟矢努力前途，以当报答耳。兹因殷汝耕君返日之便，用修寸简，聊致微忱。一切详情，由殷君面达。岗上，即候

道安百益

---

① 何成濬，字雪竹、雪舟，一九一八年受孙文委派经营长江一带军事。
② 指曹亚伯。
③ 即黎天才、石星川。

日支国民协会诸公，均祈代为道候。

大元帅署名

中华民国七年一月二十日

据原函，台北、中国国民党文化传播委员会党史馆藏

致宫崎寅藏告派殷汝耕赴日解释
炮轰广东督军署事函

（一九一八年一月二十一日）

滔天仁兄同志如握：

海天遥隔，想望何涯，惟新春纳福，酒兴益豪，为祝为慰。

文南下而后，即从事护法，徒以德薄才疏，未能指日收效，方滋渐〔惭〕悚，幸人同此心，叛法奸人，不容于众，义旗所指，海内望风，底定全局，当在不远耳。本月江日之举①，文实具有不得已之苦衷，诚恐海外传闻失实，用嘱殷汝耕君东渡，面陈一切，并望转达诸同志，无任感荷。详由殷君面达。尚上，即颂

近安

孙文启

中华民国七年一月二十一日

据原函，东京、宫崎蒄苓家藏

---

① "江日之举"，指一九一八年一月三日夜炮击广东督军（莫荣新）署事。

致犬塚木告派殷汝耕赴日述护法状况函

（一九一八年一月二十一日）

犬塚仁兄有道：

新春想贵体康和，覃第多样为颂。

敝国改革事业，实东亚和平之基，忝以志同，诸承鼎力，至今心感，莫可状喻。时局变化虽多，大体日趋良好，西南内容虽复，护法则出一心。纵吾曹理想之实现尚遥，而惩戒叛人，使国民知法力胜于武力，保约法之尊严，则实现当不远矣。一切详情，非楮笔所能尽，统由殷汝耕君面陈。嵩布，即请

大安

孙文启

中华民国七年一月二十一日

据原函，台北、中国国民党文化传播委员会党史馆藏

致寺尾亨告派殷汝耕赴日述护法状况函

（一九一八年一月二十一日）

寺尾先生惠鉴：

前年冬沪渎分袂，方冀民国国基日固，共图东亚久安。乃一度新年，乱萌遂兆，由春而夏而冬，奸人叛国，义师护法，继起迭生。

文自来粤，即从国人诸君子后，共矢护法锄奸，迄今又度新年矣。徒以棉薄，未能指日收效，引领东望，何胜惭惶。先生之援助吾国改革十年矣，而我国民乃未能仰副盛志，此殆积弊过深使然，亦即我曹不能不更赖贵邦有志鼎力者也。兹因殷汝耕君东行之便，谨泐数行，用抒鄙忱，不尽之意，由殷君面达。嵩布，即请

道安

尊夫人均此请安。

中华民国　一月二十一日

据原函，台北、中国国民党文化传播委员会党史馆藏

致今井嘉幸等告派殷汝耕赴日述护法状况函

（一九一八年一月二十一日）

今井、龟井、水野①三兄有道：

殷汝耕君来，为道执事等主持日支国民协会，直接间接裨益我国时局甚大。溥泉②东渡时，复承热心画策，俾能收效，高情厚谊，拜赐良多。

文自客秋南下，从国人诸君子后，共矢护法，乃以德薄才疏，未能指日收效，引领东望，何胜惭惶。所幸人同此心，叛法奸人，不容于众，义师所指，海内望风，护法目的，不久度当能达。此际惟望诸兄格外尽力，俾援段政策，勿得再萌，则敝国大局，赖以早日奠安，东亚前途，亦有攸赖。至于此间详情，非楮笔所能尽，由殷汝耕君面达。耑布，即请

筹安并贺年禧

大元帅署名

（一月二十一日签发）

据原函，台北、中国国民党文化传播委员会党史馆藏

致萱野长知问候新年并派殷汝耕面述函

（一九一八年一月二十一日）

萱野仁兄无恙：

别来敝国国基复摇，文躬自南下，从国人诸君子后，共矢护法。今又度新年

---

① 即水野梅晓。

② 张继，字溥泉。

矣，而以德薄才疏，未克指日收效，引领云天，何胜惭悚。尚冀诸兄勠力相援，以期敝国早日奠安，进图东亚大局耳。此间详情，非楮笔所能尽，由殷汝耕君面达一切。耑候，即请

大安

孙文启

中华民国七年一月二十一日

据原函，台北、中国国民党文化传播委员会党史馆藏

复菊池宽问候新年并派殷汝耕面述函

（一九一八年一月二十一日）

菊池仁兄有道：

前由山田兄处转来尊电，拜悉一是。溥泉、精卫尚滞沪上。遣使之事，正在磋商，不久当见诸实事也。惟是未经派人之前，东京诸事，尚希偕日支国民协会诸公鼎力维持，万勿使援段政策复萌，则民国拜赐实多，文谨当代表国民致谢也。不尽之言，托殷汝耕君面达。耑布，即请

大安并颂春祺

孙文启

七年一月二十一日

据原函，台北、中国国民党文化传播委员会党史馆藏

致孙洪伊请修函介绍邓惟贤联络陈光远函

（一九一八年一月二十七日）

伯兰先生执事：

兹有本府参议、江西省议员邓惟贤君，取道沪上，回赣联络赣督，助我义师，

敢烦执事专修一函，介绍于陈秀峰处，以便其就近商榷一切，是所至盼。肃此，并颂

台安

孙文启

一月二十七日

据台北国民党中央改造委员会党史史料编纂委员会编：《总理全书》之十《函札》，台北，"中央文物供应社"一九五〇至一九五二年出版

致谭延闿托陈家鼎赴沪面商时局函

（一九一八年二月二日）

组庵①先生执事：

政变以来，音问多阻，每瞻天末，怀想依依。前次贵代表来道盛意，极感。北庭无诚意停战，早已司马之心，路人皆见。最近冯氏南行，游说直、鲁、淮上，和议无效，战局复开，黩武穷兵，益滋纷扰。文终始护法，罔识其他，区区之心，当为国人共亮。顷陈议员家鼎赴沪之便，托其代问起居。倘关于现局，执事有待商榷之处，统希不吝指示。顺颂

日祺

孙文谨启

中华民国七年二月二日

据原函，台北、中国国民党文化传播委员会党史馆藏

---

① 谭延闿，字组庵，号畏三，时任湖南督军兼省长、湘军总司令。

复刘显世望早日出师讨逆函

（一九一八年二月八日刊载）

如舟①督军执事：

哲嗣及严参谋莅止，并辱惠书存问，感愧交并。所示化畛域而免分歧，仁人之言，其利甚溥，文虽不敏，心向往之矣。

今大局纷扰，群情望治，文甚愿北庭悔祸，依法解决诸问题。无如顽梗不从，师袁故智，借北系以吞南服，援帝孽而据要津，黩武穷兵，益滋俶扰。迺者冯氏南下，复辟风炽，徐、段诸逆不惜牺牲国家孤注一掷，国家变幻愈演愈奇。虎豹出柙，伊谁之咎？

执事两度兴师，为民请命，来日大难，同魂无托。尚望先策救亡之术，徐图统治之方，鼓舞前敌，早日出兵夔、峡。文亦将督师征闽，沿海而江，以期会猎中原，投艰遗大，愿与执事共分任之。临颖神驰，诸维商榷。

孙文谨启

据《大元帅致贵州刘督军函》，载广州《军政府公报》第四十五号，一九一八年二月八日

复孙洪伊告取消朱廷燎夏芷芳任命
并请全权处理沪事函

（一九一八年二月十日）

伯兰兄执事：

接读一月三十一日手书，藉悉一是。朱廷燎君事，当日因湖南议员诸君再四恳求，故照准任命。现在苏、沪方面，既无特别军事进行之必要，自应照手书所

---

①　刘显世，字如周、如舟，时任贵州督军。

云，取消任命。除令朱廷燎君速行缴回任命状外，特此奉闻。又前任命夏芷芳君为驻沪调查员一事，亦同时取消。上海方面一切事件，统由尊处全权处理，以归划一。

近日盛传长江方面形势日佳，皆系我兄鼎力之果，尚望努力进行，俾大局早定为盼。沪上严寒，诸希珍卫，顺颂

近祉

（大元帅署名）启

据原函，台北、中国国民党文化传播委员会党史馆藏

致张敬尧劝协同护法并接洽代表函

（一九一八年二月二十一日）

□□将军执事：

北中人来，每盛推执事兵略优长，洞明大体。近复鉴于战事绵亘，非国之福，因力主持重，期以息事宁人，闻之钦叹。

此次西南扶义兴师，国会集非常会议于粤中，组织军政府，是皆缘于拥卫国家大法。盖以国法废坏，则国本胥沦，灭亡随之，故万不得已而举兵，所以护法，亦所以救亡，虽陵〔凌〕重险，冒死亡，膏血润原野，而义有所不忍避也。顾文与西南诸将帅，皆素爱平和，甚愿国内贤豪，互相提携，一致主张，使旧国会重集，约法恢复其效力，则一切纠纷，皆可由国会依法解决。如此，则国本由危而复安，国法由断而复续，战事立止，和平立复，然后力修内政，以御外侮，则民国基址，庶几永奠。执事公忠忧国，谅同此意，尚望同此主张，共匡危难，俾时局得速臻康定，销兵气为祥光，则利国福民，胥于执事是赖矣。兹特派□□□君代表来前，藉申鄙悰，幸为接洽而商榷之，国事甚幸。手此布意，顺颂

毅祉

（大元帅）启

中华民国七年二月二十一日

据原函，台北、中国国民党文化传播委员会党史馆藏

致谭延闿劝赞成护法并托陈家鼎代候函①

（一九一八年二月二十五日）

组庵先生执事：

政变以来，音问多阻，每瞻天末，想怀依依。前次贵代表来粤，深感盛意。

北方当局，本无求和诚意，故平和之论甫倡，又复躬为戎首。最近冯氏南行，游说直鲁，战局复开，益滋纷扰。文终始护法，罔识其他。使约法效力未得恢复，国会职权未得行使，则如何犯险冒难，必不敢负非常会议委托之重，而轻息仔肩也。

本日接川中来电，知成都于本月念日完全克复，川事既定，则滇黔川联军即可东出大江，进规中原矣。

兹以陈议员家鼎赴沪之便，托其代答鄙忱，敬候兴居。陈君于此间近情，具知其详，执事如有待商之处，统希不吝指示为荷。

时局艰危，惟望当世贤者有以助益之也。专此，顺颂

日祉

大元帅署名

中华民国七年二月二十五日

据原函，台北、中国国民党文化传播委员会党史馆藏

致孙洪伊介绍曾其严就商长江方面事宜函

（一九一八年二月二十六日）

伯兰先生执事：

兹有河南曾君其严，以国会议员李君载赓绍介，于长江方面进行事宜有所陈述，特嘱其到沪与执事就近磋商，希与接洽为荷。专此布闻，并颂

---

①　此件与一九一八年二月二日致谭延闿函内容基本相同，文字略异，今并存。

日祉

大元帅署名

中华民国七年二月二十六日

据原函，台北、中国国民党文化传播委员会党史馆藏

复杨纯美李逊三告汇款收到并希继续协助函

（一九一八年二月二十七日）

纯美、逊三①先生大鉴：

　　顷由刘君德初带到尊函，并台湾银行汇单一纸，备悉。公等热心筹助，以济饷糈，至为欣慰。该款已由吴少甫君发给公债收条，一俟正式债券印就，当可照换。兹令财政部照发收据乙纸，希为检收。至刘君德初五百元之收据，则已面交刘君矣。前承去年十一月廿二〈日〉汇来壹千柒百捌十柒元伍毫，并杨君纯美四百圆早已收到，去年十二月十二〈日〉经已奉复一函，随夹收据付上。兹阅来函言该函未收到，恐为邮局阻滞，亦未可料也。

　　此间情形已略详于本月六日通告，最近消息援闽粤军已向闽诏安、上杭进发，前途来电已开始攻击，不日定有捷音奉报。陕西方面，陕西骑兵团长曹世英、混成团长胡景翼于一月廿六〈日〉晚，在渭北以军政府靖国军名义宣告讨逆，占领三原、翰县等处，昨已会同耿直、刘锡麟、杨振彪等军攻克西安。甘肃马安良同时举义，与陕军一致行动。安徽方面冯玉祥军分驻武穴、安庆两地，已宣布独立。四川方面，昨接来电，成都经于本月二十日克复，滇、黔义师无后顾之忧，可以全力东下。会师武汉，为期将不远矣。

　　独是军饷之需待济良巨，尚希源源协助，以利师行，而取最后之胜利。是所切祷。专此奉复，敬颂

----

　　① 李逊三，中华革命党巴城支部调查科主任。

均安

孙文

中华民国七年二月廿七日

据原函影印件，载中国历史博物馆编：《中国近代史参考图录》下册，上海教育出版社一九八四年四月出版

致冯玉祥望以恢复旧国会主张宣示全国函

（一九一八年三月四日）

焕章①先生执事：

　　阅报见执事巧②电，热诚护法，努力救国，不胜为民国幸。昨冬以降，南来国人，无不盛称执事为爱国军人模范，对于时局纷纠，力任救济，无任渴慕。徒以云海揆隔，不能时通声息为歉耳。比者徐君季龙来粤，又详述执事救时苦心，当兹国难方殷，端赖鼎力主持。惟此次乱源，发于蹂躏国会，根本解决，舍恢复旧国会而无由。务望内察国难之原因，外究世界之趋势，以恢复旧国会之主张，明白宣示全国。濒危之民国国脉，得主持正义如执事者扶持之，俾免于亡，则国民必感伟功于永久矣。临笔神驰，不尽欲言，专颂

教安

　　诸维谅鉴不宣。

（大元帅）启

中华民国七年三月四日

据原函，台北、中国国民党文化传播委员会党史馆藏

---

　　① 冯玉祥，字焕章。一九一八年二月十四日，冯玉祥在武穴发表主和通电；十八日，又发通电，主张恢复国会。

　　② 巧，即十八日。

致邓泽如请返粤主持矿务函①

（一九一八年三月十五日）②

泽如兄大鉴：

月来通告及公报③已次第付邮，想登记室。迩者军府④局面日见增进，足纾远怀。

文自光复以还，久欲从事发展国内实业，奈以政局迭起纷扰，竟有志未逮。去夏归国，深悯民生凋敝，亟欲有所计划。旋以政变又生，匆匆以护法归粤，经秋涉春，运筹军事，几无宁暑旁及民生事业。现粤势已称稳固，拟即着手展拓利源，设立矿务局，以统筹全局矿务。所有矿务章程从新改订，以惠商利国为宗旨。近粤中军、民两政均就军府范围，趁此时机，各事办理较易，而手续上亦不生种种障碍。以故敬请阁下早日束装归国，董理其事。想阁下才大识高，深于矿务，且屡年在海外发展巨业，成绩至优，倘蒙慨允主持，则实业前途不胜厚幸耳。

临颖神驰，不尽万一。匆匆，亟盼复音，此颂

筹安

孙文启

三月十五日

据原函影印件，载邓泽如编：《孙中山先生廿年来手札》卷三，广州，述志公司一九二七年一月出版

---

① 一九一七年六七月间，北京接连发生张勋胁迫黎元洪解散国会、拥戴废帝溥仪复辟及随后由段祺瑞掌权、黎元洪下野等变故，孙文遂离沪赴粤从事护法斗争，九月建立中华民国军政府并任海陆军大元帅。邓泽如系英属马来联邦（Federated Malay States）的掛罗庇勝（Kuala Pilah）侨商，时为中华革命党南洋各埠筹款委员长。此函发出不久，广州即出现排孙暗潮及改组军政府声浪，故孙文又于同年四月二十六日去函嘱邓暂勿来粤。

② 原函未署年份。按其内容，应为一九一八年。

③ 此指中华民国军政府各项通告及由军政府印铸局公报处发行的《军政府公报》。

④ "军府"为中华民国军政府之简称。

复头山满犬养毅告护法目的在恢复国会函

（一九一八年三月二十八日）

头山、木堂先生道鉴：

奉读三月十日大教，备悉故人爱我之厚，本思即遵雅意东渡；惟因正式国会已定于六月开会，在此两月中，文万难去国遊行，当即托驻粤武官依田大尉电致菊池良一兄，转述鄙意。电文略谓："尊函见招，未知何为？如因南北调和之事，文已将鄙意托之唐少川兄；若为东亚百年大计，非与文亲商不可者，请示其详，当亲趋聆教。"此电去后，数日未获复音，不胜遙念。用特专派朱君大符来前，面陈一切，并盼雅教，务恳详示一切。

谨略将此次护法战争之目的，为故人陈之。文奔走革命二十余年，迄于辛亥，始得有成，以二十余年来惨淡经营，所得者新建之共和国体耳。为国体之保障者为约法，而约法之命脉，则在国会；第一次国会之唯一职权即为制定宪法。宪法一日不布，则政本一日不立。然一般官僚武人辈所以必欲解散国会者，实即欲自根本上推翻共和国体耳。故第一次宪法草案甫成，而袁世凯解散之；第二次宪法草案方通过二读会，而段氏又解散之。当国会第二次被解散也，参议院之第一次改选已毕，距众议院之总选举仅不过百余日，而大总统改选期，亦不过一年矣。若官僚武人辈能为正正堂堂之政治竞争，则应由选举中图扩充其势力，不应诉诸武力，以蹂躏国会，破坏约法。盖国会既被解散，则数十年革命事业之成绩，固全被推翻，而将来国家根本之宪法亦无从制定。国本动摇，大乱无已；故以拥护约法之故，诉诸武力，盖不得已耳。

文之淡于私人权利，执事所深知，苟共和之国体能巩固，则抛弃政权可也，共和国体若危，文视之为唯一之生命，必尽其所能以拥护之。故解决今日时局，以恢复国会为唯一之根本。只此一事，倘北方当局者能毅然断行，则文已十分满足，不求其他条件也。背乎此者，则无论示以何种条件，文必不甘承认之。何也？为图中国之长治久安，实舍巩固国体外，无他道耳。

世人纷纷以南北之分限为言，文甚鄙弃之。盖为此言者，不过欲利用南北之恶感，以自营其私而已。

以上所陈，文之本怀，恳赐明察。其他关于时局之情形，朱君当能详陈之。方今欧局大变，世界风云日急，一俟国会正式开会后，倘能分身，必当亲诣台端，面筹一切。

再，尊函谓前曾惠书，但此间并未奉到。

昨得东京友人书，谓木堂先生执事于议会终了后，将来敝国视察，不识确否？倘木堂先生能屈驾来游，尤所深盼。谨布腹心，不尽一一，专颂

道安

○○顿首

中华民国七年三月二十八日

据原函，台北、中国国民党文化传播委员会党史馆藏

致加藤高明等告派朱执信赴日本面洽时局函[①]

（一九一八年三月二十八日）

加藤、尾崎、犬塚、寺尾、床次、秋山、田中、森山先生执事：

久违道范，时切遐思，敬维政德日隆为颂。

敝国时局混沌，急切难得解决，而欧洲风云又复变幻莫测，两国相依唇齿，贵国为东亚先觉，执事为日本达人，尚望努力自重，为东亚造福，文亦必竭尽所能，以副尊意。

兹委朱君大符东渡，特具函奉候。敝国最近情形，朱君当能面道其详也。专此，敬候

---

① 此函似为拟稿。受信人：加藤高明，曾任日本内阁大臣（外务相）；尾崎行雄，日本国会议员，曾任大隈内阁法相；犬塚信太郎，三井物产公司高级职员，曾为满铁理事兼矿业部长；寺尾亨，法学博士，曾任东京大学国际法教授，南京中华民国政府法律顾问；床次竹次郎，曾任内阁成员，后任内务相；秋山真之，日本海军中将；田中义一，日本陆军参谋次长。

起居

孙文顿首

中华民国七年三月二十八日

据原函，台北、中国国民党文化传播委员会党史馆藏

致威廉·舒尔兹告将派人往访函

（英 译 中）

（一九一八年四月二日）

尊敬的舒尔兹先生：

自军政府成立之后，我曾愉快地接获先生来函，即时曾复信，谅已致达先生。

先生于美国或未能详知有关中国之一切混乱和无政府情况，但我认为先生定对军政府之目标和奋斗方向知之甚详。

此军政府通过国会合法而成立。去岁，国会曾被迫非法解散。当前，该国会正在广州召开会议。美国曾经承认过国会，当时国会拟创建并颁布一部国家宪法。

不幸的是宪法并未得以完成，此乃由许多非法动作之干扰，从卖国贼袁世凯统治起始，后则解散了国会。

我们的目标首先是消除旧的寄生和腐朽的众多官僚，并彻底粉碎一切称帝复辟活动。为达此目的，中国的合法国会必须立即恢复。在进行其他革命行动之前，尚有大量工作要去完成。

我曾多次期望得到先生的支持和援助，也曾了解先生的抱负与作为。目前阶段，正是先生贡献民主理想之时，可使中国甚至人类取得极大之鼓舞。所以我深信先生定将愉快地实施支援中国行动，在贵国以代表中国之宏大事业来活动。我将高兴地等待先生或能施予的任何建议及忠告，希望能够实现。

不久我将派遣一位友人来拜访先生，并商议一些问题。先生给予他的任何协助，我均极为赞赏。

一俟我国的合法国会和政府被美国承认，我将奉上正式文件以委派先生作为

我国的高级顾问。

致以最亲切的问候。

> 你诚挚的孙逸仙
>
> 一九一八年四月二日

据郦玉明、一之：《浅议孙中山先生三封未公开发表的英文信件》，载《民国档案》一九九二年第四期

复龙璋述湘局并劝湘军辑睦函

（一九一八年四月四日）

研仙先生大鉴：

接诵台函，具见关心国事，敬佩之至！

前者岳州既克，本可乘胜进规武汉，北军如王、范辈，已无斗志，何难一鼓而下。乃竟误于议和之说，坐令湘桂联军沮其锐气。今军报传来，岳州复失，长沙因而不守，主张和议之人，实难辞误国之责，亦无以对湘中父老也。执事老成硕望，一言为重，尚希以发蒙振聩〔聩〕为己任；湘西军队，尤贵辑睦，比已遣人喻意。执事以桑梓之谊，联络之念，当必倍切。

国会筹备现正积极进行，如有卓见，幸时惠教。湘中近情，仍希详报。此颂
台祺

> 大元帅署名
>
> 四月四日

据原函，台北、中国国民党文化传播委员会党史馆藏

致陈炯明告派郝继臣往洽汀州军事函

（一九一八年四月五日）

竞存①我兄惠鉴：

兹有安徽民军毕靖波来函称，汀州统领邓洛亭与毕素有联络，且有倾向军政府之意，故特派郝继臣来粤，并赴汀接洽，冀得邓军为我内应等语。查汀州方面已有接洽，而邓军或尚未悉。兹特嘱郝君继臣亲至尊处接洽，望探询其详，并酌定办法告之为荷。此颂

戎祉

（大元帅）启

中华民国七年四月五日

据原函，台北、中国国民党文化传播委员会党史馆藏

复易次乾望坚持护法函

（一九一八年四月九日）

次乾②先生鉴：

顷诵惠书，闳论卓识，深为钦佩。长、岳之挫，足为谋事无断、依违瞻徇者之戒，且足以证枝枝节节者之终无成功也。吾党此时对于法律问题，无论如何，必宜始终贯彻，断不能因成败利钝而有所摇惑。执事素持正论，望时以此议提撕同人，勿懈初志，则当艰难否塞之后，必有闳大之成功。彼异派之持牺牲国会论者，徒为猎弋私权，而坐视国家大法之沦致而不惜，此诚吾人所宜力辟其谬者也。专此奉复，并颂

---

① 陈炯明，字赞之、竞存，时任援闽粤军总司令。
② 易次乾，字鼎丞，时任众议院议员。

时绥

（大元帅）启

中华民国七年四月九日

据原函，台北，中国国民党文化传播委员会党史馆藏

复邓家彦告渡美筹销公债恐难如愿函

（一九一八年四月九日）

孟硕兄鉴：

　　得惠书，承念，谢谢。承示拟渡美筹销公债，具见热心，不辞奔走。惟此时前往，恐难如愿，若另有他事，则不妨乘便一图。此间并无倾轧之言，望勿怀疑。复颂
时祺

孙文

中华民国七年四月九日

据原函，台北、中国国民党文化传播委员会党史馆藏

致胡宣明告赞成发起中国公共卫生会函

（一九一八年四月九日）

宣明先生执事：

　　得诵致小儿一函，知执事拟发起中国公共卫生会。以台端之学识经验，两皆优裕，而热心毅力，又复兼人，必能得社会之信用，鄙人深表同情。甚盼吾国公共卫生，自兹进步，则为国利民福，实非浅鲜。特此赞成，即颂
台绥

孙文

四月九日

据台北国民党中央改造委员会党史史料编纂委员会编：《总理全书》之十《函札》，台北，"中央文物供应社"一九五〇至一九五二年出版

致陈炯明告派曹叔实面陈闽事函

（一九一八年四月十六日）

竞存我兄惠鉴：

近日迭接尊电，知策划贤劳，甚以为念。

曹君叔实刻来省详陈对闽事进行办法，尚称妥善，文意以为可行。兹特派曹君来汕面谒，详陈一切，尚希接洽后斟酌办理，以收合力并举之效。专此奉布，并颂

戎祉

（大元帅）启

中华民国七年四月十六日

据原函，台北、中国国民党文化传播委员会党史馆藏

致邓泽如请代转款予吴世荣治病函

（一九一八年四月十六日）

泽如兄鉴：

昨接吴世荣兄自槟来函，言病中需用甚急，未便向外人挪借，请酌量接济等情。兹寄上台湾银行伍百元汇票壹纸，希为代收，并烦即交世荣兄收用。此托，并颂

台安

附台湾银行五百元汇票壹纸。

孙文启

中华民国七年四月十六日

据原函影印件，载邓泽如编：《孙中山先生廿年来手札》卷三，广州，述志公司一九二七年一月出版

复曾允明等答询核查债券及吸收党员手续事

（一九一八年四月二十一日）

允明、德源、潜川①先生均鉴：

敬复者：三月五日及九日来书已悉。前接元月信称"接到财政部函云寄去债券数包，而实际并未接到"等情。当查该件当日分装四包，拟由保险寄上。因经税关查过，谓系有碍，不能寄去，所以改作普通邮件寄呈，同时发信通知；今该信接到两月，件尚不到，必系被检查没收矣。查迭次尊处来信，均经英国官吏开拆检查盖印，谅此处寄去物件，亦必如是（中国寄去物件，比日本所寄更苛），见券上有革命党字样，自然没收。现在无可如何，只有将该券号数注销，再为补寄，并续寄功章、奖状。惟能否寄到，实不可知。若尊处有可代收之人代领代寄，更为妥当（惟切不可托香港商人，因香港政治比前更加严厉也）。

组党及外交等件，已由总务部通讯详述，望为查照。此复，即请

大安

各同志均候。

另：寄来致财政部电，亦已收到。

孙文启

四月二十一日

再：誓约已经止截，现在有愿入党者，可以国民党名义收之，不必再用誓约之形式，只令填明姓名、籍贯、年岁等，并愿入国民党之意，由介绍人签名绍介，缴费入党，即可照给党证；俟新章到后，再照新章办理可也。又及。

文

据原函，台北、中国国民党文化传播委员会党史馆藏

---

① 即曾允明、黄德源、饶潜川。

复李襄伯董直告款收到已寄收据并述政情函

（一九一八年四月二十四日）

襄伯、董直先生均鉴：

来函接悉。忌嗹埠所筹之款，经由郭标、黄焕南两君代收，于去月九日汇交财政部妥收，并由该部照发分执收据，径寄该埠广生公司收转，此时想已收到，便希查复为盼。

兹者：段逆复出，思以伪总理而代表元首，立心殊险；近复与日人私订条约，只图个人一时之权利，不惜以全国为牺牲，尤堪痛恨。吾人非极力奋斗，扫清群逆，不足以挽救将亡之国家。第文独力难支，所望同志诸先生竭力相助，庶几众志成城，而大局不难底定矣。此复，并颂
均安

孙文

中华民国七年四月二十四日

据原函，台北、中国国民党文化传播委员会党史馆藏

复邓泽如解答回粤办矿事并请暂缓来粤函

（一九一八年四月二十六日）

泽如兄大鉴：

接三月卅号来函，对于回粤办矿一事提出三问题，特为解答如下：

（一）如设立局所，则对于经营矿业，自有管理稽核之权，且愿自行营业，以收实效，兼示提倡。

（二）改订矿章，先只愿于广东实行，逐渐推行于各省。然只就广东一省而论，如能办有成效，已可达吾人之目的。

（三）矿章如已施行，则将来议和，可提为条件之一。如施行不及，亦可日做一日，宜择速于见效、不须大资本之矿开办，自无资本虚掷之虞。

至现时大局，西南各省见军政府日有发展，恐失其地方割据之权，已生出最大内哄暗潮。军政府能否无变，尚未可知，请兄暂候三两月。尔时军政府如仍进行，势力必更巩固，兄归来当更易展其才略，而现时所办南洋之矿，亦当能清厘手续矣。此复，并颂

义安

> 孙文启
>
> 四月廿六日

> 据原函影印件，载邓泽如编：《孙中山先生廿年来手札》卷四，广州，述志公司一九二七年一月出版

致韩慈敏赞成创设美国红十字会华人协会函①

（一九一八年五月二日）

驻广州美总领事韩慈敏君大鉴：

径启者：溯自战事发生以来，各地受灾者亟待拯救。乃贵国红十字会实行其消弭痛苦之设施，热心宏愿，实获我心。所拟创设美国红十字会华人协会之举，鄙人尤极端赞成。似此共策进行，深信中美两国固有之睦谊从兹日益增进也。耑泐，顺颂

公安

> 孙文谨启
>
> 民国七年五月二日
>
> 书于中华民国军政府大元帅府

> 据《孙中山赞成美国红十字会华人协会致美总领事函》，载上海《真光》第十七卷第十期，一九一八年五月五日出版

---

① 一九一八年初，美国红十字会出于救护世界大战中伤员及救济灾民的需要，拟在华设立分支机构而开展征求赞助人活动，遭到一些朝野人士的反对，认为此乃侵犯中国主权。孙文则认为此举符合人道主义精神，并有助于增进中美两国友谊，故致函美国驻广州总领事韩慈敏（Pricaval S. Heintzleman）表示支持。

复张鲁藩勉与湘中各军结合函

（一九一八年五月六日）

鲁藩先生执事：

郑君子敬来粤，得诵尊函，益知湘中军事失败颠末，滋为浩叹！刘君既晓畅军事，且明大义，知拥护军府，望深与接纳，互相助援。

执事所言湘中以后进行方法，愿得领要。望先以个人能力、感情，与各该处主将妥为结合，一俟军队编成具报，当可准如所请给与委任也。此复，并颂

台绥

大元帅（署名）

据原函，台北、中国国民党文化传播委员会党史馆藏

复卫一新梅衡告款项已收并告决心辞职函

（一九一八年五月十八日）

一新、梅衡先生①均鉴：

接四月六日来函，敬悉公等竭筹款项以济军需，欣慰奚似。

前承尊处电汇港币四千七百元，已于四月八日收到。当时以尊函未到，故未即奉收据。兹令财政部照发收据一纸，请为检收。

此间情形，原日已见发展，讵为当道所忌，恐失其根据势力，特嘱托二三议员，提出改组军政府意见书。而崇拜势力之议员，从而附和，不惜牺牲军府，以博当道之欢心。此等议员，以义始而以利终，实难与之共事。故此案成立时，文即提表辞职，拟去军府名义，以个人负责，从事护法。经电令直辖前敌各军，努力进行，并促西北各路之从事运动者，仍继续勿怠。文之意，只愿辞去大元帅之

---

① 卫一新、梅衡，美洲芝城革命华侨，辛亥革命前参加美洲同盟会。

职，非护法事业亦罢休也。连日议员多数来府挽留，惟文辞职之志已决。一俟办法议定，届时再行通告。先此奉复，并颂

均安

孙文

中华民国七年五月十八日

据《孙中山先生书函四件》，录自南京、中国第二历史档案馆藏抄件，载《民国档案》一九八七年第四期

复阮本畴告信款已收并辞军政府总裁事函

（一九一八年五月十九日）①

本畴先生大鉴：

来函并美金伍拾元已照收到，藉悉阁下竭诚济助，以应军需，至为欣慰。来款由财政部照章收据壹纸，请为检收。至去月寄来之美金伍拾元尚未收到，一俟妥收之后再行函复。

军府局面原日有起色，讵有二三议员为权贵所嘱托，提出改组军府意见书，而崇拜势力之议员遂相附和，不惜牺牲军府，以博当道之欢心，此等议员以义始而以利终，实难与之共事，故此案成立时，文即提表辞职，拟去军府名义，以个人负责从事护法，经电令直辖前敌各军努力进行，并促西北各路之从事运动者仍继续勿怠。刻以国会开会挽留，议员亦多觉悟，惟文辞职之志已决，一俟办法如何，届时再行通告。此复，并颂

台安

孙文

五月十九日

据《致阮本畴告来函及款收到与辞大元帅经过函》，录自美国斯坦福大学胡佛研究所东亚图书馆藏照片

---

① 原函未署年份。据函中有"文即提表辞职"，当在一九一八年。

致缅甸支部告辞大元帅经过并请暂停汇款函

（一九一八年五月二十一日）

缅甸支部同志诸先生均鉴：

迭次通告，谅邀均览。军府成立以来，力谋护法靖国，十月之间，备蒙各同志襄助。只以西南各省举棋不定，功业未成，忽倡改组军政府之议，国会召集，正在半途，竟不能待。文支持此局，心力已瘅，既有改组之决议，不得不辞大元帅之职，业经通电声明辞职理由。

兹于本月二十一日暂行离粤，以后应汇款项，望暂行停止，俟文到目的地，再将进行办法达知。此次辞职，不过在粤计画中挫，此后救国宗旨，决无更变，尚望万众一心，切勿中馁。此颂

公安

孙文启

五月二十一日

据原函抄件，台北、中国国民党文化传播委员会党史馆藏

附载：代致赵汉一嘱所有筹款交刘纪文函

（一九一八年六月二十四日）

赵汉一君大鉴：

奉大元帅面谕："古巴华侨同志仗义筹款讨逆事宜，现在事机紧急，着就近在香港先与刘纪文接洽，所有筹得款项全数交与刘纪文"等因。特此奉达，即希查照

秘书长谢持（印）

六月廿四日

据原函影印件，台北、中国国民党文化传播委员会党史馆藏

致邓慕韩告英芳洋行愿以煤价报效军政府函

（一九一八年上半年）①

慕韩兄鉴：

兹有英芳洋行主人愿照时价沽煤三千吨，即以所赚之价，报效军政府军费。如有需煤，望与交易，是亦间接助军政府之一道也。

孙文

据原函影印件，台北、中国国民党文化传播委员会党史馆藏

致孙科告近况及对时局暂不过问函

（一九一八年七月四日）

科儿知悉：

父离省城后到汕头，往前敌三河坝大营会陈炯明。往返约两礼拜。再由汕头乘船过厦门，到台湾基隆港转船，到日本门司登岸，与天仇、汉民三人乘火车到箱根。此地离东京约三四点钟车程，所以便东京朋友来会谈也。在此住了四日，已见过三数最关切之朋友。日本政情，亦稍知一二矣。其后忽患眼疾，遂往西京大学就医。据医生云：系急性结膜炎，十日内外可全〔痊〕愈。同时得孙夫人由上海来电云：已与法国领事交涉好，上海可以居住。遂于六月廿三日由神户乘船，廿六日抵上海，平安登陆。现住上海法租界莫利爱路二十九号。眼疾至今始完全好清，现在身体健康如初，可勿为念也。

对于现在之时局，拟暂不过问。广东已派有代表到沪，劝就政务总裁之职，但此事父并无成见，已付之同志多数之意见裁决施行而已，如果必要就职，亦不

---

① 此函邓慕韩原注："时民国七年，慕韩为广三铁路局长，而大元帅府军费支绌，故有是函。"（陆达节：《国父轶文新编》，广州，三民主义学会合作社，一九四七年出版）酌定为一九一八年上半年（即五月孙文辞职前）。

过派人代表，父决不能再来与此辈为伍也。儿以后宜着媳妇与两孙回来，在港澳地方居住，以待时局之变，父想不日必可于吾党有好机会也。若时机适宜，父当回乡一住，以遂多年之愿。

宋子文之住址如下：上海法租界霞飞路四九一号。彼与孙夫人二人，儿当致函，以吊唁其父①可也。

父示

七月四日

据原函影印件，台北、中国国民党文化传播委员会党史馆藏

致陈炯明再促率粤军规取福建函②

（一九一八年七月十三日）③

竞存我兄惠鉴：

文前自抵东以后，鉴于外交方面骤难活动，一切计画未能实行，无可奉告，故中间久阙致书。嗣因目疾待治，匆匆归沪。比目疾告痊，又患感冒，近日始瘥，故于粤中消息多未详晰，尊处战况尤在念也。

现日本当局仍决心助段④，遽欲其改变方针，事恐大难。惟段虽得外援，然在北方因欲预储一部分兵力与直系相角逐，不能专力对南，故其内容困难，亦与南方无异。

---

① 宋子文之父宋嘉树在沪病故。宋嘉树，字耀如，曾任孙文全国铁路督办公署总务主任（一九一二年）。

② 一九一六年六月袁世凯病死，国家权力仍落入北洋军阀手中，相继发生解散一度恢复的国会、张勋复辟帝制、段祺瑞毁弃《临时约法》等变故。孙文乃发起护法运动，于一九一七年九月在广东建立中华民国军政府，出任海陆军大元帅；但受西南军阀势力排挤，不得不于一九一八年六月经日本重抵上海。陈炯明，孙文在粤时已受命任援闽粤军（亦称粤军）总司令，进驻潮梅地区，此时虽有部分粤军入闽，而陈亲率之主力并未开拔，前此孙文曾多次催促其出师。

③ 原函未署日期。今据《国父全集》第三册（台北、中国国民党中央委员会党史史料编纂委员会编订出版，一九七三年六月）所收《致陈炯明望向福州进取函》（民国七年七月十三日）标出。

④ 段祺瑞，皖系军阀首领，时任北京政府国务总理。

兄身当敌冲，后援难恃，强敌在前，所部又饷械俱乏，处此局势，万难操全胜之算。若审慎求全，则我之兵力有限，敌之增援无穷，潮汕一隅，势必陷于重围，不特战无可战，亦恐守无可守。为兄今日计，惟有奋力前进，冒险求胜，规取闽中而已。以实力言，粤军固不如闽；以士气言，闽军亦不如粤。前黄岗失守之日，正厦门恐慌之时，盖彼以西路屡挫，恐汀、漳①南军一举而覆其巢穴也。

今日粤军饷械虽乏，然努力前进，犹有因械于敌之望，较之株守待毙，得失奚止霄壤？况近时闽中志士纷起举义，全省已震，彼等亦深盼得有力之后援及统帅之人。如兄能直向福州方面进发，则彼等必纷纷来附，闻风响应。而闽军兼顾不暇，必致势分力薄，我军当能大占胜利。加以汝为兄②一军在西路又屡获胜利，以汝为之志向坚定，主义一贯，且不竞权势，成功〔功成〕不居，必能为兄有力之臂佐，助兄之进行。倘能闽中得手，则前途大有可为，望悉力图之也。

文刻仍暂留沪，稍事休息。尊处近状，幸时惠音书，俾悉颠末。书不悉意，并颂

戎祉

孙文

据《民国七年致陈竞存函》，载胡汉民编：《总理全
集》第三集，上海，民智书局一九三〇年二月初版

复孙科告近况并款项用途函

（一九一八年七月中旬）③

科儿看：

今日见仲恺先生，知媳妇亦同船回来，甚喜。此后可在澳门陪你母亲居住可也。前日你来两信并母亲一信，已经收到。因我眼疾好了之后，又得热病，十分

---

① 福建省汀州，清代置汀州府，民国初已废，此指其府治长汀县；漳州，清代置漳州府，民国初已废，此指其府治龙溪县（今改名漳州市）。但时人仍惯用旧地名。

② 许崇智，字汝为，旅日时系中华革命党军事部长，此时已被孙文任命为粤军第二军军长。

③ 原函未署日期。据函中有"今日见仲恺先生……"语，当在一九一八年七月中旬。

沉重，至今似复全，所以不能早答你之信。你所需六千，我托仲恺代筹一万，其余用以为乡下今年所欠及明年学堂之费，及修路之费，再其余留作你之家费可也。更有各穷亲戚，你当酌量周恤便是。此示。

父字

据原函影印件，台北、中国国民党文化传播委员会党史馆藏

致孙科谈读书函①

（一九一八年七月二十六日）

父近日热病初全〔痊〕，经已起手著书②，或于数月后可成一书也。儿有暇当从事于译书、读书，或从事于实地考察种种学问，切勿空过时光；盖出学堂之后，乃为求学之始也。林子超③先生回粤，父交他带回新购之书十本，若汝已有此种书，便可将重复者寄回上海，以便交回书店可也。父近日由日本洋书店定购数百种新书，现尚未付到。倘付到时，再当寄一书目过汝，汝要看何种，可由邮局转换寄来。汝日前与我之《宗教破产》④ 一书，殊为可观，父自读 Dr. White's *War of Science and Theology*⑤ 之后，此书算为超绝矣；其学问考据，比 White 氏有过之无不及。父看过后，已交孙夫人看，彼看完，再传之他人矣。近日父得阅一书为 *Cell Intelligence the Cause of Evolution*⑥，其思想为极新，驾乎近时学者之上。待孙夫人看完，我当寄来汝。汝可译之，亦可开中国学者之眼界也。

―――――――――――――

① 孙科时在广州，其妻、二子均住上海。

② 指撰写《孙文学说》（"知难行易"）。

③ 林森，字子超，护法期间任国会副议长及军政府外交总长，嗣被推选为参议院议长，此时正由上海返粤。

④ 《宗教破产》一书，疑即尼采所著之《上帝之死》。

⑤ Dr. White（怀特博士），全名为 White Andrew Dickson（一八三二至一九一八年），美国教育家及政治家。生平著作较多，*War of Science and Theology* 系 *A History of the Warfare of Science with Theology in Christendom*（《基督教领域里的科学与神学之争》）一书之简写，为怀特的名著之一。

⑥ 中译名为《生元有知论》，为法国哲学家柏格森（一八五九至一九四一年）所著。

今日媳妇与二孙到来，我顺与他等一齐到宋太夫人处。盖我到上海以来，尚未去过。去后回来晚饭，饭后孙夫人与媳妇往外买物，并送他〔她〕落船。我留家刚有暇，故顺笔书此。余事托仲恺先生回粤面言。汝接此当往省一见仲恺先生可也。此示。

父字

七月廿六日书

据原函影印件，台北、中国国民党文化传播委员会党史馆藏

复陈家鼎望力持正义努力进行函

（一九一八年七月二十七日）

汉元①先生同志足下：

别来驰系正殷，顷诵惠函及诸君子公电，具感眷念之厚。

文前患感冒，近虽稍愈，然体气未能恢复，医者谓，仍宜暂行静养，故尚未能南来。惟新军政府既经成立，群英济济，荟萃一堂，会当伫瞻新猷耳。方今国会既可正式开议，此后救国天职，唯公等实始终之。

执事患难久经，诸君子安危断系，所望力持正义，努力进行，以副国人喁喁之忱，民国前途，实利赖之。率此布悃，并颂

议祺

诸同人均候。

孙文

七月二十七日

据《军政府新猷初展》，载一九一八年
八月二十一日上海《民国日报》第三版

---

① 陈家鼎，字汉元，湖南宁乡人，时任大元帅府参议。

复吴景濂告允收受政务总裁证书函

（一九一八年七月中下旬）①

莲伯先生阁下：

接奉来函，承以文当选政务总裁，敦促就职，过蒙奖誉，愧何克当。

改组军府，别开生面，人心既振，运用即灵。凡此情形，已成过去。望期者正式会议既开，即可依法组织政府，存亡继绝，匪异人任。先生前见，早经及此，岂非以我国民之属望者，固在此耶？至于文者，身虽辞职，犹不敢不尽匹夫之责，庶几来教所谓一致行动者非欤？顾己所不欲，勿施于人，前深者〔者深〕感孤立无援之苦，今兹虽不欲再居天下之先，亦当请从诸君之后，聊尽援助。当选证书，谨以收受。一切嘱居、焦两君面达。顽驱患目初愈，他尚安适，承注并闻。顺颂议祺

孙文

据《军政府改组致国会及各方面之要缄》，载胡汉民编：《总理全集》第三集，上海，民智书店一九三〇年二月初版

复唐继尧告已允任政务总裁函

（一九一八年七月）②

蓂赓③先生执事：

前邓君和卿来粤，藉奉惠书，具感殷勤之谊，并闻董统领鹰扬指挥〈若〉定，矢诚护法，义不反顾。我公忠勇果毅，佩仰益深。方今国内大患，在乎是非

---

① 原函未署日期。孙文接受当选证书为一九一八年七月，孙患眼疾为七月四日至十三日，此函酌定为七月中下旬。

② 原函未署日期。据函中所述"养疴海上"，勉力接受总裁职务事，酌定为一九一八年七月。

③ 唐继尧，字蓂赓，时任靖国联军总司令。

混淆，正理不彰。以故护法之役将逮一载，而大义所在，犹未能晓喻于人人。非法政府乘之，遂得藉手外援，肆其负隅，贷金购械，以与义师相抗，甚可痛也。

　　执事领袖天南，民国柱石，尚望勉任艰巨，克竣闳业，荡涤瑕秽，一匡大难，以副海内喁喁之望，岂胜幸甚。文以衰迈，前此勉竭驽钝，深愧无裨时难，虽养疴海上，于国民大责，未敢云忘，苟利于国，不敢不勉。兹因邓君返滇，顺致数言，藉申鄙悃。南云在望，惟为国珍重。顺颂

戎祉不悉

孙文

据《军政府改组致国会及各方面之要缄》，载胡汉民编：《总理全集》第三集，上海，民智书局一九三〇年二月初版

复伍廷芳林葆怿告允任政务总裁函

（一九一八年七月）①

秩庸、悦卿先生均鉴：

　　接奉惠函，猥蒙奖誉，愧何克当？两公德望，为文所深佩，来教尤多见道之语，额〔颔〕诵再三，弥殷向往。尝闻匹夫慕义，何处不勉；惟不辞劳怨于前，遽敢卸仔肩于后？悃悃之愚，当能共谅。改组军府，为时势所趋，两公毅然首允担任，洵足使顽廉而懦立。至于文者，一息尚存，不忘救国。唯鉴于孤立无援之苦，诚不欲再蒙居先之诮；然亦当请从诸君之后，聊尽声援之责。溽暑贤劳，诸希珍摄，顺颂

台祺

孙文

据《军政府改组致国会及各方面之要缄》，载胡汉民编：《总理全集》第三集，上海，民智书局一九三〇年二月初版

----

①　原函未署日期。据函中所述接受政务总裁职事，应为一九一八年七月。

复赵世钰告已允收受政务总裁证书函

（一九一八年七月）①

其相②先生惠鉴：

得书推许过至。护法之役，本于众志，岂区区一人之力所能主持？惟众志之趋向，稍涉分歧，致护法前途转生顿挫，此则鄙意所叹息者也。

台旆莅粤，适已赴东，未罄所怀。惟一日不能忘情国事，是以遄来沪上，居、焦两君邂逅相得，悉非常会议属望之意，今已收受证书，当取老氏后人之旨以补过，固未变其初衷也，请释雅念。即颂

议祺

孙文

据《军政府改组致国会及各方面之要缄》，载胡汉民编：《总理全集》第三集，上海，民智书局一九三〇年二月初版

复刘治洲告已收受政务总裁证书函

（一九一八年七月）③

定五④先生惠鉴：

得书承注，谆谆嘱言，弟之遄来沪上，亦即此意。至就职问题，初无成见，唯当兹是非混淆之时，质直者动辄得咎，老氏所谓常后人者，亦可见古与今不甚相远也。居、焦两君交来证书，业经收受，希释雅怀，尚望与同志诸君为国奋斗，不尽欲言。即颂

---

① 原函未署日期。据函中所述收受政务总裁证书事判断，应为一九一八年七月。
② 赵世钰，字其相，原为陕西省参议员，时在广州非常国会议会。
③ 原函未署日期。据函中所述收受政务总裁证书事判断，应为一九一八年七月。
④ 刘治洲，字定五，时任广州政务会议秘书。

议祺

孙文

据《军政府改组致国会及各方面之要缄》，载胡汉民编：《总理全集》第三集，上海，民智书局一九三〇年二月初版

复罗家衡告已允任政务总裁函

（一九一八年七月）①

猴〔厚〕生先生执事：

顷奉惠书，词义恳挚，甚感眷念之厚。

文不敏，前者勉膺艰巨，亦欲力尽救国之责任，徒以德薄能鲜，诚信未孚于众，以致孤立无助，而贻覆𫗧之咎。退职以还，方期效其区区，稍尽匹夫之责，乃重辱国会诸君之过举，畀以大任，力薄贵重，弥深怀悚。而来教广譬博喻，殷殷以任职相勉，文虽驽钝，能不思奋？顾反复思之，今日国会既足法定人数，已能正式开议，倘由此而组织正式政府，以挽垂绝之国运，振中外之观听，影响所及，成效百倍。至若此时所谓军政府继续之间，为时已属甚暂，况群彦毕集，壁垒已新，顾维衰庸，所裨有几。然救国之责未敢弛，尊重国会之心不敢懈，重以诸君子殷勤之谊，谨当勉尽声援，以从诸君子之后，棉力所及，不敢不勉。谨布悃幅，藉颂

议祺

孙文

据《军政府改组致国会及各方面之要缄》，载胡汉民编：《总理全集》第三集，上海，民智书局一九三〇年二月初版

---

① 原函未署日期。按：孙文接待居正、焦易堂接受总裁职务为七月，据此推断此件当写于七月。

复国会非常会议告允收政务总裁证书函

（一九一八年七月）

敬复者：贵会代表居正、焦易堂两君，交到贵会议公函并政务总裁证书，均已领悉。文之德薄能鲜，前者早有遗大投艰之惧。方谓辞职以后，但求尽匹夫之责以卫国，或可稍补前愆。乃贵会议犹复属望于文，而又委之以重任，此心弥觉内疚。惟私衷所窃喜者，则正式会议已经成立开会，国法之拥护有人。一经依法组织政府，即所以扶危而继绝。改组军政府一案，已成过去问题，国民所属望于国会者，谅不在是。其详已与居、焦两君面谈，兹不多赘。区区愚忱，始终尊重国会，因而尊重贵会议。是以当选证书已经收受，虽不欲再居诸公之先，不敢不请从诸公之后，稍有未尽之责，仍当效其棉薄。此复

〈国会非常会议〉

孙文

据一九一八年七月二十七日上海《民国日报》

复陈赓如述处理不法军人有赖解决根本问题函

（一九一八年夏间）①

赓如先生执事：

顷奉台函，祗承种切。不法军官横行闾里，蹂躏乡民，至于此极，可胜怨愤。我驻港同志侨商激于公愤，群推先生仗义执言，不辞远道，来呼将伯；文亦乡人，当此宗国垂危，里闾不靖，俛仰慨叹，实有不能已于言者，请得为左右陈之。

溯自革命酝酿，十有余年，始以中国自满洲之手还诸国民。夫民国既为国民所公有，则关于民国一切设施，不可不以国民为之基础。不幸当时国民于此责任，

---

①　原函未署日期。据函中"文自大元帅解职以后，避居沪上，政务总裁尚未就职"内容推断，当在五至七月间（夏季）。

尚未了解，于是少数为民请命之党人，陷于孤立无援之苦况。而官僚与盗贼遂从而龃龉之，曾不须臾，民国政权已操于官僚、盗贼之手。由是而袁氏称帝，张勋复辟，鱼烂之祸，凡三数见，盖民国之名虽存，而其实之亡久矣。文窃痛之，当发愤欲为民国一清官僚、盗贼之毒，以树立真正之共和，故于去岁谬膺大任，竭蹶进行；非不知去粤日久，有同寄寓，军权吏治，失所挟持，所以直任而不辞者，既恃公理，亦恃大多数之后援耳。艰难支撑一年之久，孑然无助，徒为亲厚所痛，仇雠所快，终至于解职以去，此诚非文一人之厄，实民国之厄也。

中国今日万事，无一不可蒿目棘心，而最终解决仍在根本问题，即如台函所称护沙统领林警魂等不法情事。夫彼等为服役之军官耳，驭之得其道，未尝不可束身寡过，勉目致于功名之域；驭之失其道，则放佚恣睢，遂成民国之罪人。假使今日有贤明之国民，以监督政府；有贤明之政府，以监督地方长官，以监督其所属，则彼等之事，何至发生？即使发生，亦可不崇朝而决，何致迁延以迄于今？然而窃国者侯，窃钩者谁得而诛之，此岂尚有望于今之政府与地方长官哉？

文自大元帅解职以后，避居沪上，政务总裁尚未就职，匹夫在野，台函所称从严惩办各节，不在其位，无能为力，深以为歉，尚希鉴之。夫仆役有罪，惟主人得而惩治之，诸乡先生身为国民，即民国之主人，对于恶仆横行，弁髦法纪，诚不可不加以制裁。监督机关有议会在，喉舌机关有报馆在，宜从各方面着力，明事实之真相，得犯罪之主名，庶几公愤可申，大法得立。文亦国民之一分子，敢不黾勉以从诸乡先生之后。率布胸臆，惟垂察之，幸甚幸甚。专复，敬请

台安

孙文

据《复港商陈赓如函》，载胡汉民编：《总理全集》第三集，上海，民智书局一九三三年二月初版

复孙科告款事并望暇时译书等事函

（一九一八年八月十二日）

科儿看：

七月三十一日并八月六日两书已得到。李君公武①带回之款，据加拿大来函，已止绝，银行不交，因闻父在行旅中也。尚有一千元未有止绝，如李君已收到此千元，可着他寄上海可也。

戴季陶先生近在上海拟设立股票交换所，云有信叫你来相助，此事或比往万呢拿②为好，你可酌量也。

媳妇之症，服鱼油极合。近有一种新出治本之药，乃用以注射入皮肤者，可以清除肺病，你一查西医或日本医，皆知其药之用法。闻此法可以断根云。

父字

再：明日叶夏声③先生回粤，父托他带回西书八本，皆父已过目或从前重买者，中有一本 *Government by all Peoples*④，父甚欲你译之，有暇可速从事，因中国极需此种之知识也。

八月十二日

据原函影印件，台北、中国国民党文化传播委员会党史馆藏

复李襄伯董直告整理党务及分筹总部经费函

（一九一八年八月十九日）

襄伯、董直先生大鉴：

昨由粤转到尊处六月五日来函，敬悉贵埠华侨筹款救济局已告成立，具谂公

---

① 李公武，华侨，后任檀香山中国国民党支部评议员。
② 万呢拿，今译马尼拉。
③ 叶夏声，护法时期任大元帅府秘书及代理军政府内政部次长。
④ 中译名为《全民政治》，是美国政治学者威尔科克斯所著，一九一二年四月出版。一九一九年，廖仲恺曾译成中文。

等竭诚任事，致群情踊跃，欣慰良深。

文护法事业，布置就绪，略有可观，讵为武人所忌，暗中破坏，致大功未见速成，殊为可惜。惟救国之心，未尝少懈。返沪以来，力谋挽护，刻从根本着想，非整理党务，先固内力，不足以及时奋起。第总部经费，月用不赀，须由海外各埠同志分筹协助，俾资办公。尚希转告诸同志暨分部同志，慷慨预认，按月接济，以辅进行，其数若干，恳先惠复。此间办理情形，月内当再通告。此复，并颂
均安

孙文

八月十九日

据原函，台北、中国国民党文化传播委员会党史馆藏

邀李宗黄至寓便餐函

（一九一八年九月三日）

昨承招宴，因病初愈，不可以风，失陪，歉甚。

闻驾不日返滇，敬请今晚七时赍舍小酌。粗米家庖，幸无俗客，勿却为荷。此颂
旅安

孙文

九月三日

据原函影印件，台北、中国国民党文化传播委员会党史馆藏

复吴忠信贺捷并勉在闽南发展函

（一九一八年九月十二日）①

礼卿②兄鉴：

九月一日来书具悉。此次兄助汝为成此伟绩，粤军之幸，亦本党之光荣也。

---

① 原函未署年份。据函中所述粤军攻闽事推断，应在一九一八年。
② 吴忠信，字礼卿，时任援闽粤军总司令部参谋。

峰市、上杭两役，全赖兄勇猛诚信，得大增势力，尤所喜慰。民党势力凋零，所仅属望者，惟此福建与四川两方面。沧伯西行，颇可释虑。至汝为一面，则无时不系怀，今得此捷音，殊胜他〈方〉好音百倍矣。

漳州今闻已下，汝为当已向泉州出发。福州方面，人心摇动，士气沮丧，前数日复有北军叛变、抢掠之事，民望粤军，有如时雨。若能蚕下延平，以纪律节制之师，当彼乌合自扰之众，真如扬沸沃雪，驱鹰逐驽，功名方相待，惟勉之慎之，无使敌人得乘我一间。此固兄之所熟知者，姑赘言之耳。

介石、元冲均已赴汕，转往前敌，当有机缘会见也。蒋、朱、左、罗、陆诸君，希并代问安吉。此复，即祝

战捷

孙文

九月十二日

据原函影印件，台北、中国国民党文化传播委员会党史馆藏

复李炳初请转告黄柱等汇来余款函

（一九一八年九月十四日）①

炳初先生大鉴：

接阅来函，藉悉大驾已安抵澳洲，至为喜慰。

雪梨国民公会黄柱、林达三两君于四月廿七日曾有函来，言"洪门筹饷救济局存有余款，如此间有函提取，当可汇返"等情。文以离粤后由潮而日，途中未暇作复。昨于去月十九日曾致手书，请其竭诚接济，俾得专力于国事矣。如晤黄、林两君时，希照代达鄙意可也。余情已详于通告。此复，并颂

义安

孙文

九月十四日

据原函影印件，台北、中国国民党文化传播委员会党史馆藏

---

① 原函未署年份。据函中"文以离粤后由潮而日"推断，应写于一九一八年。

致郑德元告在沪拟潜心著述并勉以淬厉精神团结同志函①

（一九一八年九月十五日）②

慨尘兄鉴：

离粤以来，倏奄时月。遥想为国贤劳，旅祉安适，至以为慰。

弟自避居沪上，默察今日国事人心之坏，不特少数暴戾恣睢者放佚而无所惮，而大多数之国民皆持一种苟安偷活之见解，惟知敷衍弥缝于一时，而不为久远之计。此其弊，在于精神上无勇决之觉悟，于条理上无建设之计画也。故甚欲暂时韬晦，潜心著述，于国民之意向及建国之规模有所启发，冀得大多数之觉悟，谋将来之进行。阁下凤抱弘愿，期于贯彻主义，当此国会开议之际，四围情状皆有风雨飘摇之惧，深望阁下淬厉精神，团结同志，为正义而奋斗。庶足以挽垂危之国运，振将死之人心。临颖无任拳拳之至，余不一一。专此，敬候

旅祺

孙文启

九月十五日

据《福清各界为推举国民大会代表宣言》附"总理原函恭录"铅印原件（一九四六年印刷）③，福州王凌（郑德元外孙）家藏

----

① 郑德元，号慨尘，先后加入中国同盟会、中华革命党，一九一七年随孙文至广东护法，以众议院议员身份参加国会非常会议，并被委任为大元帅府参议。

② 原函未署年份。据函中有"避居沪上"并拟"潜心著述"等语，酌定为一九一八年。

③ 一九四六年举行国民大会代表选举，福建省福清县（今改市）各界就推举郑忾辰（郑德元别字）为代表候选人发表宣言，宣言后附有孙文致郑德元函全文。

致政务会议派徐谦为全权代表赴粤共勖进行函

（一九一八年九月十九日）

政务会议诸公鉴：

　　文自当选总裁后，因养疴上海，迟未视事，数承敦促，良以为歉。兹谨依条例派徐君谦为全权代表，克日来粤，共勖进行，特此报告。诸维鉴察为荷。此上，

敬候

公绥

孙文启

九月十九日

据《军政府进行纪要》，载一九一八
年十月六日上海《民国日报》第三版

复阮伦谈粤军攻闽战况及定闽意义函

（一九一八年十月三日）

阮伦先生大鉴：

　　昨由令叔本畴①君送来手表壹枚，敬悉。礼厚情隆，无限感谢。

　　《海外支分部规则》刻已从事更定，令叔所陈党员加给徽章一节，俟得多数议决，届时再行加入可也。

　　文返沪以来专理党务，对于时政暂处静默，以避纷扰。故于军政府总裁就职问题②，久未表示主张。昨以多数同志请文遣派代表列席政务会议，以免岑、陆③

---

① 阮伦及其叔阮本畴，均为侨居美国波士顿的中华革命党党员。

② 一九一八年五月广东军政府改组，将大元帅制改为总裁合议制，选出包括孙文在内的七名行政总裁，随后又推举政学系（成立于一九一六年、原名政学会的政治集团）首领岑春煊为主席总裁，而实权则被另一总裁、桂系军阀首领陆荣廷所把持。孙文并未参加改组后的军政府成立会。

③ 即岑春煊、陆荣廷。他们力主与北方议和，实为放弃护法斗争。

等一致主和，不得已特派徐谦为代表，昨已抵粤矣。

月来援闽粤军连战皆捷，屡获名城，汀、漳早已入我范围，福州、厦门料不日亦可占领①。闽事若定，浙自风从，闽粤毗连，交通无阻，南方既有此良好根据，即可与川、陕我军互为声援。西南大势在吾党掌握中，彼空言护法以图割据之武人，亦弗敢任性妄为，莫不惟命是听。

吾党进取之时机已在目前，惟恳诸同志群策群力，从事于党务之扩张，慷慨储金，以为奋斗之预备，是所至祷。此复，并颂

台安

孙文启

十月三日

据原函，台北、中国国民党文化传播委员会党史馆藏

复康德黎夫人告护法状况及
著书与婚姻家庭近况函

（英 译 中）

（一九一八年十月十七日）

我亲爱的康德黎夫人：

接到你们的信十分高兴，尤其令我喜悦的是你们的每一个可爱的孩子都很健康。在目前整个世界都充满苦难的时候，谁都会认为你们是特别幸运和受到上帝庇佑的。我最衷心地为您所获得的荣誉而向你们祝贺。当我获悉您和康德黎博士为国家所作出的宝贵贡献业已得到承认并受到赞赏的时候，我是多么高兴。

不管实际落到你们身上的各方面的责任和义务会有多繁重，我相信你们是会有时间及时了解我们这里的工作的。一年多以前，我和大部分海军离开上海到了广州。在广州，我组织了与北方的非法政府相对立的军政府，该非法政府是由袁

---

① 一九一八年九月陈炯明至漳州设粤军总司令部，后又建立"闽南护法区"。

世凯的追随者和亲信们所组成的。

他们企图用军事力量来破坏民国和强迫黎元洪解散国会。这样，中国便因此陷入了动乱之中。我们正在进行推翻我们国家内部的专制和黩武精神，而这正是欧洲大战中无数生命业已为之而牺牲了的事业。

合法的国会在广州召开之后，我便立即辞去了军政府首脑之职，因为我的目的已经达到了。与此同时，北方的官僚集团成立了一个伪国会，选出了一个伪总统，不管怎样，除非法制得到恢复以及立宪主义者的主张得到成功，中国将不会有和平的日子。

目前，我正在把我的时间用来写另一部书①，希望通过这部书把新知识灌输到中国人的心中，以及把我们多世纪以来所一直坚持而不问其是否有用或正确，因而阻碍我们智力进步和成就的古老学说，加以改革。

去年我写完了一部在这里十分需要的关于国会法则②时书，使我高兴的是，现在许多学校都把它当作课本用。我希望今后会有充分的时间来写作，以教育人民，使他们认识到公民的责任、权利和义务。

从你们最近的来信，我发觉你们还没有获悉三年前我在东京第二次结婚的消息。我的妻子在一所美国大学受过教育，是我最早时一位同事和朋友的女儿。我现在过着一种前所未有的新的生活：一种真正的家庭生活，一位伴侣兼助手。

我的前妻不喜欢外出，因而在我流亡的日子里她从未有在国外陪伴过我。她需要和她的老母亲定居在一起，并老是劝说我按照旧风俗另娶一个妻子。但我所爱的女子是一个现代的女性，她不可能容忍这样的地位，而我自己又离不开她。这样一来，除了同我的前妻协议离婚之外，再没有别的办法了。

至于孩子们，我的儿子目前和我在一起，我的女儿仍然在美国读大学一年级。

我亟盼我的妻子和你们认识并像我一样地享受你们的友谊，因而我希望在不久的将来能够同她一起到英国去。随函附上我俩合影一张。

---

① 指《孙文学说》一书。

② 指《会议法则》一书，后改为《民权初步》。

谨祝您和康德黎博士身体健康，并致以最热烈的问候。

你们最忠实的孙逸仙

一九一八年十月十七日

上海莫利哀路二十九号

据陈明译：《孙中山致詹姆斯·康德黎函》，载一九九一年十二月七日《团结报》

复徐谦告无从援助刘君函①

（一九一八年十一月十六日）②

季龙兄鉴：

函悉。刘君之意，我甚赞成，且望彼从此努力奋斗。至于援助，则惟有从精神上之可能，而经济上则无从为力也。而严君则暂无所用。此复，并候

道安

孙文

十一月十六日

据杨雪峰：《国父给徐谦几封未见发表的函电》原函影印件③，载台北《传记文学》第四十一卷第五期，一九八二年十一月出版

① 徐谦（字季龙）原系国民党员，一九一七年九月被孙文特任为代理大元帅府秘书长，一九一八年九月又被孙文委派为出席七总裁政务会议的全权代表（广州军政府改组后孙文任政务总裁，居上海），两人关系日益密切。关于本函情况不详。

② 原函未署年份，难以查考，暂编列在一九一八年。

③ 当时原函由澳洲雪梨的徐政（徐谦之女）提供。

复凌钺萧实中告所有进行事宜与胡汉民接商函

（一九一八年十一月二十三日）

接到惠书，借悉南中情形，感喟无似。文迩来杜门养晦，聊以著述自娱，对于时局问题，终以多数同志之主张为进退，此意早奉答于子黄①先生函中矣。今展堂业已南旋，所有进行事宜，与渠接商可也。

据《总理复信撮要》，台北、中国
国民党文化传播委员会党史馆藏

致张学济等勉湘西各军团结合作函②

（一九一八年十一月二十五日）

榕川、凤丹、香芸、德轩、培荄诸兄均鉴：

前寄去各函并密电，想都收悉。周逆就戮，为从此发展进行大好之机。经觉生兄与此间湘中同志切商，条陈因应方略数端，大要以为军事进行，贵在单一，故彼此团结，合力共作，较之声援相通，互助协济者，其不可拔之基为益坚，而进取成功之效为尤伟。

此时首要，为设立军事上统一机关，公推军政长为同志各军总领，使实力有所集中，精神十分团结。所有同志所部军队，亦须为划一之计，以实力额数多寡，改编为某师、某旅、某团；再由各师、各旅、各团派出晓畅军事者，组织总参谋机关，为军政总机关之辅，使各部全体情事，无所扞格，声息易于相通，而军事愈得指臂之效。

再宜有民政总机关，公推民政长总领之，于同志实力所及区域，慎选县长，

① 凌钺，字子黄，河南固始人，一九一二年被选为众议院议员，后参加中华革命党，时在广州非常国会。

② 张学济等为湘西护法诸军将领。

专任吏事，即与军队同驻一地，而职权各宜分明。并恢复各县会及自治机关，使人民得有法律上之自由，得调济各地方一般之生计，此不仅足为军民分治之基，尤便于统一，且条理之财政之计画者也。文意亦非为切要而不可缓者。

兹以罗君迈、于君哲士赴湘之便，嘱其袖函奉达，维兄等就近切实合商酌夺行之，此为成功之本，曷胜盼切。此后湘西重要情事，并望随时详告，当极力设法相助，共达救国之素志。专此，即颂

毅祉

△　△

十一月二十五日

据原函，台北、中国国民党文化传播委员会党史馆藏

复王子中期陕军发展惟无款可助函

（一九一八年十一月二十七日）

顷接十一月二日手书，敬悉。此次陕军艰难缔造，支柱一载，坚毅不屈，足为义师型范。现虽未能遽定全局，然以诸同人之同德同心，加之以川、滇诸军次第助援，此后当可益期发展。况自欧战既停，北方款械之路既绝，伪政府势穷力绌，汲汲谋和，倘西南各省及护法诸同志能始终坚持，务求贯彻护法之目的，则北方诸系以权利之倾轧，不久势必分崩，则最后成功必操之南方，惟在诸同人黾勉不懈耳。文在沪以经济异常困蹶，甚思相济，顾爱莫能助，冀谅之也。筹策贤劳，惟为国自爱。顺颂

近祺

据《总理复信撮要》，台北、中国
国民党文化传播委员会党史馆藏

复凌钺勖贯彻护法初衷坚持始终函

（一九一八年十一月二十九日）

接阅十六日惠书，借悉季龙诸君近况。国事多艰，吾人当以极远之眼光，最大之毅力，与群魔战争，诚如足下所云，极为佩慰。至于所谈计划，亦未始非解决大局之方。惟鄙意以为欲贯彻护法初衷，仍宜托命于国会，国会同人诚能坚持到底，不为强有力者所摇，终必能得最后之胜利也。萧君实中为国宣劳，希为致意。手此具复，即候

议祺

据《总理复信撮要》，台北、中国
国民党文化传播委员会党史馆藏

复童杭时勉坚持护法函①

（一九一八年十一月二十九日）

接诵本月二日惠书，祗悉一是。子超兄当选议长，足征吾党团结之力，不后于人。国内议和之声浪虽高，而倡导诸名流似亦未得要领，足下直斥之为筹安会，妙哉言乎。文对于时局问题，实无具体办法；惟望足下暨国会诸同志，坚持护法初志，则进行前途，终必能达到圆满之目的也。耑此布复，即候

议祺

据《总理复信撮要》，台北、中国
国民党文化传播委员会党史馆藏

---

① 童杭时，字萱甫，浙江嵊县人，一九一二年当选为参议院议员，时在广州国会。

复谢英伯告无力任报馆经费
并望力争国会护法函①

（一九一八年十二月二日）

接前月廿三日惠书，藉悉足下已补国会议员，而《南华报》亦将于本月上旬恢复出版。在国会则多一中坚人才，在舆论则增一健全报纸，南天翘首，毋任欢欣。惟文近来拮据情形，匪言可罄，任股及津贴两端均未能仰答雅命，力不从心，徒呼负负而已。

国事蜩螗，极于今日，从前护法者不为坏法者所容；今则真正护法者亦为以护法相号召者所忌。议和条件未睹端倪，而道路相传，南方之停战命令业经宣布，揣主持此议者之用心，势不至将国会牺牲之不止。足下爱国毅力相信素深，甚望力争于坛坫之间，挽此风雨飘摇之危局。政象之变幻靡常，幸勿以目前势力脆弱而自馁也。手此布复，不胜依依之至，顺颂

议祺

据《总理复信撮要》，台北、中国
国民党文化传播委员会党史馆藏

复蔡元培论实现法治与美国助南方函

（一九一八年十二月四日）

孑民②先生道鉴：

频年奉暌教范，企想殊切。顷晤尹君仲材，并奉手书，顿慰积想。

今日国民希望平和之切，诚如尊论。惟是国民所蕲望之平和，为依法之平和，

---

① 谢英伯，字抱香，广东梅县人，时任众议院议员。
② 蔡元培，字鹤卿，号孑民，浙江绍兴人，时任北京大学校长。

为得法律保障之平和。近闻少数谋平和者，方欲牺牲国会而与武人为谋。夫国会者，民国之基础，法治之机枢，此而可废，于民国何有？蔑法律而徇权势，是乃苟且偷安，敷衍弥缝，虽足以勉持旦夕；而武人把持政柄，法律不能生效，民权无从保障，政治无由进化，权利争竞，扰攘不已。一旦倾轧破裂，则战祸又起，故民国若不行法治之实，则政治终无根本解决之望，暂安久乱，所失益多。况自欧战既解，强权划灭，公理大昌，欲求民治之实，尤非少数暴戾武人所能为。

前自威尔逊总统提倡以正义公理维持国际之永久和平，同时并闻有劝告中国并助北方强制南方速就妥协之说。文窃虑其以爱中国之热心，而误用其调和之手段，期南方置法律不顾，而苟且弥缝，则爱之适以害之，为患于将来益大。故于十一月十八日致电威总统，谓："南方期保障国家之法治，为护法而战。所要求者，只一公平简易之条件，即国会须得完全之自由，行使其正当之职权也。若此简易之条件尚不能办到，则吾人惟有继续奋斗，虽北方援引任何强力，皆所不顾。"此电去后，同时并由路透电遍传欧美，引起各国之注意，故美国上议院已有承认中国南方为交战团体之提议，而美政府对文电亦表示赞同。是则外交友邦且能为我主持公道，吾人天职所在，安可不益勉求贯彻初衷，以竟护法之全功，而期法治之实现。耿耿之忱，当亦执事所同然欤。朔风凛冽，北望增怀，伏冀为道自重，并颂

教祉

孙文

十二月四日

据高平叔编：《蔡元培全集》第二卷（转录原件），北京，中华书局一九八四年九月出版

复王法勤告对时局意见已函达国会函

（一九一八年十二月四日）

接读前月廿四日惠书，虑周意密，具见足下爱国爱党之苦衷。其所以待季龙兄者，用意良厚，亦适与文意相同也。文对于时局问题之意见，昨已函达国会诸

公，谅足下业经洞悉一切矣。此复，即候

议祺

据《总理复信撮要》，台北、中国
国民党文化传播委员会党史馆藏

复广州国会告坚持护法初志必获外人协助函

（一九一八年十二月五日）

顷接十一月廿三日公函，敬悉。此次军政府停战令之发布，文意亦未以为然。惟是此事原动，闻缘于美领事警告所促成。近国民怵于外交势力，往往张皇无措，即军政府诸君以骤经此压迫，委曲求全，亦无足怪。

文前因闻美政府有调停我国内争之举，欲强南方速与北方妥协，此实为其手段之错误。故于十一月十八日致电美总统，声明"南方所要求之条件，只系国会能有完全自由行使其正当之职权，他无所要求"等语。此电已见报端，想经鉴及。自此电发后，随由路透电遍传欧美，引起各国之注意，故美上议院近乃有认南方为交战团体之提议；而美政府对文电，亦表示赞同。此后将请美总统出而主持公道，吾人终可达到护法之目的。但冀国会及军府同人坚持初志，不折不挠，则外人敬吾主义之贯彻，将益闻风兴起，协以助我。语曰"自求多福"。是在吾人之自勉不懈而已。此复，藉颂

公祉

据《总理复信撮要》，台北、中国
国民党文化传播委员会党史馆藏

复徐谦述派使赴欧参会与闽事意见函

（一九一八年十二月十二日）

顷颂十一月三十日、十二月三日惠书，均悉。日前军政府致徐①之电，主张和议公开，实为破北方与私人秘密言和之一策，办法甚合。至派大使赴欧洲参预平和会议，此事恐终须在内国问题解决后，始能办到。此国际条例，美法各国亦未能为我特行破格也。

闽事林、方互争雄长，实为与竞存争地位；然闽事今亦异常停滞，恐亦无效果可言。兄在粤苦心维持，文所深悉，浮议悠悠，何足深较，听之可耳。此复，并颂
近祺

据《总理复信撮要》，台北、中国国民党文化传播委员会党史馆藏

复熊希龄蔡元培论维护法律法治为治国根本函②

（一九一八年十二月十二日）

顷晤王君铁珊③，并奉惠书，敬悉。此次政争踰年，民生重困，其源皆由于法律为武力所破坏，以致国纪荡然，民命莫托，思之怆怀。诸君子本悲天悯人之谊，提挈群彦，力倡和平，热忱弘愿，岂胜钦叹。

惟是民国七年，政变四见，国民鉴往诫来，所薪求者不在暂时和平，而在永久和平；即使法律得完全之保障，而举国皆托庇于法治之下也。不然，国本未固，暴力犹在，而暴力之于法律，又每处于不两立之地，则异日又孰能保障而维持之。

---

①　指徐世昌，时已就总统职。
②　熊希龄、蔡元培时任北京和平期成会正副会长。
③　王芝祥，字铁珊，京兆通县人，曾任南京留守府军长兼军事顾问，国民党理事。

诸君子高瞻远瞩，谅同斯意。伏冀澄本清源，树之轨物，俾国事永奠，咸臻治理，则国人所拜赐者，岂有涯耶？专此奉复，并颂

筹祉

据《总理复信撮要》，台北、中国
国民党文化传播委员会党史馆藏

复吴忠信述练军为进取之需函

（一九一八年十二月十二日）

礼卿我兄鉴：

自兄入闽以后，音问久疏。惟每于军报中闻奋发进取，屡挫敌锋，为粤军左翼劲旅，甚为欣慰。

近日时局，虽和议之声日炽，而群邪犹然当道，是非犹未大明，达到护法目的，犹未旦夕间事。吾党救国护法之责任，犹未能尽，甚望兄及粤军诸同志，于此期间，勉力训练部伍，厚植基础，以为异日进取之需。粤军为吾党之主力，兄又为吾党之健者，幸勉荷艰难，坚忍不懈，时事澄清无日，正不患英雄无用武地也。

军旅贤劳，殊深怀想，幸为国自重，并颂

毅祉

孙文

十二月十二日

据原函影印件，台北、中国国民党文化传播委员会党史馆藏

致许崇智蒋中正望固守观变勉荷艰难而待将来函

（一九一八年十二月十三日）

自兄等向兴化进发后，久未得详讯，深以为念。不审兴化下后，前方情况如何？近闻竞存以军政府已下停战令，不愿衅自我启，已有令兄等停止进行之说。

兄等此后准备作何计划？文意粤军如全部均已停止，则兄等单独进行，似为势太孤，亦非万全，此时之计，惟在保守固有地盘，维持固有实力，以为应机观变之用。

此时北方所以急急欲和者，实为段派武人因欧战已停，日本扼于美国之监视，不能以款械助之，故势穷力绌，无法续战。同时徐世昌以主张平和之面具欺外人，博其同情，藉外力以排段而诱胁南方，故和议势已日促。惟恢复旧国会为徐所不欲，若此点不能解决，则南方护法目的仍不能达到，国事仍不能根本解决。广州军政府之下停战令，亦因外人劝告，恐坚持主战，则人以为其曲在我，故不得不为此敷衍之办法。然军政府及国会所坚持者在先，使徐世昌退伪职，并解散新国会，此北方武力亦未能承认，故近日平和之声虽高，而解决实迢迢无期。

文前恐外交界为徐世昌之伪面目所欺，故前月中旬曾致电美总统，声明南方所要求者，其唯一之条件，即国会能得完全之自由，行使其正当之职权，盖此事若能办到，则护法之根本目的已经达到，将来如裁兵、废督军、惩办祸首、选举总统、制定宪法等事，皆可由国会自行处置，无须枝枝节节，多立条件也。此电发后，闻美总统甚表同意，谓必有以副文之望。

文近在沪与诸同志商，以美总统自欧战停后，方主张以正道公义维持此后世界之永久平和，而于扶助弱国尤引以为己责。故文对于我国南北之事，主张请美总统出而为我仲裁人，嘱国人一致鼓吹此说，则以美总统之主持公道，必能为我恢复国会；而于将来国会，更加一重有力之保障也。此说颇得各方所赞同，不久当可见诸事实。

兄等处此局势，惟有耐守观变，亦不可遽怀退志。明知兄等办事困难，然吾党责任未尽，粤军又为吾党今日惟一之主力，兄等为维持本党实力计，惟有勉荷艰难以待将来。国事尚难遽定，吾人亦宜始终奋斗，以求贯彻主张也。

军旅勤劳，至深系念，望为国勉力自爱，并颂

近祉

据《总理复信撮要》，台北、中国
国民党文化传播委员会党史馆藏

致罗翼群勉训练粤军以为国用函

（一九一八年十二月十三日）

自兄赴闽后，每得粤军音信，知兄指挥部曲，奋力进取，屡获大捷，闻之甚为欣慰。此次粤军援闽，所向克捷，增本党护法之光荣，是皆兄等力荷艰难，黾勉不懈之效果也。现时局虽和议之声日迫，然护法之根本解决，犹非旦夕可望。吾党奋斗之责任，犹未能尽，望兄与诸同志仍振作精神，勉力不懈，以收报国之全功。此时并宜努力训练，使基础巩固，则异日收效尤巨。粤军为吾党之主力，实力所萃，务宜爱护保存，努力维持，以为国用，所深盼也。

军旅勤劳，幸为国自重，并候

毅祉

据《总理复信撮要》，台北、中国
国民党文化传播委员会党史馆藏

致蒋克诚望维持实力巩固基础函

（一九一八年十二月十三日）

自兄偕汝为兄入闽以后，屡于战报闻兄努力进取，屡获大捷，攻克要隘，深入敌人重地，深为欣慰。闽中本为兄旧日治军之地，故能形势了然，有攻必克，发挥吾党护法之精神，前途未艾，幸益勉致全功。近日时局虽为和议之声所障，未能悉力进行，然国内是非犹在混沌之间，护法问题能否根本解决，尚未可知；国事一日不定，吾党之责任一日未尽，望兄仍竭立〔力〕维持实力，巩固基础，以贯彻吾党之主张，而完成救国护法之责，是所深盼。

军旅勤劳，望为国自爱，顺颂

毅祉

据《总理复信撮要》，台北、中国
国民党文化传播委员会党史馆藏

致洪兆麟勉努力练军贯彻救国护法主张函

（一九一八年十二月十三日）

　　前接手书后，曾复一函，想及詧悉。粤军近状，因和议关系，稍致停顿，未能奋力驱敌，甚为抱憾。然国内群奸依然当道，是非犹未大明，恢复国法犹属迢迢无期，是吾党责任犹未能尽。兄自率师援闽以来，奋勇先登，屡克名城，实为粤军之中坚；而汀、漳各属，为吾粤军根据重地，得兄镇抚其间，责任尤重。尚望努力训练部伍，蔚为劲旅，以贯彻吾党救国护法之主张，俾澄清国难，屹为干城，胥惟兄是赖。其同事同志，亦望以此志互相勉励，时事方艰，正不患英雄无用武地也。

　　文于解决时局根本条件，仍主张国会能以完全之自由行使正当之职权。盖如是，则法律之保障始固，全国乃能悉受治于法律之下也。

　　军旅近讯，盼时见告，并颂

毅祉

孙文

十二月十三日

据《总理复信撮要》，台北、中国
国民党文化传播委员会党史馆藏

致邓铿勉任艰难贯彻主张函[①]

（一九一八年十二月十三日）

　　粤军援闽以来，阅时一载，大小百战，其间调度规画，兄力为多。近时局停滞，闻兄颇有离去之意，文意以为不然。盖粤军今日为吾党唯一精锐，亦为护法军之中坚，刻虽暂难进行，然维持固有之实力，训练整顿，以待发展，亦为当务

---

　　① 邓铿，字仲元，时任援闽粤军右翼指挥官。

之急，万不可遽有灰心，委之而去。况粤军成立以后，悉由兄一手编制，若兄行，则竞存兄失有力之臂助，将来愈形困难。

时局现虽稍趋平和，然是非犹未大明，暴力依然未灭，将来国事果能依法解决与否，犹未可知，是国法效力一日不恢复，吾党奋斗之责任一日未尽。兄为本党健者，即为吾党之救国责任计，亦未宜先决然而行。望兄为大局计，为本党计，勉任艰难，以贯彻吾党主张，实所深盼。

军旅勤劳，良深驰念，幸勉自将护，顺颂

近祉

据《总理复信撮要》，台北、中国国民党文化传播委员会党史馆藏

复陈炯明告近期专于《实业计划》著述函

（一九一八年十二月二十三日）

竞存兄执事：

陈君来，并接诵手书，备悉。见惠茶花、水仙数支，足供新年之用，拜谢。

李①既中变其计，自食前言，则向彼交涉，自以中止为善，于此益证知此辈之不足相与谋也。

兄在闽措施，既切近时需，而规画又复宏远，闻之曷胜欣喜。文对于种种建设，此时专期《实业计划》有所著述，此编告竣，始从事其他，知注并闻。专此，顺颂

时祉

十二月二十三日

据原函，台北、中国国民党文化传播委员会党史馆藏

---

① 指李厚基，时任福建督军，与陈炯明部对峙，一度曾拟与陈议和。

复林祖涵期程潜立功报国函①

（一九一八年十二月二十三日）

来缄诵悉。彼辈果不复稍存顾虑，竟借和议以遂其分赃割据之阴私者，此于国家何与？人民又何与？而护法之旨又安在？吾党惟有竭力诛之，以求永奠此民国耳。

颂云②果有悔改之心，本于自觉而为奋斗，文自所乐予赞成。当此多难，相期立功报国耳，维转致斯意。专复，并颂

时祉

十二月二十三日

据原函，台北、中国国民党文化传播委员会党史馆藏

复熊克武望贯彻护法本旨与杨庶堪共治蜀事函③

（一九一八年十二月二十四日）

比日接诵公电，知经营戎政，备极贤劳。又蜀中诸同志来沪，亦称兄莅事精勤，筹策不倦，锦城西望，岂胜欣慰。蜀为天府之国，民庶地博，物产饶衍，冠乎全国。苟整理得宜，发达可以操券。兄治军梓乡，宏规远绍，亦固其宜，尚冀勉致全功，以慰向望。

近日国内虽和平之声日益加盛，然类多为苟且旦夕之谋，能为国家筹根本解决之计者，甚属寥寥。鄙意吾人创义目的，既为护法，则解决办法，亦自当以国法有效为根本；否则暴力犹存，法律仍将为所蹂躏，数年一乱，澄清难期，此甚匪吾人救国护法之本旨也。

兹者沧白兄归蜀，与兄分治大政，两贤相得益彰，此后川事之蒸蒸日上，尤

---

① 林祖涵，即林伯渠。

② 程潜，字颂云。

③ 熊克武，字锦帆，四川井研人，时任四川督军。

可预期，想左提右挈，同德一心，以康济艰难，发扬光大，企望何穷。川局近情，
幸随时见告。专此布复，并颂
毅祉

据《总理复信撮要》，台北、中国
国民党文化传播委员会党史馆藏

复焦易堂唁其子殉国并告以私人名义
赴欧美方为有益函①

（一九一八年十二月二十四日）

顷诵十四号手书，敬悉。哲嗣从戎殉国，志节炳然，尚冀为国自重，勉抑哀感。

赴欧特使，以今日南方尚未得各国承认，未必有效。文苟驽钝所及，此后或以
私人名义往赴欧美，以冀尽个人之责职，亦甚有益，惟当勉力图之耳。专复，并颂
议祉

萱莆兄均候。

据《总理复信撮要》，台北、中国
国民党文化传播委员会党史馆藏

复林修梅勖坚持护法函②

（一九一八年十二月二十四日）

顷罗君镜芙来沪，并诵手书，敬悉。

去秋西南护法兴师，湘省首当敌冲，而执事与昆涛③诸君，厉其猛志，百战
摧敌，义声昭于全国，虽以力孤援薄，未能奏廓清之业，然有志竟成，国事方艰，

---

① 焦希孟，号稷山，字易堂，陕西武功人，后以字行，一九一二年当选为参议院议员，
一九一七年赴广州参加护法运动，为非常国会议员，并任大元帅府参议。

② 林修梅，字浴凡，时任湘军第二纵队司令。

③ 刘建藩，字崐涛，湖南醴陵人，一九一八年五月在湘东战斗不幸落水牺牲。

尤冀毅力持之耳。

近日和平之说，固盛播人口，然类为苟且敷衍自便私图之人所利用。观于伪政府坚自居于主体地位，对等和议，尚难相从；且一面言平和，一面对陕、闽仍积极进攻，其无诚信可知。鄙意以为吾人此次创义，目的既为护法而战，则必期达到真正护法而后已；所希望者永久之根本平和，而非暂时之形式平和，否则惟有继续奋斗，万不可轻牺牲其主张。望兄等勉力不懈，维持民国正义。专复，并颂

毅祉

据《总理复信撮要》，台北、中国国民党文化传播委员会党史馆藏

复徐谦告不欲担任赴欧会议代表名义函

（一九一八年十二月二十四日）

顷接本月十一、二两日手书，均悉。文前因军政府突发停战令，又闻系受驻粤美领事无理压迫所致，故极不以为然。今得兄函，详及此中经过情形，向日所过虑之处，已涣然冰释。此后一切进行，当以兄所主张，一致发言，以免彼此纷歧。

至赴欧会议代表一事，文以此时南方政府尚不为各国所承认，代表前往恐难有效，故文意不欲担任代表名义，不如待将来有机之时，以私人名义前往欧美，相机发言，效力或者更大。诸在粤同志若有促文代表赴欧者，亦望以此意告之。耑复，顺颂

近祉

据《总理复信撮要》，台北、中国国民党文化传播委员会党史馆藏

复邹鲁告赞同推胡汉民任省长函①

（一九一八年十二月二十四日）

顷接十二月十三日手书，备悉。闻于推展堂任粤省长事，已较有头绪，如能办到，鄙意当然赞同。惟粤事纠纷错杂，近者尤甚，一切举动，似宜妥慎图之为要。知念特复，并颂

近祉

孙文

十二月二十四日

据《总理复信撮要》，台北、中国
国民党文化传播委员会党史馆藏

复凌钺等告不欲任赴欧和会代表函②

（一九一八年十二月二十四日）

顷接十二月十四日公函，备荷眷注，深感。

赴欧代表一节，以南方政府刻尚未为各国承认，无从取得国际资格；即派代表，亦恐未能生效。文非欲以谦退鸣高，实恐不能副此责任耳。鄙意以为不如待有机之时，以个人发言，为效较大，想能谅之。嵩复，并颂

议祉

据《总理复信撮要》，台北、中国
国民党文化传播委员会党史馆藏

---

① 邹鲁，字海滨，广东大埔人，时任军政府财政部次长。
② 来函系由广州凌钺等十四人联名。

致刘祖武等勖坚持护法函

（一九一八年十二月二十七日）

继之护督、夔峰省长、萍赓□□、延之警备司令、竹青警备司令①执事：

时局艰危，忧思蕴结，每念滇中将士，军旅勤劳，辄为向往不置。三迤山川峻丽，英杰挺生，已得天之独厚，宜建树之特隆。执事晓畅戎机，通达治体；在昔既推翻帝制，重奠共和，于今必扫荡逆氛，巩固法治，遗大投艰之任，勒铭刻碑之典，知匪异人任矣，甚盛甚盛。

文自相随海军将士、国会议员之后在粤组织军政府以来，夙夜兢兢，数月于兹，无非欲争回已坏之法，使国会得以重开，一切皆由国会依法解决而已。幸赖西南各将领能深体斯旨，如响斯应，湘、蜀报捷频来，潮汕亦已收复，段氏不支，伪阁以倒。现在伪政府停战之令虽颁，而伪临时参议院仍继续开会，窜改国宪。倪嗣冲、张怀芝之伦恣睢于北，龙济光、李厚基辈助乱于南，实欲藉停战为名，以老我师，而隳我士气。文与海军暨两粤诸将士，誓非使国会恢复，得完全行使其职权，凡约法所规定，得保障其原有之效力，则决不为姑息调和之言所乘，致中敌人之奸谋，而再蹈为德不卒之辙。所望执事坚持到底，作一劳永逸之图，庶海宇澄清，富强可企，民国前途，实图利之。耑此，并颂
毅安

孙文

十二月二十七日

据原函，台北、中国国民党文化传播委员会党史馆藏

---

① 受信人依次为刘祖武（继之）、田云龙（夔峰）、唐继虞（萍赓）、缪嘉寿（延之）、孙永安（竹青）。

致钮永建慰问在粤遇刺受伤函

（一九一八年十二月二十八日）

前日据新闻传说执事在粤猝遇凶徒，致受微创，闻之深为骇愕。犹幸吉人天相，化险为夷，尚足稍慰。惟粤为通都大邑，而奸宄横行，弁髦法纪，宜严惩凶党，以儆将来；并望勉事调治，以期速痊，出入戒慎，以防未然。临书悬企，藉颂

痊祉

据《总理复信撮要》，台北、中国
国民党文化传播委员会党史馆藏

复李遂生告无款援助函

（一九一八年十二月）

接本月十号惠书，藉悉一是。文自返沪以来，日以著述自娱，对于时局殊无成见在胸。粤议会选举问题，亦复无暇过问，足下关怀地方，实堪佩慰。虽当此玄黄易位之时，众寡殊势；然千夫之唯唯不如一士之谔谔，足下倘能被选，定能为百粤父老增进幸福也。惟文近来窘困异常，承嘱经济上之援助一节，究属力不从心，方命之处，尚望曲为原谅也。手此布复，即候

时安

据《总理复信撮要》，台北、中国
国民党文化传播委员会党史馆藏

致吴景濂请详查辨正对日本记者谈话函

（一九一九年一月二日）

近沪上得日本陆军大臣田中来电，谓执事前在粤对东方通信记者八田谈话，称此次徐树铮赴日，以办陆军大学名义，向日本借款三百万，实以济助段派。此

事是否原敬主张，犹不得而知，然田中与参谋本部必为主持之人，此等举动实足以损日本之光荣等语；复谓此种消息系由文及唐少川报告执事者云云。文闻之极为诧异，盖文实无以此种消息奉告之处，是否该通信记者所闻之误，尚希执事详查辨正，俾事实不致混淆，具纫公谊。此布，并颂

议祺

（此函由季陶君转）

据《致广州吴莲伯》，载南京《中央党务月刊》第十一期"特载"，一九二九年六月出版

复于右任告未能助饷械函①

（一九一九年一月五日）

比接惠书，以交通阻滞，故稽奉答。每念军旅贤劳，未尝不神驰西陲也。三秦居全国上游，夙为形胜之区，而密迩西疆，关系尤重。兄自创义以来，力荷艰难，毅力苦心，同深钦服！

近自和议声日促日进，群为苟且之图，无澄清之远谋，思之岂胜扼腕。顾军政府在南亦仅有空名，欲期以饷械相助，势所不能。兄处此困厄之交，尚冀努力维持固有实力，保存现在地盘，以待发展之机。文苟有可为，亦必竭力相助，决不使兄独任其难。并望念国事之艰难暨西陲之重要，万勿遽怀灰心而有引退之意，总宜以贯彻民治主义自任，持以坚贞，以待未来，所深企也。专此奉复，惟期为国自重，并颂

筹祉

（此函由张代表转）

据《致陕西于右任》，载南京《中央党务月刊》第十一期"特载"，一九二九年六月出版

---

① 在孙文授意下，一九一八年八月于右任从上海到三原就任陕西靖国军总司令职。于曾致函孙请求广州军政府以饷械相助。此为孙之复函。

复焦易堂童杭时辞世界和平共进会理事长函

（一九一九年一月五日）

比诵惠教，敬悉。诸兄发起世界和平共进会，所以诱导国人者，用意甚盛！惟文近于外事，实觉无能为助，承推任理事长一职，殊不能当，尚希另推贤能，以裨进行。方命之处，幸为鉴谅。此复，并颂

道祺

据《致广州焦易堂童萱甫》，载南京《中央党务月刊》第十一期"特载"，一九二九年六月出版

复伍廷芳允另行慰留徐谦函[①]

（一九一九年一月五日）

春阳更新，想起居安吉，为颂。

顷诵惠教，敬悉。季龙兄任事诚挚，足为军府助力，况当此时事未决之前，诚不可听其引去。除文再另行慰留外，特此奉复，以慰雅注，并颂

新禧

据《致广州伍秩庸》，载南京《中央党务月刊》第十一期"特载"，一九二九年六月出版

---

① 伍廷芳，字文爵，号秩庸，广东新会人，时任护法军政府外交总长。广州军政府参议员萧辉锦等三十二人曾联名上书孙文，报告孙文驻广州军政府全权代表徐谦在粤神秘乖谬行动，请予撤换，孙文复此函表示仍应留用。

复广州非常国会闽籍议员辞巴黎和会代表等事函

（一九一九年一月六日）

顷诵公函，标揭正义，折衷群论，至为敬佩！

此次北廷虽标和议之名，然对闽犹竭力进兵，是盖远交近攻，弱我羽翼之计。诸君主张以在闽北军新增者先行撤退，为和议之前提，洵为綮〔窍〕要之论。唐君少川在沪，亦坚持尊重国会①之意思，度北廷理屈辞穷，必难与我争也。徐季龙兄持正不阿，文所深知，已去函慰留之矣。

至国会②诸君拟推文为欧洲平和会议代表事，则鄙意殊未敢当。以此时南方政府尚未得各国所承认，派员列席，势所难能；不如待有机会时，由文以私人名义发言，或较为有效也。手此奉复，并颂

公祉

据《致广州福建议员诸君》，载南京《中央党务月刊》第十一期"特载"，一九二九年六月出版

致林森等望设法疏通使伍朝枢出席巴黎和会函③

（一九一九年一月六日）④

子超、季龙⑤、汉民三兄同鉴：

弟前甚主张少川先生往欧洲和平会，代表全国。因少川先生有计画、有目的，

---

①　指一九一七年六月十二日被张勋胁迫黎元洪解散的国会。

②　指广州非常国会。

③　随着第一次世界大战结束，战胜国举行的巴黎和会（本函称欧洲和平会）将于一九一九年一月十八日在法国巴黎西南郊凡尔赛宫开幕。当时北京政府打算与广东军政府进行南北议和谈判，并同意中国组成统一代表团参加巴黎和会。孙文因考虑另一政务总裁唐绍仪（字少川）将出任南北和议的南方总代表，乃主张除获北京认可的署理军政府外交总长王正廷外，另派外交次长伍朝枢（字梯云）前往巴黎，故修此函寄广州。但后来中国代表团由五名全权代表组成，南方仅为王正廷一名，伍朝枢则以"随员"身份同往。

④　原函未署年份。惟函中叙及巴黎和会与南北和议，可知在一九一九年。

⑤　林森，字子超，任非常国会参议院院长。徐谦，字季龙，任孙文驻广州军政府代表。

而在美欧各使①，多为其亲故，意见可以统一也。今以南北问题未妥，少川先生不能往，欲梯云②代往欧转达其目的于其他之代表，冀为中国争回当有之国权。少川先生另有函致国会与军政府，第恐国会议员或有不明用意而生反对者。望三兄设法疏通，以便梯云兄早日成行，亦或补救之一法也。此致，即候

大安

孙文

正月六日

据杨雪峰：《国父给徐谦几封未见发表的函电》原函影印件③，载台北《传记文学》第四十一卷第五期，一九八二年十一月出版

复刘香浦望与杨庶堪等共谋川中大计函④

（一九一九年一月七日）

顷诵手书，敬悉。

巴蜀控扼大江，形势重险，执事先机识变，联络豪俊，培养基础，注意民政，主张分权，卓识宏虑，深可钦服。

沧白、锦帆⑤，川中之良，正宜共倾肝胆，以谋大计。并望执事周旋其间，俾悉融素见，协力同规，庶治理骎骎，仪型全国耳。此复，并颂

筹祉

据《致四川刘香浦》，载南京《中央党务月刊》第十一期"特载"，一九二九年六月出版

---

① 指北京政府派驻欧美国家公使，其中三人后被任命为中国出席巴黎和会的全权代表。

② 伍朝枢，字梯云。

③ 当时原函由澳洲雪梨的徐政（徐谦之女）提供。

④ 一九一八年三月，据四川省议员呈请，孙文特任熊克武为四川督军、杨庶堪为四川省长。杨在十月到任前，省长由黄复生代理。

⑤ 熊克武，字锦帆。

复丁惟汾等告正设法援救薄子明函①

（一九一九年一月七日）

顷诵手书，敬悉。

薄君子明此次为探诬捕，沪上同人均极关切，近已竭力设法先行阻止引渡。倘再能将其诬控各节切实证明，则解决尤易也。

刘君芙航已经晤谈，知念。特先奉复，并颂

公祉

据《致广州丁鼎臣刘冠三邓天乙》，载南京《中央党务月刊》第十一期"特载"，一九二九年六月出版

复芮恩施告派蒋梦麟来取建筑设计图卷宗函②

（英 译 中）

（一九一九年一月十日）

北京

芮恩施阁下

尊敬的阁下：

您去年十二月十一日惠书，昨日刚收到，谢谢。

因我对建筑极为兴趣，所以，如蒋梦麟博士前来取建筑设计图的卷宗，请您

---

① 此系孙文复丁惟汾、刘冠三、邓天乙等关于援救薄子明的函件。薄在一九一六年反袁战争时，受中华革命党东北革命军总司令居正指挥，任第一支队司令，旋于岱南任护国军司令。反袁战争结束，薄往上海。山东督军张树元与上海护军使卢永祥勾结，诬薄参与绑架案，薄被租界方面逮捕。后卢交涉引渡后，加以杀害。

② 芮恩施系美国驻华公使。孙文的复函为英文，现藏美国威斯康星大学图书馆。

将其交给他，不胜感谢。

再次谢谢您！

孙逸仙谨识

一九一九年一月十日

上海莫利哀路二十九号

据孙修福译：《孙中山致芮恩施函两件》，
载《民国档案》一九九二年第三期

致林森等介绍美驻京参赞赴粤调查函

（一九一九年一月十一日）

兹有驻京美使署陆军武参赞德来达君，来粤调查南方近情。美国近日对我国扶助之心，异常恳挚；惟以向于东方国情未加注意，即欲助我，苦无着手之方。故德君此次南来，即系负有此项调查报告之任务。至粤以后，望兄等详以南方内容暨政治上应兴应革之诸大端，地方上一切利弊，下至赌博、盗匪等，悉以告之，俾有详密参考之资料，为美政府异日助我建设得所标准，所益实多。特此介绍，并颂
公祉

据《致广州林子超等三人》，载南京《中央党务
月刊》第十一期"特载"，一九二九年六月出版

致唐继尧介绍美驻京参赞赴滇调查函

（一九一九年一月十一日）

久疏笺札，想筹策多劳，动定康豫，昆池西望，岂胜神驰。

兹有驻京美使署陆军武参赞德来达君来滇晋谒台端，有所咨询，尚希优加礼遇，详细答之。因此时各国对我，惟美国意最诚挚，有确实助我之热忱。惟美国向于东方时事未甚明了，近始注意调查。德君此次南来，即负有此种任务。望执事于南方近情暨地方应兴革之处，推诚详告，庶异日得此恳挚之友邦为我有力之

援助，实所深盼。专函介绍，并颂

筹祺

据《致云南唐蓂庚〔赓〕书》，载南京《中央党
务月刊》第十一期"特载"，一九二九年六月出版

复林德轩告和议裁兵时当设法维持兵力函①

（一九一九年一月十四日）

程君如兰至沪，备悉近状，并诵手书，均悉。

此次湘中各军，以统帅不一，号令不齐，故虽以兄之苦心支柱，转战经年，犹未能迅奏大功，深为叹息。近和议说起，众志多期其速成，而裁兵废督，尤为多数主张，势将见诸事实。倘此次会议之际，能为兄军设法维持，文必竭力图之。

一切除面告程君外，专此奉复，并颂

毅祉

据《致湖南林德轩》，载南京《中央党务月
刊》第十一期"特载"，一九二九年六月出版

复蔡元培张相文告以近日著述情况
并论民国史编纂函②

（一九一九年一月十四日收到）③

顷诵惠教，知方君寰如函称：国史征集，文已允为间日讲演。此乃方君之意

---

①　林德轩，字道盛，号伯仙，湖南石门人，时任湖南靖国联军总司令。

②　蔡元培时任北京大学校长，兼国史编纂处主任。蔡为编撰《国史前编》一书，与该处副主任张相文联名致函孙文，就开国前有关秘密党会事向之求教。此信系托人带至上海递交。孙文复函前曾有亲笔批答。来函及批答原件现藏台北、中国国民党中央文化传播委员会党史馆。

③　原函未署下款及日期，所标为写于信封上收到来函日期。

以为当然，文实未之知也。然述革命之概略，为信史之资，此固文所乐为者；惟以文近方从事著述，无暇以兼及此耳。

文所著述，盖欲〈以〉政治哲理，发挥平生所志与民国建画暨难知易行之理，撰为一编，以启迪国人，俾灼知共和政治之真相为何，国民之所宜自力者为何。草创将半，再阅数月，或可杀青。其中一章所述者为"革命缘起"①，至民国建元之日止，已略述此数十年来共和革命之概略，足为尊处编纂国史之干骼。若更求其详，当从海外各地征集材料，乃可汇备采择。此事现尚可办，文当通告海外各机关征集材料。然事颇繁重，欲汇集其稿，恐亦需一载之时。顾国史造端宏大，关系至重，亦不宜仓卒速成。要须经以岁月，几经审慎，是非昭然，事实不谬，乃足垂诸久远，成为信史耳。

至尊函主《国史前编》上溯清世秘密诸党会，文于此意犹有异同。以清世秘密诸党会，皆缘起于明末遗民，其主恉在覆清扶明。故民族之主义虽甚溥及，而内部组织仍为专制，阶级甚严，于共和原理、民权主义皆概乎未有所闻。其于共和革命关系实浅，似宜另编为秘密会党史，而不以杂厕民国史中，庶界划井然不紊，此亦希注意及之也。

文所著述之稿现尚未有定名，顾卒业以后，意在溥及国民，广行传布，若完全由沪印行，恐卷帙繁重，分运为艰，拟备资于京沪分别印刷。执事闻见较详，倘知北京有优良之印局足以印行，或完全由沪印行分运，如何为便，均望以办法见示，俾得有所折衷，甚幸。专此奉复，并颂

撰祉

据《民国八年总理函稿》（上）"致北京蔡孑民张蔚西（一·十四）"，录自中国国民党中央执行委员会总务部民国八年《复信摘要》第一册原稿，载南京《中央党务月刊》第十一期"特载"，一九二九年六月出版

①　此即《孙文学说》第八章，出版时改题为"有志竟成"。

复李纯望尊重法治函

（一九一九年一月十四日）

李君实忱来，藉奉手书，盛意垂注，深为愧感。

方今国民群企法治，冀获康济，执事提挈群彦，洗濯清和，硕筹宏略，尤深引领。石城在望，积想何如。

一切除与李君面罄外，专此奉复，并颂

政祺

据《致南京李纯》，载南京《中央党务月刊》
第十一期"特载"，一九二九年六月出版

复卢师谛杨虎告运枪入川不能办到等事函

（一九一九年一月十四日）

顷接十二月间手书四函，均已诵悉。

此次蜀中军事，得兄等惨淡经营，联合群力，团结日固，虽事实上未能完全发展，然有此有力之基础，异日按步进行，自属较易，望勿以小挫失而遽怀灰心，毅力坚持，以谋进取，庶足日起有功也。

所嘱将陈中孚兄之枪设法运川之事，刻殊不能办到；以该项枪枝犹在日本，出口之交涉固属难办，进口尤为不易。况蜀道途阻隔，中间随处足为敌人所截取，尤为非计。

至和议声浪，现已日趋日近，而废督军裁兵之计划，尤为多数所主张，将来当可成为事实。届时文必当设法为川中同志保留一部分之军队，以固西陲实力。此时吾诸同志之在川者，宜注意巩固现在地盘，谋切实之发展，万勿舍近图远，致双方均无把握。国事纷纭，事变正众，吾人但宜以维持现状为进取之资，庶足以贯彻吾党救国之本旨也。此复，并颂

近祉

据《致四川卢锡卿杨虎》，载南京《中央党务
月刊》第十一期"特载"，一九二九年六月出版

复胡仲尧望坚忍处事函

（一九一九年一月十六日）

顷诵手书，敬悉一切。

客岁荆襄树义，为南方护法军之极大声援。执事与令侄之热忱毅力，国人同钦。此次虽以和议顿挫，未能亟伸挞伐，完吾人救国之天职，然国事方殷，前途之责任甚巨，尤冀坚忍以处之。至鄂军将来苟有可以设法维持之处，自当竭力图之，以副执事及诸同志之热忱也。手此布复，并颂

毅祉

据《致夔州胡仲尧》，载南京《中央党务月刊》第十一期"特载"，一九二九年六月出版

复陈堃告未便留陈炯明任闽省长函①

（一九一九年一月十六日）

顷诵一月六日手书，敬悉。

闽省长事，诸君为地择人，公推竞存兄担任，自系维持桑梓之苦心。惟文近于时局观察，实无一定之办法，故亦未便遽留竞存长闽。区区之意，想荷鉴原〔谅〕也。此复，并颂

公祉

据《致广州陈伯简等》，载南京《中央党务月刊》第十一期"特载"，一九二九年六月出版

---

① 陈堃，字伯简，福建籍众议院议员，时在广州非常国会。

复席正铭谢力辟外界谣言并请
疏通与段祺瑞意见函

（一九一九年一月二十日）

丹书先生大鉴：

二日书悉。外界谣言每不相谅，承力为辩〔辨〕正，至为感谢。政党组织之议虽发生甚久，而弟则自始声明不与闻，前后来者十余辈，初未一允，彼曹不知，乃有此谰言，滋可笑也。段公既能受尽言，足下进而疏通两方意见最佳。弟意段公若能用吾言，必能大有造于民国，功不必自我成，名不必自我立也。此复，即请

大安

孙文启

一月廿日

据席元龙编撰：《贵州席正铭烈士革命殉国实录》，
台北，金谷文具印刷有限公司一九八四年十二月出版

分致黄复生石青阳颜德基卢师谛
望协助杨庶堪治川函①

（一九一九年一月二十三日）

此次川中树义，以诸同志之艰难支持，始克有今日之效。然今日世界大势，群趋于真正之民治，此后吾人所宜致力者，亦惟是悉力致意于民治，一面以扶助社会之发展，而引起多数人民之同情。川中地大物博，民众殷阜，苟能善为整理，异日居上游而控制全国，自是意中之事。

沧白兄为吾党贤者，此次长蜀民政，又系川中诸同志所共推，窃欲吾诸同志

---

① 此系孙文分缮致四川军事长官黄复生、石青阳、颜德基、卢师谛等人函件。

对于沧白兄此后宜益竭力辅助，使其政策得以次第实行，以助民治主义之发展，而以川省为全国平民之模范，此文所深望者也。惟沧白兄任事未久，其最困难而不易解决者，是为财政问题；加以年来各军划疆分守，亦非行政官厅一纸文告能收统一之效。关于此点，尤冀各同志尽力所能，为沧白兄尽财政上之援助，俾得资以应付。其兵费之能勉事减省者，亦宜筹拨济助。此事于川省进行前途，关系至大，想诸同志心同此理，自必乐于赞助也。专此布悃，并颂

毅祺

据《致四川黄复生等四人（石、严〔颜〕、卢）》，载南京《中央党务月刊》第十一期"特载"，一九二九年六月出版

复赵士北告不任赴欧代表函

（一九一九年一月二十六日）

顷诵元月十四日惠书，备悉。

赴欧代表一事，文以此时南方政府尚未得各国承认，若遽尔前往，必无效果可言。鄙意不如俟时事稍解决，以私人名义前往各国，相机发言，较有效力，想尊意亦以为然也。特此奉复，并颂

近祺

据《致广州赵士北》，载南京《中央党务月刊》第十一期"特载"，一九二九年六月出版

复谢持告对粤局刻无主张奉告函[1]

（一九一九年一月二十六日）

接一月十六日手书，诵悉。

季龙兄行止，当待其自行决定。此时粤局由兄维持，以待大局之解决。文刻

---

[1]　谢持，字铭三、慧生，四川富顺人，时任军政府司法部次长，代理部务兼代总裁，担任孙文与军政府联系之责。

殊无主张足以奉告，倘有所见，自当随时函闻。先此奉复，并颂

近祉

据《致广州谢持》，载南京《中央党务月
刊》第十一期"特载"，一九二九六月出版

复杨庶堪告无法筹款函①

（一九一九年一月二十六日）

日前诵惠电，备悉。兄已假满视事，甚慰。

所需之款，此间刻殊无法筹措。近日已分函复生、夕〔锡〕卿、青阳、德基
诸同志，就近先行设法，以济急需矣。知念，先此奉复，并颂

政祺

据《致四川杨沧白》，载南京《中央党务月
刊》第十一期"特载"，一九二九年六月出版

复杨寿彭指示款项用途及定购飞机事函

（一九一九年一月二十八日）

寿彭②先生大鉴：

廿日来示，敬悉。

选举件照自由③函办理甚妥。泗水付回债券，前次"满提商〔高〕"船过沪
时并未交到，俟该船再来沪时当询之。数目清单已经收到。请将该款拨贰百元交
萧纫秋，拨壹佰元交苏子谷，所余壹拾叁元伍拾壹钱，暂存尊处，预备尚有零碎
使费开支也。

---

① 杨庶堪，字品璋、沧白，号邠斋，四川巴县人，时任四川省省长。
② 杨寿彭，旅日华侨，时任中华革命党驻日本大阪、神户筹饷局局长。
③ 即冯自由。

其前次所定之飞机，应查明原委，与商废约。此事须由兄斟酌办妥。前次刘季谋来此，云欲接受此契约，究竟可否与之？望兄就近体察情形，决定办理。如彼确能办理有效，不生别种问题，则让与之，亦复不妨；但既让之后，全然断绝关系，损益皆所不问始妥。此复，即请

台安

孙文启

一月廿八日

据原函影印件，载日本神户华侨历史博物馆藏：《孙中山先生与神户有关历史资料》

复恩克阿穆尔告参加巴黎和会
行止尚在磋议中函①

（一九一九年一月二十九日）

顷诵手书，盛意殷渥，深为感荷。

欧洲平和会议，诚为此后吾国在世界地位进退强弱之一关键。文以不才，谬承推及，实未克堪。行止一节，刻方在磋议中。知关注念，特此奉复，并颂

议祉

据《致广州恩克阿穆尔》，载南京《中央党务月刊》第十一期"特载"，一九二九年六月出版

复伍肖岩勖贯彻主义以竟全功函

（一九一九年二月四日）

顷诵手书，备悉近状。

民国成立以来，以国民习为因循敷衍，故专制瑕秽，不克根本上荡涤廓

---

①　恩克阿穆尔，蒙古族，广州非常国会议员。

〔廓〕清，以致国事飘摇，共和仅为虚名。前鉴不远，来日大难，吾党同人尤不能不勉任斯责。

兄从戎累岁，备历艰难，此次崎岖粤、闽之间，屡建伟绩，壮志弥厉。而惠书复殷殷以国难为虑，此非主义坚定勇于爱国，何能至此？尚冀贯彻终始，以竟全功，俾树真正共和不拔之基。文忧国之责，未敢稍懈，苟足以提倡正义，振作斯民者，亦愿尽其棉薄，勉力图之也。军旅贤劳，幸为国自重。专此奉复，并颂

毅祺

据《致漳州伍肖岩》，载南京《中央党务月刊》第十一期"特载"，一九二九年六月出版

复笹川洁告为《湖广新报》
创设寄上祝词请收函①

（一九一九年二月四日）

顷诵惠函，知执事新创设《湖广新报》，谋中日两国国民之共同发展，以应世界之大势，热忱毅力，深为敬佩！特奉上祝词一纸，以表希望之忱，尚希督收为荷。此复，顺颂

撰祺

据《致汉口笹川洁》，载南京《中央党务月刊》第十一期"特载"，一九二九年六月出版

---

① 笹川洁，日本人。

复陈炯明同意粤军充实军力并告和议难成函①

（一九一九年二月四日）

顷诵一月十三日手书，备悉。

粤军于停战以后，既未能亟谋发展，则固守现势，整顿内部，以待时机，亦策之得者。至筹购新式武器，以谋改良，分途并进，亦属当务之急。欲谋异日之发展，必先求内方之充实，庶为不败之道。

和议事，双方代表虽次第渐集，然北廷怀挟诡谲，未易开诚商榷；而各方均挟权利私见，前途结果，正自难言。文近专事著书，外方纷纭，殊不欲过问也。春寒，惟为国自重，此颂

近祉

据《致漳州陈竞存》，载南京《中央党务月刊》第十一期"特载"，一九二九年六月出版

复谢持告须保存黄卢颜石诸部军队函

（一九一九年二月四日）

顷诵手书，备悉。

粤事由兄勉力维持，极念贤劳。川事既由岑电询赍赎，待观其复电主张如何，再定办法。黄、卢、颜、石②诸部，苟能设法维持，必须保存之也。粤中情形仍望随时报告，俾悉详情。此复，并颂

议祺

据《致广州谢慧生》，载南京《中央党务月刊》第十一期"特载"，一九二九年六月出版

---

① 陈炯明时任援闽粤军总司令，驻漳州。一九一九年一月十三日陈上书报告粤军发展计划。此为孙文复函。

② 即黄复生、卢师谛、颜德基、石青阳。

复陈肇英勖勉力维持以竟全功函

（一九一九年二月四日）

顷诵惠书，备悉。此次西南创义护法，执事提军入闽，首为响应，此固护法大义深被群心，然非执事爱国之勇、见义之决，何至于此！近复率队入漳①，共任防务，使浙军义声昭焯全国，引领天南，深用佩慰！

近日国事虽日趋于平和，而寇氛未靖，犹赖吾党志士群策群力，以谋干〔救〕济。执事统率雄俊，尚冀勉力维持，以竟全功，实所企盼。时事方艰，所望以百折不挠之精神，树真正共和金汤不拔之基，为前途努力自爱。专此奉复，并颂

毅祺

据《致漳州陈肇英》，载南京《中央党务月刊》第十一期"特载"，一九二九年六月出版

复谢持婉拒任巴黎和会特使函

（一九一九年二月七日）

顷接一月二十八日手书，备悉。

南方派遣特使，未得国际承认，断然不能代表发言。且文亦不能受北方伪政府所委任，此事当然无从进行。若明知其不能代表、不能发言，而贸然前往，亦甚无谓。故文赴欧之行，总以将来有机会之时再往，较为适宜，望以此意转告诸同人为盼。至总裁个人连〔联〕名电北之时，代表当然不能代文列名。兄此举办法甚合。以后关于此类之事，皆以拒绝联名为宜。特此奉复，并颂

近祉

据《致广州谢持》，载南京《中央党务月刊》第十一期"特载"，一九二九年六月出版

---

① 即福建省漳州市。

复安健告无公债票拨给函

（一九一九年二月八日）

一月九日手书，诵悉。

川边地域辽阔，物力充牣，如能善为规划，则异日展拓富力，增进民智，其关系西疆甚重。兄于该方情形素所详悉，此后正宜按其缓急，相机进行，母〔毋〕以着手之艰难，而挫进取之壮志。藏番边民性本淳厚，苟能抚绥得宜，接以诚信，勉以大义，使彼心悦诚服，自渐能乐为我用。至边军苟可联络，亦宜善以待之。

所嘱公债票，文前辞大元帅职后，已由财政部结束，一并移交于改组后之军政府，此间并无储存，故未能拨给。知念，特此奉复，并候

毅祉

据《致四川安健》，载南京《中央党务月刊》第十一期"特载"，一九二九年六月出版

复高叔钦告赠礼收悉并勉精治天文学函

（一九一九年二月十日）

日前承惠赠铜座日历及袖珍历书一盒，均照收悉。先此承寄《观象丛报》各期，交〔亦〕均次第收到。厚意殷殷，深为感谢！

兄专治璇玑，学业日进，远道闻之，殊深欣慰。幸益致力不懈，臻极微奥，俾吾国测候象数之术，日益昌明，发扬坠绪，振起绝业，以副鄙望。

文近体无恙，足慰注意〔念〕。专此奉复，并颂

近祉

据《致北京高叔钦》，载南京《中央党务月刊》第十一期"特载"，一九二九年六月出版

致孟恩远请释放史鼎孚等人函①

（一九一九年二月十二日）

春阳昭釐，遥想拥节北陲，指挥若定，布政攸裕，动止咸宜，遥企声闻，岂胜神越！

兹启者，近据北方同志函称：去岁有史鼎孚、王涤民、王宇青、周兴周诸人，因愤国事败坏，协谋补救，因集议南下从军，犹未成行，为长春军警所闻，遽加逮捕，系于省垣，已越一载。方今国事渐定，群趋和平，王君等皆爱国青年，自宜亟恢复其自由，请文代达尊处，迅行释出等语。特此奉闻，尚希讯明情实，予以解放，则惠泽所被，群众同感矣。手书布意，并颂
政祺

据《致吉林孟恩远》，载南京《中央党务月刊》第十一期"特载"，一九二九年六月出版

复谢持告护法代表暂无可派函

（一九一九年二月十三日）

顷接二月五日手书，备悉。

此间和议近况，仍复停顿。季龙兄近不欲遽来粤。关于代表一事，如兄能在粤维持现状，以俟解决，甚善！如兄因川事必不能不来沪一行，则护法政府代表事，此间仓猝实无可代之人，只好暂行听之而已。如何之处，仍希酌之。此复，并颂
近祉

据《致广州谢持》，载南京《中央党务月刊》第十一期"特载"，一九二九年六月出版

---

① 孟恩远，字曙村、树春、树村，天津人，时任吉林督军。

复黄玉田勖以救国大义提携群众函

（一九一九年二月十四日）

　　滇中同志来，每盛称执事硕德耆年，诱掖后进，为南中宗匠，遥企高风，向望有日矣。此次张君左丞来，奉诵惠书，辱承注念，深为感荷。

　　近年国事纷纭，神奸迭起，共和徒有虚名，匡济之责，至艰至巨；非赖二三老成，提挈纲领，为国民树之仪型，则用力多而成功亦不易。执事群望所属，尚冀以救国大义提撕群众，庶风声所被，国民皆知护法之不容缓，于以群策群力，奠共和于金瓯之固，宁非深幸。

　　文近状无恙，忧国之责，义不敢懈。辱荷垂注，专此奉复，并颂

近祉

据《致云南黄玉田》，载南京《中央党务月刊》第十一期"特载"，一九二九年六月出版

复杨蓁勉共树真正共和基础函[①]

（一九一九年二月十四日）

　　张君左丞来沪，并承惠玉照，藉谂筹策军帷，闳规硕划，为滇中重；引领南中，岂胜想望。方今国事纷纭，正贤才为国努力之时，兄以英明干练之资，当错节蟠根之际，所望踔厉进行，以共树真正共和于根本不拔之基，幸甚幸甚！知劳垂注，特复数行，并颂

毅祉

据《致云南杨映波》，载南京《中央党务月刊》第十一期"特载"，一九二九年六月出版

---

　　① 杨蓁，字映波，云南昆明人，曾任云南靖国联军总参谋长、滇军第三卫戍司令。

复邓泰中勉共匡国难函①

（一九一九年二月十四日）

张君左丞来沪，奉诵惠书，并谂统率劲旅，专事训练，甚为欣慰！

滇中民风谆厚，兄又为朴实坚毅之才，此后发扬踔厉，以匡国难，岂胜企望。文近体无恙，足慰注念。军旅贤劳，幸为国自重。手此奉复，并颂

毅祉

据《致云南邓和卿》，载南京《中央党务月刊》第十一期"特载"，一九二九年六月出版

复于右任告唐绍仪等人和议解决陕事办法函②

（一九一九年二月十八日）

手书诵悉。

陕事危迫，而兄日在痛苦之中，谁则能为分忧者。北既不舍，南不能救，不得已惟有藉力于和议。比倩汉民往与少川商量办法，知渠亦极肯着力，已再三与徐、钱③交涉，并持以责北方代表，认为先决条件。朱桂莘④等亦谓陕事未有办法，故无颜遽来。昨闻其已得钱电，宣布五条办法⑤，因定期来沪。但北庭有无

---

① 邓泰中，字和卿，云南会泽人，早年留学日本加入同盟会，时为滇军旅长。

② 当时南北和议未开，为解决北京政府派重兵进攻陕西、逼迫陕西于右任靖国军引起的紧张局势，江苏省督军李纯草拟五条解决办法。孙文为此函告于右任。

③ 即徐世昌、钱能训。

④ 朱启钤，字桂莘。

⑤ 五条办法内容是：（一）陕、闽、鄂西双方一律实行停战；（二）援闽、援陕军队，均停止前进，担任后方剿匪任务，嗣后不再增援；（三）双方将领直接商定停战区域办法，签字后，各呈报备案；（四）陕西内部，由双方公推大员前往监视，以杜纠纷；（五）划定区划，各任剿匪卫民，毋相侵越，反是者，国人共弃之。

诚意，许、陈①能否遵令，李督所拟五条办法，是否有效？证以前事，仍未敢信。现在开议在即，少川诸人认定陕事为第一问题，不肯放松，或有相当解决之方法，此诚下策。然舍此亦更无良策也。草复，即颂

筹祺

据《致陕西于右任》，载南京《中央党务月
刊》第十一期"特载"，一九二九年六月出版

致林森请促张杨二君赴汕襄助飞机事业函

（一九一九年二月十八日）

顷有同志梅培君自汕头来函，谓竞存对于飞机事业拟竭为扩充，尤注意于罗致飞机人才。闻有杨仙逸、张惠长二君，于斯学甚为优长，请兄嘱张、杨二君赴汕襄助，望就近敦促，以助粤军飞机事业之进行为盼。特此奉闻，并颂

近祉

据《致广州林子超》，载南京《中央党务月
刊》第十一期"特载"，一九二九年六月出版

复梅培告已致函林森促杨张二君赴汕函

（一九一九年二月十八日）

顷接二月二日手书，知襄助粤军飞机事，甚为欣慰！仍望努力维持，俾飞机事业，日有进步，以副所望。至杨仙逸、张惠长二君处，已致函林子超兄，嘱其就近敦促来汕襄助矣。特此手复，并问

近好

据《致汕头梅培君》，载南京《中央党务月
刊》第十一期"特载"，一九二九年六月出版

---

① 即许兰洲、陈树藩。

复邹鲁叶夏声告未便推任广东省长函

（一九一九年二月二十三日）

顷接十二日惠书，备悉。

粤省近年吏治堕坏，无贤执政整理庶政，诚如所言。惟推荐省长，自以国会及省会同人主张，乃足以示民意所存，文个人自未便电粤推任。倘诸君主张佥同，仍以就近主张，为地择人，较为适合也。此复，并颂

公祉

据《致广州邵〔邹〕海滨叶竞生》，载南京《中央党务月刊》第十一期"特载"，一九二九年六月出版

复王安澜告已严行交涉北廷对陕进兵事函

（一九一九年二月二十八日）

顷范君亚伯来沪，并诵惠书，深感注念之厚。

年来西南将帅慨大法之凌夷，奋戈群起，执事振旆随枣，犹〔独〕当要冲，转辗川、陕、鄂之间，屡克名城，为义师中坚，每接捷信，备念贤劳。

近日国民渴望息兵，冀求善治，自和平会议在沪上开议以来，方协议根本解决，以铲除不法武人乱国之图，俾举国咸趋于法治正轨。对陕进兵一事，近方严行交涉，度北廷迫于公议，亦未必敢悍然无忌也。执事劳苦功高，持义不懈，国事前途，尤赖群策群力，以共奠真正共和于金瓯之固，以副国人之期望，幸为国自重。专复，并颂

近祺

据《致陕西王安澜》，载南京《中央党务月刊》第十一期"特载"，一九二九年六月出版

致黄复生嘱彻究杀害蔡济民凶犯函

（一九一九年二月二十八日）

此次蔡又香①兄在利川被害，迭接各方通电，详述死难情事。而黎君天才及又香兄所部来电，则称系兄部方化南等与又香兄有衅，乘其不备，辄加掩捕，遽行杀害等语，闻之极为骇异。文僻处沪上，鄂中情事无从详悉。惟又香兄为吾党坚贞之士，奔走国事，百折不挠，此次变起仓猝，遽罗〔罹〕于难，亟应彻究，以彰公道而慰义烈。望即详查见告为盼，此颂

近祉

据《致四川黄复生》，载南京《中央党务月刊》第十一期"特载"，一九二九年六月出版

复黎天才望贯彻护法初衷不堕北廷术中函②

（一九一九年三月六日）

顷诵惠书，深感眷念之谊。

鄂省绾毂大江，为全国重镇。此次兴师护法，执事独膺其难，首当敌冲，相持累岁，为西南之屏障，劳苦功高，海内同钦，遥企雄麾，每为神往。至此次和议之起，原为不忍国民久罹兵革之惨，故协谋和平之解决，而根本仍注重法律问题，俾全国永处于法治之域。

然自开议以来，北廷仍始终攻击陕军，施远交近攻之策，始终无切实停战之表示。南方代表以其毫无诚意，故近日已停止谈判，将此意申告全国。文以为北方无信，实久在吾人意计之中。倘西南及长江各军能洞识其诡谋，互相团结，以求贯彻护法初衷，庶可不致堕其术中。尤望执事与诸同人，以斯意互相淬厉，则

----

① 蔡济民，字又香。

② 黎天才，字辅臣，时任湖北靖国军总司令。

国事前途，实利赖之。

　　鄂省关系重要，文所深悉，苟力所能逮，自当勉以相助，藉副雅意。专此奉复，并颂

戎祺

据《致夔门黎天才》，载南京《中央党务月刊》第十一期"特载"，一九二九年六月出版

复柏文蔚望贯彻护法初衷不为北系流言所动函

（一九一九年三月六日）

　　陈君幼孳来沪，奉诵惠书，备稔近状。

　　长江为全国中枢，关系极重。执事频年崎岖南服，艰阻备经，兹复指麾诸军，号令若定，每念贤劳，无任神往。此次海上和议，虽为轸念民生，不忍使久处锋镝之中，然根本主张，仍在法律解决。旧国会为南方护法之基础，此次南方代表，即系受旧国会所委托，断无以解散国会为条件之理。尊处所闻消息，恐系北系所布流言，以冀摇惑听；执事能不为所惑，具征持义之坚，尚冀以此意与诸同人互相淬厉，以贯彻吾人护法初志，则国事前途，实攸赖之。

　　又香死难极惨，深所悼心。此间同人现已从事调查事变始末，真相既明，自当妥筹处置，以慰英灵。执事筹策勤敏〔劬〕，幸勉为国自重。专复，并颂

戎祉

据《致夔门柏文蔚》，载南京《中央党务月刊》第十一期"特载"，一九二九年六月出版

复叶夏声告概不列名团体赞成人函

（一九一九年三月六日）

　　顷诵手书，备悉。

　　联合侨胞发展实业，此固今日切要之图。惟赞成人中可不必列入文名，以国

内同志发起组织之团体太多，又多请文为赞成人；文既不能悉应其请，则不如概不列名，尚觉公允也。此复，顺候

公祉

据《致广州叶夏声》，载南京《中央党务月刊》第十一期"特载"，一九二九年六月出版

复凌钺告被推赴欧无裨国事函

（一九一九年三月十一日）

顷诵手书，备悉。

国民代表一事，承议员诸君公推，意极可感！惟文近仍以始终不问时局为主张，故赴欧与否，现尚未能决定；即令前往，亦不能为政治上之活动。盖按国际惯例，外交上非有国家资格，决难展布，无论用何种名义，皆不能有效也。至各国民党素表同情于吾党，若议员诸君欲文赴欧之意，乃在联络各国国民，则往与不往等耳。望以此意转达诸同志为幸。

昨日兄见访之时，以文适患发热，未能多谈，想兄总能谅之。兄素为吾党坚毅之士，相知有素，幸勿以招待未周而有所怀疑也。此复，并颂

近祉

据《致上海凌钺》，载南京《中央党务月刊》第十一期"特载"，一九二九年六月出版

复林森告不就巴黎和会国民代表由并请支持唐绍仪函

（一九一九年三月十一日）

顷诵二月廿五日惠书，备悉。

欧洲和会国民代表一事，文仍未能担任。以此时国际上，只认北京政府为民

国之代表，只认徐世昌为民国之元首；若我国派往欧洲代表，无论用何种代表名义，若不经徐世昌所委任，当然不能向平和会议取得发言权。而文又断不能受徐世昌所委任，故赴欧一节，现实不必速行；待时机一到，当先赴美而后往欧也。望以此意转告诸同志为幸。

又，此次上海和议，唐少川主张颇为正大。粤中国会同人，自宜一致赞助少川，为其后盾；万不可为政学会所利用，以图推翻之也。此复，并颂

近祉

据《致广州林森》，载南京《中央党务月刊》第十一期"特载"，一九二九年六月出版

复焦易堂告未能赞助经营实业函

（一九一九年三月十一日）

顷诵手书，备悉。

经营实业固今日扼要之计，惟文近日经济异常困难，不能为兄之助，甚为歉仄，尚冀谅之。此复，并颂

近祉

据《致上海焦易堂》，载南京《中央党务月刊》第十一期"特载"，一九二九年六月出版

复李烈钧勖力任艰难函

（一九一九年三月十三日）

顷蒋伯器①兄来沪，并诵惠书，深感注念之重。

沪上和议近日仍有顿挫，然群意所趋，自以军事得双方之均衡，法律得正当之解决为标准，他事自可次第进行。惟此时北方群小互搆，异议朋兴，和议进行，

---

① 蒋尊簋，字伯器，曾为广州军政府参谋部次长。

犹未易言。犹冀南中同人共任艰巨，以谋斡旋。

日前闻兄有称疾引退之说，时事万〔方〕艰，尚望力任其难，勉行支撑，幸毋汲汲引去，以辜国人响望之殷也。专此奉复，并颂

近祉

据《致广州李协和》，载南京《中央党务月
刊》第十一期"特载"，一九二九年六月出版

复黄如春告不便直接干涉地方之事函

（一九一九年三月十三日）

顷接二月廿三日手书，备悉。

吾粤频年政治窳败，执政者实不得不尸其咎。兄等为地择人，惟〔推〕挹贤能，冀求治理，远虑深识，极为敬佩。惟文近对时事不作主张，尤不便直接干涉地方之事。但望兄及诸同人以公道正义为主张，本乎良心之所安，努力奋斗，排除瑕秽，庶真理总有战胜之日也。专此奉复，并颂

公祉

据《致广州黄如春》，载南京《中央党务月
刊》第十一期"特载"，一九二九年六月出版

复沈止敬允嘱南方议和代表保全护法川粤军函

（一九一九年三月十三日）

顷诵惠书，均悉。

和议顿挫，北方狡诈之意，可见一斑。蜀中义军同人准备续战，洵为要防。惟此时长江交通梗塞，若欲运输军械，万难办到，故购械一层，只好稍缓再行设法。若汉群①欲援陕图甘，当属粤中予以赞助也。

---

① 吕超，字汉群。

至蜀中同志各军，多系护法桢干，文力所能及，当勉行相助。如此次沪上平和会议中议及裁兵问题，其关于粤中各军应特别予以维持之处，当嘱南方各代表力为保全，以副诸同人之意，尚冀转告为荷。专此奉复，并颂

近祉

据《致广州沈止敬》，载南京《中央党务月刊》第十一期"特载"，一九二九年六月出版

复陶森甫论党费应取给于党员并告无能助款函

（一九一九年三月十三日）

顷诵惠书，备悉。

筹办党务，扩充进行，甚为欣慰！至补助党费一节，按之各国惯例，凡所有结社集会，其分部经费概取给于党员，总部经费概取给于分部。盖合党员之多数而成一分部，合分部之多数而成一总部；总部以分部为基础，分部以党员为基础，此一定之理也。若分部不以经费供给总部，反欲总部以经费供给分部，则总部又何从筹措乎？吾国党员向于此种理解，未能了然，故未免时有本末倒置之嫌，实为大误。望兄等以此意转达同人。

至此间经济，近实异常困难，爱莫能助，尚冀谅之。此复，并颂

近祉

（右函由谢慧生转）

据《致广州陶森甫》，载南京《中央党务月刊》第十一期"特载"，一九二九年六月出版

复林修梅告和议迁延并勉互相策励救国函

（一九一九年三月十三日）

顷令弟伯渠兄来沪，备述近状，并奉惠书，甚慰！

湘中频年苦战，皆兄与诸同志力任其难；而兄主义坚定，贯彻始终，尤为吾

党坚贞之士。南望郴中，良深注念。

此次沪上和议虽开，然以北方屡怀狡诈，对陕中义军竭力进攻，故和议又形顿挫；如再事迁延，北方仍无悔祸之意，则战衅不免再启。吾人为主义而战，为正道而战，自非奠定真正之共和不能自卸其责。望兄与诸同人互相策厉，力尽救国之天职，国事幸甚。

一切除面告伯渠兄外，专此奉复，并颂

戎祉

据《致广州林浴凡》，载南京《中央党务月刊》第十一期"特载"，一九二九年六月出版

复林森告此时无赴欧之必要函

（一九一九年三月十三日）

三月四日手书，诵悉。

以国民代表名义赴欧，与国际惯例不合，不能列席平和会议发表主张，此意于日前复函，已曾言及。若如兄函所谓，不在希望出席，但在表示我国真情于欧洲和议各代表及新闻机关，则文即不赴欧，亦可表示此等意见于各国也。国会诸君諈〔推〕诿之意，极为可感！惟文权衡轻重，觉此时实无赴欧之必要，幸以此意转达诸同人为荷。此复，并颂

近祉

据《致广州林子超》，载南京《中央党务月刊》第十一期"特载"，一九二九年六月出版

致康德黎夫人寄送实业计划函

（英 译 中）

（一九一九年三月二十日）

亲爱的康德黎夫人：

惊闻康德黎博士横遭意外，十分难过！但使我感到很大宽慰的是康博士履险

如夷，不屈不挠。你们两位不畏艰险，意志坚强，凡事勇毅沉着，对我是一个莫大的鼓舞。

您和博士对我国一向极为关切，对我国今日所取得的成就，贡献尤多。我深信您一定很乐于了解我所拟全部计划，故特寄上有关国际开发中国计划一份。我也将此计划分送英国政府内阁的每一阁员。希望您能将英国人士对此项计划的反应情况及早函告。如果这个计划在英国反应良好，我会在不久的将来，前往英国一行。目前我不便出国，因为国内尚未和平安定。敬盼早赐回信。

谨向您和博士致以最尊敬的祝愿。

非常忠实于您的孙逸仙

一九一九年三月二十日

中国上海莫利哀路二十九号

据秦孝仪主编：《国父全集》第十册英文函译出，台北，近代中国出版社一九八九年十一月出版（林家有译）

复黎天才告和议停顿并勖为国努力函[1]

（一九一九年三月二十九日）

顷董、张[2]两君来沪，并诵手书，敬悉。

蔡又香兄于辛亥率诸同志举义武昌，功在民国，频年复不辞奔走之劳，力维正义，此次仓猝遇害，至可矜恤。前诵执事先后通电，始详肇衅事实。复闻执事分电各方，力主惩办乱首，以慰英烈，主张正大，甚为钦佩！

沪上和议事，因北方对陕无诚意停战，故会议进行，尚在停顿之中。然吾人无论如何，始终主依法解决。若苟且敷衍，图弥缝于一时，而贻祸于将来，非吾人救国之本旨也。

执事统率雄师，壁垒屹然，国人响望薪深。尚冀为国努力，以再造真正之共和，使国事得根本之解决，前途幸甚！

---

① 一九一九年三月二日，湖北靖国联军总司令黎天才上书孙文，报告蔡济民在四川被害事，并派董用威、张祝南到上海向孙报告详情。此系孙接见董、张备悉鄂西情形后给黎天才的复函。

② 指董用威、张祝南。

日前刘英君来沪，接尊书后，曾复一缄，想经察阅矣。此复，并颂

戒祉

据《致夔州黎天才》，载南京《中央党务月刊》第十一期"特载"，一九二九年六月出版

复陈廉伯简照南允协筹救济粤灾函

（一九一九年三月二十九日）

顷诵惠函，敬悉。

粤中本岁荒歉较甚，民食维艰，兹得诸君子协筹救济，为桑梓造无量福，深为敬佩！文侨居沪滨，深愧未能尽力，顷复承以名誉督办见推，益增惶悚。

此后倘驽钝可以勉力之处，自当敬从诸君子之后；一切进行，仍希毅力维持。专此无〔奉〕告。专复，并颂

公祉

据《致广州陈廉伯简照南》，载南京《中央党务月刊》第十一期"特载"，一九二九年六月出版

复陶森甫告无力资助函

（一九一九年三月二十九日）

前接执事及彭君公函，当经奉复，想承察阅。

近日彭君来沪，复面悉贵省进行近状，甚佩贤劳！惟文近况亦极为艰难，经济一层，实属爱莫能助，尚冀鉴谅，并转达诸君为荷。此复，并颂

近祉

据《致广州陶森甫》，载南京《中央党务月刊》第十一期"特载"，一九二九年六月出版

复梅培告张杨二君即来汕及无款接济函

（一九一九年三月二十九日）

顷接十八日手书，备悉。

张、杨①二君事，日前得子超兄来信，谓已嘱其从速启程，想不久总可来汕也。

所嘱筹款接济一节，文近亦异常困难，实属爱莫能助，尚希谅之。此复，并颂

近祉

据《致汕头梅培》，载南京《中央党务月刊》第十一期"特载"，一九二九年六月出版

复杨庶堪告北廷窥川宜为固圉御侮之计函

（一九一九年四月一日）

月来迭接函电，知庶政鞅掌，深为想念。

蜀中兵事未定，各将领分据要区，整理民政，自非旦夕所能就绪。然规划次第，因势力〔利〕导，先立规模，然后由渐进行，积以无倦，庶可为治也。

沪上和议因陕战不停，仍在中顿。万一陕军不支，蜀乃首当敌冲；北廷所以全力图陕，原为窥川地步，则蜀之情势棘矣。兄在川为诸同志及各将领所崇信，宜随时晓以情势，使之捐蠲小嫌，协力互助，以为固圉御侮之计，庶此后相机因应，犹不至仓猝无备，为敌所乘也。

兹因张群君返川，顺致数言，并颂

政祉

据《致四川杨沧白》，载南京《中央党务月刊》第十一期"特载"，一九二九年六月出版

---

① 指张惠长、杨仙逸。

致熊克武告和议停顿须援陕固蜀函

（一九一九年四月一日）

月来久疏音书，遥闻军书旁午，规划至劳，甚为念也。

沪上和议开后，以北廷狡诈，以全力攻陕，故会议仍复顿挫。然北廷所以力图陕者，乃在取得陕以为运输通路，然后得以力制川、滇，覆南部将帅之根株，用心甚深。陕苟入北，川即首当敌冲，刘存厚辈在汉中一带汲汲备战，其情势可见。

兄与蜀中诸同志多为吾党健者，想能悉其诡谋，协力互助，以谋自卫；与陕军联为一致，则前途犹有可为，否则陕军既溃，蜀之藩篱尽撤，蜀军虽质朴耐战，然器械不利，犹不足与北军久持。幸盱衡大势，协筹方略，以应时机，深所盼祷！

兹因张群君返蜀之便，顺致数言，藉候兴居。筹策贤劳，惟为国珍重。

据《致四川熊克武》，载南京《中央党务月刊》第十一期"特载"，一九二九年六月出版

复广州外交后援会述不赴巴黎和会由函

（一九一九年四月三日）

顷诵惠函，知诸君慨念时艰，萃集俊彦，以谋为外交声援，热忱毅力，深为敬佩！

承嘱文赴欧一节，苟文力所能为，敢不勉副盛意。惟按之国际惯例，列席国际会议，必须有代表国家之资格。今时南方未经国际所承认，无论用何名义前往，皆不能有代表国家之资格，则欲列席欧洲和会，势难办到，是行与不行等也。

鄙意此后对外问题，愚见所及，仍当随时以个人名义发表，较为有效力。方今公理日伸，即一二军阀国家，亦不敢冒世界之大不韪以侮我也。专此奉复，并颂
公祉

据《致广州外交后援会》，载南京《中央党务月刊》第十一期"特载"，一九二九年六月出版

复许崇智望训练部队负荷艰巨函

（一九一九年四月六日）

日前接手书，知前方军情仍平靖无变，并闻兄仍将往前线巡视，甚慰想念！

闽中刻既无战事，自宜固守原防，以待解决。惟于此期间，宜更令各将领于部伍认真训练，俾成劲旅，以备异日之用，尤为切要。盖文视今日之时局，纵能解决，于国事根本仍丝毫无补，吾党责任仍丝毫未灭，吾诸同志仍宜努力奋斗，负荷艰巨，庶国事可期挽救，前途可谋澄清，此则望兄与诸同志注意不懈者也。

文顷仍留沪，专事著述。近体尚安，足慰注念。兹因冯亚佛君返漳，顺致数言。军旅多劳，幸为国自重，并颂

毅祉

孙文

四月六日

据《致漳州许汝为》，载南京《中央党务月刊》第十一期"特载"，一九二九年六月出版

致何扶桑请担保陈群释放函

（一九一九年四月七日）

贵同乡陈君群，去年被侦探李道开诱捕，拘于护军使署。昨陈群已得该署通知，嘱其觅保释放。惟保人资格，须在上海中国地界营有商业者，陈群交游中殊无合格之人。想阁下在闸北经营实业，又与陈群为同乡，拟托阁下为之作保。

此回护军使署所定保人责任，系当保陈群一年内不离沪地。渠现家住沪上，知其一年内必不离沪，不至以此累及阁下也。

据《致上海何扶桑》，载南京《中央党务月刊》第十一期"特载"，一九二九年六月出版

复席正铭论俄国革命函

（一九一九年四月八日）

丹书吾兄大鉴：

来书敬悉。此时弟亦绝无存款，所商暂借三百元一节，实难如命，尚祈谅之。

来书感喟于时局，谓俄国可为导师，深表同情。此次俄国革命，乃以人民自动而结合，军队自动而有同情附和平民政治，盖其成功之速，乃在人民之奋发，非以金钱为力也。中华革命党自经三次革命失败以来，既已宣言解散，外侨所认军债尚未有偿还之期，即令果得偿，恐亦难望其再为捐助。盖此试验足以证明结党用金钱而运动者，实难成功，而彼亦不乐为助也。若兄能师俄人之所为，于所接近之军人，开示以平民政治之利益，则并革命亦不须起。此一国之改良已有可望，要在同志各尽其力，以感化各地之人，使趋于革新之方面，则以人民大多数之志愿，何事不可成。若各人能尽力于此，有成绩可见，则除金钱实无可设法外，当代画种种进行之策，以冀进步。此复，即请

大安

孙文启

四月八日

据席元龙编撰：《贵州席正铭烈士革命殉国实录》，台北，金谷文具印刷有限公司一九八四年十二月出版

复唐继尧告撰《实业计画》缘由函①

（一九一九年四月十五日）

顷奉惠书，知对于鄙见《实业计画书》②表示赞同，甚感远识。

民国数年以来，民生凋疲已极，斯虽由于政治不良，亦由国内贤者对于民生问题素未注意。国民生计既绌，举凡地方自治暨教育、实业诸大端，自无从而谋发展。今日国事之愈趋愈下，其根原实由于此。况自欧战结束，经济竞争将群趋于远东，吾国若不于此时亟自为谋，则他人将有起而代我谋者，思之至可悚惧！文有鉴于此，月来详加研究，拟述为专书，创导国人，庶几群策群力，见诸行事。

贵省天产素富，矿脉尤盛，徒以交通未便，各种事业遂未能遽见猛进。今执事既表示赞助民生政策，则此后如果大局早定，文当以贵省实业发展之方法列入计画之中，并当将该项计画书寄奉，以资商榷。倘得鼎力提倡，尤为深幸。专此奉复，并颂

政祺

据《民国八年总理函稿》（上）"致云南唐继尧（四·十五）"（转录中国国民党中央执行委员会总务部民国八年《复信摘要》第一册原稿），载南京《中央党务月刊》第十一期"特载"，一九二九年六月出版

---

① 孙文因受西南军阀排挤，于一九一八年五月辞大元帅职离粤，六月重返上海。唐继尧系云南督军，与孙同列名为改组后的军政府政务总裁。此函自上海寄往昆明，底本无上下款。

② 《实业计画》一书原名 *The International Development of China*，当时英文本及中译本均未发行。唐继尧所见者系该书绪论部分的译文，以《中山先生国际共同发展中国实业计画书》为题发表于一九一九年三月七日上海《民国日报》第二版，函中称此为《实业计画书》。

复黄伯耀告未便登报招股函

（一九一九年四月十五日）

接诵手书，藉悉一切。

黄花岗纪功石坊募捐事，已由文布告海外同人，谅邀青照，此后捐助之款，当能源源而来也。

惟登报招股之事，文以海外近情度之，似难发生效力。刻下海外锡及橡皮价格日益低落，侨商大受影响，其窘困之状，不可胜言，自顾不暇，当然无力认股。至于三藩市方面，本党总支部受他种风潮之波及，群情涣散，方苦收束维艰，更未便以认股之事，增其担负。承嘱通告一节，文意窃以为今非其时，方命之处，尚冀谅之。专复，顺颂

文祉

据《致香港黄伯耀》，载南京《中央党务月刊》第十一期"特载"，一九二九年六月出版

复许道生赞许在法国巩固华工团体函①

（一九一九年四月十五日）

顷诵手书，知远役欧洲，关心祖国，拟联合在法工界侨胞巩固团体，以为将来救国之计，毅力远识，极为欣慰。

年来国中多故，共和政治屡受暴力所摧残，虽由武人专横，亦因国中大多数之劳动界国民不知政治之关系，放弃主人之天职，以致甘受非法之压制、凌侮而吞声忍气，莫可如何也。今诸君远涉重洋，所游者又为共和先进、民权最发展之

---

① 许道生系旅法华工，致函孙文谓欲联络众华工以为将来归国效力，要求给他"一组织工业之委任"。孙因未深悉其人，遂自上海将此复函寄往当时在法之汪精卫，着就近调查许后再决定是否将该函交付。

法国，耳濡目染，自必得非常之进步。况大战争①结束以后，各国皆民气勃兴，诸君感受世界最新之潮流，又得练习最新之科学工业常识。他日此数十万侨胞联袂归来，为宗邦效力，则祖国前途，实业②之发展、民权之进步又岂有限量？惟在诸君努力而已。

　　刻汪君精卫、李君石曾皆先后至法，二君皆素富民主精神，留法甚久，于法国情形甚为详悉，且对于在法侨胞亦欲为之设法团结。一切办法，望足下就近与二君接洽，则集思广益，必有以慰足下之热忱也。重洋迢递，惟为国努力。此复，并颂

旅祉

据《民国八年总理函稿》（上）"致许道生（四·十五）"（转录中国国民党中央执行委员会总务部民国八年《复信摘要》第一册原稿），载南京《中央党务月刊》第十一期"特载"，一九二九年六月出版

致汪精卫嘱调查许道生在法组织华工团体事函

（一九一九年四月十六日）

　　顷接旅法华工许道生来函，谓拟在法联络华工使之团结，以为将来返国效力之计，欲文与以一组织工业之委任等语。许之为人何如？文未深悉，兹特将复函寄至兄处，请兄就近调查。如果系有知识、可以联络之人，宜善为抚慰，以为联络华工之助；否则，该函即留兄处，不必给与之矣。望斟酌之为盼。此致，并颂

旅祉

据《致巴黎汪精卫》，载南京《中央党务月刊》第十一期"特载"，一九二九年六月出版

---

①　指一九一四至一九一八年第一次世界大战。

②　以上四字原作"实业前途"系误植，今改"前途实业"并重新标点。

附载：复邓耀告不允另行电粤函[①]

（一九一九年四月十六日）

寄来手书及公文一件、表册四份，均经收到矣。足下招抚、援鄂两役，虽未竟其全功，然硕划宏筹，良堪崇佩！

方今南北和议停而复开，大局总有解决之一日。足下不忍以前经过之事实就湮，提请军政府补行备案办法，未始非宜；惟请中山先生另行电粤一层，容有未当。盖中山先生为军政府总裁之一，群以为可者，中山先生当然表示赞成。若于足下所请者而行之，于理于法，皆不合也。专此布复，顺致

台祺

据《致香港邓耀》，载南京《中央党务月刊》第十一期"特载"，一九二九年六月出版

致杨仙逸勖力展所长树功前敌函

（一九一九年四月十九日）

昨接梅培君来函，藉悉足下已偕张君惠长由汕头抵漳州矣。翘首南天，莫名驰系。足下对于飞机学问，研究素深，务望力展所长，羽翼粤军，树功前敌。

方今南北和议，虽继续开会，而政局风云变更靡定，援闽粤军，关系于本党之前途者甚巨，得足下相助为理，定能日有起色也。此候

戎安

据《致漳州杨仙逸》，载南京《中央党务月刊》第十一期"特载"，一九二九年六月出版

---

① 《中央党务月刊》刊载此函，注明为"代答"。此处收为附录。

致陈炯明嘱委杨德麟劝导华侨回闽振兴实力函

（一九一九年四月二十二日）

径启者：兹有泗水同志杨君德麟①来书，谓闻兄在闽竭力整顿民政，海外闽侨异常感奋；而泗水一埠闽侨为数尤多，富商巨贾居其多数，其中以漳、泉、福、兴籍为最，皆有意为故乡谋进步发展。惟以从前闽省官吏多抑勒归国华侨，以致闻风却步。此时兄能对归国华侨竭力保护，助其振兴实业，则必联袂归来，嘱将此意转达兄处。如表赞同，请委杨为荷属华侨联络劝导回国振兴实业委员，并给予回国开办实业护照二十张，以便着手进行联络劝导等语。查杨君办事素称热心，倘能由伊劝导华侨回籍振兴实业，于闽政必有裨益。望酌委名义，径函泗水明新书报社转达，以慰其热心为荷。此致，并颂
近祉

据《致漳州陈炯明》，载南京《中央党务月刊》第十一期"特载"，一九二九年六月出版

分致柏文蔚吴醒汉商声讨谋害蔡济民罪魁函②

（一九一九年四月二十二日）

此次蔡又香兄死难之惨酷，凡在吾党，皆为深痛！

顷诸同志之来沪者，皆欲文与兄等共筹为又香兄伸愤雪冤，以彰公道。文以为此时国事混沌，正义不昭，复有何是非公道可言？若首谋罪人证据既确凿无疑，兄等力如能及，则声罪致讨，加以惩治，或视空言责难为有益？尊处闻见较详，尚希斟酌图之。此颂
戎祉

据《致施南柏文蔚》，载南京《中央党务月刊》第十一期"特载"，一九二九年六月出版

---

① 杨德麟，印度尼西亚东爪哇泗水福建籍华侨。

② 此系孙文分致柏文蔚、吴醒汉声讨谋害蔡济民罪魁函，内容相同。

复在沪国会议员论国会问题函①

（一九一九年四月二十七日）

敬复者：顷诵公函，敬悉。国会完全自由行使职权，本为文惟一之主张，始终无所变更。惟此次和议之时，军政府之代表章行严屡次对北方声言："国会不成问题，切勿以国会问题而阻和议之进行"云云，以致北方益无所忌惮。况近又闻国会议员纷纷北上，与非法国会谋调和，因而益为人所蔑视。是则所谓军政府②和议代表者，既视国会如无物；而国会议员中又间有不知自爱者及不欲奋斗之人，以贻人口实③，内蠹外邪，纷然并起，文复奈之何哉！况当时改组军政府者，本国会之主张，文曾以去就相争，而国会诸君一意孤行，不用其言；是以文离粤之后本已一切不问。嗣以国会同人坚持要求文派遣代表，谊难固却，因从多数人之请求而派遣之。然派遣之时，仍再三声明，由大众指挥代表，文仍不问时局。至五国④劝告之时，外论亦多不助国会，文复有所不忍，乃致电美总统，请其主张公道。承彼赞同，因电粤主张，请美总统为仲裁，而不与北方议和。盖深知一与议和，则南方武人及奔走权势之政客，必牺牲国会以易权利也。乃国会诸君又不用其言。和议既开，遂有今日之现象，此后结果，可想而知。此又国会诸君自身不能奋斗⑤，自植其因，自获其果，深可太息者也！

此时南方代表对国会尚能坚持者，只胡君汉民一人耳，其他皆营营于权利，复暇于及此？此后倘国会问题争之不得，文只有嘱汉民辞职一途，其他亦非文所能为力也。专此奉复，并颂

---

① 此系复在沪的孔昭成、尹承福、赵中鹄、王葆真等一百四十二名国会议员函。

② 根据秦孝仪主编《国父全集》第五册（台北，近代中国出版社一九八九年十一月出版）增补。

③ 根据秦孝仪主编《国父全集》第五册（台北，近代中国出版社一九八九年十一月出版）增补。

④ 即美、英、日、法、意，五国驻华公使曾于一九一八年十二月联名调解。

⑤ 根据秦孝仪主编《国父全集》第五册（台北，近代中国出版社一九八九年十一月出版）增补。

公祉

据《致广州孔尹赵王各议员》，载南京《中央党务月刊》第十一期"特载"，一九二九年六月出版

复《新中国》杂志社告未敢应命撰稿函

（一九一九年四月）

《新中国》杂志社大鉴：

　　得诵手教，谬承奖饬〔饰〕，愧不敢当。贵志纪念周年，必有杰作以应社会期望。惟开示各个问题，非仓猝所能置答，即如其中关于实业计划，弟方从事以累年研究者与海内商榷，而时逾半岁，尚未竣稿，盖不敢率尔操觚，认为塞责。今兹未敢应贵社之命，亦犹此意耳，幸为恕亮。专此即复，顺候

撰安

孙文

四月

据《会书》之十《函札》，台北、中国国民党文化传播委员会党史馆藏

复林森告已与陈垄等晤谈并由
胡汉民转介他方商榷函

（一九一九年五月二日）

　　手书备悉。

　　陈垄、郑忾辰、唐哲夫、林鸿超诸君，均已晤谈，并已与展堂接洽，由展堂介绍与他方商榷一切矣。专此奉复，并颂

近祉

据《致广州林子超》，载南京《中央党务月刊》第十二期"特载"，一九二九年七月出版

复陈炳堃询川中近况函

（一九一九年五月二日）

顷接手书并玉照，均悉。

年来川省多故，兄慨当戎政，备历艰辛，百折弥奋，尤征毅勇。顷得玉照，不啻晤对，喜慰何可胜言！方今国难方殷，需才甚亟，尤望兄力膺艰巨。川中多吾党优秀之士，想能和衷共济，为前途努力。

文近体粗安，足慰远念。川中近况，幸时寄音书，以抒积思。军政贤劳，惟为国自重。此复，并颂

毅祉

据《致嘉陵陈炳堃》，载南京《中央党务月刊》第十二期"特载"，一九二九年七月出版

复曹俊甫王子中告无款接济函

（一九一九年五月十二日）

顷接四月三十日惠书，备悉。

陕中同志各义军与北方重兵相持经年，艰难坚忍，国人同钦。而兄等振作士气，坚持不懈，尤属难能。承商筹款接济一节，苟可设法，能不惟力是视？惟文处经济现亦万分困难，实属爱莫能助，尚冀谅之。

文近体尚好，希释注念。手此奉复，并颂

毅祉

据《致陕西曹俊甫王子中》，载南京《中央党务月刊》第十二期"特载"，一九二九年七月出版

附载：复陈汉明嘉许爱国热忱并愿为后盾函[①]

（一九一九年五月十二日）

顷中山先生接惠书，备悉。

此次外交急迫，北政府媚外丧权，甘心卖国，凡我国民，同深愤慨。幸北京各学校诸君奋起于先，沪上复得诸君共为后盾，大声疾呼，足挽垂死之人心而使之觉醒。

中山先生同属国民一分子，对诸君爱国热忱，极表同情，当尽能力之所及以为诸君后盾。日来亦屡以此意提撕同人，一致进行。尚望诸君乘此时机，坚持不懈，再接再厉，唤醒国魂。民族存亡，在此一举，幸诸君勉力图之！特嘱弟以此意代答，以慰雅意，并颂

毅祉

据《致上海陈汉明》，载南京《中央党务月刊》第十二期"特载"，一九二九年七月出版

致但懋辛等告和议停顿望坚持护法
初衷并告派廖仲恺赴川面洽函

（一九一九年五月二十六日）

年来国难纷纭，蜀处长江上游，形势尤关重要。护法军兴，赖兄与诸同人共树义声，为之后劲，影响所播，全局改观，筹策贤劳，岂胜驰系！

数月前国人以兵争久结，企望和平，于是有上海会议之成立。开议以来，南方代表除法律问题宜根本解决外，他事皆多方委曲求全。乃北方始终绝无诚意，以致陕战终未停止。外交辱国丧权，滥用参战借款，私发八年公债，一切拂戾民意、破弃法律之举，皆恣行无忌，于南方和平合法之要求，绝无容纳余地，以致南方代表不得已全体辞职。瞻望前途，晦冥已极。此时战事虽未遽起，然必我护

[①] 《中央党务月刊》刊载此函，注明为"代答"。此件收为附录。

法各省同人坚持初衷，不稍屈挠，庶国事犹有可为。

川中夙著义声，兄又为川中同人夙所佩仰，以川中之形胜天赋，物力素雄，民智优秀，倘能提挈群彦，协力毕虑，以谋国事，则肃清大难，奠定共和，慰斯民喁喁之望者，皆将惟兄等是期。民国前途，幸甚幸甚！

文虽远处沪上，每念兄等宣劳卫国，驰系良深。兹特派廖仲恺兄代表来川[1]，奉候兴居，面致鄙忱，尚希接洽为荷。专此布意，惟为国自重，并颂

近祉

据《致四川怒刚子康荫南辅臣萃友福五禹九等》，载南京《中央党务月刊》第十二期"特载"，一九二九年七月出版

致熊克武望以川省为吾党主义实施地
并告派廖仲恺赴川函

（一九一九年五月二十六日）

国难纠纷，至今未解。川中久苦兵役，师旅多劳；兄领袖群伦，维持整理，悉赖筹策，殚智毕虑，勤劳可知。吴蜀迢递，驰系何极。

川省地大物博，民力殷阜，加以兄有为之才，倘能博求良规，悉力经营，则异日发展，讵可限量。今日国事败坏至此，文鉴往察来，益知非实行吾党主义，不足救国。兄奔走国事有年，主义又素为坚定，此时凭藉有为之地，深望发挥抱负，施之行事，俾川省为吾党主义实施之地，为全国之模范，岂胜企幸。近时国民怵于外交危迫，群起提倡国产，文以为川中物产之丰阜，倘得兄与沧白兄协力提倡实业，筹设巨大之工厂，则收效尤宏也。

文虽远处沪上，对兄等之宣劳卫国，注念良深。兹特派廖仲恺兄代表来川，奉候兴居，面致鄙忱，尚希接洽。文之近状及国内情形、外交真相，仲恺兄均能详之，当可面罄一切也。专此布意，惟为国自重，并颂

近祉

据《致四川熊克武》，载南京《中央党务月刊》第十二期"特载"，一九二九年七月出版

---

[1]　廖仲恺赴川途中折回。

致郭文钦望勉力经营宁远军旅
并告派廖仲恺赴川函

（一九一九年五月二十六日）

宁远军旅，前自午岚遇害，势已瓦解，幸兄力任维持，收合烬余，重还旧观，保障西陲，为效甚宏。每念擘画贤劳，辄深驰系。此时国内和议停顿，前途尤异常晦冥。所望我护法各同人仍坚持初衷，不稍屈挠，以维持大法，发皇正气，庶国事犹有可为。

宁远形势重要，异日尤可力图发展。望兄勉力经营，教练师旅，发展地力，庶屹为长城，共成救国之大业，岂胜企盼！

文虽远处沪上，而对兄等之宣劳卫国，深为注念。兹特派廖仲恺兄代表来川，奉候兴居。仲恺兄于文之近状及国内情势、和议经过情形，皆能详之，尚希接洽为荷。时事方艰，幸为国自重。专此布愊，并颂

近祉

据《致四川郭文钦》，载南京《中央党务月刊》第十二期"特载"，一九二九年七月出版

致萧敬轩勉协力匡难并告派廖仲恺赴川函

（一九一九年五月二十六日）

川省自军兴以来，饷需浩繁，民力凋敝，供亿不继，司农仰屋。前闻兄主持财政以来，维持补苴，措应裕如，使川军得悉力卫国，无患后顾，宏筹硕画，想念久深。方今国难未靖，川中又为贤哲汇萃之区，所望协力毕虑，共匡危难，奠定共和，以慰民望，岂胜幸甚！

文虽远处沪上，每念兄等宣劳卫国，驰系良殷。兹特派廖仲恺兄代表来川，奉候兴居，藉罄鄙怀，尚希接洽为荷。手此奉布，并颂

近祉

据《致四川萧敬轩》，载南京《中央党务月刊》第十二期"特载"，一九二九年七月出版

致菊池良一唁慰甲上胜家属函

（一九一九年五月三十日）

顷晤山田①兄，谓接兄函知甲上胜兄近忽溘逝，闻之不胜哀悼。兹寄奉日币百元，望兄转交甲上胜兄家属，聊表哀唁，并希代为慰问是荷。专此奉启，并颂

近祉

据《致日本菊池良一》，载南京《中央党务月刊》第十二期"特载"，一九二九年七月出版

复林支宇告和议重停望奋勉救国函

（一九一九年五月三十一日）

顷诵手书，远承注念，甚感！

上海和议，前次南代表提出之八条件，对于北方已竭力委曲求全；乃北方竟无磋商余地，完全拒绝，以致南代表全体辞职，和会已复停顿，是非曲直，国人应有定评也。文意以为吾人今日宜抱彻底之觉悟，知非以个人之实力，以绝大之决心解决国事，其余支支节节，概无可为。兄主义素坚，深望以此意淬厉各同志，互相奋勉提撕，切实负救国之责，庶前途犹有可为也。

至外交形势，仍完全视我国民自动〔助〕之能力如何以为断；我不自助，人亦无从助我也。湘中诸同志矢诚卫国，艰苦累年，尤望此后澈始澈终，黾勉不懈，以共完救国之责，岂胜企盼。政务贤劳，惟为国自重。此复，并颂

毅祉

据《致湖南林特生》，载南京《中央党务月刊》第十二期"特载"，一九二九年七月出版

---

① 即山田良政之弟山田纯三郎。

复安健指示治理川边要略函

（一九一九年五月三十一日）

顷接手书，知已驰赴康定，从事进行，闻之深为欣慰！

川边地广产饶，为西陲屏藩，若能处置得宜，设法展拓，联络本地边民，结之以诚信，示之以惠爱，泯其猜忌之心，然后从事规划，兴办实业，开发交通，则将来发展，讵有限量？

此时长江沿海地域，民性皆甚柔脆，惟边民坚朴诚挚，刚毅有为，能固结其心，使为我用，则虽遇危难，皆可不变。兄于彼方情形知之有素，此次又任劳前往，尚望毅力进行，始终不懈，则所期望于兄者正甚远也。

现在国事未定，欲求澄清，仍非吾党力膺艰难，以根本解决为己任不可。冀兄与诸同志共勉之。川边交通不便，与沪又相距过遥，兄进行之事，望随时与川中诸同志商酌办理，庶较为便捷。先此奉复，并颂

毅祉

据《致四川安健》，载南京《中央党务月刊》第十二期"特载"，一九二九年七月出版

复颜德基望努力治川函

（一九一九年六月十二日）

卢君汉卿来沪，备述近状，并诵惠书，无任欣慰！

军兴以来，川中各军多赖兄及各同志整顿经营，屹为劲旅，遂以驱除瑕秽，张我义声。近复躬冒艰辛，陈师陕境，露布四达，益念贤劳。尚望奋勉不懈，以竟全功，岂胜企盼！月来国民怵于外患之烈，群起救国，民气大张，是足证国民知识之进步、公理之终足以战胜强权也。

川中地大物博，民德淳固，倘能善为整理，足以模范全国，此又望兄及诸同志努力者也。

文近体无恙，足慰注念。一切除嘱卢君转达外，特复，并颂

毅祉

据《致四川颜德基》，载南京《中央党务月刊》第十二期"特载"，一九二九年七月出版

复蔡冰若告著述要旨并不必来沪等事函

（一九一九年六月十八日）

顷接五月卅一日手书，备悉。

文著书之意，本在纠正国民思想上之谬误，使之有所觉悟，急起直追，共匡国难，所注目之处，正在现正〔在〕而不在将来也。试观此数月来全国学生之奋起，何莫非新思想鼓荡陶镕之功？故文以为灌输学识，表示吾党根本之主张于全国，使国民有普遍之觉悟，异日时机既熟，一致奋起，除旧布新，此即吾党主义之大成功也。

至前兄请来沪一行，文以近既不问外事，兄来亦徒劳跋涉，并非相拒也。其抚恤陇上诸同志事，俟大局稍有解决，自当尽力设法，尚冀谅之。此复，并颂

近祉

据《致四川蔡冰若》，载南京《中央党务月刊》第十二期"特载"，一九二九年七月出版

复谢持告静观桂系内哄究竟函

（一九一九年六月十九日）

六月十二日手书，诵悉。

桂系内哄，自在意中。惟局部构〔媾〕和，乃彼党冲突情形，似尚在进行之中。俟以后再有变动，始能酌定办法，此时惟有静观究竟而已。一切盼随时详闻，藉明真相。此复，并颂

近祉

据《致广州谢持》，载南京《中央党务月刊》第十二期"特载"，一九二九年七月出版

复廖湘芸望团结湘西各军待时而动函

（一九一九年六月二十九日）

顷盛君[1]来沪，详述近状，并诵惠书，知救国热忱坚持不懈，深为欣慰！

湘中自前岁举义以来，其拥有重兵者多徘徊观望，日就萎靡。惟兄以孤军奋起，辛苦支持，至今日而蔚为劲旅，具此不折不挠之精神，当兹危急存亡之国运，所希望于兄者，至远且大，望益加训练淬厉，以为国用，实所深盼。盖近时号称护法诸军，其名称虽极正大，实则皆为权利之争，故救国责任，仍不能不望之吾党纯洁坚贞之同志，勉力负荷，以造成真正之共和，从根本上肃清国难。

湘西各军，其有志同道合者，尤宜互相团结，以增实力，庶几待时而动，以树伟业，以慰想望之怀。一切详情，已嘱盛君面达，尚希接洽为荷。军事贤劳，惟为国自重，并颂

毅祉

据《致湖南廖湘芸》，载南京《中央党务月刊》第十二期"特载"，一九二九年七月出版

致周蔗增勖坚持不挠克竟伟绩函

（一九一九年六月二十九日）

军兴以来，湘省首当敌冲，执事奋树义旗，再接再厉，远道闻之，每深想念！

近日盛君来沪，复盛称执事保障湘西，忧国不懈，且与廖君湘芸袍泽相资，共同维持湘西大局，闻之益为欣慰！方今国步艰危，群奸窃柄，正志士为国努力

---

① 指盛华林。

之时。执事谋猷闳远，兼拥雄师，尚冀坚持不挠，克竟伟绩，以戡定国难，为民造福，实所深盼。

　　一切除嘱盛君转达外，手此布悃，并颂

毅祉

据《致湖南周蔗增》，载南京《中央党务月刊》第十二期"特载"，一九二九年七月出版

复陈炯明嘱伺机攻取广东函①

（一九一九年六月二十九日）

　　梅培兄来沪，接诵手书，备悉。

　　粤局内讧，近日表面虽已宁息，而暗潮仍复甚烈，此时兄正宜竭力准备，以期相机而动。盖以此时粤军在闽之情形而观，不特四面受敌，孤立无援，而宵小复时时乘机思逞，欲使我自行瓦解，前途情势甚为岌岌，故欲求此后之生存，必仍赖兄有冒险之精神，有奋斗之决心，始有可为。

　　湘中方面，如兄意欲其先动，文当令其较粤军先发动一月，如是则兄当能与之相应，然未审兄处准备究须多少时间？何时能动？望酌定后，迅速见告？俾文得令彼方筹备动作为要。

　　总之，此时情势，粤军必能冒险奋进，始可望生存；不然，长此悠悠，惟有坐以待毙。一发千钧，机不可失，惟兄速决之。无线电机事，已嘱美洲同志购办矣。手此奉复，并颂

毅祉

据《总理复信撮要》，台北、中国国民党文化传播委员会党史馆藏

---

　　①　陈炯明于六月十五日自漳州上书孙文，陈述粤军入闽以来的情形，并表示桂系军阀岑春煊、陆荣廷在粤内讧，"粤军有机可乘，即拟返斾"。此为孙复函，自上海寄往漳州。此据原函内容誊录，未录上下款，但登记发函日期。

复洪兆麟望坚持初志奋勉不懈函

（一九一九年六月二十九日）

顷诵手书，备悉。

和议事，双方皆系权利竞争，所商榷者，仍系权利分配问题耳。无论此时会议已告停顿，即使重行开议，于国事前途，仍毫无希望可言。欲奠定真正之共和，谋根本之解决，仍非吾党纯洁坚贞之同志，共负救国之责任不可。

粤军在闽劳苦已久，兄年来转战千里，尤备历艰辛。当此大局岌岌，粤军前有大敌，后有内奸掣肘，其间困难情形有加无已，尚望兄坚持初志，奋勉不懈，与竞存兄共策进行，庶再接再厉，始得克竟全功也。

文近体无恙，足慰注念。军事贤劳，惟为国珍重，并颂

毅祉

据《致汀州洪兆麟》，载南京《中央党务月刊》第十二期"特载"，一九二九年七月出版

复谢持告相机取消驻粤代表函

（一九一九年六月下旬）①

顷接十七日手书，备悉。

撤代表事，文不屑与政务会议诸人直接通信，可由代表观察情势，相机取消，再由文承认其事，则手续上即已完备。盖派代表入席，必须证据，若退席则可不必，望兄相机为之可也。此复，并颂

近祉

据《致广州谢慧生》，载南京《中央党务月刊》第十二期"特载"，一九二九年七月出版

---

① 原函未署日期。孙文六月十九日曾复函谢持，告以对桂系在粤内讧可"静观究竟"，据此定为六月下旬。

复林祖密告所部被缴械事已嘱陈炯明妥办函①

（一九一九年七月十二日）

来函诸〔备〕悉。文自去粤来沪，已及一年。沪闽远隔，使问未通，对于闽中情形，诸多隔膜。接读来书，殊深恼闷。

前年足下担任闽事，来就商略，时适竞存统兵援闽，文以兵谋贵于统一，乃嘱足下与竞存接洽。今据来书所述，当即转告竞存，嘱其妥为处置。至贵部与竞存既有直接关系，一切问题亦不难径商了结也。耑此而复，即候
近祉

据《致福建林祖密》，载南京《中央党务月刊》第十二期"特载"，一九二九年七月出版

复陈赓如望联合广东各界除去广西山贼函

（一九一九年七月十三日）

敬复者：昨接台函并抄件两事，敬悉一切。

广西山贼毒害广东，非一朝夕，揽办护沙之事，不过一端而已。彼等抢掠性□〔成〕，视做官如做匪，不恤人言，不可教训，虽由弟致书，亦无益处。三年来拥兵于广东者，皆以敲剥为生活，何事不荒谬绝伦，岂特护沙一事？

彼辈直以广东人为黑奴、为猪仔，先剥其皮，次食其肉，又敲其骨，以为子子孙孙长久不耕而食、不织而衣之计，比之二百年前满洲驻防之酷，百倍过之。此际强占护沙自卫经费，不外剥皮之策，将来凌迟敲骨，尚有比此难堪者，惜乎乡人见之不早也。实则此等山贼虽号称拥兵数万，并非心腹肝胆之结合，徒以分赃为目的，故其长官兵卒各有所图，惟利是视，人头畜鸣，向来如此；一有患难，反对必自内部而起。纸老虎戳破，不值一钱。

---

① 林祖密原函陈述所部为陈炯明部缴械，请孙文转告陈炯明妥为处置。此为孙复函。

我乡人正不必畏首畏尾，惟事哀求，坐误时机，反贻后患；如能翻然变计，则联合绅商学界以暨华侨，即以广东善后为名，结立坚固弘大之团体，誓死以除一省之蠹，谋根本之解决，则弟以为去此山贼绝不困难，惟在诸君子同生共死、服从不去之决心耳。如何之处，仍希教示。即请

台安不既

据《致广州陈赓如》，载南京《中央党务月刊》第十二期"特载"，一九二九年七月出版

致陈炯明告妥处林祖密部被缴械事函

（一九一九年七月十六日）

顷接林祖密来函，谓伊所部军队，近为兄将其军械收缴，并将其各级军官分别减撤，嘱文函致兄处，量予维持等语。文于闽中各军情形，未能详悉，故于林君所陈各节，殊未能遥断。仍望兄按其情节，量为处置，总期于事实不生窒碍，并持以宽大之度为要。专此奉闻，并候

戎祉

据《致漳州陈竞存》，载南京《中央党务月刊》第十二期"特载"，一九二九年七月出版

复许卓然等勖与诸同志商榷进行协同救国函

（一九一九年七月二十二日）

日前亚佛、民钟两君来沪，备述闽中各军经过情形，及兄等以同志大义所在，除去私嫌，团结进行、协力救国各近情，闻之深为欣慰！

方今国事艰危，群奸当道，吾诸同志任重致远，责任至巨，若不群策群力，何以肃清大难？兄等既明乎斯义，弃嫌言好，则众志成城，前途事业，希望何穷？

至汝为军长素怀坦白，对同志尤推诚相接，当能共策进行。竞存总司令转战八闽，劳苦功高，对闽中同志亦复极愿携手。前以道途阻隔，辗转传闻，不免有

所误会；今既隔阂悉去，当无复有丝毫芥蒂。望兄等此后一切商榷进行，协同救国，庶以尽吾党之天职，而造成真正之共和。幸努力不懈，实所深望。军中近情，仍望时时报告，以明真相。手此奉复，并颂

毅祉

据《致福建许卓然杨持平张干之等》，载南京《中央党务月刊》第十二期"特载"，一九二九年七月出版

复廖子鸣告与熊杨一致进行力竟全功函

（一九一九年七月二十七日）

顷晤令弟子裕君，并读手书，知治军铜梁，奋厉不懈，深为欣慰！

年来群奸窃柄，国本飘摇，赖吾诸同志坚持初志，再接再厉，故能维持一线正气于国内。此后救国事业责任至巨，兄既于本党宗旨始终坚持，尚望贯彻斯义，继续奋斗，为前途努力，以副期望之意。

川省素为吾党同志汇萃之区，熊督及杨省长皆洞识大体，矢诚谋国。幸一致进行，力竟全功，庶群策群力，造成真正之共和，完成吾党之天职，前途实攸赖之。

一切除面告令弟外，特此奉复，并颂

毅祉

据《致四川廖子鸣》，载南京《中央党务月刊》第十二期"特载"，一九二九年七月出版

致邵元冲请查下首塘是石塘抑是土塘简

（一九一九年七月）①

元冲兄鉴：

请查下首塘（即瞰〔澉〕浦、海盐、泎〔乍〕浦间之海塘）是石塘，抑是土

---

① 原函未署日期。查《实业计划》第二计划第一部分东方大港中，有本函所调查内容。当在一九一九年著《实业计划》时所写。此函依《国父全集》所标，署为七月。

塘？如无书可查，则查该处之土人，当可得其概要也。

文字

据原函，上海孙中山故居纪念馆藏

复伍廷芳劝同辞政务总裁职函①

（一九一九年八月二日）

得手教，敬悉壹是。

先生以望八之年，为国不辞劬苦，此意令人深感。所示各策，似言者拘于形式之变更，仍无系乎根本之改革，弟意未敢赞同。所谓唯之与何，相去几何？先生固了然于得失是非之际，无待赘词耳。弟比来独居，深念所以救水火中之人民，驱除武人帝孽者，当别有良图；惟目前宜暂持冷静无为态度，以待时机。至护法之结果，既不副我辈所望，来教云云，则惟有洁身而去。

弟已授意代表，相机辞职，如先生决意，便可同时行之。吾道不孤，将令彼恣睢挠法之武人，若听死刑之宣告，未始于世道人心无益也，先生其勿犹豫。专复，即颂

道安

据《致广州伍秩庸》，载南京《中央党务月
刊》第十二期"特载"，一九二九年七月出版

复李梦庚告对奉吉事无成见函

（一九一九年八月六日）

顷诵手书，知前次过沪，匆匆相左，未获叙谈，深以为怅！

方今国事颠踬，根本之图，自以鼓吹民气、唤醒社会最为切要。尊论所及，深符鄙意。文自客岁以来，闭户著书，不理外事，亦欲以素所蕴蓄唤起国人。异

---

① 伍廷芳致函孙文，提出改革军政府意见。此为胡汉民代拟的复函。

日群众之心理不变，则澄清瑕秽之功，庶有可期，然后乃足以建设真正民治也。

　　至对于奉、吉之事，文毫无成见。执事关怀桑梓，自以唤醒社会为入手办法，则成效当未可量也。文所著《学说》第一卷，刻已出版，兹特邮寄一册，尚希惠存为荷。此复，并颂

近祉

据《致吉林李梦庚》，载南京《中央党务月刊》第十二期"特载"，一九二九年七月出版

复刘湘望以民意之向背为断
并派张左丞赴川面洽函

（一九一九年八月七日）

　　顷康俊甫〔卿〕君来沪，备述盛意，并诵惠书，深感注念之谊。

　　年来国事颠踬，生民重困，欲期根本救治，非国中诸将帅之明于大义者群抱觉悟、共起扶持不为功。兄总制师干，拥节西陲，屹为长城，而爱国之诚，尤超越侪辈。当兹国难纷纭之际，正贤者枕戈努力之时，尚冀联合俊彦，协谋匡救，持之以果敢，矢之以坚贞，则志诚所至，金石为开；异日奠真正之共和，拯斯民于水火，所属望于兄者，正甚远且大也。

　　迩者世界潮流群趋向于民治，今日时事维艰，然最后之成败，自以民意之向背为断。吾人苟能务其远大，悬的以趋，黾勉不懈，总不患无水到渠成之日耳。

　　兹特派张左丞君代表来川，进谒左右，面达一切，尚祈接洽为荷。专此奉复，并颂

毅祉

据《致四川刘甫澄》，载南京《中央党务月刊》第十二期"特载"，一九二九年七月出版

复杨庶堪告与康俊卿倾谈甚洽并嘱返川面达函

（一九一九年八月七日）

顷晤康君俊卿，并诵手书，备悉近状为慰！

康君洞达大体，对于川事条陈，多符鄙意，倾谈甚洽。至此间详情，悉嘱康君面达，并嘱左丞同行返川，以资佐助。此复，并颂

近祉

据《致四川杨沧白》，载南京《中央党务月刊》第十二期"特载"，一九二九年七月出版

复宋渊源望与陈炯明协筹闽事善后函

（一九一九年八月十七日）

顷接手书，具悉闽中各军前因小有误解，遂致龃龉，近既彼此推诚相见，悉除疑障，此后当可协力御侮，共策进行，而兄保卫桑梓，勇于国难之义，尤为难能，闻之岂胜欣慰！

文自本月七日向国会辞去总裁以来，对于政治问题，概不预闻。

关于闽中军事，仍望兄与竞存兄等协筹善后，本互让之精神，以谋扶持之道，庶以贯彻救国之主张，发展民生之乐利，则风声所被，闻者莫不兴起矣。专此奉复，并颂

近祉

据《致福建宋子靖》，载南京《中央党务月刊》第十二期"特载"，一九二九年七月出版

复林修梅谈人类生存问题及与北方关系函①

（一九一九年八月十七日）

顷接本月二、四日手书，均悉。

所论人类生存问题，谓欲解除现存繁复之人为社会，而复反之于天然之农业时代状态，此不可能之事也。盖人类生存，固以食为第一之需要，不得食则死亡随之，此自一定之理。然人类之欲望断不仅限于食之一途，而维持人类之生存，食之外又必有赖于其他之种种。故人类欲维持其生存而满足其欲望，于是有种种事业之发展〈进〉步也，而人类遂日趋于进化。故于食以外，必有种种文明事业随之而渐逐〔逐渐〕发达，因之社会日趋文明，人类日就进步。盖食为人类有限之需要，既饱之后，则不欲多求。而食外之种种需要，其欲望乃为无限。盖愈有则愈求，愈得则愈欲，所谓得步进步、精益求精。欲望既日求扩充，文明斯日趋进步。故进化程序，既由农业时代进而为工业时代，步步前进、永不后退。虽农业之发达可以有限，而工业之发达实乃无穷。此后世界只有日趋向前，断不能废除现世之文明进步，而复返于原始状态也。兄倘能本此理以求之，当为有得耳。

至所询对于北方之事，则自上海和议开后，徐②、段俱曾派人来此接洽，征文意见。徐所派者为其弟世章。文对徐不独要求其根据法律行事，且勉其以道德立身，并谓伊如能于道德无碍，予当乐为之助等语。徐弟去后，犹无下文。段所派者则为安福部③人。文要求以能完全赞同文学说之主张，乃有相商之余地。迨学说④出版后，王揖唐、徐树铮、曾毓隽等俱经看过，皆极端赞成，复详加批注，

---

① 林修梅是中华革命党党员，时任湖南靖国军第二纵队司令。

② 徐世昌，自一九一八年十月起任北方政权总统。

③ 指安福俱乐部，时人称为安福系。下文叙及的王、徐、曾即其首领。徐世昌乃由该系操纵的"安福国会"选为总统。

④ 指《孙文学说》一书。

交段阅看，段亦大体赞成，然后再派人来相商。余乃示以根本办法及维持现状办法两种。所谓维持现状办法，即国会完全行使职权也。来人已据此告之，后①文如何，尚未可知。然文必须段能完全服从我之主张，乃能引以为同志也。盖吾人救国，为有主义有办法之救国，必能服从主义，推诚共事，始可共策进行；否则苟且敷衍，利未见而害已继之，万不可也。

又来书谓湘军明岁乏食，欲谋预筹。文以为粤中此时皆植权营私之徒，万不能为湘军助，兄何不督率士卒，实行屯垦，以自谋食？既可教军士习劳，又足预储军实，能试办之否？专此奉复，并颂

毅祉

据《民国八年总理函稿》（下）"致湖南林修梅（八月十七）"（转录中国国民党中央执行委员会总务部民国八年《复信摘要》第一册原稿），载南京《中央党务月刊》第十二期"特载"，一九二九年七月出版

复麦克威廉斯申谢并邀来华一游函②

（英 译 中）

（一九一九年八月二十六日）

威廉斯先生：

收到你的信，至感欣喜！并谢谢你把《前锋报》的剪报寄给我。现在中国有很多的机会可供有资本的人士前来发展。中国人热切盼望美国人士前来协助发展这个国家。所以我希望你能在最近的将来前来中国一游，看看有什么适合你来做的工作，以有助于这个国家的发展。

---

① 此处删一衍字"下"。

② 麦克威廉斯系孙文在美国纽约的友人。一九一九年春，孙文以欧战结束，在上海撰写《国际共同发展实业计划》英文专著，分寄各国政府、外交官、工商金融界及海内外友好。威廉斯谅亦收到该书，他将《前锋报》的评论附寄孙文。此为孙复函。

请向黄三德先生致意。很抱歉，我已失去和他的联系，不知他现在何处？

孙逸仙

一九一九年八月廿六日

据许师慎：《〈国父全集〉未刊载之重要史料》

（译自台北"国史馆"藏英文原函），载黄季陆

等编：《研究中山先生的史料与史学》，台北，

"中华民国"史料研究中心一九七五年十一月出版

复吕复述坚辟政务总裁意旨函①

（一九一九年八月二十六日）

顷接手书，备荷慰留之谊，殷挚甚厚。

护法之役至于今日，精神已销铄无余，然其原因，仍在当日军府之改组。盖军府之改组，为法律屈于武力之征象，由是武人政客挟其鸷悍恣睢之力，逞其权奇诡谲之谋，杂糅一堂，恣行无忌，国会复曲成之，护法根本已橧〔隳〕矣。

故文去粤以后，即不欲更问南中之事，徒以国会同人一再敦促，以为文不就职，则军府之组织不完。文本尊崇国会之旨，怀期人为善之忱，因之重违初志，遣派代表列席会议。然一载以来，南中诸不法武人、不肖政客，其诡谋日彰，而所谓护法总裁者，乃实欲卖国会以自利；且压抑民气，屠戮善良，牟利营私，举伪政府所不敢为者而恣为之，社会引以为羞，讥诽之声，盈于道路。文既愧未能力完护法之责，又岂忍始终与坏法乱纪者为徒？希望既绝，故不得不宣布脱离。所望国会同人勉自奋发，力尽职责，以维持国本。

文既已辞职，义难反汗。此后仍当勉尽国民一分〔份〕子之责，致力社会事业，以副厚意。区区之忱，尚希鉴谅。专此奉复，并颂

---

① 吕复，字剑秋，河北涿鹿人，直隶众议员，时在广州非常国会。

议祉

孙文

八月廿六日

据原函，北京、中国国家博物馆藏

复廖凤书告近仍闭户著书未暇问国事函

（一九一九年八月二十八日）

顷诵惠缄，知安抵东岛①，山居习静，甚慰想念！

文近时观察国事，以为欲图根本救治，非使国民群怀觉悟不可，故近仍闭户著书，冀以学说唤醒社会。政象纷纭，未暇问也。知劳注念，特此奉复，并颂

旅祉

据《致日本廖凤书》，载南京《中央党务月刊》第十二期"特载"，一九二九年七月出版

复凌钺望吾党同志持冷静态度暂不问国事函

（一九一九年八月二十九日）

顷接二十一日手书，备悉。

国会近虽对文辞职事来电挽留，然文意既决定，当不再为迁就也。文于国事，刻无确定主张，且望吾党同志亦持冷静态度，暂不问事为宜。此颂

近祉

据《致上海凌子黄》，载南京《中央党务月刊》第十二期"特载"，一九二九年七月出版

---

① 指日本。

复林森吴景濂坚持辞职并望取消军政府函

（一九一九年八月二十九日）

顷童、何两君来沪，奉诵尊函，备悉。

文此次辞职，实鉴于两年来经过之事实及南中不法武人最近阴谋之真相，觉护法之希望，根本已绝，万无再与周旋之余地，故几经审慎，始决定宣布辞职。辱承慰留，未能勉副盛意，尚希谅之。

岑、陆勾结，欲相机牺牲国会，为时已久，今时机将至，国会之牺牲恐终难免。文无力挽救，深为抱愧。然犹望诸君对此弥留之国会，为轰轰烈烈之死，先将军政府取消，使不致为群盗所居奇，则诸君犹不失个人之人格、国会之体面，且为国家留一线之正气，为历史留壮烈之纪念，此文最所厚望于诸君者也。区区之意，伏维谅察，并颂

公祉

据《总理复信撮要》，台北、中国
国民党文化传播委员会党史馆藏

致廖家栋等述辞总裁职经过并望慎重择人函[1]

（一九一九年八月中下旬）[2]

比刘君钦实自湘西来，得悉诸君艰苦卓绝，转战贤劳，犹复殷殷致劳远念，且感且慰！

顾念自率海军迎国会高揭护法之帜以来，方期与我亲爱之同胞、忠勇之将士长驱北指，戡定内乱，一以慰同志将士为国流血者在天之灵，一以拯吾民于水深

---

[1]　此系孙文辞总裁职后致湘西廖家栋、李契隽、瞿元坚、张柏森等函。

[2]　原函未署日期。孙文致电广州国会参众两院，正式辞政务总裁职是八月七日，酌定为八月中下旬。

火热之域，此物此志，屡经宣示，想饫闻之也。乃前敌之奋战方酣，内奸之觊觎忽启，中途改组，以危护法之大业，文既劝告无效，只有向国会辞职，洁身而去。改组而后复膺总裁之选，文以国会同志多数之要求，遣派代表与闻政务会议，盖欲促成护法之功，不欲以一身之进退而牵动全局。此文护法之苦心，亦可昭然若揭矣。何期自政务会议组成以来，除通报乞降外，无一举护法之实，竟至舍战言和。和议初开，文仍本护法之初衷，主张使国会完全自由行使职权为唯一之条件，以破分赃割据之私。乃又不幸良药苦口，莫由挽救，是以有辞职之举。

此后惟有与吾同志振刷精神，力图改造。须知人必自侮而后人侮之，家必自毁而后人毁之，国必自伐而后人伐之，自古未有奸人在内而大将能成功于外者。诸君手绾兵符，智勇兼备，尚希慎事择人，为民国立不朽之大业，文实有厚望焉。鞍马辛劳，诸维珍重。

附送相片各一枚、《学说》各一册，维查收，并候惠教。

据《总理复信撮要》，台北、中国
国民党文化传播委员会党史馆藏

复于右任告近著《学说》以立信仰之基函

（一九一九年九月一日）

顷接手书，知近从事新教育之设备及改造社会之筹策，于干戈扰攘之秋，犹能放眼远大，深维本根，远道闻之，深慰所望！

文前以南中军阀暴迹既彰，为维持个人人格计，为保卫国家正气计，故决然与若辈脱离。且默察年来国内嬗变之迹，知武人、官僚断不可与为治，欲谋根本救国，仍非集吾党纯洁坚贞之士共任艰巨、彻底澄清不为功。又以吾党同志向多见道不真，故虽锐于进取，而无笃守主张之勇气继之，每至中途而旁皇，因之失其所守，故文近著《学说》一卷，除祛其谬误，以立其信仰之基。兹已出版，道远未能多寄，特邮奉五册，如能就近翻印，广为流传，于前途思想必多增进，亦足助兄提倡民治之进行也。

文此后对于国事，仍当勉力负荷，以竟吾党未完之责，愿兄亦以此自励。比

者世界潮流所趋，民治主义日增而月长，但能笃守主义，持以无倦，前途成功，可预期也。此复，并颂

近祉

据《总理复信撮要》，台北、中国
国民党文化传播委员会党史馆藏

致王伯常等告派张左丞赴川劳军函①

（一九一九年九月八日）

川中举义以来，转战经年，而兄等整军经武，黾勉不懈，尤为难能。远道闻之，未尝不深念其劳瘁也。

文前以南中军阀勾结北方，阴谋牺牲国会，以交换私人权利地位，复压抑民气，屠戮善良，怙恶不悛，势难再望其悔过，故决然宣布脱离。此后仍当尽国民之天职，力任救国大业，并愿与兄等共荷艰巨，努力前途，以贯彻吾人之主张，而建设真正之共和也。兹派张左丞兄返川，慰劳各军，并亲诣左右，面罄一切，尚希接洽为荷。手此布闻，顺颂

毅祉

据《总理复信撮要》，台北、中国
国民党文化传播委员会党史馆藏

致黄复生等告派张左丞面洽川事函②

（一九一九年九月八日）

近日国事仍晦冥否塞，此后涤荡廓清之责，端赖吾党诸同志努力负荷。闻兄

---

① 此系孙文致四川护法各军将领王伯常、向有仁、熊慕颜、易复初、彭竹轩、吕超、颜德基、廖子明等函。

② 此系孙文致四川黄复生、石青阳、卢师谛函。

等在川整顿军务，孳孳不懈，闻之深为欣慰！

文前以南中军阀难与为善，故辞去总裁虚名，然于救国天职，始终不敢自懈。此后仍愿与兄等贯彻初志，协力进行，以期芟除瑕秽，根本改造，建设真正共和。此文与诸同志共同之责，尤望兄等努力者也。兹嘱张左丞兄归川，接洽一切，此间情形，左丞多能言之，当能面罄。手此奉闻，并颂

毅祉

据《总理复信撮要》，台北、中国国民党文化传播委员会党史馆藏

复广州国会再申辞职决心函①

（一九一九年九月十日）

奉读支日快邮代电，殷殷以抑志勿去相勉，期以保存法律统系为最低限度，属望只此，复不能如命，良用增歉。

文所望于国会者，在于代表国民行使最高权，驱除不法政府，以达民权主义之主张。前电已述衷怀，非徒自为痛心，亦非但望国会同人致慨也。坐言起行，还以望之于群彦。至于制宪，自是国会本分，岂有文之去就能损益于其间哉？

诸公代表国民，先来者以护法而来，固有最后之决心；后来者以制宪而来，亦岂因文辞职而致裹足？文甚不欲以此无谓之顾虑，轻量暂未来粤诸议员之人格。若国会仍有推翻现制之决心，勿遽作最低限度之想，即或为牺牲于一时，尚可伸大义于天下；不然者，则在文虽有辱可忍，无重可负，诸公之属望，未免空悬矣。专复，即颂

决心

据《总理复信撮要》，台北、中国国民党文化传播委员会党史馆藏

---

① 一九一九年九月四日广州国会议员致电孙文，请勿辞总裁职。此为孙复函。

复石青阳告购械之事已嘱赵君函达函

（一九一九年九月十七日）

顷赵丕臣君来，接手书，备悉。

川中形势重要，兄倘能整顿所部，维持实力，以为将来发展之计，关系实异常重要，望益努力而已。所商购械之事，已嘱赵君另函详达，望兄斟酌情形酌夺可也。此复，并颂

近祉

据《总理复信撮要》，台北、中国
国民党文化传播委员会党史馆藏

复廖湘芸告仍照前授计划进行函

（一九一九年九月十九日）

潘君①来沪，备述近状，并诵惠书，知进行甚力，主义甚坚，深慰所望。

今日国事虽至为艰危，然吾党同志如能努力进行，坚持不懈，则扫除障碍，建设真正民治，为事亦非甚难，但在决心为之耳。文坚持斯义，誓竭诚将事，为诸同志倡，惟冀我诸同志互相勉力，庶前途日趋光大也。

关于兄处进行方略，望仍照前授盛华林之计划，次第施行，以期收效。此后如另有办法，再当随时奉告，以资接洽。专此布复，并颂

毅祉

据《总理复信撮要》，台北、中国
国民党文化传播委员会党史馆藏

---

① 即潘康时。

复唐继尧唁慰祖母及父丧并告以著述目的函

（一九一九年九月十九日）

顷晤邓和卿兄，并展诵惠书，深慰想念。

此间自闻令祖母暨尊公先后仙游之耗，深致哀悼。以为执事孝思不匮，度必哀毁异常。然以今日国事多难之秋，尤不得不望执事之节哀顺变以勘国难，屏障南陲。海内持义者，于以廓清危乱，重见清明之运，则国事前途，实利赖之也。

文近专志著述，颇欲以主义普及国民，使之有彻底之觉悟。异日社会多数国民既经觉醒，则实行其主权在民之责职，协力并进，如是则真正民权乃能实现，而真正民国始可观成，较之支支节节以为之者，似觉稍进一筹。此亦区区救国之意，质之左右，以为奚如？

时事艰虞，想谋猷贤劳，伏冀为国自重。专此布复，并候
兴居

据《总理复信撮要》，台北、中国
国民党文化传播委员会党史馆藏

复卢师谛述杨虎收束军队意见函

（一九一九年九月二十日）

顷接九月四日手书，备悉。

川中内情复杂，兄辛苦支持，形势渐臻稳固，闻之深为欣慰！前途责任方巨，尤望勤加训练，黾勉不懈，以奏全功，以慰所望。

啸天①处所有军队收束，自难尽如人意，外间纵有流言，亦不足为意，可听之而已。专此奉复，并颂
毅祉

据《总理复信撮要》，台北、中国
国民党文化传播委员会党史馆藏

---

① 杨虎，字啸天。

复李根源赞许筹策经营韶州函

（一九一九年九月二十一日）

此次邓和卿兄来沪，接诵手书，并悉近状，深慰想念。

时势至斯，非吾党贤者协力共谋，不足以戡定危难。闻兄于文注意甚厚，深愿此后群策群力，一致并进，以收澄清之效，庶无负吾人救国之本怀也。

韶州为粤北要冲，年来得兄之筹策经营，遂屹为天障；此后若能扩而充之，则前途又岂有量耶？军务贤劳，惟为国自重。

文近体差适，足慰远念。专此奉复，并颂

毅祉

据《总理复信撮要》，台北、中国
国民党文化传播委员会党史馆藏

复黄玉田勉从社会民生方面做工夫函

（一九一九年九月二十一日）

日前邓和卿兄来沪，接诵惠书，并承惠赠大理石一件，深为感荷。

国难纠纷，至今未减。执事为南疆耆硕，吾党老成，临风怀想，每恨未得晤言。而每晤南中同志，辄称执事精神矍铄，救国之志，未尝稍衰。深期此后并抒嘉谟，俾南中同志共得矜式，则闻风兴起，有造于前途者正无穷也。

文近以根本救国，端在唤醒国民，故以学说破其迷惑，俾共生觉悟，则改革自易为力。至此后救国事业，文仍当惟力是视，以尽天职。若近日上海和议，势仍停顿，然此等和议，其内幕实为少数武人权利地位之磋商，于国计民生毫无关系。故文深望吾党同人放眼远大，从社会民生方面做切实工夫，庶基础既固，异日虽有不良政府，以国民之公意掊而去之，犹摧枯朽耳。质之高明，以为何如？杨映波兄闻已离滇，故不另致函，相见时祈代致候为荷。南垂在望，无任延伫，伏维为道自重，并颂

康祉

据《总理复信撮要》，台北、中国
国民党文化传播委员会党史馆藏

复金汉鼎告寄上《学说》函

（一九一九年十月一日）

年来国变纷纭，兄等驰驱戎马，备极辛劳，而持义不懈，尤为难能。文虽远处沪上，而想念之怀，未尝不时耿耿也。顷接手书，深慰远念！

时事方艰，正豪杰立功救国之际，望贯彻主义，克竟闳业，以副想望。兹寄上《学说》一册，尚希察收为荷。此复，并颂

毅祉

据《总理复信撮要》，台北、中国国民党文化传播委员会党史馆藏

致卜舫济介绍邵元冲补课函

（英 译 中）

（一九一九年十月三日）

上海圣约翰大学

亲爱的卜博士①：

持信人是我的中文秘书邵元冲先生，他想赴美攻读政治学。虽然他几年前才在浙江省立大学英语系毕业，但是在他能进美国大学之前，有些课程他是欠缺的。因此，我坚持劝他到圣约翰大学做好必要的补课准备。为了这一目的，我写信给你，请接见他和给他特殊照顾和方便。

---

① 卜舫济，英文名 Pott Francis Lister Hawks，美国圣公会牧师。一八八七至一九三〇年任上海圣约翰大学（初名约翰学院，一九〇二年改称圣约翰大学）校长。

对你的宽待好意不胜感激并向你问好。

你真实的朋友孙逸仙（签字）

一九一九年十月三日

莫利哀路二十九号

据英文原函影印件，上海社会科学院藏（张磊译）

复宋渊源告重新结合党人仍宜用
中华革命党名义函

（一九一九年十月十二日）

顷接手书，知振饬军旅，日起有功，深为欣慰！又闻拟重新结合党人，以发展党势，切实进行，此诚今日切要之图。惟国民党分子太为复杂，非仍用中华革命党名义，不能统一号令，发扬革命原始之精神，兄如赞同是说，请即率先宣誓，以为闽中同志之创。至如何进行办法，望仍就近与汝为、礼卿、瑞霖诸兄妥商为荷。此复，并颂

近祉

据《总理复信撮要》，台北、中国
国民党文化传播委员会党史馆藏

复陈树人告爱国储金奖章尚在印铸函

（一九一九年十月十四日）

树人兄①鉴：

迭接来函，并《布告录》两号，于加属近情，恍如目睹，并悉兄等办理党事之勤劳，得获极优成绩，喜慰奚似。

---

① 陈树人，加拿大国民党支部负责人。

爱国储金奖章，刻在印铸中，尚未竣工，一俟造就，当即寄上，希先告诸同志可也。

满地可致公堂馈来金牌，昨十三日始得收到，故裁答稍迟。兹夹上道谢致公堂一函，请代转交。专此奉托，即颂

台安

并候诸同志近祉。

据《加拿大国民党布告录》第十八号
（一九二〇年元月十五日刊），台北、
中国国民党文化传播委员会党史馆藏

复田应诏望联合川中同志完成护法初衷函

（一九一九年十月十八日）

顷李君来沪，备悉近状，并颂手书，深慰渴想。

湘西各军，年来赖兄提挈其间，苦心规划，始能固定基础，日就发展，远道闻之，每深神往。

晚近国事危殆，有加无已，而南北两方当道又皆营私乱法，为国民所公弃。此后彻底解决，仍在吾党诸同志共同努力，乃有可为。兄以干济之才，负匡时之略，扶危定难，独抱远识。而湘西各军，秉承筹策，有指臂之效，此后澄清中原，惟兄是赖。望益努力不懈，联合各方，以厚实力，并与川中各同志联为一气，互相扶助，则呼应既灵，声势益振，一旦有事，即可左提右挈，一致进行，庶以荡涤瑕秽，奠定共和，完成年来护法之初衷，与我党救国之本愿，此文所深望者也。

此间近况，除已面告李君外，特此奉复。军政贤劳，惟为国自重，并颂

毅祉

据《总理复信撮要》，台北、中国
国民党文化传播委员会党史馆藏

复李国柱勖训练所部坚忍以待函

（一九一九年十月二十日）

　　顷接手书，知主义坚定，进行不懈，秣马厉兵，矢诚救国，闻之深为欣慰。

　　国事近日愈趋黑暗，非吾党同志具绝大之决心，努力奋斗，断无解决之望。兄所部既悉系湘中同志，尚望勤加训练，静以候变。待他日计划决定，自当即行通知，以收同力合作之效。湘中此时驻军，维持固属困难，然愿兄辛苦支持，坚忍以待，俾收最后之成功也。军务多劳，幸为努力。此复，并颂

日祉

据《总理复信撮要》，台北、中国
国民党文化传播委员会党史馆藏

复廖奉恩告无款资助女学函

（一九一九年十月二十日）

　　顷接手书，知掌教女学，诱掖后进，深为欣慰。

　　所商补助及任校董一节，以此间刻亦异常困难，实属爱莫能助，甚觉歉然。尚希奋勉不倦，俾女学前途，日进光明，庶收美满之效也。此复，并颂

教祉

据《总理复信撮要》，台北、中国
国民党文化传播委员会党史馆藏

复廖德山告无款资助女校函

（一九一九年十月二十日）

　　顷晤李绵纶兄，接读手书，备悉杨襄甫兄忽然逝世，故旧凋零，深为悼痛！望兄善慰其家属为荷。

　　所商培坤女校补助一节，以文此时异常困难，实属爱莫能助，尚希谅之。闻

兄迩来尽力党事，奔走不懈，深感热忱，时事方艰，尚望再接再厉，努力救国。此复，并颂

近祉

据《总理复信撮要》，台北、中国国民党文化传播委员会党史馆藏

复某君与□紫云告收到捐助黄花岗建筑经费函

（一九一九年十月二十四日）

□□、紫云先生均鉴：

昨接九月十六日来函，内夹来英金汇票壹纸，志愿书八张，均照收到。该款英金肆拾捌镑壹拾六元，请拨寄肆拾镑交林君子超收，以为捐助黄花岗建筑经费，补前次所捐不及叁佰元之数。昨照汇得港银壹佰捌拾叁元贰毫，随即寄交林君收转，俾给一石碑以为纪念，而慰尊处同志崇拜先烈之至意。余款捌镑壹拾六元，已交财政部入贵支部寄来党金志数矣。

党证八张随函寄上，希照查收为盼。此复，并颂

均安

孙文

十月二十四日

据原函，台北、中国国民党文化传播委员会党史馆藏

致犬塚信太郎告派蒋中正专赴东京慰问病况函

（一九一九年十月二十五日）

自违教以来，时深想念！前闻尊体未安，甚为悬悬！

近得山田①兄函，知犹未能霍然，海天迢递，系念何穷。兹嘱同志蒋介石专赴东京，敬候起居，想天相吉人，定能速奏勿药，以慰远怀也。至弟此间近状，

---

① 指山田纯三郎。

亦由蒋君面陈一切。务望善为珍摄，俾得速痊，以副鄙望。专此奉候，并颂
道祉

据《总理复信撮要》，台北、中国
国民党文化传播委员会党史馆藏

致寺尾亨告派蒋中正问候函[①]

（一九一九年十月二十五日）

自沪上违教以来，忽忽累月，每企德音，无任神往；想康强加胜，动止咸绥
为颂。

兹因蒋介石君来东之便，特嘱其趋前敬候起居。至弟之近状，蒋君概能详之，
可以面罄一切也。专此奉候。

据《总理复信撮要》，台北、中国
国民党文化传播委员会党史馆藏

致头山满告派蒋中正问候函

（一九一九年十月二十五日）

自违教以来，每深想念，海天迢递，比维道履安绥，康强加胜为颂。

兹因蒋君介石来东之便，特嘱其进谒台端，奉候起居。至弟此间近状，蒋君
悉能详之，当能面述一切。秋风增凉，伏冀动定咸厘，以慰遥念为荷。

据《总理复信撮要》，台北、中国
国民党文化传播委员会党史馆藏

---

① 寺尾亨曾于一九一八年十一月十五日在《日本实业》第十号上，撰文支持孙文护法运动。

复王维白告收到赠书函

（一九年十月二十五日）

顷接尊函，并闳著《商法比较论》，又《法政学报》、《关税纪要》、《商人通例》各书，均照收悉。说理详明，推勘精审，允足津逮来学，三复之余，深为欣感！泱泱大风，当预祝前途之发达也。

据《总理复信撮要》，台北、中国
国民党文化传播委员会党史馆藏

复林德轩告颜德基处难以拨款接济函

（一九一九年十月）

近接九月五、二十日两次手书，均悉。

颜德基在川军资，亦异常困难，因熊锦帆既未有接济，该军军实概须自行筹措，拮据可想。兄部杨支队长所语向颜君处拨款接济一节，实碍难照办，望转告可也。

建光兄追悼一事，已由伊弟在沪与诸同志商同筹备，约不久可以举行，希勿为念。此复，并颂

近祉

据《总理复信撮要》，台北、中国
国民党文化传播委员会党史馆藏

复曹俊甫王子中告筹款接济需待机会函

（一九一九年十月）

顷接九月廿一日手书，知绸缪补苴，维持军务，备极贤劳，远道闻之，岂胜怅念！然以陕局艰难至此，兄等犹能苦心支持，百折不挠，此则非义利之界至明，

而具有莫大之勇气者不能。天下之事，莫不成于艰难困苦之后，但能打过此关，则前途必日〈益〉顺利，望兄等始终努力坚忍以待而已。

所嘱筹款接济一节，甚思竭力设法，惟文个人近日异常困难，沪上又无从筹措，爱莫能助，深为怅然。特是近日政局异常复杂，各方酝酿之机，日加急迫，不久或将有变局发生，或能从此发生佳境，亦未可知。望弟等勉力维持，坚忍以俟，将来如有机可乘，自当竭力相助也。此复，并颂

毅祉

据《总理复信撮要》，台北、中国
国民党文化传播委员会党史馆藏

复林德轩勖湘西各军与川中同志协作函

（一九一九年十月）

顷接手书，规划周详，深佩远识！

湘西各军，年来辛苦支持，始能有今日之基础，此皆兄与诸同志贯彻主张、努力不懈之所致。近日时局仍极晦冥，解决之期，犹难豫定。倘湘西各军能念唇齿相依之谊，推诚联合，成一大团体，并与川中诸同志联为一气，则呼应既灵，声势益振，一旦有事，则可协同动作，一致进行，较之株守方隅，人自为政者，其得失利害，相去何啻霄壤，此兄等所宜亟筹之者也。凤丹兄老成千练，文所素知，兄既与同袍泽，必能相得益彰，望益努力不懈，贯彻主义，以完吾党救国之责。文能力所及，自当勉为后援也。此复，并颂

毅祉

据《总理复信撮要》，台北、中国
国民党文化传播委员会党史馆藏

复洪兆麟勖整军备战函

（一九一九年十月）

日前接手书，并承惠建兰皮箧诸件，深感盛意！

日来国内时事仍极晦昧，欲求根本解决，仍赖吾党同志以不屈不挠之精神，抱最后之决心，庶犹有可为。兄持义素坚，尤望益励不懈，时时为可以作战之准备，俾日后方略一定，即可努力前驱，尽吾人救国之天职也。

近日国内群众心理，似渐有觉悟之象，前途形势，当可渐趋光明，吾人有最后五分钟之奋斗而已。军政贤劳，惟为国自力，并颂

近祉

据《总理复信撮要》，台北、中国
国民党文化传播委员会党史馆藏

复伍肖岩望淬厉所部贯彻护法主张函

（一九一九年十月）

近日药群兄来沪，接手书，备承注念，甚感！

大局近势固仍极晦冥，然国民心理似已渐有觉悟，此后一线光明或当由此而日趋发扬也。至吾党同志年来兴师目的既为护法，则此后当贯彻护法主张，不屈不挠，以求最后之胜利。兄持义素坚，尤望本斯主张，努力不懈，以大义淬厉部曲，以作护法干城之寄，岂胜企望。

文近体无恙，堪以奉慰。维念军事贤劳，望为国自重。以〔此〕复，并颂

毅祉

据《总理复信撮要》，台北、中国
国民党文化传播委员会党史馆藏

复尹乐田等望诸议员坚持光明正大之奋斗函①

（一九一九年十月）

日前接惠书，知两院于制宪事切实进行，甚佩毅力！国会之在南中，处风雨漂摇之势，所望议员诸君，能以不屈不挠之精神，为自身之奋斗，以正义为依据，而行使最高之职权；能如是则前途利钝虽不可知，而议员诸君光明正大之态度，将永为国民所称述，足以垂嘉誉于无穷矣。所望奋进不懈，努力前途，以慰斯民之望，幸甚！

文近专事著述，承嘱返粤一节，实未能如命，尚希谅之。此复，并候

公祉

据《总理复信撮要》，台北、中国
国民党文化传播委员会党史馆藏

复李村农再论借外资函

（一九一九年秋）②

村农君鉴：

以为君能受教，故前日批答来件，不觉言之过长。今读来书，反责我误会，适更证明其一知半解之实也。所拟之件，在于今日中国之人心，必无成事。知其不成而必欲一试，是出风头也，若不知之则愚也。以二者揆君，其后近似，而前日以前拟君，诚误矣。

君反对外资，以为美、英二国不能为我法，不知此二国在百数十年前，尤穷尤弱于我也。此两国离我太远，或为君所未知。今更以近者言之，日本也，暹逻

---

① 广州国会议员尹乐田来函报告参众两院制宪情况和粤中局势。此为孙复函。

② 原函未署日期。按其内容，似于一九一九年八月上海《建设》创刊号开始连载《实业计画》之后，故权且定为是年秋。

也，又当如何？日本以外资外法，数十年一跃而为强国矣。暹逻则更穷更弱而且愚，三十年前尚入贡于我，倚为上国；最后一次之贡使为海盗所劫，始知中国无保彼之能力，而翻然以外资外法开发其国之利源，今居然成为亚洲之完全独立国矣。是知虽弱国，假资亦无害。而安南、高丽①则向来反对外资外法也，今如何？

我之以君为一知半解者，则以君不知外资为何物也，又以君以外资必由政府借也。不知外资不尽指金钱。若金钱则我亦有之，何必更待乎借？中国今日所缺之资本，非金银也，乃生产之机器也。欲兴中国之实业，非致数十万万匹马力之机器不可，然致此机器非一时所能也。经济先进之国，以百数十年之心思劳力而始得之；经济后进之国，以借外资而立致之，遂成富国焉，如美国、英国是也。今日欲谋富国足民，舍外资无他道也。若如君之意，必排外资，则必我自造一切生产之机器矣。然自造之，亦当需机器乃能造机器，此机器之母，必当购之外国矣。以其高利之金钱而购此机器，不如以低利而借此机器之为愈也。如人人能明此理，知借外资即借机器耳。中国四万万，若每人需十匹马力之机器以代劳，而作生产之事业，则全国需四十万万匹马力之机器。若借外资，则十年便可达到目的；若欲得资自造，则数百年恐不能致也。汉阳铁厂已开办二十余年矣，能造出机器几何？每年所出之猪铁数十万吨，尚要运消〔销〕于出铁三千万吨之美国，是可知欲谋实业之发达者，非谋其一端则可成效也。必也万般〔端〕齐发，始能收效。然欲其万端齐发，非一二银行所能为力，亦非一二工厂所能为功。必也广借外资（即多赊机器），以开发种种之利源，互相挹注，互相为用，乃能日进千里，十年之内必致中国于美之富、于德之强也。如是，则美、英、日、暹等国不得专美于前矣。

然而能致此者，必先在知识。若知识高远透切，则知外资非独金钱能借，非独官场当无经手回扣之弊矣。能知此，则不排外资，人人欢迎外资，则必能要求政府立公平之法律以保护之，则官场不能垄断回扣矣。如是中国乃有富强之希望。若君之一意排外资，真义和团之思想耳。谓为一知半解者此也。

孙文

据原函影印件，台北、中国国民党文化传播委员会党史馆藏

---

①　高丽，古代原是高句丽（亦作高句骊）王国的简称，后以之为国号，十四世纪改称朝鲜。一九一〇年被日本侵占。

复伍毓瑞告当今急务为讨桂统一南方函

（一九一九年十一月十一日）

周君来，并接诵手书，具谂近况，不胜欣慰。

护法军兴，战争连年，大功未竟，此中大梗，皆由桂贼缘敌为奸有以致之。自古未有奸人在内，而大将能成功于外者。当今急务，在于先灭桂贼，以统一南方，然后乃能出师北上，力争中原耳。

值此一发千钧之会，尚望力作士气，以赴时机，能贯彻最初之主张，自能收最后之胜利。救国之责，匪异人任，以兄之坚苦卓绝，前途实利赖之。

据《总理复信撮要》，台北、中国
国民党文化传播委员会党史馆藏

复张学济望湘西各军与川鄂同志各军协同动作函

（一九一九年十一月十一日）

顷荆①、罗二君来沪，并接诵手书，具知苦心毅力，钦佩良多！

湘西各军，赖兄与诸同志奋斗不懈，至今卓树一帜，立定根基。此后仍望贯彻主张，努力进取。内之与凤丹、德轩诸君，共济艰难，整饬戎行；外之与川、鄂同志各军，互为声援，联络一气。形势既固，呼应复灵，一旦有事，自可协同动作，进行无阻，以完吾党救国最后之责。昔诸葛武侯未出师中原，先擒孟获；今之视昔，情势正复相同。以兄负英武之才，挟有为之力，发展前途，于焉是赖。此不仅文一人之私愿，实全国所系望者也。

据《总理复信撮要》，台北、中国
国民党文化传播委员会党史馆藏

---

① 即荆嗣佑。

致田应诏告经略湘西为护法所赖函

（一九一九年十一月十一日）

前李君来，奉到手书，当作复，自邮递上，计已达矣。

刻下湘西各事，想在积极进行中，护法前途，实为利赖。国事日怀〔坏〕，自非根本解决不为功。和议已不足道，此后救国惟恃最后之手段耳。吾兄宏才担当一方，望与溶川、德轩诸同志，勉为其难。将来肃清内顾，奠定中原，实以湘西为基础。而吾兄之老成干练，尤为文与吾党同志所深为期望者也。

据《总理复信撮要》，台北、中国
国民党文化传播委员会党史馆藏

复彭素民告当今急务为讨桂统一南方函

（一九一九年十一月十一日）

周君来，并得手书，备悉一切。

吾党蒙难艰贞，而目的不得遽达，亦惟有努力奋斗、始终不懈而已。来函谓"姑息不如刚决"，诚有见地之言。昔武侯未出中原，先擒孟获，以除内顾之忧；今之桂贼，即孟获也。此贼不灭，民国不能生存，是以当今急务，在先灭桂贼而统一南方，然后乃能北向讨伐耳。望与各同志力作士气，以赴时机，则前途希望，正未有艾也。

据《总理复信撮要》，台北、中国
国民党文化传播委员会党史馆藏

致《民气报》介绍邵元冲函

（一九一九年十一月二十四日）

《民气报》[①] 同志诸君均鉴：

在沪屡读贵报，所以发挥吾党之主张，以嘉惠侨胞者至厚，深为欣慰！

兹有邵君元冲渡美游学之便，托其代致鄙忱，顺候兴居。邵君吾党贤者，国学渊通，文辞赡美，为文秘书有年，于国事、党事及文近状，备得甚详，自能为同志诸君缕述之。他日课余之暇，必更能本其经验与知识，撰著论评，用揭报端，为同志诸君之助，而共策党务之进行也。特此绍介。

诸希朗照不一。

孙文

十一月二十四日

据原函，台北、中国国民党文化传播委员会党史馆藏

复黎天才论南北和议函

（一九一九年十一月二十五日）

丹书兄来，得手书，备悉贵军近状，慰甚！

执事提兵护法，挫而弥坚，毅采英风，可壮川、鄂。来函所云和应一筹永逸，尤征卓识。方今言和多矣，要皆枝节言之，不守共同之目的，惟争个人之私利，以此言和，岂能永久？盖欲求永久之和平，必使法律得圆满之解决。若国会不能完全自由行使其职权，内政、外交举难得合法之处理；如苟且谋和，岂独负护法之初衷，抑且种违法之后患，此恶可者？

来函之旨与文意盖略同，欣慰奚似。此后关于时局进行，有宜贵军商榷者，

---

① 　纽约《民气报》系美东各埠中国国民党机关报。该报为谢英伯、钟荣光所创办，出版于一九一五年。

当即嘱丹书兄转达。天气渐寒，诸为国自重。

据《总理复信撮要》，台北、中国
国民党文化传播委员会党史馆藏

致田应诏等指示湘西军政方略函

（一九一九年十一月二十五日）①

凤丹、榕川、香〔湘〕芸、德轩、培菱②诸兄均鉴：

前寄去各函并密电，想都收悉。周逆就戮③，为从此发展进行大好之机。经觉生兄与此间湘中同志切商，条陈因应方略数端，大要以为军事进行贵在单一，故彼此团结，合力共作，较之声援相通、互助协济者，其不可拔之基为益坚，而进取成功之效为尤伟。

此时首要为设立军事上统一机关，公推军政长为同志各军总领，使实力有所集中，精神十分团结。所有同志所部军队亦须为划一之计，以实力额数多寡改编为某师、某旅、某团，再由各师、各旅、各团派出晓畅军事者组织总参谋机关，为军政总机关之辅，使各部全体情事无所扞格，声息易于相通，而军事愈得指臂之效。

再宜有民政总机关，公推民政长总领之。于同志实力所及区域，慎选县长，专任吏事，即与军队同驻一地，而职权各宜分明。并恢复各县会④及自治机关，使人民得有法律上之自由，得调济各地方一般之生计，此不仅足为军民分治之基，尤便于统一，且条理之财政之计画者也。文意亦非为切要而不可缓者。

---

① 原函未署年份。按函中所言"周逆就戮"之事发生于一九一九年十一月间，故酌定于是年。

② 田应诏，字凤丹，湘西镇守使兼靖国联军湖南第一军总司令；张学济，字榕川（孙文其他函电及批牍中又作溶川、镕川、容川），靖国联军湖南第二军总司令；廖湘芸，湘西联军第一纵队司令；林德轩，靖国联军湖南第五军总司令；萧汝霖，字培菱，靖国联军湖南第三军参谋长。湘西诸将领均为中华革命党党员。

③ 周则范，湘西镇守副使，支持桂系军阀。一九一九年十一月，廖湘芸拟出师伐桂为周所阻，廖愤而攻周并杀之。

④ 即县议会。

　　兹以罗君迈、于君哲士赴湘之便，嘱其袖函奉达，维兄等就近切实合商酌夺行之。此为成功之本，曷胜盼切！此后湘西重要情事，并望随时详告，当极力设法相助，共达救国之素志。专此，即颂

毅祉

□□①

十一月二十五日

据原函，台北、中国国民党文化传播委员会党史馆藏

复黄炽杨满告李公武赴檀旅费已汇交函

（一九一九年十一月二十五日）

黄炽、杨满先生均鉴：

　　十月廿四〈日〉来函，接悉一切。李君公武赴檀护照，经已取妥，定搭下期南京船启程。昨特汇交港币叁百元，以作旅费矣。

　　尊函谓贵埠维持会存款有限，拟将去年寄存本部之叁百元，将来比对入数，而于李君川资无力照给等情。兹特准如所请，通融办理，并着财政部查照，希即转达维持会诸同志可也。此复，并颂

均安

孙文

八年十一月二十五日

据原函影印件，台北、中国国民党文化传播委员会党史馆藏

---

　　①　此系函稿，空缺号为预留"孙文"签名位置。

复周震鳞请调查周则范死事函

（一九一九年十一月三十日）

接手书，敬悉。近据湘西各同志函电，皆谓周①附合桂系，意图牺牲国会，分赃乞和，且将不利于湘西，故其部下杀之有辞。

至廖湘芸个人，本为革命党中之勇敢善战者，含辛茹苦，其志无他，可共信也。兄为湘人，习知湘事，周之死是否应得为另一问题，似不能与又香兄案②相提并论。尚望兄就近调查，与理鸣③兄维持一切，俾湘芸得成劲旅，树吾党之声援，未始非一举而两全之计。

据《会书》之十《函札》，台北、中国国民党文化传播委员会党史馆藏

复吴醒汉告派熊秉坤面商函

（一九一九年十二月中旬）④

手书祇悉。鄂西此次改革，赖兄主持，致无溃决，深为庆幸！惟此后一切地方事宜，并关于军事进行之处，事业正多，责任綦重，未可抛卸。前派熊秉坤前来面述一切，望与切商办理可也。

至来书所嘱通电军府及唐督处，文以现处地位，事诚有未便者，尚希谅之为荷。军事贤劳，努力珍重不宣。

孙文
十二月

据《会书》之十《函札》，台北、中国国民党文化传播委员会党史馆藏

① 指周则范。
② 指蔡济民被刺案。
③ 覃振，字理鸣。
④ 原函未署日期。据函称"前派熊秉坤前来面述一切"及不便与军府联系等语，当在十二月十二日批吴醒汉函之后。酌定为十二月中旬。

复凌钺论徐树铮收回蒙古应予奖饬函

（一九一九年十二月二十三日）

子黄先生执事：

来函诵悉。徐之收回蒙古，拟之傅介子、班超等辈，其功何如？公论自不可没，奖其功而督其罪，责其前愆而启以自新之路，亦事理之当然耳。彼果能悔改，文当无所不容；彼如怙其恶而终不悛，则大义俱存，自无所谓曲宥之也。彼又何得而利用之乎？同志有相问者，请均以此旨告之，俾得其真相。专复，并颂

时祉

　　　　　　　　　　　　　　　　　　　　　十二月二十三日

据原函，台北、中国国民党文化传播委员会党史馆藏

复石青阳告款到即与人商购飞机函

（一九一九年十二月二十三日）①

青阳吾兄执事：

十一月二十三日来函诵悉。尊处需用飞机当可设法买得，惟未有现金，弗便与人交涉耳。执事现既筹集资金，一俟寄到之后，乃能向前途磋商一切也。专复，并候

毅祉

据原函，台北、中国国民党文化传播委员会党史馆藏

---

① 原函仅注明十二月二十三日，未署年份。孙文先后于一九一九年九月十七日和一九二〇年三月二日致函石青阳，皆为商购军械及飞机事，由此推断此函当写于一九一九年。

复黄复生望资助黎仲实家属函

（一九一九年十二月二十五日）①

理君吾兄惠鉴：

接诵手书，介绍刘松云君已相见，藉谂近祉多佳。谢惠生兄在此时，从伊处得兄消息，川中颇有暗潮，近想已解决矣。时局尚未见何等光明，吾人惟努力于所当尽之责任，锲而不舍，后必有功，可预期也。

同志黎君仲实于前月二十五日病死沪上。伊自民国元年以来不涉足于政治，而常郁郁不自得，遂不复留意于营养。死后遗有孤儿、寡妇，而党人大抵皆在窘境，无力为助。兄与仲实为道义之交，曾共患难，不审能为伊身后设法否？附及，即颂近安

据原函，台北、中国国民党文化传播委员会党史馆藏

复陈金钟等希协力发展实业计画函②

（一九一九年十二月十五日刊载）

（前略）国内武人专横，人民痛苦不减曩昔，皆缘光复以来于建设上多未整理，故文近专力于发展吾国实业之计画，以为建设先导，请阅最近学说③及《建设》月刊④，当悉一切。惟个人能力有限，仍希阁下与诸同志协力进行，始收良果。（后略）

据《孙中山复安南陈金钟函》，载一九一九年
十二月十五日新加坡《新国民日报》第九页

---

① 原函未署日期。此据秦孝仪主编《国父全集》第五册（台北，近代中国出版社一九八九年十一月出版）。

② 陈金钟，越南中华革命党党员。此函发自上海。

③ 指孙文所著一九一九年六月在沪发行的《孙文学说》。

④ 《建设》月刊系孙文于一九一九年八月在沪创办。

复欧阳铃院梁闰生希竭诚赞助
发展实业计画函①

（一九一九年十二月十五日刊载）

　　贵埠支部已于去年成立，公等联络群贤以办国事，具见热忱勇慨，感慰良深。支部规则及誓约、印章等件，已嘱党务部照寄。

　　（中略）国内官僚舞弊，武人专横，政客捣乱，人民流离，于今尤烈，皆缘破坏之后未加建设，是以国民未获共和之幸福。文有感于此，因之迩来专力于吾国实业之计画，次第发展，以为建设之先导，已登诸于《建设》月刊。以公等爱国至深，愿宏力厚，尚希竭诚赞助，以达吾党之主张。

据《孙中山复荷属孟嘉锡欧阳铃院梁闰生函》，载一九一九年十二月十五日新加坡《新国民日报》第九页

致邓泽如请转寄国民党改组通告函

（一九一九年十二月三十日）②

泽如兄鉴：

　　兹付国民党改组通告多通，请兄转寄各要地之支部，请速举行，以归统一为荷。如通告不足，请多印分寄可也。此致。

孙文

十二月三十日

据原函影印件，载邓泽如编：《孙中山先生廿年来手札》卷三，广州，述志公司一九二七年一月出版

---

　　①　欧阳铃院、梁闰生系荷属孟嘉锡埠中华革命党党员。此函发自上海。

　　②　原函未署年份。按中华革命党改组为中国国民党，时间当在一九一九年十月十日，寄发通告当在此之后，故酌定此函发于一九一九年。

致唐克明告派熊秉坤慰问函

（一九一九年十二月）①

春鹏兄执事：

前接夔府来电，知兄退出施南，犹是殷殷以不忍糜烂地方为念，实所欣慰！

兹特派熊秉坤前来存问，倘得惠然来沪，面晤一切，尤所盼望。此候

日祉

据原函，台北、中国国民党文化传播委员会党史馆藏

致柏文蔚告派熊秉坤面洽函

（一九一九年十二月）②

烈武志兄大鉴：

久疏问候，歉念殊深，顾瞻西南，时萦忧虑。

鄂西一隅，变端迭起，利川之骨未寒，恩施之争又起。幸厚斋兄力能应变，不至大伤元气，可为欣慰！但是此后不求一共同奋斗之目的，非特鄂西多事，恐西南大局亦将因之瓦解也。

我兄血战经年，含辛茹苦，权利之念不争，维持之功实大。兹特派熊秉坤前

---

① 原函未署日期。一九一九年春，川鄂靖国军总先锋唐克明因与黎天才不合作，又贿买川将方化南惨杀蔡济民于利川，同年冬，唐部全体军官在施南数唐罪状，驱唐出境，唐乃走夔州。随后唐在夔州复与黎天才勾结，派人联络蓝天蔚，逼走川鄂靖国军总指挥柏文蔚。孙文派熊秉坤持函招唐克明赴沪，并慰问柏、黎等人，殆即指此。此函时间酌定为十二月份。

② 原函未署日期。函中所谓"恩施之争"在一九一九年冬。唐克明、黎天才邀蓝天蔚至夔州，唐继尧即任蓝天蔚为鄂军总司令；蓝初以鄂军反对，不敢赴施南，旋经柏文蔚疏通，始就道抵施南。蓝疑柏不离开鄂西，便招方化南部以胁柏，鄂军大愤，柏文蔚恐酿成大变，旋即离施南抵来凤。时鄂军吴存裁（厚斋）率两团驻来凤，团长田、萧二人积不相能，内讧，田杀萧，城内大乱，柏避城外始免于难。孙致函柏文蔚当在此时，又"派熊秉坤前来慰问"，应与十二月中致吴醒汉函为同一时期，酌定为十二月。

来慰问，面述一切。即希接洽是荷，并候

戎祉

据原函，台北、中国国民党文化传播委员会党史馆藏

致黎天才告派熊秉坤面洽函

（一九一九年十二月）①

辅臣先生执事：

前函谅达左右。此次派熊秉坤前来存慰一切，即希接洽为荷。此候

戎祉

据原函，台北、中国国民党文化传播委员会党史馆藏

复徐谦告许助陈汉明款取消等事函

（一九一九年下半年）②

季龙兄鉴：

许助陈汉明款，专为新闻记者开会起见。今既无期开会，则失去作用。单助彼往澳洲宣传，似无大效，故不欲费去急要之款，请为转达是荷。

张永处已着送百元。陈素只事，交谢惠生代复。此复。

孙文

据杨雪峰：《国父给徐谦几封未见发表的函
电》原函影印件③，载台北《传记文学》
第四十一卷第五期，一九八二年十一月出版

---

① 原函未署日期。据函中"派熊秉坤前来存慰一切"，应与致吴醒汉、柏文蔚、唐克明等函相同，为同一时期出发湖北，酌定为十二月。

② 原函未署日期。据一九一九年十月中华革命党改组为中国国民党，孙文在上海委任谢持为党务主任，当时徐谦适由天津来上海。故酌定为一九一九年下半年（十月后）。

③ 当时原函由澳洲雪梨的徐政（徐谦之女）提供。

致林修梅望速合湘南将士共图大业函

（一九一九年）

浴凡兄鉴：

鱼雁久梗，项脰为痛，两地心情，想同此况。

每湘中人来，道及我兄屹立不依之概，辄为悚坐。因念忠勇如兄，连年护法之志竟屡挫未申，孰实使之？兄固身历其境者，试一回溯，当无俟文之缕觋，亦可了然；又未尝不愤彼穷凶极恶者，欲得之而后快也。

文盱衡时势，觉今日护法，首在去彼假护法以实行破法之桂派。桂派不去，就令饮至燕京，终属拒虎近〔进〕狼，何补于国？况内奸未除，决难立功于外。往年长沙之役，即其殷鉴。但既与桂为敌，则凡与吾共敌者应引为友。尊处对于张督①既有所接洽，宜壹意奋击桂敌，早除国贼，前驱重任，舍兄莫属。时机已迫，不容稍缓。万望速合湘南诸将士，克期准备，共图大业。有便尚祈时赐好音，俾资率履。此渎。

余维亮察不备。

孙文

据《民国八年护法之役致林修梅书》，载胡汉民编：《总理全集》第三集，上海，民智书局一九三〇年二月初版

---

①　指湖南督军张敬尧。

致政务会议请拨款补助在法国建中国大学函

（一九二〇年一月上旬）①

政务会议公鉴：

兹者李君煜瀛②归自法国，面述如左：

"此次赴法，最要目的，在运动法国退还庚子赔款，以兴办教育。抵法之后，进行手续，约分五项：（一）实质的运动，以输送多数学生至法为主要，自八年五月至今，赴法学生达八百人，法国各界至为注意。（二）舆论的运动，以杂志、日报及演说，宣扬中法教育等问题之切要，因而言及退还赔款。（三）与中国驻法公使及代表接洽，请其助力。（四）与法国政府接洽，其结果与政府接近之议员奥那普君探问外部，据云赞成退还赔款之议，并谓当退还半数，即二百兆佛郎（全数将近四百兆佛郎），与美国退还之数略同，惟须与财部详商办法。（五）与法国国会议员接洽，其结果中立派议员冈大司君与左党议员穆岱君，允合提退还赔款议案。以上五端，努力进行。

"其第一、第二两端，已有成效。第三端因中日问题，在和会纷争甚烈，代表诸君一时未能兼顾，致稍停顿。第四、第五两端，则因法国举行大总统及国会议员选举，亦遂稍为搁置。惟选举结果，主张退还赔款之各议员均再被选，则以前之进行不但无所变动，且益以进步矣。

"运动退还赔款正在进行，适于十二月接吴君敬恒书，主张以法国退还之赔款，即在法国设立中国大学，并附详明之意见书。蔡君元培亦极同意，其辞意与在国内各报发表者略同。因即据以商诸穆岱君，大表赞同，谓此事大有利于退还赔款之进行，因为势较顺，用力亦较易也。并谓此大学宜在里昂举办，因里昂与

---

① 秦孝仪主编《国父全集》将此函编于一九一九年。考原函中有"自八年五月至今，赴法学生达八百人"，又称"运动退还赔款正在进行，适于十二月接吴君敬恒书"，以及"中国和会代表陆君徵祥回国之际，曾具以相告"等语，陆归抵北京在一九二〇年一月二十五日，酌定为一九二〇年一月上旬。

② 李煜瀛，字石曾。

中国向多关系，且为大学名区，本已设有汉学讲坛。因即介绍于里昂大学校长、学长、教员等，并一面言于市长及商会会长，均表同意。

"里昂大学校长儒班君，新自东亚调查教育归，对于中国学界，颇有良感。盖既参观北京大学及留法俭学会之组织，且知中国学界新潮萌芽故也。遂于里昂大学会议，决定由里昂大学发起此事。医科学长雷宾建议，捐助里昂公廨或公地之一，为校舍或建筑之用。法国政府教育、外交两部皆允助给经费，并将正式加入预算案。里昂市长爱友（众议员、前工部总长）向主中法亲善（曾发起里昂春秋博览会，约中国与会；而对于日本，则颇疏远）。里昂商会会长古洼涅君及前商会会长伊萨克君（众议员、现任商部总长），皆允由里昂市政厅及商会助款。中国和会代表陆君徵祥回国之际，曾具以相告。陆君徵祥允于回国后担任汇款，以助开办，并助常年经费。

"以上法国政府及地方长官暨教育界、商界决心赞助中国大学之概略也。谨案法国方面，允以公廨公地拨充中国大学校舍，约可容二千人，其价值已为不资。并由里昂大学担任种种义务，如教科讲堂、试验室等，所费亦不胜计。且允由政府及地方各团体，助以经费，约略计算，于中国大学之成立，实已力任其半。将来大学之发展固当仰给赔款，惟目前之开办费及为常年费之基金，中国方面至少当任六十万元，不但所以为培植人才计，对于法国之厚谊，而为相当之出力，于理亦宜尔也。此六十万元之募集，拟请广东军政府担任半数三十万元，尚余半数，当于各处募集足之。

"中国大学之成立，于教育方面收效宏大，吴、蔡两君言之甚详。而于退还赔款之进行，关系尤巨，盖法国于退还赔款之议，虽各方面皆无异言，惟在法国初非视为急务，且当战后经济困难，故进行必缓。今中国大学成立，法国政府既正式担任维持之义务，而以之加入预算，则支出递增之结果，赔款之退还，不待促进，而自然达到矣。此后以退还赔款之一部分，为大学之常年费及扩充费，不特大学得以维持发达，而退还赔款之要求，亦可以无憾。

"不特此也，年来勤工俭学生赴法者，极为踊跃；而法人待之，亦甚为殷挚。观感所动，遂有美人倡议宜取消华工入口禁例。意大利见留法学生之数逐年有加，亦倡议宜退还赔款，以资送中国学生留意。是则运动只在一国，而影响且及于他国；目的只在教育问题、赔款问题，而影响且及于外交及国民经济，则此事之关系中国前途，至为不鲜，诚不可不亟为进行者也。"

据李君煜瀛所述，法国政府于退还赔款之举，既有成议，而于中国大学，政府慨予援助，地方各团体亦乐为维持，善邻厚谊，至为可感。中国于海外自建大学，于教育前途，为利至溥，吴君敬恒、蔡君元培言之綦详。两君皆于教育深有经验，计划周至；况有法国朝野之扶助，基础成立，已告太半，诚宜量为资益，以竟厥成。现在军政府军书旁午，度支困难，久在意计之中。然念自民国肇造以来，政本未安，奸宄屡作，民生疾苦，日以加甚；一线之望，惟在民心之未死，民智之渐开。而盈虚消长，实系于教育。教育之道，条理万端，以目前学校之未备，人才之难遇，国外大学之建议，实所以补其缺乏，应其需要，此为国家根本大计，诚不宜忽。用特陈请政务会议，拨给三十万元，以补助在法国建立之中国大学。并以后规划进行，仍由李君煜瀛随时报告。专此陈述，敬请

公安

孙文　唐绍仪

据原函，台北、中国国民党文化传播委员会党史馆藏

致廖仲恺古应芬请接洽王乃昌函

（一九二〇年一月二十七日）

仲恺、湘勤两兄鉴：

兹王季文兄乃昌返港，对于桂省军事、党事，有所商榷进行，企达将来桂贼驱除之后以桂人治桂之目的。请与接洽一切为幸。此颂

近安

孙文

一月廿七日

据原函影印件，载《国民党元老后裔捐献珍
贵文物》，一九八七年六月二十日《团结报》

复徐谦告未知谢某动向函

（一九二〇年一月）①

示悉。谢某前时往京去时我不知，故并未有托以代表之事。彼由京回沪，乃来言其在京见过段②，及其他之人。然亦并未知有取洋二万元之事。此复。

文日来大病不起，今日稍愈，尚能执笔。

孙文

据原函照片，上海革命历史博物馆筹备处藏

复林德轩请按前时计划经略湘西函

（一九二〇年一月）

德轩兄鉴：

示悉。湘西此次经兄经营，日臻美满，甚慰甚慰！以兄长才，摄镇绥靖，地方之福，亦邦国之光。况文休戚与共，庆幸曷可言喻？承示俟湘西统一就绪，再谋推行，足征老成虑远。即按照前时计划，努力进行，国事能否有为，实于此行卜之。临楮驰溯，无任悁结。

孙文
一月

据《会书》之十《函札》，台北、中
国国民党文化传播委员会党史馆藏

---

① 原函未署日期。函中有"文日来大病不起，今日稍愈"句，据《民国日报》报道，一九二〇年元旦，孙文本拟出席寰球中国学生会举办的新年大会，因病"未能如愿"，时徐谦正在上海，而信封上标"交徐季龙"，酌定为一九二〇年一月。

② 指段祺瑞。

致许崇智介绍李德益往言潮梅事函①

（一九二〇年二月九日）②

有李德益君为潮梅事，赍丁培龙函来沪陈述一切。文特嘱德益亲赴军次，将所有情形，晤兄详细言之，为此具缄介绍。德益至时，希即接见。专此，即颂

勋祉

孙文

二月九日

据原函，台北、中国国民党文化传播委员会党史馆藏

复余荣等贺恳亲大会函

（一九二〇年二月二十一日）

余荣先生暨诸同志先生均鉴：

昨接来电，敬悉贵处③于四月三日始开恳亲大会七日，至为喜慰！万里海天，弗克躬与盛举，特上芜词，借伸贺悃。深望诸同志于此次大会之后，感情愈洽，党务愈兴，民国前途，实利赖焉。专此奉达，并颂

均安

孙文

九年二月二十一日

据原函，台北、中国国民党文化传播委员会党史馆藏

---

① 此函由李德益带往漳州。

② 原函未署年份。此据秦孝仪主编《国父全集》第五册（台北，近代中国出版社一九八九年十一月出版）。

③ 指雪梨（澳大利亚悉尼旧译）。

致李烈钧贺重掌军权函

（一九二〇年二月二十四日）

侠璜足下：

正怀旧雨，忽觌朵云，额手南天，喜曷可喻。足下以戡乱长材，久困群小，抚髀之叹，能勿同情。今竟合浦珠还，用武有地，岂维一人之庆，实亦邦国之光。足下念险阻之备尝，怵机缘之难再，必当奋发百倍，慰我群望！

文深盼得如足下者群策群力，以达吾党最终之目的。如以荛菲为可采者，自当本为国为友之诚，叩囊底智以备蒭询。特贺，并希努力珍摄。余维心照不备。

据原函，台北、中国国民党文化传播委员会党史馆藏

复余荣告信款已收并付上证书函

（一九二〇年三月七日）

余荣先生大鉴：

昨接尊函，并基本金叁拾肆镑拾贰辨士，已照收到。敬悉阁下热心国事，始终不渝，至为欣慰！兹将证书共叁拾壹纸，随函奉上。希照收转，并恳示复。国内近情，已详本部通信。此复，并颂

伟安

孙文启

三月七日

据原函，台北、中国国民党文化传播委员会党史馆藏

致李烈钧望举兵讨贼函

（一九二○年三月上旬）①

协和足下：

前徐君元诰在沪，备道兄意，甚合鄙怀，文当嘱其代达一切。旋得足下接管滇军信，愈喜！复尚缄奉复，计今已月余矣，未识已一一入览否？

此次李、莫②抗顺，文得报时，即已电令湘、闽各方面克期出援。赏赓、殿纶〔轮〕诸兄亦来电赞文主张。非独助足下，以足下能讨桂贼，以伸国法；援足下亦所以护法也。惟以道远音梗，传闻异辞，颇为焦灼。昨虞君元弼来，为言近况，知行旌已安抵始兴，得免于难。廿余日烦惋，乃为大解，不禁称庆者再。望即持以坚决，勿为调停谰言所惑，致负初志。足下能为国除贼，苟非贼党，孰不愿为效死？千载好机会，勉之勿失。表同情于足下者，决不仅文一人也。得便乞时赐详情，俾资策划。余维心照不宣。

孙文

据《民国七年莫荣新抗命致李烈钧书》，载胡汉民编：《总理全集》第三集，上海，民智书局一九三○年二月初版

复陈树人告已托人带去爱国储金奖状函

（一九二○年三月十二日）

树人兄鉴：

迭阅来书，并得晤李、蒋诸君，备悉加属党务异常发展，成绩至佳，无任喜慰！

---

① 胡汉民编《总理全集》将此函时间定在一九一八年。唯函中有"知行旌已安抵始兴"等语。李烈钧系二月十四日离开广州、二十八日抵达始兴，孙在二十八日给唐继尧的电文中已提及此事；又函中有"昨虞君元弼来，为言近况，知行旌已安抵始兴"，则此函所作不早于二月底。酌定为一九二○年三月上旬。

② 即李根源、莫荣新。

查七年四月二十五日由兄具函报告，加属同志曾缴爱国储金者共八百八十四名，其中以域多利、卡忌利最多。自后陆续缴交者，谅亦不少。至爱国奖章，经寄二千九百枚，料经收到。兹将奖状二千九百张，统托联义同志带上，希照点收，即转送各埠同志曾缴爱国诸金者。如经给领后，恳将该同志姓名报部备案而登诸通信，以示奖励。专此奉达，并颂

台安

孙文

九年三月十二日

据《加拿大国民党布告录》第二十一号，台北、中国国民党文化传播委员会党史馆藏

致陈树人同意发给爱国奖章函

（一九二〇年三月十三日）

树人兄鉴：

顷接域多利交通部部长李君翰屏暨党务兼文牍主任谢君奕贲来函，内陈"于去年护法军兴之际，曾电汇廖仲恺收港银七千元，其中多中属爱国储金款，请寄爱国奖章二百枚，以便转给缴纳爱国储金之同志"等情。文经查核无异，恳由兄查数照给，以昭划一。专此奉达，并颂

台安

孙文

九年三月十三日

据《加拿大国民党布告录》第二十一号，台北、中国国民党文化传播委员会党史馆藏

复黄醒勉以阐明人生体育之真理函①

（一九二〇年三月十六日）

胜白先生大鉴：

来书并《体育周刊》均已读悉。足下以非竞争之运动号召中国，强聒不舍，一年于兹，虽大多数尚未开悟，而同声之应次第有闻，足见人心所同，必不终闷，改革社会尤须持以毅力也。

湘之困苦久矣！自未革命而湖南志士殉主义者已夥，与广东相颉颃；民国八年之间，湖南之惨酷又过广东。处此轭制之下，宜有发愤以求自伸者。湖南之多新杂志固无足怪，然探其本原，而讲人生体育之真正目的，则虽在治平之国、发舒之民不易得之，得之于湖南，尤足贵耳！今使中国不骛欧美之虚名，而执其夙习拳勇以为体育，未始不有一效，雇其得益，必不如以学理为之根据者甚明。既有所优，宜弃所劣，然而在不喻者，且墨守故方力拒新说，斯固无可如何者。今日学校所行之体操，故由是以学理整饰历史之遗物者耳，不可以自满甚明。然而大抵安所于所习，莫为之摘发，斯固社会之一蔽也。足下从实生活以考求吾人所有须要之健康，进而及于得此健康之方法，固既已知之甚真，而后言之不枝，循此以往，锲而不舍，吾知其必有真理大明之一日，此固湖南之荣誉，又中国全国合福也。所望者，惟有彻底不断之奋斗而已。此复，即颂

著安

孙文

九年三月十六日

据《总理复长沙〈体育周报〉黄胜白书》，载一九二〇年五月三日新加坡《新国民日报》第十二页

---

① 黄醒，字胜白，长沙楚怡小学体育、音乐科教员。一九一八年十二月联合湖南体育界人士三十余人创办《体育周报》，自任主编兼主要撰稿人。此函发自上海。

复徐谦告已拟通电不发函

（一九二〇年三月二十三日）①

季龙先生鉴：

接读宣言，确有特见。惜文于宗教神理之学，荒疏已久，一时不敢参加末议也。

日前拟发通电一事，意在鼓励西南之士气。今滇军将领既有通电，则此电可以不发，以后当以实力对付山贼耳。此复，即候

道安

孙文

三月廿三日

据杨雪峰：《国父给徐谦几封未见发表的函电》原函影印件②，载台北《传记文学》第四十一卷第五期，一九八二年十一月出版

复吕志伊等望团结讨桂并请留意军情函

（一九二〇年三月二十七日）

天民、方城、裕如③先生均鉴：

真日快邮诵悉。利害明白，规画切要，极佩！吾人及今团结一气，收之桑榆，未为晚也。

广西游勇破坏大局，文为国计，早已着手准备，誓歼渠魁。不幸，又有莫荣新破坏滇督命令之事。荣廷态度暗昧，逆迹益彰，而协和犯冒危难，尤宜速救。比已分电各方，合力猛进矣！文之性情行事，天民兄所素知。今三兄愿牺牲一切，

---

① 原函未署年份。函中有"以实力对付山贼"指讨桂事，又有"今滇军将领既有通电"句。查《滇军界声讨莫荣新电》发于一九二〇年三月二十三日，此函酌定为一九二〇年。

② 当时原函由澳洲雪梨的徐政（徐谦之女）提供。

③ 即吕志伊、段雄、李华林。

与文终始，以图利国家，前途光明，不待蓍卜。所嘱各节，自当视吾力所至，竭蹶图之。惟军行之际，间诡百出，稍一不察，辄启猜疑，往往功败垂成，玩寇自祸，非疏通各军意志，不能免此。三兄滇人也，而久客于粤，幸留意焉。滇、粤军情，尚望随时见告。

专此奉复，惟珍重努力不宣。

孙文

三月廿七日

据原函，台北、中国国民党文化传播委员会党史馆藏

复王文华询讨桂意见并告与北方周旋函

（一九二〇年三月二十七日）

刘君少南来，重辱惠书，谦撝之至。非切实从事于革新者，不能为若言也。刘君备述尊状，极慰！

惟是革新之障碍，若不排除而廓清之，则其进步之难，难于填海，故兵者不祥之物，然亦视用之者如何。足下精兵数万，指挥运用以行伟抱，此其时矣。

广西当道，以游勇起家，不识国家为何物。辛亥以还，每遇军兴，彼游勇者靡不因以为利，此次护法，厥罪尤彰，近且破坏滇督易帅之令，从前假面揭露无余。若不亟加翦除，西南何以立足？文复兄电，计达览矣。

抑文尤有进者，西南内讧、根本摇动，北伐之说，目前徒托空谈。且内部用兵，尤不能即与北战，盖背腹树敌，智者所不为也。今日之计，势不能不与北方周旋；然联络北方将帅者，不只一人，不曰联皖排直，即曰联直排皖，数年之间，其效可睹。文则以谓乱法卖国，直为罪首，皖为付〔附〕从。今迫以势不得已，与之周旋，则当择其较有信义而不巧滑者，而后可以计事，且亦年来主张联某排某者之应行临机变计者也。此无他，要以使吾人计划畅行无阻而已。仆之与段芝泉接洽，即本此意。足下英爽迈伦，期许甚厚，略布胸臆，惟裁察之。并颂

勋祉

孙文

三月廿七〈日〉发

据原函，台北、中国国民党文化传播委员会党史馆藏

复纳申尼尔·柏辉告阅信后印象函[1]

（英 译 中）

（一九二〇年三月二十八日）

亲爱的柏辉先生：

我刚收到您本月十五日写的很有意思的信。我仔细读了您的印象和推论，并且相信您比别人看的清楚些，看的远些。您在这信中所表示的，我会放在心上。

假设您有任何新的消息，请续惠告。此致谢忱，并祝安好。

您诚挚的孙逸仙

一九二〇年三月二十八日

莫利哀路二十九号

据李又宁：《介绍最近发现的几封孙中山和宋庆龄的信》，载《近代史研究》一九九一年第二期

致李安邦李绮庵指示广东讨桂军事函[2]

（一九二〇年三月二十九日）

安邦、绮庵二兄同鉴：

据明堂来函，彼已定为第四军，而兄不甚赞成等语。窃思此时名目殊无要紧，

---

① 纳申尼尔·柏辉（Nathaniel Peffer 的音译）系美国《纽约时报》驻中国记者。孙文还送了一张照片给他。此照片和信现存纽约的哥伦比亚大学图书馆，信的原件系英文打字。

② 李安邦、李绮庵因讨桂军名义问题，与黄明堂稍存异议。孙文因此致函二李。

兄不必以此介介也。至于将来军级之大少〔小〕高下，当以立功多少为定；而立功之主要在破敌多少论，不以得地广夹〔狭〕论。若得地而不进取者，亦以无功论；虽无地而能游击四方以破敌者，论功有加。幸兄等本此意以进行。

我信二兄特深，所以望于二兄者亦深。为此之故，所以兄对于其他之同志，当以事事让之以名誉，使能和衷共济为要。如广府能起事，未破省城之先，当注重两要点：一为长洲炮台，此当与海军疏通，然后占领为根据地，以重兵守之，此事当与邓鼎峰合作。二为尽夺其内河炮船，以控制各江之交通，而尤以绝塞西江为重，务使由三水至梧州，皆入我势力之下。如能达此两目的，则省城可不攻而下矣。

前日谋借之款，能得手否？速由电报知（此事可着小儿哲生电达）。如尚未得手，此间现在可如数筹汇。望将欠单交哲生缴消可也。此致，即候

壮安

孙文

三月二十九日

据原函影印件，台北、中国国民党文化传播委员会党史馆藏

致国民党三藩市总支部望助李仲骏学费函[①]

（一九二〇年四月二日）

三藩市总支部诸同志公鉴：

比得李祺兄令郎仲骏来函，审其谨守先人之道训，努力向学，预备为祖国牺牲，其志至足嘉尚，惟学费无着，竭其劳作，无以支持，则重得怜悯。此时国内未靖，何处得官费以惠寒酸？以弟思之，培植有志之青年，固是我辈职责；况李祺兄毕生为牺牲成仁，其行谊精神犹在同人之心目。推互助之义，俾其遗孤教育

---

① 李仲骏系中华革命党党员李萁（亦名李祺）之子，一九一五年四月，李萁在广东阳江、阳春等地发动反袁起义中重伤身亡。此函发自上海。

成材，得竟先烈生平未毕之志愿，想亦诸君所慷慨不吝者。即望由总支部协议，按时予助以恒常之学费。仲骏得此义助，固当更勉力于前途，即海外同志不亦将有感于此举矣。此颂

均安

四月二日

据《总理致三藩市总支部函》，载一九二〇年五月二十六日新加坡《新国民日报》第十二页

复黄炽指示还款事函

（一九二〇年四月二日）

黄炽先生大鉴：

接二月廿七日来书，敬悉公等维持报务之苦心，并承挚爱之厚，至为感谢！请将存款比还以应支需一节，兹照致贵埠维持会一函，希代转达。如该款收回，即函报存案可也。此复，并颂

台安

孙文

九年四月二日

据原函影印件，台北、中国国民党文化传播委员会党史馆藏

致李绮庵请筹垫五百元交马伯麟收用简

（一九二〇年四月六日）①

见字请筹垫五百元交马伯麟兄收用，容日拨还。此致

———————————

① 原函未署年份。据一九二〇年四月十五日孙文致李绮庵电中谓"支五百元由绮庵交马伯麟用"，此函酌定为一九二〇年。

绮庵兄照

孙文

四月六日

据原函影印件，载明耀五编：《孙中山先生纪念特刊》，上海《良友画报》号外，一九二六年十一月出版

复陈树人准域多利交通部照旧保留函

（一九二〇年四月九日）

树人兄鉴：

昨接三月二十八日函，称爱国奖章已次第得收，并具报发给奖章办法，备悉。兄于发给奖章各事，异常慎重，感慰良深！至域多利交通部，爱国奖章亦统由兄查给，经三月十二日函达，料经照办矣。

顷接交通部部长李君翰屏暨党务兼文牍主任谢奕赉二月廿九日来函，以新章所载并无交通部名称，是域多利交通部似应取消，以符规则；惟交通部成立已久，且经居留地政府照准立案，为办理党务起见，应请变通办法，特别保存，以利进行等因。按李君等所称，亦属实情。兹为维持党务起见，该交通部准照旧留存，但内容办法，应照海外支部通则办理。凡该部各事，须承商总支部施行；即致各部公文，亦当多送总支部一份，以凭备案，而昭统一。除函复该部李君等遵照外，特此函达，统希查照为盼。此颂

公安

孙文

九年四月九日

据《加拿大国民党布告录》第二十二、二十三号合刊本，台北、中国国民党文化传播委员会党史馆藏

复张敬尧告派罗迈驻湘商承廖湘芸出师函

（一九二〇年四月上旬）①

　　湘芸此次出师，唯一之任务，以奉文命令，直扑广西，对内对外一切名义，文可负完全责任，决不予人以口实，使督军为难。兹特派罗迈前来，具述鄙意，即着其驻湘，与湘芸商承一切。诸维亮察不备，并颂
戎安

据原函，台北、中国国民党文化传播委员会党史馆藏

复廖湘芸告负担出师责任函②

（一九二〇年四月上旬）③

湘芸足下：

　　与贤来书悉。所陈各节，均属可行。张督既允负实力协助之义，则此后名义上，文可负完全责任。惟主要目的，在扫平广西，以扑桂林为第一着，对于辰州之军队取切实联络，对于洪、溆之军队，可收用者尽先收用；其不可收用而必须征服者，则须以全力于最短时间击破之，勿招前此之失败。至成军后通电措辞，须将前此诛周则范及此次得张督协助之事，说明均系奉文命令，庶几可以间执谗慝之口。余由劲夫面述。张督及绪先处，均另函专复矣。

　　诸希珍重不一。

据原函，台北、中国国民党文化传播委员会党史馆藏

---

　　①　原函未署日期。按孙文四月一日致张敬尧电有"望足下力予接济，俾湘芸械弹不缺以竟前功"句，及具函由罗迈前来落实此事。酌定为四月上旬。

　　②　廖湘芸原为湘西镇守使兼第五区司令周则范部团长，杀周独立后，称靖国军。周之余部蔡钜猷、刘叙彝等起兵讨廖，廖兵败，投靠段系湘督张敬尧。蔡、刘则输诚于湖南省长谭延闿。谭遣部将吴剑学移兵湘西，准备武力统一。

　　③　原函未署日期。四月一日孙文致张敬尧电有"望足下力予接济，俾湘芸械弹不缺，以竟前功"句，此函中"允负实力协助之义"，应在此电后不久。酌定为四月上旬。

复伊斯拉贺其为重建祖国而努力函

（英 译 中）

（一九二〇年四月二十四日）

伊斯拉①阁下：

拜读阁下来信及《以色列传讯报》②，非常欣慰！

余愿就这项当代最伟大的行动之一，向阁下伸致同情之忱。所有爱好民主的人士，对于重建你们伟大而历史上著名的国家，必然会给予全心的支持与热烈的欢迎。这一国家，在世界文明方面具有重大的贡献，也应该在国际上赢得一个光荣的地位。

孙逸仙

四月二十四日

上海

据《致伊斯拉贺其为重建祖国而努力函》（转录中国国民党中央委员会党史委员会藏英文函存底），载秦孝仪主编：《国父全集》第五册，台北，近代中国出版社一九八九年十一月出版

复谭延闿望速定攻桂大计函

（一九二〇年四月中下旬）③

组庵吾兄左右：

得四月十三日手教，谢君、刘君来晤，更详尊情，以左右与同胞辛苦奋斗，

---

① 伊斯拉，为 N. E. B. Ezra 的译音。

② Israel's Messenger 的中译。

③ 据函末所标四月，又"得四月十三日手教"，酌定为四月中下旬。

为国为民，此意当为海内外所感服。

然三年以来，历尽艰瘁而目的未达，前途犹远，此无他，湘、粤之事俱桂系制之，以粤为鱼肉，以湘为牺牲，惟其私利是视，故湘不独不能得有力之援助，即发愤自强，亦其所甚忌。湘之外敌，北兵也；其隐患则桂系也。某尝谓：欲达护法之宗旨，非先清西南内部不为功；欲复湖南〈人〉之湖南，尤非打破桂系势力不为功。西南护法，始终为桂系所梗，延至今日，遂成一不战不和、不死不生之局。而彼最近对于滇军，野心阴谋，更复显著。往者以国会、军府在粤，故虽人怀义愤，犹有投鼠忌器之嫌；今则国会既去，军府无名，桂系遂为天下之公敌。闻龚赓已决从滇边进兵，贵州亦已携手，粤人恨桂实深，竞存更不能不急速回戈。惟湘当其中，须与首尾相应。鄙意以为当由竞存先发，而湘为应援，滇、黔更以精兵覆其巢穴。如此，则桂必败亡，而大局可望有根本解决。否则，粤固永为赌盗横行之世界，湘亦受制于人，终为若辈所卖；吾辈提倡护法，徒为社会人民之痛苦而已。此时事机已迫，是非利害，均不待言而共喻，所望左右与同志诸公，速定大计，示我好音。

军用所需，已与秩庸切商为助；其他或更有可以致力者，亦不敢辞。专此，即颂

近安并祈赐鉴

孙文

四月

据《会书》之十《函札》，台北、中国国民党文化传播委员会党史馆藏

致林直勉为创办英文报一事函

（一九二〇年春夏间）①

直勉兄鉴：

本党创办英文报及印刷所计划，前经通告诸同志。现陆续接到复函，皆极表

---

① 原函未署日期。据一九二〇年一月二十九日孙文所发关于创办英文报刊及印刷所通告，规定海外各地认定股款于三个月内汇沪。酌定发函时间为一九二〇年春夏间。

赞成，并多认定股款，足见诸同志对于本党宣传主义之举，倍极热心，将来本党发扬光大，皆我党员同心协力之所致也。

今因时势之要求，急须开办，而款项尚未完全认齐，故特托卫君一新前来各埠劝募。卫君乃芝城①老同志，向在芝办理英文报，鼓吹党义，声举〔誉〕极佳，其效力于本党之处不少，故今特托以募款之重任。请兄即本照此旨，分告所属各支、分部及通讯处，妥与卫君斟酌情形，尽力将款认定，以成盛举。想我海外同志，素抱热诚，今对此急要之图，自必争先恐后，当拭目以观厥成。此致，即询

毅祺

孙文

据《民国九年为创办英报致三藩市林直勉书》，载胡汉民编：《总理全集》第三集，上海，民智书局一九三〇年二月初版

复陈树人嘉许扩充党务函

（一九二〇年五月七日）

树人兄鉴：

昨接四月一日来函，阅悉。

爱国奖章、奖状各件，已如数得收，并经照办。加属机关日增，党员日众，无任欣慰！兄于劳病之中，复有出巡之举，具见舍身为党，竭诚任事，实令人感佩不置者耳！前次出巡，中途陡遭意外，致大功未成，殊为可惜！今党禁已开，大义获伸，此次出巡，想兄之扩充党务大计，当可如愿以偿。此则文所堪为预祝者也。

蒋君宗汉，诚毅有为，堪以代理一切文件，深庆得人，不胜厚幸。此间所筹办大印刷所及英文机关报两事，各分部所认股份，希随时函报为盼。此颂

台安

孙文
九年五月七日

据《加拿大国民党布告录》第二十二、二十三号合刊本，台北、中国国民党文化传播委员会党史馆藏

---

① 即美国芝加哥。

复蒋宗汉嘉许努力党务函

（一九二〇年五月七日）

宗汉先生大鉴：

接阅四月八日来函，敬悉。

加属机关新进同志之多，以卡忌利分部为最优，其余亦陆续加增，至为喜慰！以据树人兄函报，称阁下任事诚毅，堪以代理一切文件等情，感佩良深。……
台安

孙文

九年五月七日

据《加拿大国民党布告录》第二十二、二十三号合刊本，台北、中国国民党文化传播委员会党史馆藏

复梅放洲请调查桂军行动函

（一九二〇年五月二十九日）

放洲兄鉴：

五月廿三日来函，已得收到。潮汕情形，如此进境，甚慰甚慰！以后凡关于桂军一切行动及其内容如何，一有见闻，务望详为报告。如属紧急之事，则由哲生电来为荷。

所请致永惠[①]一书，已照办理，请为转交便是。近日道路传闻，桂贼集大兵于东江，欲先发制人，有进击竞存之势。照兄所见，桂贼有此胆略否？竞存甚为戒备，然桂贼敢进攻与否？所关吾人计划甚大，此层务要切实确查详报也。

孙文

五月二十九日

据原函影印件，台北、中国国民党文化传播委员会党史馆藏

---

① 即陈永惠。

致陈永惠请与李绮庵协同联络军队函

（一九二〇年五月二十九日）

永惠兄鉴：

　　兹得放洲兄来函，称兄热心爱国，已自行联络军队，以备驱除桂贼而救粤民，意甚盛也。惟联络军队，须协同一致，不可分歧；一有分歧，则彼辈必藉以居奇，必至两失效力。闻兄所联络之军队，有已为李绮庵兄所接洽者，故望兄务与绮庵兄一致动作，则必有事半功倍矣。至要至要！此致。

孙文

五月二十九日

据原函影印件，台北、中国国民党文化传播委员会党史馆藏

复王天纵勖努力共达护法救国本旨函

（一九二〇年五月）

旭九先生执事：

　　王君携来大札，备悉壹是。国事蝈螗，连年莫解，不和不战，徒苦纷纭，此真有心者所同慨也。

　　执事经营鄂北，劳苦备尝，际此百务瘫疲，独能奋发，热心爱国，至可嘉尚！戎事多劳，惟策时努力，共达护法救国本旨，深所愿望。此复，并颂

时绥

　　附宣言书一纸。

孙文

五月

据原函，台北、中国国民党文化传播委员会党史馆藏

复徐谦告宣言抄录后送回函

（一九二〇年六月三日）①

季龙兄鉴：

宣言大约今晚可通电，明日当交上海各报。兹如命先交一分〔份〕与兄抄录，快邮寄津京。抄后请将原底掷回，以便今日午后三时交各省代表看可也。此复。

孙文

据杨雪峰：《国父给徐谦几封未见发表的函电》原函影印件②，载台北《传记文学》第四十一卷第五期，一九八二年十一月出版

复张学济望准备讨桂函

（一九二〇年六月五日）③

溶川兄鉴：

惠书及接晤罗君运闿，藉稔一是。

护法以来，历经艰阻，湘西局势原赖撑持。刻下谭、张④虽开战衅，不过局部之事〈未〉牵涉大局。文曾熟筹西南根本计划，只须将桂系遏平，余事即可迎刃而解。盖桂派护法其名，争权其实，把持军柄，捣乱全局，实为西南蟊贼。此派不除，吾侪正义的主张，终难实现，非今日得一城，明日获一城之所能奏绩也。

现在川中联桂之熊克武，已被川、滇、黔各军攻击，我方迭得胜利，桂派右

---

① 原函未署日期。函中所称宣言，当系四总裁联合宣言，该宣言一九二〇年六月三日以通电发出，四日交上海各报。故标为一九二〇年六月三日。

② 当时原函由澳洲雪梨的徐政（徐谦之女）提供。

③ 此函在胡汉民编《总理全集》中编入一九一八年。据函称"前日与秩庸、少川、蒉赓宣言"，当在一九二〇年六月五日。

④ 即谭延闿、张敬尧。时两派系正在湖南发生冲突。

臂已断，川局齐定，会师图桂，势若遣砥。至粤东方面，桂派实力不充，我方布置，各皆就绪，竞存已积极准备矣！前日与秩庸、少川、蒉赓宣言，谅能达览，北方有力者，皆表同情，当能圆满解决。协和于六日赴港，不日即往云南，赞助蒉赓，解决川局，此行必收大效，倒桂之举，决可实行。尚望秣马厉兵，以待大举。我方根本计划，决不容谭、张局部之战有变迁也。此复。

孙文

据《民国七年勘讨莫各军书》，载胡汉民编：《总理
全集》第三集，上海，民智书局一九三○年二月初版

致李绮庵告派徐绍桢回粤任总司令望听其指挥函

（一九二○年六月十七日）

绮庵兄鉴：

兹派徐固卿先生回粤为总司令，统率各路讨贼军。望兄纠合同志听总司令指挥，奋勇进取，务期扫除桂贼、肃清两广，为百粤人民造无穷之幸福，实为厚望。此致，并候

壮安

孙文

民国九年六月十七日

据原函影印件，台北、中国国民党文化传播委员会党史馆藏

复李国柱望加紧训练巩固内部函

（一九二○年六月二十三日）

国柱先生鉴：

来书已悉。

足下率子弟兵为桑梓捍卫，热心毅力，至可嘉尚！所云有人欲攫贵部而有之，

权利之争，今世不免。惟足下加意训练，巩固内部，严申纪律，发扬军誉，则彼野心者当亦不敢逞其志，勉之望之。谭督处遇有相当机会时，自应电请维持也。此复，即颂

戎绥

孙文

六月二十三日

据《会书》之十《函札》，台北、中国国民党文化传播委员会党史馆藏

致田中义一谴责日本对华政策并劝其改变函①

（一九二〇年六月二十九日）

田中先生阁下：

久疏音问，时切驰思，惟德业日隆，动定吉祥为颂。

文避处沪滨，不直接与闻时局者经年，然关于国际关系之变迁，世界思潮之移易，固亦注意研究之。至于亚洲之危险及两国国交之恶化，此乃文之所素引为己责者，更未尝不时时计及，思有以救济之。鄙见所及，亦往往为日本人士之来访者告。今则时局益迫矣，其恶化之原因，颇关系日本之政策。盖日本为世界强国、亚洲先进，挟海陆军及资本之力以主张东亚之特殊地位，凡东亚弱小之国，其治乱安危未有不系于日本之意向者。据文所知，日本政治权力恒以陆军为中枢，而对于亚洲大陆政策，尤惟陆军当局者之马首是瞻。先生为日本现代军事上之最高指挥者，在事实上亦能操纵群僚，主持政局，而于文之心事亦知之最深。敢举最近之感想及希望，一一述之。

近代日本对于东亚之政策，以武力的、资本的侵略为骨干，信如世人所指。而对于中国，为达日本之目的，恒以扶植守旧的、反对的势力压抑革新运动为事。

---

① 数年前孙文旅日策动反袁期间已与田中义一有交往，一九一七年六月田中（时任日本参谋本部次长）访沪时又曾与孙文两次晤谈，而自一九一八年九月原敬内阁成立后任陆军大臣至今。此函自上海寄往东京。

始则极力援助袁世凯，酿成民国四、五年间之乱事。帝制问题既发生，中国人民排袁势力勃然爆发，日本舆论亦反对袁氏。日本当局知袁氏绝不能再维持国民信用，欲与中国排袁之势力相结纳，以图伸张日本在中国之势力，而又不欲民主主义者获得中国政权。因利用一守旧顽固且甚于袁氏之官僚如岑春煊者，使主南方政局；而在北方，则又假宗社党人金钱武器，贻后日无穷之祸。此中经过，先生为主要当事者之一人，当尚能记忆也。

袁氏既殁，日本政府利〈用〉北洋派之武力，倡为援段之说。黎元洪之失势，国会之遭解散，无一不与日本之援段政策有密切关系。张勋复辟，说者亦谓出于日本有力者之赞同。其时适阁下游历中国，行未数日，而复辟之祸便起；且有人疑阁下与张勋之复辟有关。文虽未敢尽信其说，然亦不能断其真伪，盖中国复辟运动，与日本陆军系之政策尝有不可离之关系在也。国会遭武人压迫而解散之后，文以护法为义不容辞，因纠合同志，帅领海军，建护法军政府于广东。是时日本政府标不干涉中国内政之名，行援段氏压民党之实，数以武器、金钱援助北京政府，使战祸延长，及今未已。当文领袖军政府之时，曾致正式公文于各国政府，声明吾人护法之理由，各国皆已收受，其拒不受者惟日本一国。就此过去之种种事实论，则人之谓日本政府对于中国所持政策，专以援助反动党排除民主主义者为事者，将无可剖辩矣。

当护法军兴，南北相持者两年。其时日本所持政策，非标调和之名，行援段之实乎？数月以来，段氏鉴于穷兵之无益，武力主义之不合于世界、不容于国人，亦将翻然悔悟其昔日之非，愿意与民党协调，弭兵祸而兴民冶。乃双方谋和之协商尚未开始，而阻碍和平之恶耗已至，张作霖之突然入京，其征候也。张氏入京之目的，道路喧传，谓为阻段氏与民党言和，且与复辟阴谋有关。事之确否，虽未敢必，然而征诸前年张勋入京后之变局，固足令人疑骇也。张作霖本一胡匪，其能得今日地位者，纯出于日本之提挈。日本友人中曾列内阁之某君，尝谓张为日本政府之寒暖计，一切行动无不仰日本政府鼻息。此论，文深谓然。就年内张之行动观之，已历历不爽。则今兹张之赴京，纵不出于日本之所指使，亦必为日本之所同意。倘风传果确，是日本又将移前日援段以破中国平和者，为唆张以破中国之平和。文窃为中国前途忧，且为东亚之和平虑。

近年以来，中国人民对日恶感日深，根本原因，实由于日本之政策与民国国是不相容，故国人咸认日本为民国之敌。若再以乱中国之和平为事，则国人之恶感更深，积怨所发，其祸将不止于排货。阁下为日本陆军之领袖，握政界之枢纽，当能鉴于世界之大势与东亚之安危，一变昔日方针，制止张氏之阴谋，以缓和民国人民对日之积愤，两国人民国际的感情或可渐趋融和。阁下亦尝以亚洲之和平为说者，尚望深筹而熟思之。肃此，敬颂

道安

诸维亮察不宣。

孙文

六月二十九日

据《孙中山致日本陆相书》，载一九二
〇年七月九日上海《民国日报》第二版

复陈自先望听命陈炯明一致进行函

（一九二〇年七月三日）①

自先②兄鉴：

来书备悉。桂贼盘踞粤省，破坏西南，实非扫除不可。兄本爱国爱乡之热念，联络旧部，共襄义举，良堪嘉慰！

以后如何动作，当听广东讨贼军总司令命令，为一致之进行，庶桂贼不难歼灭也。希即努力准备，以待时机。策勋不远，至为勉望。此复，即颂

时绥

孙文

据《民国七年勘讨莫各军书》，胡汉民编：《总理全
集》第三集，上海，民智书局一九三〇年二月初版

---

①　此函时间，胡汉民编《总理全集》定在一九一八年。据函称陈"联络旧部，共襄义举"，以扫除"桂贼"，且促"努力准备"，又一九二〇年七月三日孙文复黄德彰函中指："顷已致函陈君（自先），告以以后动作当听广东讨贼军总司令命令，为一致之进行"，当指此函。酌定为同日信函。

②　陈自先，字绩宣，时被孙文委任为救国军第八军司令。

复黄德彰告待命讨桂函

（一九二〇年七月三日）

德彰兄鉴：

来书备悉。桂贼罪恶贯盈，在所必讨；兄密集旧部，编隶陈君自先，已得十营之众，救国热诚，良堪嘉慰！

顷已致函陈君，告以以后动作当听广东讨贼军总司令命令，为一致之进行。希兄等努力排除困难，积极准备，届时大举，必告成功，至为勉望。此复，即颂

时绥

孙文

七月三日

据原函影印件，台北、中国国民党文化传播委员会党史馆藏

致邵元冲请为周炳炎赴美求学择校函

（一九二〇年七月六日）

元冲兄鉴：

兹有周炳炎为同志周献瑞之子，已在星洲英文学校毕业，现来美国求学，请为选择一适当学校，俾克成就。此致，即颂

日绥

孙文

七月六日

据原函影印件，台北、中国国民党文化传播委员会党史馆藏

致马素请为周炳炎赴美求学择校函

（一九二〇年七月六日）

马素①兄鉴：

　　兹有同志周献瑞君之子炳炎，已在星洲英文学校毕业，现来美国求学，请兄为选一适当学校。又伊所带学费不充，若缺乏时，并请介绍一作工之处，俾得获资助学，玉成其志。此致，即颂

日绥

孙文

七月六日

据原函影印件，台北、中国国民党文化传播委员会党史馆藏

致三藩市总支部请招待赴美求学之周炳炎函

（一九二〇年七月六日）

　　启者：兹有同志周君献瑞之子炳炎，已在星洲英文学校毕业，现来美国求学，希即招待。

　　将来无论入何学校，并希转知该校所在地之分部，随时照料。伊所带资费不多，若有缺乏，即可由所在地之分部代觅一作工之处，俾得获资助学，玉成其志。此致

三藩市总支部鉴

孙文

七月六日

据原函影印件，台北、中国国民党文化传播委员会党史馆藏

---

①　马素时任中国国民党驻北美代表。

致陈永惠嘱广东讨桂军事当一致行动函

（一九二〇年七月六日）

永惠①兄鉴：

放洲②兄来，言兄热心国事，始终不懈，殊足钦佩！

兹对于粤事，文已派定主持之人，汕头动作当与广属一致，庶收效更大也。余着放洲兄面详。此候

大安不一

孙文

七月六日

据原函影印件，台北、中国国民党文化传播委员会党史馆藏

附载：中华革命党本部总务财政两部联名
复潘受之告以总理对所赠绢画甚为嘉悦函③

（一九二〇年七月十六日）④

受之先生鉴：

六月廿五日来书并绢画一幅俱领悉，并已转呈总理矣。绘采之精，点睛欲飞，虽古名家何以逾此？总理甚为嘉悦，当珍袭而藏之，不独爱画，且爱赠画者，欲其永矢弗谖也。印刷月报俱吾党切要之图，尊复既有移拨公款之盛意，仍祈设法拨汇，俾得早日告成。

---

① 陈永惠在美国加入同盟会，曾任广东新会县长。陈、梅两人分别在广州、潮汕一带负责联络部队，响应讨伐岑春煊、陆荣廷，故令其互相商谈。

② 即梅放洲。

③ 孙文于一九一九年十月十日在上海成立中国国民党本部后，设置总务、党务、财政三部负责处理各项日常事务，由居正、谢持、廖仲恺分别担任此三部主任干事。

④ 原函未署年份。此据底本《海外公文底稿》的前后编排次序酌定。

承示诸同志，有因爱国团风潮被逮者，深为诧愦。现在已否被释，其因此离埠者近况若何，统希详示，俾纾廑念，临颖不胜悒结。

总务部　财政部

七、十六

据《复潘受之函》，见居正：中国国民党本部总务部《海外公文底稿》（九年五月二十日起），原稿本，上海图书馆藏

复何民畏分析局势及告讨桂计划函

（一九二〇年七月十八日）①

民畏兄鉴：

手书敬悉。

刻迭接川中确报，熊氏已走，川局自可大定。今后惟望主客各军极端融洽，则可分数路出兵：一由川中编定大军，东下宜昌，进规武汉；一由滇中连合贵州，出兵百色及柳州；一由在湘滇军直扑桂林。如是，则南征北伐，两向必胜，天下不难定也。天与不取，反受其咎。望转达冀公速图之。

刻下段氏失败，北洋派势力自断一股；而我方原定目标，亦已消灭。自我方言之，未始非最大利益。今彼派既将段氏打倒，直、奉之争乃又继续开幕。盖直曹、奉张，其野心皆无底极，而两方势力又莫能相下。徐世昌今已为彼等所卵翼，更无涵盖之能力。由此观之，奉、直必因权利而冲突、而决裂，而皖系之余烬，又必不能不附我而图报复。然则乘此皖系未全消灭之时，我猝然出兵武汉，则凡前之愿为皖谋者，皆将为我効其死力；而曹锟恐奉军之独占京畿方面，又必不敢出兵相救，是武汉可探囊而取也。盖武汉主客各军，混乱已极，正有可乘之势，过此则直军内患全清，无懈可击矣。

至于粤东方面，兄所计划甚妥。刻下民军蠭起，江防舰亦已受我运动，前日

---

① 原函未署日期。据函称"刻迭接川中确报，熊氏已走"及"江防舰亦已受我运动，前日曾动作一次"，查熊克武受滇、黔军及四川倒熊各军夹击，于七月十日退出成都，而肇庆李耀汉、周之贞联合舰队起事，则发生于七月十六日，故酌定此函为七月十八日。

曾动作一次，因未同时并举，致有失败。然今犹继续进行，效力甚大。竞存亦准备进攻，粤垣已有风声鹤唳之势。滇、黔以战胜余威，由百色、柳州取建领〔瓴〕之势，而在湘滇军又冲入广西之腹，则桂贼老巢，岌焉震动，势必弃粤而逃。粤失则广西陷于夹攻之地，亦不能自存矣！此又肃清桂贼之好时机也。虽数路并举，实力似有不给，然就以上情况观之，实已占军事上种种优势，似无须专以力斗也。尊意以为然否？

正密本今特抄上，祈察收。有何消息，希时见告。此复，并颂

大安

孙文

据《民国九年护法之役致川中何民畏书》，载胡汉民编：《总理全集》第三集，上海，民智书局一九三〇年二月初版

复何成濬商讨军事进取方略函

（一九二〇年七月下旬）①

雪竹兄鉴：

手书备悉。

川局未定，滇军自难兼顾粤东。惟现在川事已告成功，而长江形势，因直、皖关系又生变化，所以，文意战略上应以攻取长江为第一计划。此时鄂省主客军队，甚为复杂，而皖系长江势力，未尽消灭，显有欲罢不能之势。我方若以战胜余威，速组大军，急出宜昌，以图鄂省，乘其混乱之机，不难收复。一方面出陕，以断中原。现陈树藩已在惩办之列，势必归附我方，以取自保，此亦绝好机会。至于对桂，文觉只以滇中原有军队守备桂边，即堪巩固。而在湘滇军，再由冀公临时调度，或取桂林，或由常、澧出长江，均为现今急要之图。

至若规复粤省，粤军方面犹觉力量未足，故尚在犹豫中。来书谓暂缓与桂冲突，切实整顿，文甚赞同。倘彼方果逼而挑战，至时当再电冀公商办耳。请以此

---

① 原函未署日期。据函中内容推断，当在一九二〇年七月下旬。

意代达冀公，斟酌进行为盼。

关余本应分配，惟自涉讼以来，迄未提得，尚不知何时可以解决，殊恼人也。兄跋涉多劳，希珍摄为要。此复，并颂

时绥

孙文

据《民国九年护法之役复何成濬书》，载胡汉民编：《总理全集》第三集，上海，民智书局一九三〇年二月初版

复吴东垣望扩张党势并释救国诸金等事函

（一九二〇年七月）①

东垣兄鉴：

六月七日及二十八日两函，均备悉。

我党停办数年，现复继续进行，办理艰难，固意中事。惟侨胞素具爱国热心，对于我党，大多信仰，得兄极力倡导，赞成者自必踊跃。惟望本奋斗之精神，以收人心，扩张党势，本党大有赖焉。

救国储金，一时虽难募集，惟此举关于本党者至大，仍望随时劝诱，必可成功。英文报款，陆续接各埠来函，多已认定，今已着手开办。兄意勉训同志捐助，甚善甚善！请即实行可也。

黄花岗烈士建坊捐款，及《香江晨报》股款，皆非由本部经理，请直接致函黄伯耀、夏重民两君交涉，较为妥便。并希解释此款之手续不清，不能怪及本部各同志，不得因此而灰其对党之热念也。余不什一。此复，顺询

毅祺

孙文

据《民国九年复美洲葛崙埠分部长吴东垣函》，载胡汉民编：《总理全集》第三集，上海，民智书局一九三〇年二月初版

---

① 原函未署日期。据函中所称"六月七日及二十八日两函，均备悉"，酌定为七月复函。

复高廷槐嘉许海外同志爱国热诚函

（一九二〇年夏间）①

廷槐②兄鉴：

来书备悉。美洲同志现已意气融洽，至为欣慰！当今祖国危难，救国之责，端在吾党，非同志协力，何以成功？各同志皆具爱国热诚，自宜常体斯旨，以图共济。

救国储金业由恳亲大会通过，甚善甚善！飞机公司成立，将来致力于国家之处不少，俟蔡君到时，自当与商办法。

岑、陆等盘踞粤东，破坏护法大业，殊可痛恨。现与各方面协谋申讨，以贯彻我党正大之主张。将来大功告成，我党必愈见发扬。所望于海外诸同志，力为后盾，壮我义声，斯大局不难底定，而我党历年经营之苦志，亦得申〔伸〕展耳。此复，即颂

健祺

据《民国七年勘讨莫各军书》，载胡汉民编：《总理全集》第三集，上海，民智书局一九三〇年二月出版

致朱执信介绍王绍一往洽函

（一九二〇年八月四日）③

执信兄鉴：

王绍一兄来港，请为接洽。王兄对于湘中出兵攻桂甚为尽力，此来亦欲促彼

---

① 此函在胡汉民编《总理全集》中编在一九一八年。据函中"现与各方面协谋申讨"岑、陆，则当发于援闽粤军誓师返粤之前，酌定为一九二〇年夏间。
② 高廷槐，美国屈臣委利（Watsonville）华侨，曾为少年学社社员、美洲同盟会会员。
③ 原函未署年份。据函中"湘中出兵攻桂"一事，应为一九二〇年。

方速发也。此致。

孙文

八月四日

据原函，北京、中国国家博物馆藏

致康德黎夫人告寄演讲稿请代宣传函

（英　译　中）

（一九二〇年八月十日）

康德黎夫人鉴：

兹寄上余最近之演讲稿数份，请在英国广泛发布，藉向海外广大的群众说明中国之实际情形。

希望贵伉俪尊体康健。

孙逸仙

八月十日

据《致康德黎夫人告寄演讲稿请代宣传函》
（转译中国国民党党史史料编纂委员会藏英文原
函照片），载秦孝仪主编：《国父全集》第五册，
台北，近代中国出版社一九八九年十一月出版

复洪兆麟望积极准备讨桂函

（一九二〇年八月上旬）①

湘丞兄鉴：

来书备悉。兄数年转战，劳苦功高。现值时局愈梦，势须肃清内患，兄能益

---

①　原函在胡汉民编《总理全集》中编在一九一八年。洪兆麟当时系援闽粤军陈炯明部支队司令，驻漳州。据函中指示洪"积极准备，听候陈总司令命令"，则此函当发于一九二〇年八月十二日援闽粤军誓师返粤之前，酌定为一九二〇年八月上旬。

加奋厉，共襄义举，热心毅力，殊堪嘉慰！

　　桂贼日逼，不可缓图，希即积极准备，听候陈总司令命令，一致奋斗，以竟全功，是所厚望。此复，即颂

戎绥

孙文

据《民国七年勘讨莫各军书》，载胡汉民编：《总
理全集》，上海，民智书局一九三〇年二月初版

复徐谦告已托居正为李君设法函

（一九二〇年八月十一日）①

季龙先生鉴：

　　李君之事，已托居觉生代为设法；如觉生亦不能，即是无法矣。此复，即候

大安

孙文

八月十一日

据原函照片，上海革命历史博物馆筹备处藏

附载：居正致林直勉奉总理谕派其为代表
往贺加属总支部创党落成礼函

（一九二〇年八月十九日）②

直勉总干事大鉴：

　　顷接加属总干事陈君③函，称加属总支部创党，所定本年双十日行落成礼，请总理派人与礼云云。兹奉总理谕，以道远一时难得其人，特派足下代表总理前

---

　　①　原函未署年份。一九二〇年徐谦在上海，信封上写"交徐季龙先生"，推断为一九二〇年。

　　②　函末仅署日期"十九"，年月系据底本《海外公文底稿》的前后编排次序酌定。

　　③　即陈树人。

往致祝并宣德意。除函知加属总支部查照外，即希偏劳如期莅会，无任盼祷。此

候

日祉

居正

十九

据《致林直勉函》，见居正：中国国民党本部总务部《海
外公文底稿》（九年五月二十日起），原稿本，上海图书馆藏

附载：居正代总理复知陈树人已请林直勉
为代表往贺加属总党所落成函

（一九二〇年八月十九日）①

树人总干事大鉴：

七月十七日手书顷由总理交下，藉悉。加属总党所落成在迩，轮奂之壮观，
宏大之基业，发扬吾党之光□，空前之盛典也。本拟耑员趋贺，襄助一切，适来
示所指胡、汪、孙三君②俱为要务所羁，而此外相当之人一时又颇难其选，故特
呈总理，就近函请林君直勉前往代表总理礼致祝意。尝荷俞允，除一面径函林君
直勉如期赴会外，即祈查照，转知诸同志为荷。

昨得竞存兄来电，本月十六日率粤军全体宣讨桂贼，业于十六、十七两日连
克大埔、蕉岭、饶平、诏安、黄冈等处，桂贼授首为期当不远也。知注附闻。

谨此代复，诸希察照不宣。

居正

十九

据《复陈树人公函第　号》，见居正：中国国民党本部总务部
《海外公文底稿》（九年五月二十日起），原稿本，上海图书馆藏

---

① 函末仅署日期"十九"，年月系据底本《海外公文底稿》的前后编排次序酌定。

② 即胡汉民、汪精卫、孙科三人。

复王春初告派于若愚面商函①

（一九二〇年八月上中旬）②

春初先生大鉴：

　　手书诵悉。执事墨经兴师，报仇雪恨，古称孝勇，复见于兹，更以为国为湘之念，剖布丹忱，共襄大业，尺书远到，感慰交并。

　　兹特托于君若愚前来代劳，并斟商一切，即希接洽为幸。此复，敢询

素履

据《总理函稿》，台北、中国国
民党文化传播委员会党史馆藏

复□伯仙望积极准备讨桂函

（一九二〇年八月中旬）③

伯仙兄鉴：

　　讨贼军总司令令已下，希为一致之进行。希兄等努力排除困难，积极准备，届时大举，必告成功。至为勉望。此复，即颂

时绥

孙文

据《民国七年勘讨莫各军书》，载胡汉民编：《总理全
集》第三集，上海，民智书局一九三〇年二月出版

---

　　① 一九二〇年七月十九日，湖南常澧镇守使王正雅在澧县、慈利之间的貌儿峪，为副镇守使卿衡杀害，其子育寅（春初）旋在慈利县属东岳观起兵为父报仇，自称常澧护国军总司令，并派人与孙文联系。此为孙复函。

　　② 原函未署日期。查八月二十八日孙致王另一信中，提及前曾"托于君若愚"携函劳问一事，与此函内容相吻合。故此函当在八月二十八日以前，酌定为八月中上旬。

　　③ 此函在胡汉民编《总理全集》中编在一九一八年。据函中"讨贼军总司令令已下"，则此函当发于一九二〇年八月十二日援闽粤军漳州誓师返粤之后，酌定为一九二〇年八月中旬。

附载：居正复余荣告经总理核准

豁免女党员入党金函

（一九二〇年八月二十一日）①

径复者：七月十日承呈请将贵支部所转交分部女党员答免收入党金一件，由总理批发交议，当即公同审议，复经总理核准，将女党员入党金豁免，以资提倡，惟年捐一项仍须照纳。除由本部备案外，相应函达，即希查照办理，并随时将入党情形函报为荷。此复

雪梨支部长余荣先生台鉴

居正

廿一日

据《复余荣公函第　号》，见居正：中国国民党本部总务部《海外公文底稿》（九年五月二十日起），原稿本，上海图书馆藏

复叶独醒评方声涛及粤省讨桂局势函

（一九二〇年八月二十三日）

独醒兄大鉴：

手书奉悉。兄此次远道奔驰，为乡为国，皆已大尽其力，热心如此，实可钦迟。

方声涛从前本为民党，不料被桂贼所饵，竟与莫逆合击粤军；致违民党护法之主旨，辜负同志之希望，殊为浩叹。

今竞存已得潮、梅，更进惠州，全粤有传檄可定之势。此后粤省得入我党手中，再商量闽省办法，必可得圆满之结果。切望便告闽中同志，静待时机，并仍疏通闽粤感情，一致助粤灭桂。

---

① 函末仅署"廿一日"，年月系据底本《海外公文底稿》的前后编排次序酌定。

兄何时过厦出洋？并祈见告，以慰驰念。长途珍摄为要。此复，即颂

时绥

八月二十三日

据《总理函稿》，台北、中国国民党文化传播委员会党史馆藏

复陈树人告牌额证书已发去并告广东讨桂军情函

（一九二〇年八月二十三日）

树人兄鉴：

来书已悉。所嘱再写总支部牌额，已照来信写就，交"满提高"船上同志带来；证书五百份（枇、杷、晚、翠、梧五个字号），亦已由党务部寄发矣。加属党务，经兄热心倡导，蒸蒸日上，至为欣慰，并希随时策励同志，实利赖焉。

粤军自本月十六日反攻桂军，二十日即将汕头重镇及潮、梅各属完全收复。现已进击惠州，桂贼闻风瓦解，省垣指顾亦可收复。此真粤人及西南大局之幸。请便告同志，以慰桑梓之念。此复，并颂

毅祺

孙文

八月二十三日

据《加拿大国民党布告录》，台北、中国国民党文化传播委员会党史馆藏

致陈炯明请关照翟浩亭部队以收降心函

（一九二〇年八月二十六日）

竞存我兄惠鉴：

粤军讨桂，数日之间，收复潮、梅，神速至此，真令桂贼破胆；扫彼妖孽，还我河山，可预贺也。

翟浩亭君来，述其旧部三营在汕反正，得港来电，知须改编云云。该三营系受翟君密意行动，与寻常降军不同，翟君亦早与此间接洽。翟君常〔尚〕有旧部多营，在广、惠一带，宜有以收降者之心，而为将来之劝励。此等部曲，早与桂贼为敌，倘得惠照，亦必踊跃用兵。兹因典虞、孟飞君等往汕，为之作书，一述梗概，请即酌量部署。关于各节，可由陈、陆两君接洽，本属同志旧人，自易妥贴也。专此，即颂

勋安

八月二十六日

据《总理函稿》，台北、中国国民党文化传播委员会党史馆藏

复陈树人告匾额当照写并嘉许党务发达函

（一九二○年八月二十六日）

树人兄鉴：

自温汝辟①所发函，业已阅悉。温分部亦经购置党所，足见同志热心，甚为欢慰！嘱写匾额，当即本日照写另寄。

兄所巡视各处，目前见党务发达，同志生计亦较二年前优越，此真吾党前途之好现象。希即随处勗勉诸同志，整须兼程并进，以达救国之目的，至望至幸！此询

毅祺

孙文

八月二十六日

据《加拿大国民党布告录》，台北、中国国民党文化传播委员会党史馆藏

---

① 今译温尼伯（加拿大）。

附载：居正复伍献宸告寄上总理为温地辟党所题匾函

（一九二○年八月二十七日）①

径启者：顷奉总理交下七月十二日大函，籍悉。尊处购置党所规模远大，曷胜欣慰。匾额已由总理亲题，兹特寄上，即希察复为荷。此致
温地辟分部部长伍献宸先生公鉴

单庵先生暨诸同志均此。

总务部

八、廿七

据《复温地辟分部函》，见居正：中国国民党本部总务部《海外公文底稿》（九年五月二十日起），原稿本，上海图书馆藏

致王春初告派□建勋面述函

（一九二○年八月二十八日）

春初先生鉴：

前接大札，即作答托于君若愚携递台览，并托劳问。

兹建勋君来陈述近事，具见贵军袍仇，一致协力救国，至慰至佩！今更托建勋君回述一切。所愿本其孝勇，许国驰驱，报国报亲，两臻其极，曷胜企望之至。
即询
素履

八月二十八日

据《总理函稿》，台北、中国国民党文化传播委员会党史馆藏

---

① 原函未署年份。此据底本《海外公文底稿》的前后编排次序酌定。

复姚雨平望作速前进攻桂函[①]

（一九二〇年八月二十八日）

雨平兄鉴：

自小溪来函，诵悉。

此次反攻桂贼，诸同志奋勇争先，一心一德，师行所届，有若摧枯，于此见强蛮必不能敌公理也。现在亟宜作速前进，并令各地方同志，多方并举，务使桂贼无暇布置，顾此失彼。则我师战愈利，气愈盛，而彼方乃风鹤皆惊，不战而溃矣。若稍迟顿，则彼挟两省之力，防御易周，攻之难破；而我方乃适得老师费财之病，此时机之不可不争也。

至于沪上舆论，虽非吾党机关报，亦皆赞许，盖桂贼已为众怨之府矣。经济方面，文力所能到之处，自当援助，请告同胞努力杀贼，此回不复羊城[②]，即沈永劫矣。战况如何？希随时报知为要。此复，并颂

戎绥

孙文

八月二十八日

据《总理函稿》，台北、中国国民党文化传播委员会党史馆藏

复吕一峰论时事与西南大局函

（一九二〇年八月二十八日）

一峰吾兄伟鉴：

手书诵悉。对于时事之观察与主张，大体吻合。吾人当视力所能及，积极进

---

① 粤军于八月二十日攻克汕头后，任命姚雨平为汕头卫戍司令。

② 指广州。

行耳。国民大会，鄙意当视国民自动之力如何，此非可由军阀或政客提倡者。若国民自力不足而为人利用，则其结果不良，无异袁、段时代之公民团，遑论根本？解决不可能，即于现象亦只增纷扰，甚无益也。

川、滇致争之由，诚不出所指两点。兄可谓能洞见其症结矣。果使一方无侵略之野心，一方亦无闭拒之私意，则彼此猜疑尽泯，何事不成？汉群令兄夙明大义，弟所深信；即滇、黔将帅积屡次之经验，创巨痛深，宁无觉悟？惟今日举事，稍识时务者不能不以舆论为依归。若能造成多数人之舆论，不生冲突龃龉种种问题，则亦不患当事者不降心相从。兄此行所抱志愿，虽不止此，然此亦可云着手之要点矣。

西南大局，而以桂系为梗，不徒两粤受害，即于川、滇亦极有影响。故弟决意用全力破此强盗之军阀。在闽粤军以铣日兴师，幸连战连捷，五日之间，收复潮、梅各属，刻已围攻惠州。民心所向，桂系当不能久支。粤军将帅尚知大体，倘在两粤破却武人专横之局，则可与蜀中同志彼此提携。我兄进行之目的，亦更易达到。

汉民、仲恺两兄，此时暂未能往蜀。兄先旋梓里，请为问讯诸同志为幸。专复，即颂

近安

孙文

八月二十八日

据《总理函稿》，台北、中国国民党文化传播委员会党史馆藏

附载：居正复黎保李献新告总理获悉沙城分部创立飞行学校至为钦慰函

（一九二〇年八月二十八日）①

经复者：大函业经总理阅悉。贵分部创立飞机〔行〕学校，为祖国储飞行人

---

① 函末仅署日期"廿八"，年月系据底本《海外公文底稿》的前后编排次序酌定。

材，伟大之举，至为钦慰。所云如遇财政不能支持之时或偶有失慎之事，由贵分部直求总支部津贴，及向加属各交通部、分部、通讯处请予援助一节，自应转告总支部，对于此项请求随时酌为设法，俾行艰因而策成功。

现在粤军已将潮汕完全收复，刻正包围惠州，河源、老隆、龙川、海陆丰悉为我有，惠州指日可下，广州亦有传檄可定之势。粤省得入我党之手，则我党前途更易发展，真国家之福也。此复
沙城分部长黎保、书记李猷新台鉴

总务部居正
廿八

无标题，据居正：中国国民党本部总务部《海外公文底稿》（九年五月二十日起），原稿本，上海图书馆藏

附载：居正致陈树人告总理关注沙城分部飞行学校如确遇困难希加属总支部及各属组织酌予援助函

（一九二〇年八月二十八日）①

树人先生鉴：

顷承总理发下沙城分部长黎保函一件，据称去年创办飞行学校，为吾党培养航空人材，开学至今用款壹万伍千余元，今岁学期预算财政用途所费甚巨，回顾库藏相去甚远。况飞行之事危险万状，稍有失慎，修葺之费颇巨，诚恐一部分〔分部〕之力微薄，难免功亏一篑。昨召集全体同志，一致议决上书总理，恳转告云埠总支部，如遇沙城强华飞行学校□转不能支持之时，或偶有失慎之事，可面谈，分部直求总支部津贴，及向加属各交通部、分部、通讯处请求援助等语。查该埠同志能在海外创办飞行学校，诚属难能可贵，将来效力于祖国之处必多，此举不宜轻视。如果学款确难支持或偶有失慎之事，来向贵总支部请求津贴，即希酌为设法予以接济，俾免中道而废；并希以此意转告加属各部，随时一致酌予援助，以收群策群力之效。除已径复沙城分部外，特此函告，祈为查照。此致，

---

① 函末仅署日期"廿八"，年月系据底本《海外公文底稿》的前后编排次序酌定。

并颂

毅祺

总务部居正

廿八

再者：自顷市顿所发大函业已收到，总理已写"热心毅力"四字奖励之，交本班船带往矣。正又及

无标题，据居正：中国国民党本部总务部《海外公文底稿》（九年五月二十日起），原稿本，上海图书馆藏

复邓家彦告讨桂胜利后请回桂建设民治函

（一九二〇年八月三十日）

孟硕兄鉴：

久未通候，得函甚喜！

蜀行尚无定期，若果需一行，当先期通知，望兄得报即来与偕行也。

近日竞存已开始攻打游勇，甚为得手，五日之内，已收复潮、梅，破贼数万。如以后亦同此顺手，则今年之内，可将两广游勇灭尽矣。诚如是，则兄不必往蜀，当回桂以建设民治也。此候

旅祺

孙文

八月三十日

据原函影印件，载《中山墨宝》编委会编：《中山墨宝》第七卷书信（中），北京出版社一九九六年一月出版

致谭延闿转嘱赵恒惕交还李国柱所部入粤调用函

（一九二○年八月三十一日）

组安先生大鉴：

湘难频仍，闻辑绥渐妥，甚慰！

据李国柱函称，有所部一营前转归夷午师长处效力，现颇有编管之说。查李所部艰难缔造，有一支枪一滴血之苦。现在湘省已入湘人之手，无须此项军队；而广东适为有事之秋，正赖革命军以资戡定。希即告知夷午师长，顾念袍谊，迅将该营交还李君，俾得调用。

此次粤桂之战，实出于桂军迫人太甚。竞存为欲达护法救国之目的，又不能听实力之毁灭，故竞存不得已而一战。时贤对于国局，各有政见与手段之不同。然是非之理，本出一源，且各省人解决各本省事，已成今日之正论，固不难互相印证者也。今桂军已败溃不堪，而粤中游匪四起，欲早弭息，处处须兵。李部以革命党关系，甚愿出而助力，文意亦即拟调使赴粤，俾得纾其报国之志，且亦使湘省减轻负担。好在此军系统已早显明，在湘固应为湘效力；而出湘之后，其行动自不至令湘省负责。想执事襟怀磊落，当能听报国者之各行其志也。

据《总理函稿》，台北、中国国
民党文化传播委员会党史馆藏

致赵恒惕嘱交还李国柱原部调遣函

（一九二○年八月三十一日）

夷午总指挥大鉴：

湘局初定，想绥辑多劳，甚念！

据李国柱函称，伊有一营，前暂归尊处效力，尚未交还。查李所部完全系革命军，艰难缔造，有一枝枪一点血之苦。今湘省已入湘人之手，无须此项军队；而广东适为有事之秋，正赖革命军以资戡定。希念袍泽之谊，速将该营交还李部，

俾便调遣。想执事大军在握，当不在此区区也。耑此，并颂

时绥

孙文

八月三十日

据《总理函稿》，台北·中国国
民党文化传播委员会党史馆藏

复李国柱告已函谭赵请其交还所部函

（一九二〇年八月三十一日）

石琴兄鉴：

周君带来一函及自邮寄来之函，均悉。

已并两函意作书谭、赵，不知有无效力。且兄须善为审度，毋使彼方徒生嫌怨，益置我于困境。若能设法自行拔出，则较求诸反对方面更为稳妥矣。

款项正在筹措，惟刻颇窘困，筹得后自当力为援助。此复，即颂

戎绥

据《总理函稿》，台北·中国国
民党文化传播委员会党史馆藏

致陈炯明嘱接济赖世璜部函

（一九二〇年八月下旬）①

竞存兄鉴：

昨接赣军赖世璜来函报捷，并表献忠奋忱悃。查该部在赣军中颇称善战，此次受桂贼摧残，自当拚命雪耻，甚可资为我用。其饷械子弹等件，务望一律接济，俾得竭诚效死；且此为协和遗部，倘我随此好机发展，俾他日得达彼等素抱之目

---

① 　原函未署日期。据函中询问"攻惠情形若何"事，酌定为八月下旬。

的，则友谊上亦极圆满也。

攻惠情形若何？希时电告。文意以急攻为宜，趁桂贼惊疑震荡之际，可一鼓歼之也。戎事多劳，至为驰念。此致，并颂

捷祺

据《总理函稿》，台北、中国国
民党文化传播委员会党史馆藏

复邓铿洪兆麟望乘胜急进函

（一九二〇年八月下旬）①

仲元、湘丞兄鉴：

自汕头所发捷书，备悉。此次攻克潮汕重镇，时间迅速异常，固属人心助顺，然兄等指挥之善，奋斗之力，亦真可称为稀有，无怪桂贼之落胆而逃也。

此后重大战争，自在惠州。桂军虽各方麕集，然意志尚未统一；且又顾虑滇军及内部之钦廉军官，对于我方潜伏势力亦未明了，刻正在惊骇震荡之中。使我军乘胜急进，则桂贼又必似潮汕之草木皆兵矣。此次我军本处有进无退之势，故惟有扫除顾虑，迅赴时机耳。转战多劳，不胜驰念。战况如何，希勤电告。此复，并颂

捷祺

据《总理函稿》，台北、中国国
民党文化传播委员会党史馆藏

复甘肃留日同乡会论救国之途函

（一九二〇年九月九日）

甘肃留日同乡会诸君鉴：

大函奉悉。所云张广建加入护法团体，乃属报纸传闻，实无其事。诸君有心

---

①　原函未署日期。据函中有"自汕头所发捷书"等语，按粤军八月二十日攻下汕头，故此函当写于二十日之后，酌定为八月下旬。

排除国蠹，实所乐闻。

弟救国只有两途：一为护法，一为革命。今言护法，南方树帜者，已有数年，徒使岑、陆诸奸假借名义，窃取利权，国会分子又复良莠不齐，有负人民厚望。现护法一途，已有步步荆棘之象。北方吴佩孚高唱国民大会，似有微明，惜魄力不雄，见解不彻，不敢跳出徐、曹掌握，转以资其利用，驱一虎而进两狼，其愚孰甚！

北方已成徐、靳、张、曹宰割之局，南方亦有岑、陆狼狈之奸，而人民代表反觍然乞馋余于官僚强盗之门。此而欲以挽救，恐非革命无以成刷新之局。

诸君今尚为纯洁之学子，甚愿一本进取之精神，行高超之理想，课余之暇，于革命一途，深加研究，庶国家之新机不绝也。倘有所见，不吝笔札，愿共商焉。此复，即颂

学健

九月九日

据《总理函稿》，台北、中国国民党文化传播委员会党史馆藏

附载：总理谕居正代复骆谭黄颂平函

（一九二〇年八月三十一日）①

径启者：顷奉总理谕复七月七日大函。关于《香港晨报》一切事宜，本部向少过问。惟以该报经理、编辑多属同党，向蒙为之吹嘘。至该报经济原系独立，本部仍未便干涉。承询各节，深愧无以为答，请直向黄、夏二君交涉。彼等俱该报主要人，责有攸归，决难推诿也。谨代复，即询

骆谭、黄颂平先生侨安

总务部

八、卅一

据《复英伦利物浦支部》，见居正：中国国民党本部总务部《海外公文底稿》（九年五月二十日起），原稿本，上海图书馆藏

---

① 原函未署年份。此据底本《海外公文底稿》的前后编排次序酌定。

附载：居正复赵世荣告欲减收党金之事
经总理鉴核认为须经法定程序始得更改函

（一九二〇年九月九日）①

经复者：八月七日大函奉悉，当即转呈总理鉴核。公等欲减收党金以广招徕，热心党务，洵堪嘉尚。惟事关修改党章，应遵法定程序，即有建议亦只得作为提案，须由党□举行大会时交付审查，经过讨论后可决□□□之大会。至未经举行大会审查讨论公决以前，该提案不能视为成立。仍希查照原章办理，免生枝节为要。此致
美东费城中国国民党第四届恳亲大会代表团议事会议长赵世荣先生公鉴

余钦汉先生均此。

总务部居正

九、九

据《复美东第四届恳亲会议代表赵世荣等》，见
居正：中国国民党本部总务部《海外公文底稿》
（九年五月二十日起），原稿本，上海图书馆藏

复邓家彦告桂系所有举动均为无效函

（一九二〇年九月十二日）

孟硕我兄鉴：

手书诵悉。粤军已攻克惠州②，如此则彼曹形势已去，已弗能有而以与人，恐不能更售好价，此节可不深虑。

至从根本上说，则凡彼曹所有举动，吾经一再宣言，认为无效，何况此种暖

---

① 原函未署年份。此据底本《海外公文底稿》的前后编排次序酌定。

② 粤军九月七日克惠阳后，移兵惠州，至十月二十二日始行攻占。此函写于九月十二日，"攻克惠州"似系"攻克惠阳"之误。

昧偷窃之行事耶？知注甚感！若有要闻，更乞随时见告。即询

近安

孙文

九月十二日

据《总理函稿》，台北、中国国
民党文化传播委员会党史馆藏

复姚雨平勉戍守潮汕函

（一九二〇年九月十七日）

雨平兄鉴：

六日手函奉悉。前敌、后方，两应并重。潮汕得兄戍守，自必措置裕如，曷
胜佩慰！

东山余孽，现在如何？想不足为患。碣石、甲子一带，海道堪虞，兄先事预
防，真为扼要。河源、马鞍，均闻大胜，现惠州不难攻下。勉力为之，必以正义
胜强蛮也。此复，即颂

戎祺

九月十七日

据《总理函稿》，台北、中国国
民党文化传播委员会党史馆藏

复邹鲁告讨桂军事统请命于陈炯明函

（一九二〇年九月十八日）

海滨兄鉴：

五日所发信，备悉一切。各方面联络均妥，甚快甚慰！

所有如何进行之处，即请请命竞存总司令，以便统筹全局，随机策应。戎事
多劳，至为驰念。惠城战况如何？深期各方努力，以达我最大目的。此复，并询

戎祺

九月十八日

据《总理函稿》，台北、中国国
民党文化传播委员会党史馆藏

复欧阳豪□松青告讨桂军事统请命于陈炯明函

（一九二〇年九月十八日）

靖国、松青两兄鉴：

四日所发函，接悉。奔走勤劳，甚为慰念！

惟军事上应如何进行之处，即请〈请〉命陈总司令，听其处理可也。此复，
并询
戎祺

据《总理函稿》，台北、中国国
民党文化传播委员会党史馆藏

复梅放洲告讨桂军事统请命于陈炯明函

（一九二〇年九月十八日）

放洲兄鉴：

九号函接悉。此次战役，兄多方协助，甚慰甚佩！

以后进行如何，自可请命竞存总司令，以便统筹全局，随机处理。深期各方
努力，以达我最大目的。奔走多劳，至为驰念。此复，即询
时绥

据《总理函稿》，台北、中国国
民党文化传播委员会党史馆藏

复陈继虞告讨桂军事统请命于陈炯明函

（一九二〇年九月十八日）

继虞兄鉴：

江①电悉。兄等百战复兴，劳苦堪钦！

桂贼方张，尚赖努力，望即禀承竞存筹划。援桂事宜，海滨已任政务，碍难分遣。此复，即颂

戎绥

鸣亚（姓王）、敬三二君均此。

孙文

据《总理函稿》，台北、中国国民党文化传播委员会党史馆藏

复叶夏声告讨桂军事统听命于陈炯明函

（一九二〇年九月十八日）

竞生兄鉴：

江电悉。桂贼犹存，战争未已，兵权不一，作战綦难。所有粤中军事，概宜听命竞存，免生枝节，是为至要。余维心照不一。

据《总理函稿》，台北、中国国民党文化传播委员会党史馆藏

---

① 江，即三日。

附载：居正复刘德初池任男告总理
对杨纯美调查津沪商况殊为嘉许函

（一九二〇年九月十八日）①

径复者：八月廿一日大函，经呈总理阅悉。杨君纯美效忠党务，热心公益，总理殊为嘉许。此次游历津沪，调查商况，诚可谓有心人也。佩甚佩甚。如杨君到部，定当介绍晋见总理，接洽一切也。此复，即请

万隆民仪书报社社长刘德初、书记池任男先生公鉴

总务部居正

十八

据《复刘德初池任男》，见居正：中国国
民党本部总务部《海外公文底稿》（九年
五月二十日起），原稿本，上海图书馆藏

致李星阁望以主义民意图根本建设函

（一九二〇年九月二十日）

星阁先生：

雅亭②兄来，具谂执事抱过人之略，而日以国利民福为心，远道闻风，钦佩奚似！

迩者直、皖一战，执事声威，震跃海内。惟时局纠纷，尚待解决，则所望于贤者，乃益重大。

文尝谓有力者能以主义相结合，而后统一可言；举事者能以民意为依归，而后成功可必。北有胡子、南有绿林，受所挟持，丧乱益甚。计惟革故取新，与民更始，乃可图根本之建设耳。形势日变，机会迫人，若组织有成，则外交、财政

---

① 函末仅署日期"十八"，年月系据底本《海外公文底稿》的前后编排次序酌定。

② 即姜雅亭。

诸困难问题，当负责任。知执事热诚爱国，用敢率陈胸臆，惟冀亮察。即颂

勋安

九月二十日

据《总理函稿》，台北、中国国
民党文化传播委员会党史馆藏

致赵予潭请代表接洽北方将领函

（一九二〇年九月二十日）

予潭先生执事：

雅亭兄来，具谂壹是。执事运筹帷幄，遂立奇功，乃更以莫大之决心，谋根本之改革，远道闻此，惟有欢喜赞叹。

时局纷纠，解决非易。若得领袖军人有相当之觉悟，尤事半而功倍。文对于吴、李①两将军，属望至厚，专盼执事力赞其成。目前所谓中央受人穿鼻，必别有创造，与民更始，乃成真正统一之局。设如组织有绪，财政、外交之责，文敢任之。时机已熟，企速进行。敬请执事为我代表，以接洽北方将领，想以国事为重，必不我却。书未尽意，统由雅亭兄代达。专此，即颂

勋安并祈鉴照

九月廿日

据《总理函稿》，台北、中国国
民党文化传播委员会党史馆藏

---

① 即吴佩孚、李纯。

致毛济民劝乘机图鄂函

（一九二〇年九月二十日）

济民先生执事：

侧闻英声，时殷羡仰！姜雅亭兄来，更谂执事素日怀抱，所谓非常之人，乃有非常之勋业。比者中原多故，时局益纷，此诚英雄立功报国之期会，执事倘有意耶？南北拥兵者多矣，而其人多贪财自保，未尝一念及于国利民福，是以事变忽起，败不旋踵。惟二三能者，知顺民意以行事，则几于所向无敌，北之吴子玉，南之陈竞存是也。

武汉居长江上游，天下形势，凡百优胜，而某氏①阘茸，决不能守，若乘势取之，足为建设之基，此惟视执事之决心如何。至外交、财政，文虽不敏，尚堪负责。兹因雅亭兄之行，托其道达一切。临楮未尽所欲言。专此，即候

勋安

孙文

九月二十日

据《总理函稿》，台北、中国国民党文化传播委员会党史馆藏

复余鹰扬望肃清桂逆捣其巢穴函

（一九二〇年九月二十日）

鹰扬仁兄足下惠鉴：

比得手笺，藉悉新猷，欣慰之至！此次粤军返粤，以足下首义响应，用能于五日内，收复潮汕。足下之功伟矣！

粤军既能讨贼，于临时指挥作战，自以统一为宜。炮团改编，实为大局，有

---

① 指湖北直系督军王占元。

功能让，可作近日军人之模范。至假借利器，供前敌杀贼之用，一视同仁，不分畛域，此举尤不易得。

迩者我军已克惠阳，而虎门亦已反正独立，省城问题可迎刃而解。惟鄙意必将肃清桂孽，捣其巢穴，然后合西南之义师，进取中原。当此时机，惟贤者能展其骥足，此又仆所属望于足下者，尚祈为国努力。专复，即候

勋安

九月二十日

据《总理函稿》，台北、中国国民党文化传播委员会党史馆藏

复王永泉望乘胜肃清桂逆函

（一九二〇年九月二十日）

伯川仁兄执事：

顷荷佳翰，藉谂新猷，欣慰奚似！自闽、粤当事接洽以来，已知足下爱国热忱，诚为北方军人之冠。

此次子荫兄至闽交涉各事，尤仗大力斡旋其间；且踊跃用兵，当仁不让。粤得劲旅为援，翦除桂孽，将事半而功倍，此举实关大局，岂徒百粤专拜嘉惠。

计此书到闽，贵部定已出发，精兵所向，立树奇功，捷书传来，仆敢磨盾以待。先此奉复，即颂

勋安

惟照不一。

九月二十日

据《总理函稿》，台北、中国国民党文化传播委员会党史馆藏

复□云章述广东讨桂军情函

（一九二〇年九月中旬）①

修文先生鉴：

张君文甫转来大札，备悉壹是，已照送二百元交张君手收矣。

得粤军八、九等日来电，右翼在河源大破桂军，虏获其总司令卓桂廷及统领、营长等八名，阵毙统领、营长等四名，获枪炮甚多。中、左两路，均已迫近惠城。据连日外讯，皆云惠城已得，想不虚矣。如滇军能及机协击，两广指顾可平。惜以川事牵扰，恐坐失绝好机会耳。此复，即颂

时绥

据《总理函稿》，台北、中国国
民党文化传播委员会党史馆藏

复杨益谦望速出师攻广西函

（一九二〇年九月中旬）②

竹君③兄鉴：

各电均陆续接到。粤军战况及贵军应行协击情形，亦迭令苏中④电告，谅能瞭悉。

粤军每战必克，每克必获枪械、子弹甚多，此种胜利，真为稀有。现惠城已

---

① 原函未署日期。查上海《申报》一九二〇年九月十八日载：惠州之县为十，今为陈炯明攻取者有八。此函中谓右路大胜，中、左两路均已迫近惠城等语，似即指此事。故此函时间酌定为九月中旬。

② 原函未署日期。查上海《申报》一九二〇年九月十九日电称，虎门炮台于十六日宣布独立。据函中谓"顷得港电，虎门又已独立"，故此函时间当写于九月中旬。

③ 杨益谦，字竹君，云南剑川人，时为驻粤滇军第四混成旅旅长。

④ 即徐苏中，时任孙文秘书。

在掌握，桂军有欲遁不能之势，顷得港电，虎门又已独立，粤事不难解决。惟桂贼节经败溃，势必退归老巢。若第由粤军一方面追击，扫除不易，必须贵军趁其惊魂未定之际，猝加一击，则可全然消灭；否则，彼收山之计已定，必多费力矣。兄部在粤劳苦有年，嗣后以被逼出境，今不趁此于广西觅一发展之地，此后时机逸去，进取殊难。以兄于吾党关系甚深，故屡促出师，此不但为两粤肃清计，亦为兄部前途计也。余事并由化中面告。此致，即询

戎祺

据《总理函稿》，台北、中国国
民党文化传播委员会党史馆藏

附载：居正复黄社泽康九礼告总理对南非
罗省党务发展神速颇为嘉许函

（一九二〇年九月二十二日）①

社泽、九礼先生大鉴：

四月九日大函现承总理发下，藉悉一是。公等以南邦之翘楚，获膺荣选，甚庆得人。贵分部成立三四个月间，即能购买地址，建筑党所，罗省同志之热心毅力可见一斑矣。然无公等之振导，未必能发达如是之速也。总理颇为嘉许，仍望努力进行，始终勿懈，是所厚望。此复，顺颂

毅祺

总务部居正

廿二

据《复南非洲罗□射省分部部长黄社泽、总务主任康
九礼》，见居正：中国国民党本部总务部《海外公文
底稿》（九年五月二十日起），原稿本，上海图书馆藏

---

① 函末仅署日期"廿二"，年月系据底本《海外公文底稿》的前后编排次序酌定。

附载：居正据总理发下来件各节答复陈警蛮函

（一九二〇年九月二十二日）①

警蛮先生台鉴：

七月廿一日长函并通告两件均承总理发下，备悉一切。谨分别答复如左：

（一）尊意拟将海外支部通则第九条加以修正，并陈述选举候选人之意见及选举法，足见办事勤慎，热心整顿，甚善甚善。但查海外该通则第卅三条云："本通则如有海外十个以上支部之提议，得交本部修改之。"是以本部对于尊议未便轻下断语。具体作为一种提案，待大会时再行斟酌可予办理。本来海外各支部情形各殊，办事人各有困难，故各支部内一切办事手续、章程等与规约者，如不出通则冲突，本部皆所赞许。尊函所述各节，自是实情。同人之意以为，由执行部提出候选人交评议会赞同，则不如由执行、评议两部联合会议提出候选□倍之人数，交党员大会投票选定，则评议部与党员两方面皆可减少误会。不知尊意然否？望执事斟酌情形，择宜行之。

（二）英文机关报及印刷所，关系改建大事业至为重要，且亦为最有利益之营业，明达当所深悉。现因时势之要求急须开办，海外各埠莫不踊跃认股，南非洲之同志岂肯让人？仍望热心劝导，俾收众擎易举之效，则幸甚也。

（三）罗省黄分部长等一函兹另作复，即希转致。执事愿与其尽力共策进行，总理殊以为慰。

（四）尊函谓三个月内必能筹集所应担任本部之经费，甚善甚善。已通知财政部矣。

（五）党员不得兼入他党，系指其他政党或有政治作用之团体而言。至慈善公益事业及学术研究等团体之无政治性质者，在所不禁。

（六）段祺瑞罪状昭著，我总理首先讨伐。彼为我总理护法救国百折不回之

---

① 函末仅署日期"廿二"，年月系据底本《海外公文底稿》的前后编排次序酌定。

精神所感动，悔罪来归。我总理博爱为怀，准予其自新之路，命速废去中日军事协约，彼即遵命取消，并承认服从我总理之命令。谓之来降则可，联段云者是政学会一派人所造出的名词也。虽然如此，而我总理从未尝与彼等有丝毫暧昧之处。我总理光明正大，前后情形皆已陆续宣告于国人之前，贵埠同志谅有所闻，望勿误会。兹者粤军承我总理之命令，讨彼桂贼。不及三旬即已收复潮梅，而惠州、虎门要塞亦已夺回，广州即可迎刃而解。从此有粤、湘、川、滇、黔等八省之根据，不难达到我总理实行民治、剪除军阀之计划，中国前途殊可乐观。诸同志闻此好音，想亦必三呼万岁也。

（七）尊函详写与梁次狂冲突各节，并呈来两方通告。总理阅后太息久之，以为海外同志时有意见之冲突，究其心迹，多因热心党务之故。傍人不察，妄用感情，遂至愈演愈烈。不然，他乡万里同胞而又同志，果有何结不可解之仇，而不能各自退让一步耶？执事任事多年，老成练达，尚望任劳任怨，忍耐处之，毋负总理之所期望者。幸甚！

以上所言，关于执事所提及者均已答复，即希查照是荷。此致，顺颂

毅祺

总务部居正

廿二

据《复杜省支部长陈警蛮》，见居正：中国国民党本部总务部《海外公文底稿》（九年五月二十日起），原稿本，上海图书馆藏

附载：居正复方瑞雄告总理计划设立大印刷所函

（一九二〇年九月二十七日）[①]

瑞雄先生鉴：

八月十一日手书顷承总理发下，藉悉一是。执事与李锦纶、谭赞诸君忍辱

---

① 原函未署年份。此据底本《海外公文底稿》的前后编排次序酌定。

负重，苦心经营，总理殊为嘉许。印刷所招股专员，经已加派谭赞君矣，希转致。诸同志须知吾国虽有商务书馆及中华书局，然人材缺乏，脑筋陈旧，是以至今尚不见有价值的出版物，志士羞之。故我总理有大印刷所设立之计划，将欲罗致当世名儒硕学从事出版事业，以造福人类，发扬国光。用意至深，来日价值可以预知，利益之厚势所必然。海内外同志之有知识者莫不踊跃认股，芝省同志素称热心，对此伟举岂肯让人？尚望力为振导，无负同人等之所期望，则幸甚矣。

兹者粤军承我总理之命收复潮梅，而惠州、虎门炮台、香山、江门等处先后独立，在湘、滇、赣各军亦已奉命进窥北江。广州海军、魏邦平、李福林等业于廿七日宣布独立，□□□□，大约解决在即。从此有西南八省之根据，不难达到我总理实行民治、剪除军阀之计划，中国前途殊可乐观。□□离开广州，不准糜烂地方，□□顽抗所有不免，□□□□。① 芝城爱国同志闻此好音，想亦必三呼万岁也。知注附闻，此复，顺颂

毅祺

总务部居正

九月廿七〈日〉

据《复芝加哥方瑞雄》，见居正：中国国民党本部总务部《海外公文底稿》（九年五月二十日起），原稿本，上海图书馆藏

---

① 按：以上字迹潦草模糊，不易辨认，校勘时讹脱在所难免。

致李烈钧望速调在湘滇军攻桂函

（一九二〇年九月二十八日）①

协和兄鉴：

得冬②电，当即奉复，计达。

惠州形势，自粤军进至河源、平山后，桂贼已难抵抗。惟此后粤军主力，愈战愈疲，而桂贼防区缩小，不难负固，旷日持久，危险滋多。倘此次功败垂成，不特粤人永劫，西南局势，遂全入强盗范围。

我虽欲保有滇、川、黔三省，而滇与桂接，黔与湘连，处处受其威胁；川省尤为内忧外患之地，更无法可以控制；此则西南之不归消灭者几希矣。故文对于两广问题，实则关系于粤人治粤之观念，乃欲从此以行西南之根本解决。前者粤东无可动机会，故不得不先解决川局，以为局部巩固之计。今川局定矣，而粤局又正有全胜之势，若不逞此以全力促成西南之统一，则数年护法之役，将属徒劳。

兄来电谓已飞调赣军攻桂；蓂赓兄来电，亦谓拟抽在川滇军攻桂，足见彼此所见从同。惟文觉仅调赣军，势力似比较的薄弱，而在川滇军，又恐道远不及赴机。文意终以速调在湘滇军，就近反攻为宜。

兄综握韬钤，必多伟见；此次间关跋涉，倍极勤劳。兹特托罗緱笙、邱赞寅两兄，代达一切，并致殷问，即希见教为荷。此致，顺颂

戎绥

据《总理函稿》，台北、中国国
民党文化传播委员会党史馆藏

---

① 原函未署日期。函中称"兹托罗緱笙、邱赞寅两兄代达一切"。据《国父批牍墨迹》第一三〇页载李烈钧一九二〇年一月十三日致孙文书，有"罗邱二君来，得奉教札，并领尊旨，鲁日奉复俭日捷音"，又九月二十三、二十七日李烈钧、唐继尧分别致电孙文，陈述用兵主张，与此函"兄来电谓已飞调赣军攻桂，蓂赓兄来电，亦谓拟抽调在川滇军攻桂"等语吻合，故此函当系发于二十八（俭）日，即对二十三日李电的复函。

② 冬，即二日。

致王永泉再望速举兵讨桂函

（一九二〇年九月二十九日）

伯川仁兄执事：

前荷赐笺，当即奉答，计达左右。自粤军筹备返粤以来，深得李督军援助一切，其中执事推挽之力，尤为可感！此次毅然以劲旅相助，俾我军声威倍壮，而桂贼闻风胆落，凡在粤人，俱深感激。

时局将次解决，正贤豪立功之机会。以执事之才气韬略，展布南中，谁与孟晋？此仆最所期望不置者也。军旅之事，拙速胜于巧迟。矧彼穷蹙之山寇，岂能当我一击？使惠州早定，百万居民即脱兵戈之祸，惟执事速图利之。专肃，即候

勋安

孙文

九月二十九日

据《总理函稿》，台北、中国国民党文化传播委员会党史馆藏

复李国柱告已函谭赵劝交还所部无效函

（一九二〇年九月三十日）

石琴兄鉴：

手书诵悉。贵部被人兼并，殊为愿惜。

惟前既函告谭、赵①，嗣又电请冀赓，转请组安调赴攻桂，不意迄无效果。今又致组安一电，可否实行，尚不可知，此外别无良法，只好看将来如何理论而已。此复，并询

---

① 即谭延闿、赵恒惕。

时绥

九月三十日

据《总理函稿》，台北、中国国
民党文化传播委员会党史馆藏

复李明扬望肃清桂逆函

（一九二〇年九月三十日）

师广梯团长鉴：

庞君子周持函来，晤谈一切，甚慰！

此次贵军协同讨桂，踊跃用兵，至为可佩！现在广东已可解决，所最要者，即趁此将桂贼铲除净尽，使不得收山作贼，则西南内部巩固，可以达我救国目的矣。策功宏远，至勉至望。此复，即颂

时绥

九月三十日

据《总理函稿》，台北、中国国
民党文化传播委员会党史馆藏

复林修梅望入桂肃清桂逆函

（一九二〇年九月三十日）

浴凡兄鉴：

临行留给手书，诵悉。兄急于讨贼，剑及履及，所谓先行后言，一矫时流虚张之习，诚为佩慰！

刻广州由魏、李联同海军逐莫①出境，粤局虽近解决，惟桂贼遗孽甚众，老巢不覆，难免收山；务趁其喘息未定，布置未周之际，突入桂省，扫穴犁庭，则

---

①　即莫荣新。

西南匪患可绝，乃可以达到吾人救国目的。

兄仗义三湘，夙称勇毅，大勋所集，勉望弥殷。此复，即颂

戎绥

九月三十日

据《总理函稿》，台北、中国国民党文化传播委员会党史馆藏

附载：居正复邝文亨黄宽济告总理接见黄持安并甚为嘉许函

（一九二〇年九月三十日）①

邝文亨、黄宽济先生鉴：

八月九日大札奉悉。黄君持安已承总理接见。黄君青年，有志尽瘁党务，总理甚为嘉许，同仁等尤所敬佩者也。想黄君已另函报告矣，不赘。此复，顺颂

毅祺

总务部居正

卅日

据《复加兰妲分部》，见居正：中国国民党本部总务部《海外公文底稿》（九年五月二十日起），原稿本，上海图书馆藏

---

① 函末仅署"卅日"，年月系据底本《海外公文底稿》的前后编排次序酌定。

复马育航询惠州战事函

（一九二〇年九月下旬）①

育航兄鉴：

八月三十日所发手书，备悉。前在沪所筹款，已汇寄矣。此后如再有筹到，自当照来函直寄汕头。

连日报载，惠城已下。此间只得竞存攻下河源之电，究竟惠事如何？得有战报，请从速电知为盼。接周道腴电，谭延闿已派兵三旅助义，赣军李明扬部亦已奉命准备出发，并告。此复，藉颂

时祺

据《总理函稿》，台北、中国国民党文化传播委员会党史馆藏

致唐继尧请令在湘滇军南征讨桂函

（一九二〇年九月下旬）②

蓂赓兄鉴：

感③电奉悉，兄急于粤事，至抽在川滇军合力讨贼，至为感佩！

惟桂贼已倾老巢精锐，尽赴惠广，图最后抵拒，其濒湘一带，皆极空虚。以现在形势，只令在湘滇军移师攻之，已足制其死命。请兄即电在湘将领，返旆南征，乘桂贼左支右绌之时，必获事半功倍之效。倘藉雄麾，得以早定粤局，从此桂寇消灭，西南无内顾之忧，滇、川得辅车之助，实国家之福利也。除鱼日已将

---

① 原函未署日期。按孙文致李烈钧电称，九月二十四日已接湘周道腴报告湘、赣两军出发电报。此函有"接周道腴电"等语，则此函应发于九月二十四日之后，酌置于九月下旬。

② 原函未署日期。据函中有"感电奉悉"等语，故此函当在二十七（感）日以后，酌定为九月下旬。

③ 感，即二十七日。

此意电复外，兹因卫秉钧回滇之便，特再渎述，企速裁夺，立盼好音。

再：粤军收复潮、梅后，右翼进占老隆、龙川、河源，中路进占永安，左翼由海、陆丰击破三多祝，进抵平山，距惠城四十里。知注并闻，顺颂

筹祺

据《总理函稿》，台北、中国国
民党文化传播委员会党史馆藏

致□亮章请与各方联络图鄂函

（一九二〇年九月）

亮章先生鉴：

北方局势变化以来，国事愈不可问。

吾人欲申张正义，不得不驱除障碍，以利进行。现鄂中正有可图，先生曾驻节彼间，情形熟悉，请即与各方面极力联络，待时而动，至盼。此颂

时绥

据《总理函稿》，台北、中国国
民党文化传播委员会党史馆藏

致田应诏望乘虚进攻桂林函

（一九二〇年十月一日）

凤丹先生惠鉴：

秋风劲爽，秣厉维劳。粤中自粤军鏖战惠州，桂贼精锐尽丧。现李福林、魏邦平又皆独立，进驻省城，海军联同一致，逼莫退出粤省；西江、北江，皆已克复多县，桂贼必然败退，此刻正在撑持。桂省老巢，调遣一空，贵军若能立即攻入桂林，必可唾手而得。桂林既得，则桂贼无可收山，两粤可以肃清，吾人救国之目的，不难达到。

贵省舆情，对于讨桂，已成一致主张，执事又素明远大，当此湘省疲惫之余，

必为向外发展之计，盖攘外即以安内也。兹因周君重嵩回湘之便，特托持函，并面为致意，即希察纳为幸。

十月一日

据《总理函稿》，台北、中国国
民党文化传播委员会党史馆藏

致赵恒惕望乘虚进攻广西函

（一九二〇年十月一日）

炎午①先生惠鉴：

　　秋风劲爽，秣厉维劳。粤中自粤军鏖战惠州，桂省老巢，调遣一空，甚望贵省所派大军，兼程并进，犁庭扫穴，在此一举。大功之成，不特粤人受赐，国家实利赖之。

　　兹因周君重嵩回湘之便，特托持函，并面为致意，即希察纳为幸。

十月一日

据《总理函稿》，台北、中国国
民党文化传播委员会党史馆藏

复冯自由告不便与闻《晨报》股款事

（一九二〇年十月一日）

自由兄鉴：

　　廿四〈日〉手函接悉。执信如斯而死，痛惜何似！现闻李、魏允受调停，必堕莫贼缓兵之计，真属无可如何！

　　伯耀收受外埠寄《晨报》股款，此间不便与闻。请由重民答复各股东可也。此复，并询

---

　　①　赵恒惕，字夷午，号炎午，时任湖南省省长。

时绥

十月一日

据《总理函稿》，台北、中国国民党文化传播委员会党史馆藏

复石青阳告粤事并请待命出川函

（一九二〇年十月一日）

青阳兄鉴：

丕承持来手书，并晤谈一切，备悉。

熊氏①附桂，破坏大局，得兄等协力讨伐，此功甚巨。惟川祸连年，皆因内讧，非力图向外发展，终无宁谧之日。

刻下粤事极为得手，惠州虽未遽下，破坏敌军不少。而广州则已有李福林、魏邦平宣布独立，进驻省城，联同海军，迫莫出境，粤局不难解决。此后长江形势或有变动，则须调贵部出川，到时一接拔队之电，务必舍去川中一切，直趋武汉，必可以达吾等远大之目的也。此复，并颂

大安

十月一日

据《总理函稿》，台北、中国国民党文化传播委员会党史馆藏

复戴人俊等告扫除官僚军阀始能建设函②

（一九二〇年十月一日）

人俊先生暨赵、周、张、吕诸先生鉴：

陶、彭两君携来大札，诵悉。

---

① 即熊克武。

② 此系孙文给贵州民生社戴人俊、赵希岳、周之德、张士仁、吕齐昌等人的复信。

报纸、选举、矿业三事，皆为要图。诸君次第举行，即可为实现民权、民生主义之基础，至为嘉佩！文力所能到，无不乐助其成。惟今官僚、军阀填塞当途，不予扫除，莫能建设，此又望诸君之勠力一致者也。此复，并颂

筹绥

据《总理函稿》，台北、中国国
民党文化传播委员会党史馆藏

复蔡钜猷促速出兵桂林函

（一九二〇年十月四日）

钜猷先生大鉴：

周君来，得诵华缄，备谂壹是。年来国运屯蹇，使握兵符者皆如执事之明达事机，矢心救国，则大盗不足平矣。

刻下桂贼被粤军痛创，渐见消灭。惟盘踞两粤，历有数年，非各方协剿，难期根绝。执事局促湘西，宜图发展，请趁此桂贼败亡倾巢远出之际，迅即出兵桂林，捣其不备，必可收犁庭扫穴之效。如此，则贵军可以扩充实力，助成伟业，执事之壮志可酬矣。策功不远，企望维殷。此复，顺颂

戎绥

据《复蔡镇守副使》，载南京《中央党务月
刊》第十三期"特载"，一九二九年八月出版

复蒋国斌勉维持后方饷糈函

（一九二〇年十月四日）

国斌先生鉴：

杨君绥荣持大札来，晤谈一切，甚慰！

执事维护后方饷糈，责任与前敌同重。不日饮至羊城，论饱腾之力，当推储峙之功。甚望奋励雄图，襄成伟业，至盼至勉！此复，即询

戎绥

据《复蒋国斌》，载南京《中央党务月刊》
第十三期"特载"，一九二九年八月出版

复陈渠珍促速出兵桂林函

（一九二〇年十月四日）

玉鍪司令鉴①：

查君荷生交到觉密电码一本，并接谈种切，甚慰甚佩！

西南师兴数载，大功不成，皆由桂贼窃据大权，居中破坏。今幸粤军勠力致讨，将莫贼驱逐出境，粤局将次解决。惟桂贼遗孽正多，老巢不覆，终为祸患。执事毅然以讨贼为任，甚望踊跃出发，攻入桂林，扫穴犁庭，在此一举，时机不可坐逸。所有讨桂进行与各方联络计划，统由查君荷生面达可也。此复，并询

戎绥

据《复陈玉鍪》，载南京《中央党务月刊》
第十三期"特载"，一九二九年八月出版

复宫崎寅藏望日本民间人士纠正军阀政策函

（一九二〇年十月五日）

滔天先生鉴：

两接手书，一祝一吊。所祝者尚未确，而所吊者已成真，良深痛恨也。惠州屡攻不下，至今尚在恶战之中。朱执信兄往虎门收降，为敌军一部所暗算，殊为不值。日者广州已附我，惠州当终归我有，可无疑义。

按今后支那大势，吾党不独可以得志于南方，且不久可以统一中国。英、美对我方针，近来大表好意，白人外患，可以无忧。此后吾党之患，仍在日本之军

---

① 陈渠珍，字玉鍪。

阀政策。倘日本仍行其扶旧抑新之手段，则中国之内乱，未有已期也。如此，则吾人亦不能不倒行逆施，亲英、美以排日也，而其咎则当归之日本。深望日本民间同志，有以纠正军阀之方针，不为同洲侵略之举，而为同舟共济之谋，则东亚实蒙其福，而日本亦终享其利。东亚经纶，百年大计，无愈于此者矣。日本同志幸为图之。此复，并候

大安不一

　　头山翁、木堂翁、寺尾翁，统此问好不另。

孙文谨启

十月五日

据原函影印件，载胡汉民编：《总理全集》第四集，上海，民智书局一九三○年二月初版

复马育航告消灭残余浙军函

（一九二○年十月上旬）①

育航兄鉴：

　　二十七日手书接悉。此部残余浙军②，甚不可靠，收之反恐为患，不如消灭之，更为妥当。

　　现莫荣新尚负隅观音山，魏、李胆小如鼠，不敢以武力解决。海军又派别不一，林葆怿惟以口舌调停，不见实力援助，恐日久变生，殊令人焦虑也。此复，

即颂

筹绥

据《复马育航》，载南京《中央党务月刊》第十三期"特载"，一九二九年八月出版

---

　　①　原函未署日期。据函称魏、李在广州宣布独立后，不敢武力逐莫及海军又不见实力援助等情，则时间应在一九二○年十月上旬。

　　②　指浙军陈肇英部。

复马伯麟告助报费函

（一九二〇年十月十一日）

伯麟先生鉴：

　　手书备悉。艰困之状，自应援手，请稍候时日，大局一定，当为设法。兹先助报费贰百元，祈即詧收。因拮据已甚，未能多筹，聊用小补之耳。

十月十一日

据《总理函稿》，台北、中国国
民党文化传播委员会党史馆藏

复林修梅告正设法筹饷并寄上誓约函

（一九二〇年十月中旬）①

浴凡兄鉴：

　　五日来手书，接悉。兄以起义首功，登高振臂，三湘正气，为之一伸，快甚慰甚！

　　所举各端，均当照办。惟款项以前此挪贷一空，刻虽从事续筹，尚无着落，故一时未能办到，现正在极力设法。

　　谭、赵②前有电反对王育寅君，经此间去电解释，并请赞助讨桂矣。兹并寄上誓约贰佰张，俟填后寄沪换取证书可也。特复，即颂
筹绥

据《总理函稿》，台北、中国国
民党文化传播委员会党史馆藏

---

　　①　原函未署日期。据一九二〇年十月十二日《复湖南省议会电》称，为王育寅率部攻桂以抒粤患事，派林修梅前往察看助理，与此函所述内容一致。酌定为一九二〇年十月中旬。

　　②　即谭延闿、赵恒惕。

复吴宗慈共谋彻底解决时局办法函

（一九二〇年十月中旬）①

蔼林先生鉴：

手书奉悉。崇论宏议，至为钦慰！魏、李优柔，不能及机解决，以致旷日持久，为祸转大，殊为可惜。

军府、国会问题，只好听其自然，文固毫无成见。所望曾共患难之朋友，一致觉悟，同心协力，本创造之精神，谋彻底之解决，一扫拘牵固陋之弊，使吾人素持主义，得以次第实现，则数年来战祸之牺牲，庶不致于虚掷也。此复，即颂

筹绥

据《总理函稿》，台北、中国国
民党文化传播委员会党史馆藏

致陈炯明告允王懋功响义条件照办函

（一九二〇年十月中旬）②

竞存兄鉴：

皖人王懋功，系现任马济部下团长，资格最深，现伊亲戚陆辅廷往与接洽，向文要求响义后不得记念战仇、即加解散，并须一律待遇。文以该部响义，事关重要，业经照允，并书函交陆辅廷往该团接洽矣。如果来归，务希照此议办理，以昭大信。此致，即颂

捷祺

据《总理函稿》，台北、中国国
民党文化传播委员会党史馆藏

---

① 原函未署日期。据函称"魏、李优柔，不能及机解决，以致旷日持久，为祸转大"，则此函应系发于魏邦平、李福林在广州宣布独立，莫荣新则以"让城"谈判作缓兵计之时。酌定为十月中旬。吴宗慈，时任军政府政务秘书。

② 原函未署日期。据函称王懋功请求"响义后不得记念战仇"等语，应是桂系势力未被逐出广州之前。酌定为十月中旬。

致王懋功望倒戈讨桂函

（一九二〇年十月中旬）①

懋功团长仁兄执事：

素耳〔闻〕英声，恨未良觌。贵戚陆辅廷来，藉谂执事素日怀抱。

此次粤军返粤，实以粤人自治为宗旨。而粤省数年强受压制于桂贼三五辈之手，不堪其痛苦，亦海内所共闻知，岂有贤者而肯为彼辈之用耶？执事明于大义，而干略过人，若遂倒戈助吾人以杀贼，则建树奇勋，只指顾间事。所望当机立断，更无犹豫。粤军有洪湘臣者，固昔日从秦炳直守惠州之人，尝与竞存血战，一旦携手，遂倚作股肱，今且使独当一面。故执事惠然肯来，竞存必极欢迎；对于所部，必不歧视。此仆所能保证者，即托陆君道达鄙意。临楮不尽所欲白，顺候

勋祺

据《总理函稿》，台北、中国国民党文化传播委员会党史馆藏

复谭延闿促从速攻桂军函

（一九二〇年十月中旬）②

组庵先生执事：

纯荪兄来，得奉手笺，至为欣慰！

---

① 原函未署日期。据函称"粤军返粤"，欢迎王懋功"倒戈助吾人以杀贼"，并保证陈炯明能善于对待，则此函应是发于粤军尚未占领广州之前，与前录《致陈炯明告允王懋功响义条件照办函》同为十月中旬。

② 原函未署日期。据函称"今莫贼虽待死观音山，尚挟五羊数十万生灵，以拚命而攻惠"等语，并促谭"飞檄在途各军，兼程并进"，则此函应是魏、李在广州宣布独立后而粤军尚未占领惠州之时。酌定为十月中旬。

湘省以执事得告清宁，民治之基，自兹确立，甚感甚感！惟粤省被桂军盘据〔踞〕，宰割朘敲，无所不至；且资以捣乱西南大局，使国家永不得宁。此獠不除，其流毒必不让于北方军阀。执事鱼①电，推己及人，不以陆氏之冥顽而不告，用心至厚；嗣复毅然出师，一致申讨，此心如见，吾道不孤。惟今莫贼虽待死观音山，尚挟五羊数十万生灵，以拼命而攻惠，粤军又以久战而疲，未能遽下。此时所望贵部，星夜进攻，以捣其背，则桂贼全军骇溃，指顾可平。楚师救赵，破釜沉舟，今粤事之关系大局，犹逾于赵，请亟图之。

陆、莫盗性未除，罔知信义，凡与周旋，并遭吞噬。贵省之幸免于荐食者，固执事因应得宜，亦粤人攻之急，而后驰归自救耳。不然，马济、沈鸿英岂不居然湘省驻防哉？尚望飞檄在途各军，兼程并进，促粤之成，绝湘之患。且湘省财少兵多，亦当以向外发展为善后要策，所谓攘外而安内也，伟见当以为然。临书不胜殷望之至。此复，并颂

筹祺

据《总理函稿》，台北、中国国民党文化传播委员会党史馆藏

复三藩市《少年中国晨报》② 股东大会
告委托林直勉为代表函

（一九二〇年十月二十三日）

敬复者：九月二十五日寄来启事一纸、股票一张、息金一百三十二元，均已收妥。

兹遵照来启，寄上亲笔填写之委权纸一张，委托现在三藩市本埠之林直勉君为股东之代表，依期出席股东大会，代行本股东之职权，即希查照为荷。此请

---

①　鱼，即六日。

②　《少年中国晨报》设于美国旧金山大埠古里街，创刊于一九一〇年冬。

三藩市《少年中国晨报》股东大会公鉴

总理孙文

十月二十三日

据中国国民党中央委员会党史委员会编订：
《国父全集》第三册（转录《会书》之十
"函札"），台北，一九七三年六月出版

复陈树人告广东讨桂事并劝勿萌退志函

（一九二〇年十月二十三日）

树人兄鉴：

甄胜君经沪带到兄函及港五仟元汇票壹纸，已照收妥，并转竞存兄矣。各函所详筹款办法，具见竭尽心力，以济军饷，至为感慰！

粤军右翼，前拟绕道增、龙①，以达广州。讵中途为李逆根源所部梗阻，致未能速进。昨接竞兄来电，已将李部击破无余，我军已迫近惠、博②，而桂贼纷纷退却，不日即可收复惠阳，直进粤城云云。希即陆续筹款，俾照转达可也。

至加属党务，得兄悉心办理，故收效日广，幸勿稍萌退志，致亏前功。

旅费一节，已着财政部划付千元，以为本年津贴，刻将收条奉上。该项即于应缴本部款项内比收，照报财政部，届时当照入数，刻另夹上甄君带返之款收据，希照收存为盼。此复，并颂

台安

孙文

九年十月廿三日

据《加拿大国民党布告录》，台北、
中国国民党文化传播委员会党史馆藏

---

①　即广东省增城县、龙门县。

②　即广东省惠州博罗县。

复李伟赵伸告未派吴山往滇并询煤铁两矿积量函

（一九二〇年十月二十五日）①

毅丞、直斋两兄鉴：

　　来函备悉。吴山往滇，此间并未知悉，其所言动，均非〈文〉所委嘱，实属虚饰。然因此乃得两兄详报，藉悉所经营铁工及煤铁二厂规模之大，不啻于无意中发见异宝。既有此丰富之煤铁，将来必能为中国发展实业之一大助。俟大局稍定，自当注力为之，惜刻下尚无从为力耳。

　　此项煤铁两矿，积量如何？尚望详细报知，以便计划。至盼。此复，即询时绥

据《复李伟赵伸》，载南京《中央党务月
刊》第十三期"特载"，一九二九年八月出版

复田应诏盼助林修梅统一湘西进兵桂柳函

（一九二〇年十月二十六日）

风丹先生惠鉴：

　　周参谋佩玮赍函来，得稔一切。执事义愤填膺，矢诚救国，曷胜感佩！惟今粤事未定，根基尚未稳固，且筹款一节，刻下罗掘俱穷，万难应付。文统筹全局，执事此时若能助林修梅统一湘西，进兵桂、柳，获有土地之后，乃能设法行彻底之解决，此为万全之策。执事既有决心，必有成功之日。惟缓急先后之间，尚希斟酌为幸。此复，并询
毅祺

二十六日

据《总理函稿》，台北、中国国
民党文化传播委员会党史馆藏

---

①　原函未署日期。今据一九二〇年十月二十五日孙文批答李伟、赵伸函为复函日期。

复蓝天蔚告进取方略函

（一九二〇年十月二十七日）

秀豪①先生惠鉴：

冯君启民来晤，得奉手书，备悉一切。

川事已不可收拾，此时转而图鄂，亦恐未易得手；正宜协集各省散涣之力，为一坚固团体，以助湘中民党，统一湘省，确立根基，然后用湘力以扫除游勇，以统一两广，则西南民党之大势可成，而民治可建，民国乃有希望也。若实力不充，多方发难，实有务广而荒之弊。执事苦筹，当以为然。此复，即颂

戎绥

据《总理函稿》，台北、中国国
民党文化传播委员会党史馆藏

复□苿棠请任本部联络华侨之职函

（一九二〇年十月二十七日）

苿棠兄足下：

来函备悉。足下关怀桑梓，至佩至幸！

文觉党务为革命之基础，革命乃建国之首功。九年以来，革命尚未能达到目的，皆由党务不振之故，〈党务不振之故〉，又由于人才缺乏。如沪上本部为联络海外各支分部之枢纽，而尚欠缺一深悉海外华侨之人，以为联络感情及招待过往同志。未知足下能牺牲个人之事业、以尽义务于本部否？如能致力一二年，以联结海外与本部成为密切团体，当必于国事大有裨益。足下热心素著，故殷望之。此复，即颂

---

① 蓝天蔚，字秀豪，时任鄂西靖国军第一军军长，十月中下旬为熊克武部刘湘等从万县夔州逐回鄂西恩施、鹤峰一带。

时绥

二十七日

据《总理函稿》，台北、中国国
民党文化传播委员会党史馆藏

复赖世璜望努力肃清桂逆函

（一九二〇年十月二十七日）

兆周支队长鉴：

　　来书备悉。此次驱除桂贼，为伸张正义、恢复人格之举，执事敌忾同仇，捷音频报，勋劳甚著，义勇可钦。即望努力争先，翦平余虏，不特助粤人成功，亦为赣、滇两军雪耻也。此复，即询

捷佳

二十七日

据《总理函稿》，台北、中国国
民党文化传播委员会党史馆藏

致谭延闿告派何成濬赴湘请师讨桂函

（一九二〇年十月二十八日）

组安先生惠鉴：

　　粤事得左右主持，公论者再三，使海内晓然于是非所在。赣团由湘而下，敌益惊骇。本月养日，粤军遂克复惠州，梗日克博罗，有日进占石龙。省城附近，当有战事，然料莫等难于固守，指顾可下。今后或退守西江，与我相抗；惟陆、莫①未除，不独粤东隐患未消，即大局亦难言解决。

　　兹特倩何雪竹兄来湘请师，企多得部队，更为粤省援助，使桂乱早日肃清。

―――――――――――――

　　①　即陆荣廷、莫荣新。

其当如何筹画成行，统望左右为之训导，予以助力。雪竹兄相知有素，此行裨益西南，可预信也。专此，即颂

勋安

敬维察照不一。

十月二十八日

据《致谭组安函》，载南京《中央党务月刊》第十三期"特载"，一九二九年八月出版

复蒋中正请转告信任陈炯明意函①

（一九二〇年十月二十九日）

介石我兄惠鉴：

……②竞兄此番回粤，实举全身气力，以为党为国。吾人亦不惜全力以为竞兄之助，同德同心，岂复寻常可拟？

我望竞兄为民国元年前之克强，为民国二年后之英士，我即以当时信托克强、英士者信托之。我所求者，惟期主义、政策与我一致，即我所谓服从我三十年来共和主义，而岂若专制之君主，以言莫予违为得意耶？兄与英士共事最久，亦知我所以待英士矣。兄不妨以我之意思，尽告竞兄也。

执信忽然殂折，使我如失左右手。计吾党中知兵事，而且能肝胆照人者，今已不可多得。惟兄之勇敢诚笃，与执信比，而知兵则又过之。兄性刚而嫉俗过甚，故常龃龉难合，然为党负重大之责任，则勉强牺牲所见而降格以求，所以为党非为个人也。兄以为然耶否耶？专复，即颂

近安

孙文

据毛思诚编：《民国十五年以前之蒋介石先生》第六编，上海，龙门书店一九三七年三月印行

---

① 粤军回粤攻抵东江期间，蒋中正任第二军（许崇智部）参谋长，随又兼右翼军前敌总指挥。

② 原函如此。

附载：复李兴高告须再接再厉攻桂函①

（一九二〇年十月二十九日）

兴高参谋长鉴：

来书经孙先生阅悉。

执事运筹帷幄，获遂同仇之愿，至为佩慰！

现岑、莫虽已遁逃，惟余匪未清，尚难告罢；且广西为游匪老巢，非完全改造，不但无以固粤局，亦无以拯桂人。故我军正须再接再厉，直捣黄龙。滇军勇毅著闻，当必乐于长驱也。此复，即颂

戎绥

十月二十九日

据《复李兴高》，载南京《中央党务月刊》
第十三期"特载"，一九二九年八月出版

复胡景翼告已给留学生川资等事函

（一九二〇年十月三十一日）②

立生先生鉴：

来书奉悉。执事脱身虎阱，再绾铜苻〔符〕③，所历弥苦，所志弥坚，诚可为晚近军人之励，实嘉尚焉。

留琼④学生赵绳先等十七人到此，已各给川资伍拾元，差堪敷衍，以此间拮据已极，故未克从丰耳。

---

① 此函为秘书室代笔。收为附录。

② 原函未署日期。据函称"广州自岑、莫遁逃"及"已与唐、伍诸总裁"通电否认徐世昌伪统一等语，故酌定此函发于十月二十一日。

③ 胡景翼前此被陕西督军陈树藩囚于西安，直皖战争结束后，胡得释，返抵三原军中任职。

④ 原函如此，疑为留法之误。

广州自岑、莫①遁逃，业已大体解决。继此即当改造广西，使两广成巩固之局，民治基础，庶乎有赖。徐世昌据岑、陆②临死哀鸣，发表统一伪令，滑稽已极，已与唐、伍③诸总裁通电辟之，计能达览。现彼方既已显认新国会为非法，自失依据，我更当再接再厉，以完我救国之大业。陕西险据中原，为南军入北之冲要，幸善守之，以俟时局之变化。书不尽意。此复，即颂

戎绥

附已给川资之学生名单一纸。

据《复胡景翼》，载南京《中央党务月刊》
第十三期"特载"，一九二九年八月出版

复陈继虞指示合力进攻南宁函

（一九二〇年十月三十一日）

继虞司令鉴：

铣④邮电悉。克复琼崖，勋劳特著。嗣以滇军响义，又复推诚相与，转饬他行，处置有方，甚善甚慰！

惟现省中已经克复，贵部当即合力进攻南宁，将游匪全行扑灭，使广西同时改造，然后两粤乃得奠安，可以进而解决大局矣。刻正游匪失魄之际，亟宜乘胜进取，事半功倍。此复，并询

捷绥

十月三十一日

据《复陈继虞》，载南京《中央党务月刊》
第十三期"特载"，一九二九年八月出版

---

① 即岑春煊、莫荣新。

② 即岑春煊、陆荣廷。

③ 即唐继尧、伍廷芳。

④ 铣，即十六日。

复赵德裕请率部兜剿桂贼函

（一九二〇年十月底）①

德裕先生鉴：

删②邮电奉悉。执事倡义琼崖，协驱桂贼，同仇之义，佩慰殊深。已照电粤中各军，一致提携，共完伟业。现在桂贼未清，亟望统率戎行，迅速兜剿，以绝国家无穷之匪患，至要至盼。即颂

戎绥

据《总理函稿》，台北、中国国
民党文化传播委员会党史馆藏

复何卓竞望继续捐助讨桂军饷函

（一九二〇年十月下旬）③

卓竞兄鉴：

来函备悉。各同志热心桑梓，踊跃将输〔输将〕，解囊者之慷慨与劝募者之勤劳，两臻其美，可感可佩！

现在岑、莫两贼，皆已遁逃。惟余寇尚须清剿，且须进取广西，以为划除根株之计。故所须军费，尤亟浩繁。所望各同志继续捐助，俾得早清游匪，建立民治，是所至望。此复，即颂

任绥

据《复何卓竞》，载南京《中央党务月刊》
第十三期"特载"，一九二九年八月出版

---

① 此函与复陈继虞函内容相近，又同为琼崖事，当为十月底。

② 删，即十五日。

③ 原函未署日期。据函称"现在岑、莫两贼，皆已逃遁"等语，则此函应系发于粤军占领广州之后。酌定为十月下旬。

复杨寿彭嘉许捐助军饷函

（一九二〇年十月下旬）①

寿彭兄鉴：

来书备悉。各同志热心桑梓，踊跃将输〔输将〕，解囊者之慷慨与劝募者之勤劳，两臻其美，可感可佩！

现岑、莫两贼，均已遁逃，今后正须肃清粤境余匪，并进而改造广西，建真正民治之基础，所赖于众力者尚大也。

北方五省饥馑，胞与之谊，自应拯救；惟官僚办事，往往藉公营私，往年曾有以水灾名义，借入巨款，供其私用者，是在捐款人之严行监督，乃能实惠及民耳。此复，即颂

旅祺

据《复杨寿彭》，载南京《中央党务月刊》
第十三期"特载"，一九二九年八月出版

复李福林望继续攻桂用竟全功函

（一九二〇年十月下旬）②

登同司令鉴：

二十一日大函奉悉。执事与丽堂树帜粤垣，同仇敌忾，救乡救国，实所钦迟！

现岑、莫均逃，我军之任务，除清剿粤中余寇外，尚须继续攻入广西，歼灭游匪，务使两广人民同脱强盗之羁绊，辟民治之宏规，斯为尽善。执事晓畅兵机，热心国事，诸惟努力，用竟全功。至望。此复，并颂

---

① 原函未署日期。据函称"现岑、莫两贼，均已遁逃"，则应系发于十月下旬粤军占领广州之后。酌定为十月下旬。

② 原函未署日期。据函称"现岑、莫均逃，我军之任务，除清剿粤中余寇外"等语，当系发函于粤军占领广州后。酌定为十月下旬。

戎绥

据《复李镇守使》，载南京《中央党务月刊》第十三期"特载"，一九二九年八月出版

复陈自先望乘虚进攻南宁函

（一九二〇年十月下旬）①

自先兄鉴：

九月二十二日来函接悉。

现所组织，既已达十八营以上，所请改称救国第八军，自可照准；应即立行进攻南宁，以覆敌人老巢，此时桂贼倾巢来粤，乘虚而入，自易得手，毋稍徘徊，致虚殷望。此复，即询

戎绥

据《总理函稿》，台北、中国国民党文化传播委员会党史馆藏

复戴任望勉力解决川事函

（一九二〇年十月）

尹圣兄鉴：

九月廿四日手书接悉。所云各节，见解独超。

粤事未平，川事又生纷纠，殊堪浩叹。兄现在渝，必多赞助，尚望勉为致力。如有高见，随时惠告可也。此复，即颂

筹绥

据《总理函稿》，台北、中国国民党文化传播委员会党史馆藏

---

① 原函未署日期。据《国父批牍墨迹》编者考订，陈自先该年九月二十二日致孙文书，系十月十七日自香港发邮。酌定为十月下旬。

复吕一夔望不分省界协力讨桂贼函

（一九二〇年十月）

一夔先生惠鉴：

手函诵悉。执事扶持正义，洞见深远，至慰！

桂、粤于地理历史，皆有关连，岂宜自画？惟以陆、莫等恃其游勇之力，视两粤地方为其鼎窝，朘蔽宰割，畅所欲为。此不特粤之罪人，亦桂之恶障。为造福人民计，自当不分省界，协力扫除游勇，以致真正之民治。俟粤局定后，即可尽粤省之力，以助桂省。亟望努力，共企成功，至幸。此复，即询

时绥

据《复吕一夔》，载南京《中央党务月刊》
第十三期"特载"，一九二九年八月出版

复何畏望率滇军助粤讨桂勿为经济所阻函

（一九二〇年十月）

民晷兄鉴：

二十九日手书接悉。唐公①委兄收拾滇军，尽力助粤逐桂，足见志同道合，至为感纫！

所望迅速进行，俾减敌势。至所需急款，本应筹措，奈刻下罗掘俱穷，绝无良法。所望对该军切实晓以大义，彼等既怀唐公威信，又植〔值〕桂贼败亡之际，谅必来归；即或不然，亦做到一分是一分，请勿为经济所阻也。此复，并询

筹绥

据《复何畏》，载南京《中央党务月刊》
第十三期"特载"，一九二九年八月出版

---

① 即唐继尧。

复西贡总支部理事会告款汇本部
并转告陈个民勿返国函

（一九二〇年秋）①

径复者：本月二日来函，已悉。筹饷事宜，既有端绪，足见热心讨逆，志切因仇，殊有嘉慰！

至汇款一节，尽可交由本部转寄陈总司令支用，不必烦陈君②亲往。其有应商之件，亦函由本部转达可也。

此时党务正赖扩充，筹饷又为急务，陈君责任繁重，刻不可离，希即转致陈君，请勿遽返为要。黄君伟卿以一时疏忽，惊及同志，闻之甚念，幸仗诸同志热心救助，毅力维持，不至牵动党务，是可慰也。此复

西贡总支部理事会林永伦、张化成、刘柳波、陈金钟、黎赞新、陈绍云、樊镇安诸同志兄公鉴

总理　孙文

据《会书》之十《函札》，台北、中国国民党文化传播委员会党史馆藏

致□霭堂告派陈从之前来提款函

（一九二〇年秋）③

霭堂兄鉴：

别来时以为念。以兄之热诚毅力，所事想已大就。此间因前方军事发展，待

---

① 原函未署日期。据函称林永伦等积极筹饷"热心讨逆"，则此函应发于一九二〇年粤军返粤期间。酌定为是年秋。

② 即陈个民。

③ 原函未署日期。据函称"前方军事发展，待饷益急"，系指粤军陈炯明部返粤攻桂，战事未结束之际。酌定为一九二〇年秋。

饷益急，特派陈君从之前来提领，所有尊处筹得之款，即希随交陈君汇解为荷。尚此，即颂

筹绥

据《总理函稿》，台北、中国国民党文化传播委员会党史馆藏

复林修梅告正筹款与统一湘西方略函

（一九二〇年十一月三日）

浴凡兄鉴：

十月十六日手函奉悉。贵军可即称为讨桂军，以免牵混。至移师计划，兄可相机行之。款项正在筹措，因前挪贷一空，故颇难得手，然必极力设法也。

现粤事已可结束，协和将由黔入湘，前月廿九〈日〉到遵义。吕汉章、石青阳、卢锡卿三军，亦有暂抛川局之计划。兄亟宜联络湘中同志，统一湘西，与协和一致行动，并速派人与吕、石、卢联络，团成一片，巩固实力，然后相机解决大局，是为至要。

北庭前日发表统一伪令，滑稽可笑，已通电驳斥，谅达览矣。此复，即颂

戎绥

据《总理函稿》，台北、中国国民党文化传播委员会党史馆藏

复唐绍仪请订购火药原料函

（一九二〇年十一月五日）

少川先生鉴：

来函诵悉。曾询问马君武兄，据云：此为造棉花火药必需之原料，广东无烟药厂前向美洲定购，价约每磅四角（粤币）云云。是此药必须购办，即请转知贵友订购，并言明在广州交货为祷。此复，即颂

日绥

十一月五日

据《总理函稿》，台北、中国国
民党文化传播委员会党史馆藏

复凌钺望以主义为皈依函

（一九二〇年十一月六日）

子黄兄鉴：

来书备悉，惨淡经营，至为心佩！

西南兴师，亦阅数稔，原欲维持约法之原状，依序进图因革，贯彻主张，建民治之极轨，获共和之实利。何意奸人捣乱，内患横生，委曲求全，终无善法，徒有拘牵之苦，终成溃裂之局。"护法"二字，几于狐埋狐掘〔揖〕，亦何可叹！幸粤中尚能勉收余烬，再茁生机，然所存者仅矣。

今后倘各鉴前车，同心一致，尚不难收桑榆之效；若犹是不能达到目的，则惟有进而为革命耳。徐、岑辈虽奸诡百出，其奈之何？文所望我同志彻底瞭悟，但以主义为皈依，不以诡随为应付，则虽万变纷乘，我正义之主张，终当贯彻也。此复，即颂

时绥

据《复凌钺》，载南京《中央党务月刊》
第十三期"特载"，一九二九年八月出版

复周行盼晓谕桂军与粤军提携改造桂省函

（一九二〇年十一月六日）

天槎兄鉴：

来函已悉。现粤事已大体解决，继此当进图广西，扫除桂系、出广西于游勇之手，施行民治。兄既与桂籍军人浃洽，亟宜晓以此旨，使与粤军提携共进，实

行改造桂省，福利乡邦，使两粤成为民治首善之区，实获辅车之益。至要至盼。
此复，即询
时绥

据《复周行》，载南京《中央党务月刊》
第十三期"特载"，一九二九年八月出版

复齐燮元评李纯自杀事函

（一九二〇年十一月六日）

抚万先生执事：

顷奉手教暨秀公①遗书一册。自秀公之死，北方有力者，屡遣人来，谓秀公自杀，并非实情，中有黑幕，言词之间，竟有所指。今得来函，并映有遗笔数通，以是表彰秀公而镇靖人心，诚不可少。惟遗书笔迹已见报章多日，何以北使纷驰沪上，造谤不休，想必有人欲攫取地盘，而先陷当局者以莫须有之罪。世情崄巇，殊可慨叹！

执事镇抚一方，责望綦重，而北方政出多门，更有人为之奔走捣乱，此恐非语言文字所能释谤而止纷。夫当非常之事变，要有非常之干略，彼人诪张为幻，且挟居高临下之势，不审执事何以应之？文好直言，既有所知，即无隐讳。专复，
顺颂
勋安并候明教

十一月六日

据《总理函稿》，台北、中国国
民党文化传播委员会党史馆藏

---

① 李纯，字秀山。

复蒋道日关墨园告准古巴分部改为支部
并改派周雍能为《民声报》编辑函

（一九二〇年十一月六日）

道日、墨园兄鉴：

九月十二日来函已悉。古巴党务，赖兄等之热心与毅力，蒸蒸日上，殊深欣慰！

所请称改支部一节，自应照准。已着总务部照缮委任状，并颁发新印信矣。仍望我侨古巴诸亲爱同志，本互助博爱之精神，谋团结永久之巩固，一心一德，共济时艰，祖国光荣，实利赖焉。

此次粤军讨贼，承古巴侨胞捐助饷银三万元，解囊者之慷慨，与劝募者之勤劳，热诚伟绩，古之卜式，不过是也。现粤军已于十月二十八日收复广州，桂贼狼狈西逃，广东全局，大旨粗定。我古巴诸亲爱侨胞，闻此佳音，想必欢声雷动也。

吴君文安，现不能应《民声报》之聘，文已改派周雍能君前往承乏。周君现定本年十二月七号搭"中国"邮船由本部起程，取道三藩市，以赴古巴。启行时总务部当有电告。此复，顺颂

毅祺

孙文
十一月六日

据黄鼎之编：《驻古巴中国国民党党务
概观》，南京，三民印书局一九三六年出版

复谢英伯告已委任陈炯明职务函

（一九二〇年十一月十日）

英伯兄鉴：

世邮电奉悉。所举四端，皆为切要。现以事实便利，已委竞存为省长兼粤军

总司令矣。刻下粤省虽复，桂逆犹存，所望桑梓人士，夹辅当局，用竟全功；庶民治基础，得以巩固，国难其有豸乎。此复，即颂

时绥

据《总理函稿》，台北、中国国民党文化传播委员会党史馆藏

复龚振丹望进讨广西以清后患函

（一九二〇年十一月十日）

振丹兄鉴：

手书奉悉。虎门为粤海咽喉，得兄绾领机缄，可称北门之固。惟今粤省虽复，桂逆尚存。须乘我壮直，犁彼酉庭，方足以清后患而计永安。兄晓畅戎机，当必有所策划也。

据《总理函稿》，台北、中国国民党文化传播委员会党史馆藏

复周之贞请肃清广东迅即西征函

（一九二〇年十一月十一日）

之贞先生鉴：

来书已悉。执事轸念乡邦，毅然敌忾，西江要地，赖以规复，至佩至慰！

方今桂贼未清，我军亟宜继续前进，扫穴犁庭，乃可以告全功。至军队名义，自以统一为宜，毋须过虑。请致力肃清境内，迅即西征为要。此复，并询

戎绥

十一月十一日

据《总理函稿》，台北、中国国民党文化传播委员会党史馆藏

复李翰屏询购枪械事函

（一九二〇年十一月十一日）

翰屏兄鉴：

　　来书备悉。同志爱乡爱国，踊跃输将，助平逆贼，至慰至佩！

　　所云购办枪械一节，是何种类？能办多少？价值若干？运送之法如何？均请速行查复，以便筹划。现粤省虽经克复，桂贼老巢尚在，非犁庭扫穴，莫竟全功。尚望我诸同志协力一致，完此伟业也。此复，并颂

时绥

十一月十一日

据《总理函稿》，台北、中国国
民党文化传播委员会党史馆藏

分致加拿大古巴墨西哥三藩市暨美洲
各处华侨劝再助军饷函①

（一九二〇年十一月十八日）

□□诸同志鉴：

　　粤人困处桂贼之下，于今数载，奸淫虏掠，百苦备尝。今幸我师回戈一指，旧物重光。将士则气奋风云，人民则欢同霖雨，足见我五羊壮气，终不为桂贼所摧。□□同志方事之般〔殷〕，解囊助饷，不遗余力，士马既获饱腾，战斗更增勇壮。昔卜式输边，著称好义；郑侯转饷，论列首功。今□□〔同〕志之助成规复，真可与冲锋陷阵者媲其勋绩也。

　　兹因马素兄来美，特赍片言，用申奖谢。惟是陆逆未诛，尚多后患，必使桂

---

① 此系孙文分缮致加拿大、古巴、墨西哥、三藩市暨美洲各处华侨劝捐军饷的函件。

省人民亦脱出强盗之手，乃得与我提携，共臻巩固。继此即应进攻桂省。大军远出，需费甚繁，而粤中疮痍之补救，新政之设施，事功浩大，赖助尤多。切盼再鼓热诚，共完伟业，造两粤成民治首善之区，于以发扬光大，使全国人民实享共和之福。是即我曹之所祈祷，而亦我国内外同胞所当共引为责任者也。勉之，望之！此询

公祺

据《致加拿大、古巴、墨西哥、三藩市美洲华侨》，载南京《中央党务月刊》第十三期"特载"，一九二九年八月出版

复唐继尧述北方局势函

（一九二〇年十一月中旬）①

蓂赓兄鉴：

吴厅长来，业经款接，藉稔勋猷丕盛，至慰！

时事愈益艰难，惟我主持正义者百折不回，终当贯达。北方自宣布依旧法改选后，新议员群起反噬，徐氏②根本动摇。近复以徐树铮潜遁出京，北庭更形惶遽。以我之整，当彼之乱，尚觉优势在我。伟见当以为然？此复，并颂

筹祺

据《致唐继尧》，载南京《中央党务月刊》第十三期"特载"，一九二九年八月出版

---

① 原函未署日期。据函中有"近复以徐树铮潜遁出京"等语，按直皖战争结束时，徐逃入日本兵营，十一月十六日，日本驻华公使小幡酉吉照会北京政府外交部，谓徐已逃走无踪。此函当写于十一月十六日以后。酌定为十一月中旬。

② 即徐世昌。

复李福林促西征讨桂函

（一九二〇年十一月中旬）①

登同司令鉴：

曾君先齐来，得奉琅笺，并聆缕述，甚佩甚慰！

此次粤省恢复，贵军当机立断，建义羊城，遂使莫贼遁逃，厥功甚伟。今肇庆已复，希再秣厉，迅速西征。不扑桂贼老巢，死灰易燃，终为后患。且新军骤增不少，亦必难于消纳，此不可不竭蹶图之者也。所有军事计划，请悉与竞存商酌，同心勠力，所向无敌，告成不远，勉望甚殷！此复，并颂

戎绥

据《复李福林》，载南京《中央党务月刊》第十三期"特载"，一九二九年八月出版

复郑占南告讨桂局势并正严拿狙击朱执信凶手函

（一九二〇年十一月二十三日）

占南同志兄鉴：

来函已悉。诸同志热心桑梓，慨助义捐，以助成讨桂之举，厥功甚伟，至佩至慰！

今粤局幸已告宁，不日即令大军西上，扫穴犁庭，改造桂省，以固两粤提携之局，而为建设民治之基础，还须诸同志再鼓热忱，共完伟业。

执信兄为中国有数人才，乃因虎门乱军冲突，挺身排解，致遭狙击。我党失此长城，同深震悼。今正严拿凶手，穷究真因，以慰忠灵，而申义愤。此复，即颂

---

① 原函未署日期。函中有"今肇庆已复"等语，系指粤军克肇庆事，此函当发于十六日之后。酌定为十一月中旬。

毅绥

孙文

十一月廿三日

据《党务杂记》第七号，台北、中
国国民党文化传播委员会党史馆藏

致各同志盼为朱执信遗属捐款函

（一九二〇年十一月二十三日）

敬启者：朱执信君，勠力国事，垂二十余年，毅力清操，久为吾党钦仰。此次为翦除桂贼，仓卒被戕，家无宿粮，孤寡堪悯。目前衣食，尚赖诸友之馈遗；将来诸儿教育所需，尤不能不早为筹备。

凡我同志，念执信兄夙谊者，尚祈转为告语，量力相助，毋忘旧交，实深盼望。如有捐款，祈汇交廖仲恺兄代收为荷。即颂

公绥

孙文启

据上海《中国国民党本部通信》第六
十期，一九二一年一月三十一日出版

致□文德□佐文嘉许侨胞捐助讨桂军饷函

（一九二〇年十一月二十四日）

文德、佐文兄鉴：

桂贼荼毒粤省，无所不至，凡有血气，莫不愤激。今贵处侨胞慨然组织后援会，捐集巨款，援助义军，见义勇为，至为钦佩！

今幸粤省恢复，乡里藉免豺虎之患。惟疮痍之补救，新政之设施，事事需财，尚多赖助；且桂贼老巢未覆，死灰易燃，非再事西征，难消后患，馘粮远出，所

费尤繁。诸侨胞满抱热诚，自当始终不懈！末次所汇二千元，既寄小儿转交，收到后谅有复音，容俟询之可也。

十一月二十四日

据《复□文德□佐文》，载南京《中央党务月
刊》第十三期"特载"，一九二九年八月出版

致谭延闿告已定回粤望共策进行函

（一九二〇年十一月中下旬）①

组安仁兄伟鉴：

　　接读东②电，义正辞严。岑、陆之所谓取消自主，只自暴其款敌潜逃之丑，曾不能蔽贤哲之聪明，于兹益信。惟西南一面拒抗北方之强权，一面须谋实在之建设。虽地方事务不妨各自为政，而国家大计，仍有共同职责。官僚之下无民生，强权之下无幸福，非共履艰危，无以出斯世〔民〕于水火。现已定赴粤，重组军府，共策进行。炉火之上，非所敢居；兴亡之责，匪异人任。

　　执事支持危局，始终不渝，盖志在卫国，劳怨有所不辞；区区之忱，亦正如此。加之中国局面，就现状以谋解决，只益纠纷，必有进一步之主张，始能得实在之平和。兹因李锜君回湘之便，附泐数行，务望时锡南针，共定国是。所有各方情势，可由李君面达。匆此布臆，不尽缱绻。即颂
勋安

据《致谭组安》，载南京《中央党务月刊》
第十三期"特载"，一九二九年八月出版

---

　　①　原函未署日期。据函称"现已定赴粤，重组军府，共策进行"，应在十一月二十五日孙文离沪赴粤之前。酌定为十一中下旬。

　　②　东，即一日。

分致赵恒惕宋鹤庚鲁涤平陈嘉祐
告赴粤重组军府函①

（一九二〇年十一月中下旬）②

夷午仁兄、卓南先生、韵庵先生、护芳先生大鉴：

湘中首义，军旅久劳，虽护法救国之志，尚未尽偿，而逐寇追逃之功，为世共见。顷者北庭乘岑、陆潜逃之后，竟尔宣布统一。得臣犹在，晋忧未歇；黄初僭号，汉责益重。湘中将领冬日宣言，义正辞严，正符斯旨。

〈文〉现已定赴粤，重组军府，共策进行，贯始义之初衷，求民生之幸福。夙佩执事竭诚卫国，始终不渝，丁此艰危之会，当有远大之谋。务望时锡南针，共定国是。兹因李锜君回湘之便，附泐数行，不尽之忱，统希亮察。顺颂
戎安

据《总理函稿》，台北、中国国民党文化传播委员会党史馆藏

复张韬嘉许起义改编函

（一九二〇年十一月）

昆伯支队长鉴：

来函已悉。桂贼捣乱西南，荼毒粤省，实为人民公敌。执事洞明大义，翻然改图，遂使粤军得成破竹之势，其后预防兵工厂炸裂，尤为烛及机先，厥功可纪！

今既经陈总司令编为第二支队，甚望同心协力，以竟全功。余寇待清，策勋未远。此复，即颂

---

① 此系分缮致赵恒惕、宋鹤庚、鲁涤平、陈嘉祐同文函件。

② 原函未署日期。据函称"现已定赴粤，重组军府，共策进行"，应在十一月二十五日孙文离沪赴粤之前。酌定为十一月中下旬。

戎绥

据《复张韬》，载南京《中央党务月刊》
第十三期"特载"，一九二九年八月出版

致陈树人告派马素代祝党所落成典礼函

（一九二〇年十一月）

树人兄鉴：

加埠创设党所，适在我粤省恢复之岁。国内者，康济时艰，启革新之局；国外者，勤劳党务，立坚固之基，于以见我党之兴隆，即可以转移国运也。

落成盛典，理应祝贺。兹特派马素君前来代表，用申敬意，并致欢忱。美奂美轮，既见艰难之缔造；如川如阜，益崇久大之规模。此致，即颂
公绥

据《致陈树人》，载南京《中央党务月刊》
第十三期"特载"，一九二九年八月出版

复薛木本介绍陈承谟担任《光华日报》编辑函

（一九二〇年十一月）

木本兄鉴：

前接来函，拟将《光华日报》① 扩充篇幅，并添聘编辑一人，足见对于文化鼓吹，不遗余力，至佩！

兹经觅得同志陈君承漠愿来担任，学识亦颇可观，已将前汇来川资交付，尅日即可南来，特携此函介绍。惟刻下盾价低落，每月能给与百四五十元，则颇能敷裕也。此致，即颂

---

① 《光华日报》原为缅甸中国同盟会机关报，创刊于一九〇八年八月。

日绥

据《致□木本》，载南京《中央党务月刊》
第十三期"特载"，一九二九年八月出版

复邹鲁望统师西征讨桂函

（一九二〇年十一月）

海滨兄鉴：

来文备悉贵军情形，甚为欣慰！

桂贼祸粤，于兹数载，此次粤军举义，贵军首先发难，厥功尤伟。而陈司令继虞，又复统率将士收复琼属。数月以来，驱兹丑类，势如破竹，未始非诸将士用命之功也。惟余孽未灭，隐患兹多，尚望再接再厉，统师西征。总冀捣其巢穴，扫清孽氛，则粤防于以巩固，而大局庶可有为矣。特此函复，并希转励诸将士为幸。此颂

戎绥

据《复海滨》，载南京《中央党务月刊》
第十三期"特载"，一九二九年八月出版

复叶独醒嘉许募饷讨桂函

（一九二〇年十一月）

独醒兄鉴：

来函备悉。兄为乡为国，跋涉长途，备尝劳瘁，久为心佩！

现粤省幸得恢复，而桂贼老巢未覆，后患滋多，故亟令西征，以期犁扫。一俟两粤内部全清，基础确定，大局即可迎刃而解矣。

小吕宋支部经兄倡导，慨助粤饷，足征好义。其有冷淡者，尚希随时晓以党员对于国家之责任义务，不能不助我党军之战胜也。

展堂兄刻须回粤治理一切，不遑游美，并告。此颂

任绥

总理　孙文

十一月

据《会书》之十《函札》，台北、中
国国民党文化传播委员会党史馆藏

复李能相□介藩嘉许义捐讨桂
并告将令大军西征广西函

（一九二○年十一月）

能相①、介藩同志鉴：

来函已悉。诸同志热心桑梓，慨助义捐，以勷成讨桂之举，厥功甚伟，至佩至慰！

今粤局幸已告宁，不日即令大军西上，扫穴犁庭，改造桂省。以固两粤提携之局，而为建设民治之基础。还希诸同志再鼓热忱，完成伟举也。

自今我党获有实施之根据〈地〉，发扬光大，是可为诸同志慰焉。此复，并颂

毅棋

总理　孙文

十一月

据《会书》之十《函札》，台北、中
国国民党文化传播委员会党史馆藏

---

① 李能相为稳梳中国国民党分部副部长。

致蒋道日关墨园介绍周雍能持函
赴任《民声报》编辑函

（一九二〇年十二月上旬）①

道日、墨园兄鉴：

《民声报》馆编辑，前经派定同志周君雍能前来担任。兹周君已定乘"中国"号船赴古巴，特携此函介绍。以后相聚一方，尽可互为辅益，使党务发扬无已也。此致，即颂

日绥

据《致蒋道日关墨园》，载南京《中央党务月刊》第十三期"特载"，一九二九年八月出版

致吴忠信述今后进取方略函

（一九二〇年十二月二十一日）

礼卿我兄大鉴：

别来无恙？此间一切仍旧，尚无发展之机。吾人所切望者，首在攻桂，次则进取武汉，以窥长江，而定中原，雅不欲株守一隅，使人得以察我。尚希努力进行，助我声援，岂惟吾党之幸，民国前途，实利赖之。手此，顺颂

旅安

孙文

民国九年十二月廿一日

据原函影印件，台北、中国国民党文化传播委员会党史馆藏

---

① 原函未署日期。按孙文一九二〇年十一月六日致蒋、关函称，周雍能定十二月七日乘"中国"号邮船从上海启程赴古巴。此介绍函件，似应写于周动身之际。酌定为十二月上旬。

复陈卓平等慰李天武等被赦函

（一九二〇年）

卓平、曜平、鼎卿诸兄鉴：

　　江①电悉。李君天武等被赦，甚慰！

　　狴犴狰狞，久撄念虑；虎口余生，亟思一见。如来，当优延纳也。幸为致问，冗不及。

孙文

据原函，台北、中国国民党文化传播委员会党史馆藏

复黄景南□少穆劝勿从军而致力于实业函

（一九二〇年）

景南、少穆执事惠览：

　　来电备悉。执事以侨商急国难，仗剑从军，义勇可感。

　　惟是人各有能与不能，强不能以为能，必功少而劳多。欧美大贤豪，多投身于实业，执事既为商界翘楚，似不如仍致力于实业，为国家谋建设；所事虽殊，收效则一，固不必攘臂跂踵于纠纠者之破坏事业始云为国也。辱承厚爱，用掬忱悃，余维鉴原不备。

据《总理函稿》，台北、中国国
民党文化传播委员会党史馆藏

---

① 江，即三日。

复阮本畴告款已收到并望续助函

（一九二一年一月二十二日）①

本畴先生大鉴：

　　来函备悉。前承寄沪美金纸壹千元，早已收到，奉复一函矣。本日由沪转到尊函及陈兴君函，内夹来美金纸壹百贰十元均已收到，并着财政部奉发收据，随函附上，希为转致可也。阁下与陈兴君等热心助赀以济军用，具见拥卫共和始终不懈，铭感良深。至于热心助赀者，应照章给奖，恳列姓名前来，以凭照奖。功章等级早已规定，现不能中途更改也。兹付上筹饷定章并现行奖励条例，请阅及自悉一切。

　　现西南局面日形喜色，此间援闽军已次第出发。闽事若顺，则长江流域当可合为一致，会师武汉，直捣幽燕，亦意中事耳。

　　兹者，伪政府日以诈和欺我，既无诚意结果，决非佳象，吾人再不能以敷衍为事。前车既覆，后车可戒。尚望诸同志继续捐助，以厚军势，异日共和可复，全国人民皆拜公等之赐矣！此复，并颂

均安

　　陈兴先生均此致意。

孙文启

元月二十二日

据原函照片，美国斯坦福大学胡佛研究所藏

---

① 原函未署年份。信纸系用"大元帅府通用笺"，依内容推断当在一九二一年。

复陈树人述在粤实业未能实行由
并示致公堂人员入党办法函

（一九二一年一月二十四日）

树人兄鉴：

接阅十一月二十七日来函，敬悉。经介刘儒堃等归国襄办粤事各情，具足〔见〕兄与诸同志爱粤之热诚，至为欢慰！

文拟设立工商、农矿各局，以发展实业，正赖海外同志商界健者返国相助。惟值粤局初定，军饷急巨，应付已艰；而禁赌裁捐，收入骤短，弥补之法，亦非旦夕所能办妥。因之建设事业，每为经济所限，急速中不能实行，此种苦衷，尚希转达诸同志为荷。

顷接满地可同志刘国钧来函，以致公堂中不良分子常与吾党同志为难，亟宜设法融和，以免纷扰等语。按刘国钧兄所请设法除患，洵为当务之急，希转各部机关，如致公堂同人明达之士愿归附吾党者，能照入党手续，可准其加入吾党，则逐渐归并，而该党同人自不能与吾党为敌矣。专复，并颂

台安

孙文

十年一月廿四日

据《加拿大国民党布告录》第二十九号（一九二一年四月十五日刊），台北、中国国民党文化传播委员会党史馆藏

复国民党三藩市总支部望共图党务发达函[①]

（一九二一年二月七日刊载）

（前略）现在国基未固，欲求真正共和，非吾党同人力膺艰巨，以根本上之

---

① 此函发自上海。

解决为己任不可。总支部有辅助本部进行之责，务恳诸同志本爱国之精神，共图党务之发达，以贯彻初衷。亟应如何整理之处，请与林君①会商一切可也。（后略）。

据《三藩市国民党总支部接孙先生复函》，载一九二一年二月七日新加坡《新国民日报》第九页

复易白沙邀请赴粤助文字函

（一九二一年二月八日）

白沙吾兄惠鉴：

手示诵悉。《帝王春秋》从历史事实唤起知识阶级，以诛锄独夫民贼，可谓严于斧钺矣。承嘱签题，当即如教。

羊石②驱除山贼之后，百废未举。然废督、裁兵、禁赌，亦稍稍有向新之气象。兄能惠然来游，至所欢迓。汉民、仲甫、君武③俱在此间，不患无侣。而弟甚欲得一能文者，与共昕夕，以素所怀抱主义、政策见之文章，勒为条教，不审能助我否？专复，即颂

撰安

并盼报书。

孙文

十年二月八日

据原函影印件，载上海档案馆：《孙中山邀请易白沙赴粤函》，《历史档案》一九八四年第三期

---

① 即林直勉，原任国民党三藩市总支部总干事。

② 指广州。

③ 仲甫，即陈独秀；君武，即马君武。

致南洋各埠侨胞告派方瑞麟前来宣慰函

（一九二一年二月上旬）①

南洋各埠侨胞公鉴：

溯自清政失纲，国将不国。文内察人民心理，外审世界潮流，知非改建共和，不足以言救国；非推翻清室，不足以建共和。用是大义一宣，四海景从。诸君热诚爱国，赞助独先；或牺牲头颅，或饮助军实，同心勠力，清室以墟。不幸共和既建，付托非人，帝孽官僚煽其余波，盗酋军阀肆其痈毒，开国十稔，而人民之痛苦，匪惟未减于畴昔，且加甚焉，夫岂诸君革命之初志哉？去秋粤军回戈，袪除桂贼，为时三月，全省肃清，翳谁之力欤？固由诸将士陷阵冲锋，而诸君出其血汗之资，供三军粮秣之费，其功尤不可没也。诸君远适异邦，惓怀祖国，一举而光复汉室，再举而光复粤东。方之卜式输财助边，子文毁家纾难，殆或过之。今粤局底定矣，文与伍、唐、陈诸子誓本民治之精神，图根本之改造，举其荦荦大者，如禁赌、裁兵、废督、撤镇道，已一一实现。其他兴革，亦将次第推行，以为各省模范，其诸不戾于吾辈革命救国之旨乎！

兹派方君瑞麟为南洋华侨宣慰员，以次周历各埠，举政府进行计划，宣告于众。当此民治思潮，奔腾澎涨，改造主义，世界同趋。吾国既为国际团体之一员，岂能违此公例？将来新中国建设事业，待举者至多，望诸君勿废前功，合力赞助，是文之所厚望也。

孙文

据《孙总裁慰问南洋华侨》，载一九二一年二月十二日上海《民国日报》第三版

---

① 据上海《民国日报》一九二一年二月十二日记载："市政府日前委任方君瑞麟为南洋华侨宣慰员，兹孙总裁更致函南洋各埠慰问。"此函酌定为二月上旬。

复刘节初等嘱川省党务进行宜求统一函

（一九二一年二月十八日）

节初、抱一、赓堂、辅周、寅安各兄均鉴：

　　来函奉悉。川中党务困难之状，自在意中，故往者叔实还川时，只委同志数人，专司支部之筹备。至支部成立之迟速，自当审度川中情形及政局为准。来函谓现在宜仍作筹备时间，自属确有见地。惟国内各省，每省只能设一支部，川省虽在筹备时代，亦当合全川同志谋党事之进行，断不可划分成、渝为二。来函云：成、渝两处拟皆作为筹备期间。又曰：必欲公开，则非联络成、渝为一气，会同全川同志云云。似现在有分别区域各自为政之状，办法既乖，尤非党务前途佳象也。叔实到成都后，有电报告筹备处之成立，及筹备处各科主任姓名，请加委任。此间本部特设办事处以未接到详细公文，尚未核办。

　　又数月前，酉阳已设立本党机关，称为酉秀黔彭支部。接报告后，业令改为中国国民党四川支部酉秀黔彭第一办事处，委刘杨为处长。似此川省党务公开与否，已不成问题。当审酌者，支部成立之时期与支部所在之地点耳。开办之初，易涉歧异，年来同志中又因政治影响，略有异同；且于党事之进行，亦或有不甚明晰之处，如往者成都同志中，有误认主盟人为首领者是也。全赖明达热心之士，委婉维护，以底于成。兄等办理此事，已历有年，请本此意，为各同志反复开陈，务令划除畛域，一致进行，若网在纲，有条不紊，庶不愧为组织完善之政党。若各树一帜，不相为谋，是所谓治丝而棼之也，乌足以谋政治之改进？言不尽意，即颂

刻安

孙文

二月十八〈日〉

据原函抄件，台北、中国国民党文化传播委员会党史馆藏

复吴忠信转告段祺瑞以张敬尧不宜到粤出兵函

（一九二一年二月二十七日）

礼卿兄鉴：

来函并张、江二函已悉。兄可作答云：张公①不宜到粤出兵，但须联络旧部，在长江一带等候，俟粤军出到长江时响应，而后由长江出发，以讨北京，如此乃能事半功倍也。现在西南局面只要先扑灭广西游勇，则长江以南便可大定。粤军但须借道湖南，以会师武汉、南京而已。若张公到粤，恐反惹湖南之误会，以彼为复仇，必至不肯假道，则武汉未易到也云云。望兄本此意以转告前途②为荷。此致，即候

大安

孙文

二月廿七日

据原函影印件，台北、中国国民党文化传播委员会党史馆藏

致康德黎请代请求柯尔逊为《实业计划》
作序并接洽在英印刷发行函③

（英 译 中）

（一九二一年四月二日）

亲爱的康德黎博士：

随函寄上甫经出版之近作——《中国的国际开发》，藉以向先生及夫人聊表

---

① 指张敬尧。

② 吴忠信当时受孙文命在沪联络长江一带反直势力，包括段系失意军人张敬尧。此处所指"前途"，当指段祺瑞。

③ 此函译文据秦孝仪主编《国父全集》，并参照该书第十册英文原函校正。

感谢与敬爱之情。

我极希望柯尔逊爵士①为此书写一序言，如蒙先生携带我的函件与该书，亲往请求，则不胜感激之至。另请先生给予协助，请将此书在英国发行。在美国，我也将发行此书。伦敦有一名叫詹金斯②的发行人，似为一位企业人才。他曾多次来信，希望发行我的任何文学著作，但因我当时尚无英文写作，故未曾回信。先生可否代我访问这个发行人，并且与他安排此书的发行？我愿将英文本版权，给予接纳此书之任何商人；如果无人接纳，则请函示，并告知需要若干出版费用，以便我将稿件寄给你。此书及所用地图，均有若干错误，我将寄上订正本，以便重新印行。此事敬烦先生惠予照顾为感。

希望先生及夫人均极健康。我目前工作非常繁忙，因此没有机会离开。我甚盼会晤先生之公子，甚盼他来东方时，可以相见一叙。

接读先生最近来信，至感愉快，尚请常赐来示。

谨向你和夫人致以最热忱的祝愿。

孙逸仙

一九二一年四月二日

广州观音山

再者：请要求发行人为此书编一目录表及索引。又此书每页仅印三十行，以便增加页数与厚度。逸仙又及。

据《致康德黎博士请在英接洽发行实业计划函》（转译中国国民党中央委员会党史委员会藏英文原函照片），载秦孝仪主编：《国父全集》第五册，台北，近代中国出版社一九八九年十一月出版

---

① Lord Curzon（Marquis Curzon），也有译为寇松、克松。

② Jsukius 的中译。

致周善培请将对时局意见密商段祺瑞函[①]

（一九二一年四月十五日）

孝怀先生惠鉴：

到粤以来，忙冗鲜暇，久未奉候，歉仄奚似！惟故人知我，能谅之耳。

粤军能返梓里，由先生为之爱护，苦心伟力，弟实念之；以事在秘密，而先生素性成功不居，故不敢言谢。合肥[②]处虽间接曾通音问，惟恨不能尽意。仲元忙于军事，则亦未以此为言。近叩仲元，方知前途[③]甚盼南中消息，且冀藉素所推重者为道达一二，此真幸事。先生关心粤局，或不嫌其琐渎，兹别草书奉寄，敬祈费神转达。

海内纷纠，国势益危。弟不自量，惟欲为"共和"二字积极负责。知我罪我，听之天下。顾独居深念，以为君前途不出，则大局终难救平。辄欲以此时发表意见，促城北[④]退让，而请前途以全权接收，维持北都治安，略如克强故事。惟与此间同人磋议，有谓时机过速，且未得前途同意，不知于其地位有无妨碍？故暂未果行。然弟认此事为必要，望一定之。其他对于内外施行，何者为先、为要？均乞示我周行，俾得依守。更望以弟之诚意，密商前途，不吝赐教。专函奉恳，盼祷不尽。即颂

道安

孙文

四月十五日

据《孙中山致周善培书》（转引周善培后人藏原件），载中国人民政治协商会议广东省广州市委员会文史资料研究委员会编：《纪念辛亥革命七十周年史料专辑》下册，广州，广东人民出版社一九八一年九月出版

---

①　据周善培原跋称，此函系孙文于一九二〇年（庚申）四月发于广州。查孙此时仍居上海，粤军亦尚在闽。据此函内容，当发于一九二一年四月。

②　即段祺瑞。

③　指段祺瑞。

④　指徐世昌。

致章炳麟邀来粤相助函①

（一九二一年五月一日）

太炎先生执事：

　　文回粤以来，事变迭生，倏经三月。兹者粤局略定，西南联络，尚待进行，民生憔悴，如何苏息，千端未竟，岂一手一足之烈所能为计？呕愿贤哲南来，匡我未逮，欲言千万，伫盼巾车有日首途，并希电告，俾饬人迎候。手颂
起居不悉

孙文

五月一日

据原函，南京博物院藏

致美国总统哈定呼吁承认本政府函②

（英　译　中）

（一九二一年五月五日）

阁下：

　　我刚刚发表了致各友邦的宣言，但我不得不以我同胞的名义，特别向阁下呼吁，因为我们认为美国是民主之母，是自由和正义的捍卫者，它已在中国危难的时刻不止一次向我们表明了它对中国的无私友谊和支持。中国现正处于她生存的最危急的时刻。民主是获胜还是失败，在很大程度上取决于美国的协定。如今我们又一次指望美国坚持正义事业，帮助伸张中国人民的意愿。

----

　　①　一九二一年四月七日，孙文在广州被国会非常会议选举为中华民国正式政府大总统后即着手组织政府，此函系托人带往上海面交，惟章炳麟未答允至粤相助。

　　②　此函由中华民国政府派驻华盛顿代表马素于一九二一年六月十六日交给美国国务院。

　　如我在致各友邦的宣言中所说，所谓中国南北之间的战争，不是中国不同派别的战争，而是一场全国性的军阀主义与民主的斗争，是爱国主义与卖国主义的斗争。北方人民自发组织示威游行和抵制运动，反对支持这些卖国贼的外国压迫者。这一事实表明，北方人民是同情南方并与南方合作的。

　　大战结束时，列强劝告我们停战，实现国家统一，南方照此办了，在上海与北方会谈。南方曾准备为了早日恢复和平作出实际的让步。但有一个条件，即北京政府要拒绝承认一切秘密条约，尤其是日本的二十一条，这是在非法解散国会以后订立的，它只是袁皇帝为使他流产的帝国得到承认而提供的诱饵。但南方的这一简单的正义要求却遭到拒绝。南方不愿为名义上的统一牺牲国家的独立，和谈陷于僵局，战争状态继续下来。

　　此外，仅仅由于中国公众舆论的力量，才迫使中国出席巴黎和会的代表提出山东归还中国的呼吁，然而北方军阀却秘密地反对这一计划，因为一旦日本被迫归还山东，他们就将失去日本的物质支持。

　　中国国内局势越来越坏，华北人民正因饥饿面临死亡的威胁，而这些军阀却就在灾区附近囤积了大量粮食以营私。这一点可以由下面事实得到证明：一些外国慈善家建议提供大量稻米以解救灾情，但中国义赈救灾会却拒绝这类建议，而要求提供等值的现款，因为即使在灾区也可以得到大量食品。

　　这就是中国的状况。除非美国——中国传统的朋友和支持者在这危急时刻前来伸出援助之手，否则我们将违心地屈从于日本的 二十一条。因此，我通过阁下向贵国政府发出这一特别呼吁，再一次拯救中国。因为正是通过美国的真诚友谊—海约翰主义（即美国政府在一八九九、一九〇〇年提出的门户开放政策）就是这种友谊的例证—中国才得以作为一个国家存在下来。海约翰主义对于中国就像门罗主义对于美洲一样。对海约翰主义的违反意味着我们丧失国家的完整，随之便是中国的瓜分。如同美国要竭力保持门罗主义的精神与字面上的完整一样，我们中国也要竭力维护海约翰主义的这种精神。正是本着这种精神，我才向海约翰主义的倡导者发出呼吁：在中国遭遇民族危难的时刻再一次帮助中国，迅即承认本政府。

满怀信心地……（原文下略）

孙逸仙

据陶文钊：《孙中山致美国总统哈定的信》（译自《美国外交文件》一九二一年第一卷），载一九九〇年六月二十日《团结报》

复阮本畴告返国投资开垦宜择南京附近函

（一九二一年五月五日）①

本畴先生大鉴：

三月来书敬悉。集资开垦一节，实为我国发达之基础。尊处既已集定有数十万资金，则投资于长江流域南京附近之处为宜。因该处荒地甚多，价钱极贱，而地质亦极肥美，亦属平原，畜牧种植均属相宜，每亩地价不过数元，有廿万本钱可以开垦数万亩之地，较之新宁地胜之多矣。若真有志经营，此间可代设法相察土地，择适当之处，请商妥携款回国面议一切可也。

谢英伯君现在上海开设学堂，尚未回粤，素来未见面，想运动新宁之件必已作罢论矣。此复，即请

义安

孙文

五月五日

据原函照片，美国斯坦福大学胡佛研究所藏

致赵桃之告派员宣慰侨胞函

（一九二一年五月）

赵桃之先生台鉴：

文毕生心力尽瘁国事，间关跋涉，几遍五洲，而交趾故墟，足迹栖迟，为时

---

① 原函未署年份。据函中"谢英伯现在上海，尚未回粤"句，谢于一九二一年下半年在粤担任《广州日报》社长，酌定此函写于一九二一年。

非暂。凡我侨胞直接间接所受政治上之痛苦，罔不洞知。每思专制推翻，民治发展之后，稍尽保护之责，藉纾痛苦之情，耿耿此心，无时或息。讵知改革以还，祸变迭起，官僚军阀为厉之阶，循至事与愿违，心为力阻，中夜自思，懊恼何如？差幸天相中国，粤军返斾，陆逆败亡，岭表重光，苍梧改色；从此会师武汉，勒石燕然，统一中原，指日可待。夫如是则文之目的达，而侨胞之痛苦亦稍纾矣。

遒者国魂初甦，政府重建，文于此时忝膺众选，自问未逮初志，难卸仔肩。就职以来，凡所措施，咸以发展民治为前提，保护侨胞为职志。兹以海天遥隔，想念为劳，道路讹传，事实未谙。特派李君志伟为宣慰员，亲诣台端，宣布时局真相，代达慰问恳诚。尚望指陈利病，俾作针车，庶竟前功，毋坠初志，则非独文一人之幸，抑亦四万万人之幸也。谨布区区，希与接洽，即颂

侨祉

维照不宣。

孙文

中华民国十年　月　日

据原函影印件，台北、中国国民党文化传播委员会党史馆藏

附载：马君武奉孙大总统谕慰问吴世荣罹疾并望吾党同志共扶民治函[①]

（一九二一年六月二十一日）

槟榔屿《光华报》转吴世荣先生大鉴：

径启者：本日奉大总统谕"执事为国为党卓著勤劳，乃罹疾苦，辗转床褥，言念故人，怒焉如捣。大盗窃国，元首无人，亡国之祸迫于眉睫，予不忍以手创之民国沦胥以尽，强徇众举，奋勉图功[②]，尚望吾党同志努力偕行，共扶民治，中国不亡，赖有此耳。执事卓识宏愿，素所钦迟，希锡教言，不我遐弃"等因，

---

　　①　吴世荣，英属槟榔屿著名侨领，国民党中坚。

　　②　此指一九二一年四月七日国会非常会议在广州选举孙文为中华民国大总统，五月五日成立中华民国正式政府。

相应函达台端，希为查照是荷。

大总统府秘书长马君武拜启

中华民国十年六月二十一日

据《孙大总统慰问吴世荣公函》，载一九二一

年七月十五日新加坡《新国民日报》第九页

致李是男望妥商久远维持《少年中国晨报》办法函①

（一九二一年七月十五日）②

是男兄鉴：

闻兄有意出而维持《晨报》，我甚欢迎。望即与现在主持《晨报》诸同志妥商办法，以维久远，不胜幸甚。此致，即候

时祉

孙文

七月十五日

据原函，南京博物院藏

致谭延闿望重新振作相与奋斗并托周震鳞到访函

（一九二一年七月二十八日）

组庵仁兄惠鉴：

久缺笺问，劳思如何。比惟爱国精神与日俱进，此次竞存用兵粤西，遂使陆、谭崩溃，西南之局为之振起。顾当去岁粤军回粤之时，持正义以晓天下，使人知

---

①　孙文于一九二一年五月五日在广州就任中华民国正式政府大总统，同年聘任李是男为总统府秘书。

②　原函未署年份。按该函写于"中华民国大总统府"信笺上，如果是一九二二年七月，则陈炯明部已叛变，当时孙文正在广州珠江河面抗击叛军，不存在写此函的可能性，故当系一九二一年七月所写。

曲直所在，实兄之功，粤人今犹念之。天下未定，断非贤者隐退之时。道腴屡述兄近日怀抱，不尽同情之感。甚望投袂而起，相与努力中原。岂曰殊勋是慕，亦正吾辈对于民国之责应尔也。书不尽言，并托道腴代白一切。专此，敬请

筹安

孙文

中华民国十年七月廿八日

据原函影印件，台北、中国国民党文化传播委员会党史馆藏

致各地同志请捐资建筑朱执信坟场
和纪念图书馆函

（一九二一年八月五日）

启者：前日朱君执信葬期，各地同志咸委托代表执绋会葬，并集款恤其遗族，足征吾党念友热忱，至为欣慰！

现朱君葬事已毕，其坟场之建筑方法，亦经规划，预算需款约万元。现时未经筹足，仅先将冢内工程完竣，其坟面之布置，亟待兴工，需款至急。又前时各地同志原拟集款为朱君铸像，以留纪念。现在粤同人会议，以为与其铸像，不如建筑一纪念朱君之图书馆较佳。文亦以为然。

现通知各地同志，筹集款项，以策进行。请贵处同志将建筑朱君坟场款暨建筑纪念图书馆款，分别捐集，俟有成数，即行分类列单墨函汇粤，交廖仲恺兄代收为荷。即颂

公绥

孙文启

据秦孝仪主编：《国父全集》第三册（转录《中国国民党本部通信》第六十期），台北，近代中国出版社一九八九年十一月出版

复咸马里夫人告南方状况并盼来华协助函

（英 译 中）

（一九二一年八月五日）

亲爱的里夫人：

收到你五月十四日来函，很高兴！此刻谅你已获悉我们在将广西军阀逐出广西的斗争中所取得的重大成就，也就是说，广西省也在我们的控制之下了。我们正在争取更大的进展。我们打算进军北方，以逐走所有的大督军与亲日派。当然，和往常一样，英国政府正在我们前进的道路上设置种种障碍，试图使我们的一切重大成就化为泡影。

美国友好人士詹姆斯·乔克曼正在这里，并担任广州粤军航空队的队长。他最近有了一个小儿子，并为此而感到非常自豪。他经常来看望我，看来他对这一工作十分热情。我将告诉他你正在布宜诺斯艾利斯。对于我们这里的工作，我也将向你做全面的叙述。

我们盼望你能来这里，并帮助我国妇女从事实业工作，何时来，只要时机一到我们会通知你。①

谨此致以最热烈的问候。

您的最诚挚的孙逸仙

一九二一年八月五日

中国广州

据吕芳上：《荷马李档案简述》英文附件（转录台北“国史馆”原函影印件），载黄季陆等编：《研究中山先生的史料与史学》，台北，“中华民国”史料研究中心一九七五年十一月出版（林家有译，马宁校）

---

①　另据英文原函校。

复康德黎说明请柯尔逊为
《实业计划》作序原因函

（英译中）

（一九二一年八月十二日）

亲爱的康德黎博士：

六月二十六日来信敬悉。拙著在英国发行事，多蒙关照，至为感谢！余深切了解先生信中叙述之困难，如果该书目前无法发行，余将等待较佳之机会。

读柯尔逊之信，极感兴趣，且十分了解其困难。惟余请其为该书作序言，确非为我党之利害，而对他有所利用之意念。余深信，如果希望中国及全世界民众，能早日运用中国无数之资源而不再延误，则余书中所拟之发展方针，实为正确之途径。余希望国际政策之制定者，或对此巨大政策有影响力之人士，能同意此种观点，藉以产生必要之推动力量，传播余之构想，以利计划之实施与完成。余之所以希望柯尔逊爵士向英国大众介绍此书，此乃唯一之原因。

关于矿工之罢工，余相信由于先生之协助，其结果对英国之政治发展，当有长足之影响。诚然，贵国民众之基本知识，实为一项宝贵资产。

谨致以深切的谢意和最良好的祝愿。

非常忠实于你们的孙逸仙

八月十二日

广州

据秦孝仪主编：《国父全集》第五册译文，台北，近代中国出版社一九八九年十一月出版，并参照该书第十册所附中国国民党党史史料编纂委员会藏英文原函照片校正

复康德黎夫人告当尽力解决香港童奴制问题函①

（英 译 中）

（一九二一年八月十二日）

亲爱的康德黎夫人：

六月二十六日、七月四日来函及附件均收到，谢谢。很高兴得悉你们乔迁新居，并便于必要时在那里安排接待伦敦华人社区的成员。我相信人们对于你们的诸多关照，将会感激不尽。

我也乐于获知，康德黎爵士②已受聘为新任中国公使的医务顾问。顾先生③供职于被我们广州方面视为中国的不良派系，他得与秉持正义的康德黎爵士交往，受益将不仅限于医学知识。

对于解决香港的童奴制④问题，我当尽力而为。如果十年前中国得以继续筹划处置童奴问题，则现在香港的反动分子也不能以童奴在中国违法盛行的事实，来为此邪恶的做法辩护。但愿不久的将来，此做法能有效、彻底地被禁止。

我认为哈斯尔伍德夫妇⑤在香港童奴问题上所做的贡献，值得高度赞扬。显然，

---

① 孙文与康德黎夫妇关系密切，一直保持联系。本函发出不久，康德黎夫人不幸于一九二一年十二月病故。

② 康德黎于一九一八年被英女王授予 K. B. E. 勋衔，即大英帝国（二等）高级勋爵。

③ 指顾维钧（英文名 Vi Kyuin Wellington Koo），一九二〇年十二月被北京徐世昌政府宣布任命为中国驻英公使，并兼任国际联盟中国代表。

④ 童奴，指未成年的奴隶，在工厂或商场则为具有奴隶身份、没有人身自由的童工。

⑤ 哈斯尔伍德（Hugh Haslewood），一九一九年任驻香港英国皇家海军地图库房主管，和妻子克拉拉·哈斯尔伍德（Clara Haslewood）均为虔诚的基督教徒，一同致力于废除香港童奴制，不久因而被革职。他们回英国后成为基督教会的活跃分子，同时继续开展反香港童奴制运动，获得不少反对奴隶制运动机构及教会的积极支持。一九二三年，香港在伦敦方面的压力下，终于通过了废除童奴制的法令。

他们的工作类似于以威尔伯福斯①和克拉克森②为杰出代表的英国神职人员③。

对于您为我们的祈祷深表感谢，并衷心祝愿事业成功。

非常诚挚的孙逸仙

一九二一年八月十二日

广州

据英文原函照片，台北、中国国民党文化传
播委员会党史馆藏（张金超译，陈学章校）

复契切林介绍中国政情并望建立个人接触函④

（俄 译 中）

（一九二一年八月二十八日）

亲爱的契切林：

　　您从莫斯科发出的信，我已收悉。信上所写日期是一九二〇年十月三十一日，但到一九二一年六月十四日我才收到。之所以迟未做复，是因为想见一见持有贵

---

①　威尔伯福斯（William Wilberforce）、十八世纪后期至十九世纪初期英国著名的废奴运动领袖，在担任下院议员四十余年间一直充当反对奴隶制运动的代言人。他是一个福音派基督教徒，一贯帮助在英国及海外传教，曾委派两位神职人员到澳洲担任牧师，牧养千余名囚犯、士兵和移民，而教会也积极支持他废除奴隶的斗争。在他的影响下，两院议员从仅有的几名基督教徒增至二百多人。

②　克拉克森（Thomas Clarkson），与威尔伯福斯同时期的英国反对贩卖奴隶运动的著名倡导者，"废止贩卖奴隶委员会"（Committee for the Abolition of the Slave Trade）的主要创始人，同时也是圣公会的执事。在威尔伯福斯、克拉克森及其同志的长期努力下，终于在英国议院先后通过了《废止奴隶买卖法案》和《废除奴隶制法案》。

③　以往多种全集版本将"the order of workers"误译为"工人阶层"，把威尔伯福斯和克拉克森当成英国工人阶层的代表，显然背离历史事实。

④　一九一七年俄国十月革命后，苏俄成立以列宁为主席的人民委员会，即苏维埃政府。一九一八年六月，孙文曾以南方国会及中国革命党名义致电列宁和苏维埃政府表示祝贺（按：该电全文迄今未见）。契切林（Георгий Васильевич Чичерин），又译奇切林，时任苏俄外交人民委员（相当于外交部长），于同年八月一日就此复函孙文，但未送达。契切林是苏俄高级官员中与孙文通信联系的第一人。

函的使者，他本应从哈尔滨前来，但至今未到广州见我。故决定先回谢您的友好情意并提出关于恢复俄中贸易关系的建议。

首先当告知您，这是我收到的第一封也是唯一来自您本人和苏俄的信。近两年来资本主义报刊屡有报道，说什么莫斯科向我提出一些正式建议。但我从来没有通过信函或其他途径得知这些建议。如果您的同事中过去或现在有人给我写过信，那就烦请告诉他们，我没有收到过任何信件。

现向您简述中国的政情。且从一九一一到一九一二年的事情说起。我的政治活动在辛亥年十月爆发的革命中起了决定性作用，这场革命并且迅速席卷全中国。辛亥革命推翻了清王朝，建立了中华民国，我当选为总统。但在短时间执政后，我便辞职让位于袁世凯。因比我更加了解中国内部关系而且我对之信赖的朋友们都劝我，说袁世凯有能力统一中国，还能得到外国列强支持以保证中华民国的稳定。现今我的朋友们承认，我的辞职乃是一个很大的政治错误，它所酿成的政治后果好有一比，犹如在俄国让高尔察克、尤登尼奇或朗格尔①在莫斯科取代列宁。袁很快或者说立即着手复辟帝制，当上新皇帝。您自然知道，我们把他击败了。

袁死后，帝国主义列强依然在政治上和财政上支持一些土皇帝和拿破仑式的人物。其中就有一个叫张作霖的，他是昔日的鬍匪头子，名义上为东北的统帅或督军，实际则支配着北京"政府"，而他本人则在关涉日本的所有重大问题上唯东京马首是瞻。故此可以断言，北京政府在与日本根本利益攸关的各项重大政策上，乃是东京的工具。此层千真万确，务请莫斯科在处理同北京政府的各种官方关系时，要充分考虑到这一点。只有在首都进行清洗之后——我到北京就要进行大清洗，苏俄才可指望同中国恢复友好关系。

给您写此信时，我已当选为广州的民国政府总统。这个政府是合法的，因为第一，它的权限源于一九一二年南京举行的第一次立宪会议上通过的"临时约法"和现有唯一的《中华民国组织法》②；第二，它的建立就是为了实施法定的中国国会根据"临时约法"所赋予的权力而制定的决议，现正在广州举行的便是国会会议。我的政府是一个事实存在的政府，它的全权得到我国西南大部分省份和法权所及的其他一些省份的承认。

---

①　以上三人均为反对苏俄的白卫军首领。

②　此指一九二一年四月七日在广州举行国会非常会议通过的《中华民国政府组织大纲》，这次会议并依大纲第二条选举孙文为大总统。

目前因地理上关山阻隔，我还不能同贵国建立有效的贸易关系。请看一看中国地图，您就会见到，我政府的法定辖地在长江以南，而这里和贸易往来必经之地的满蒙"门户"之间则横亘着张作霖及其友军。在我规划的中国铁路交通系统中所述大干线建成之前，没有也不可能有通过新疆的"门户"。

务请莫斯科等一等，待我扫荡那些反动分子和反革命派，在任何国家一场创新的革命之后这种势力都会出现。贵国据自己近三四年的经验，能够理解我面临的事业是何等艰巨。近十来年我所做的就是这样一番事业。如果外国不以任何形式来加紧干涉，我希望在短期内完成这一大业。干涉的可能性并不大，因为这涉及到西方列强，看来有一个北京政府就够他们受用了。

同时，我想同您本人和莫斯科的其他朋友建立个人接触。我特别关注贵国的事业，尤其是贵国苏维埃、贵国军队和教育的组织。您和其他人就这些问题尤其是教育问题能介绍的一切情况，我都愿意领教。像莫斯科一样，我要让中华民国的思想深深扎根于明天的劳动者——青年一代的心田中。

谨向您、我的朋友列宁和所有为人类自由作出卓著贡献的人致以最良好的祝愿！

您忠实的孙逸仙
一九二一年八月二十八日
广州中华民国总统府

又及：此信是经苏俄驻伦敦贸易代表团转交的，如果信件能在近期顺利到达，就请告诉我，今后我将通过这个中介人传递。如果莫斯科的信件也寄到贵国驻伦敦代表团，我将安排同样的办法接收之。

据" Неопубликованный документ Сунь Ятсена ",
Большевик，No. 19，1950，Москва［《未公布的孙逸仙文件》，
载莫斯科《布尔什维克》一九五〇年第十九期］（李玉贞译）

致马君武介绍陈楚楠赴桂考查农业函

（一九二一年九月一日）

君武兄鉴：

陈楚楠兄，南洋老同志也，今来桂省考查农业，如有适合，当从事经营此业，

到时请为指导一切为荷。此候

筹安

孙文

民国拾年九月一日

据原函影印件，台北、中国国民党文化传播委员会党史馆藏

致美国国务院告北方非法政府无权派遣代表参会函①

（一九二一年九月五日）

南方合法政府，为代表中华民国之全国政府，故派遣太平洋会议代表，应由合法正式政府派出。北方非法政府，并无可以派遣代表之权；如由非法政府派遣代表，所议决条件，在中华民国绝对不能发生效力。且北京非法政府之总统徐世昌，由非法国会产生，并由徐世昌承认该会为非法，自行解散，是徐世昌已自行取消非法总统资格。故北京已无代表中华民国之地位，决不能对外发生效力。

据《新政府否认北庭代表》，载一九二一年九月八日上海《民国日报》

致李盛铎嘉许其攻吴谋略函

（一九二一年九月十一日）

木斋先生执事：

令侄守冰兄偕许、李两君来，具述尊旨，以谓吴佩孚欺世盗名，残民肆虐，非廓清之不足以拨乱而反之正；又以谓直系军阀拥兵数万，纵横数省，非夹击之断难收廓清之效，而欲文接洽北方之能击吴佩孚者。执事饱经世变，毅然嘱守冰将命南来，忧国之忧，令人倾佩！

文奔走数十年，只知有国，不计其私。今执事为国谋至忠，为策略至审，而

---

① 此函原系英文，九月五日发表后，又电饬驻美代表马素转递美国国务院。

又不以文为不德，属望有加。文虽不敏，敢不敬听。今即以此事奉托从者，希以个人与前途疏通志意。夫人之爱国，谁不如我？傥得前途相与开诚，共赴国家之急，则有功于国，名必归之。否则，孟子所谓"交征利而国危"，想亦非执事之所乐许者也。

子荫奉命攻龙州，尊函当为转致。书不尽怀，余由守冰兄面达。专布，惟察意不宜，幸为国珍重。

孙文拜上

据原函，北京、中国国家博物馆藏

致海外同志望踊跃捐输准备北伐函

（一九二一年九月）

各埠诸同志兄公鉴：

文不避艰险，手创民国，迄于今日，已阅拾年。无如祸变相寻，而真正之共和犹未实现，早夜以思，怵焉如擣。兹者正式政府成立，文复受国民之付托，戡乱建设。责于一身，自当再接再厉，澄清宇内，以免国政之蝍蜍，解人民之困累。今桂贼就歼，西南奠定，正宜移师北指，扫荡群魔。顾六师一发，饷糈宜充，百政待兴，费用尤巨，热心之士特组织中央筹饷会，筹集义捐，以济国家之急，业经政府批准。凡我国人务宜合力共进，踊跃捐输，以助成统一，毋令全功亏于篑也。海天遥隔，无任厚望。

孙文

中华民国十年九月　日

据原函抄件，台北、中国国民党文化传播委员会党史馆藏

复章炳麟请在沪宣传函

（一九二一年十月一日）

太炎先生执事：

顷奉九月十三日手教，胪述长江方面政治、军事形势，出师方略，如烛照数计，其所以启发蒙昧、扶翼政府者，至周且挚。文现对全局为必胜可久之计划，一俟筹备就绪，即亲赴行间，使天下晓然于正统政府无偏安之意。

上海自民国以来，隐然为政治运动之枢纽；而言论机关林立，消息敏捷，主持清议，易于为功。先生昔在清季，提倡驱胡，灌输学说，于国中青年学子，每一言出，海内翕然宗之，光复之功，不在禹下。此时大军出发在即，务望先生筹度国是，发为谠论，以正谊之力，遏止伪庭卖国殃民之行动，他日收效之宏，当不让辛亥，而民国食先生之功于无既矣。

承示路君孝忱一节，已电杨沧白兄，邀其来粤面商，并任为本府参军矣。著作余暇，希时有以督教之。诸惟为道珍摄不尽。

孙文

十年十月一日

据原函，北京、中国国家博物馆藏

致邓宝珊勉坚持举义初志函

（一九二一年十月中旬）①

宝珊仁兄惠鉴：

陕西靖国军起义以来，血战历年，苦心孤诣，中外共仰。乃闻立生②忽受奸

---

①　原函未署日期。今据函称"现在正式政府已决定出师援鄂，文克日出巡"等语，按孙文于一九二一年十月十五日乘"宝璧"舰出发，"出巡广西"。十七日抵梧州，改编北伐军为三个军。故此函酌定为一九二一年十月上旬。

②　胡景翼，字立生，原任陕西靖国军总指挥，在三原召开"国民大会"，取消靖国军。一九二一年十月二十七日，北京政府任命胡为暂编陕西第一师师长。

人蒙蔽，召集少数无赖之徒，托名国民大会，变更靖国军名义，以堂堂护法之师，受伪廷督军之改编，不特败坏纪纲，为西南各省所不容，即于其个人节操亦有大亏。如执迷不悟，恐此后身家之安全亦不能保，郭司令①坚附伪督被害，即其前车之鉴。闻于总司令及靖国军各统兵长官咸明大义，誓不附和，为之欣慰。尚望足下坚持初志，百折不挠。

现在正式政府已决定出师援鄂，文克日出巡以作士气。连日接蜀电，川中刘总司令②仗义救邻，有进无退；现复大举增援，陆续进发，声威大振，肃清武汉，为期不远。陕靖国诸君万不可稍自暴弃，功亏一篑。语云：有志者事竟成，惟足下勉之。兹因有便人赴陕，特修寸楮，藉问劳苦并以为勖，诸惟为国珍重。

孙文

据原函影印件，载中国人民政治协商会议陕西省委员会文史资料征集研究委员会编：《陕西文史资料选辑》第二辑，西安，陕西人民出版社一九六二年四月出版

致唐继尧盼来梧州统筹全局并派汪精卫等来谒函

（一九二一年十月三十日）

蓂赓先生惠鉴：

文临发广州，曾遣邓君孟硕奉上一书，想达清鉴。迩来溯江而上，巡视南宁，复回梧州，数日之后，便赴桂林。慨自民国六年以来，北伐大计，荏苒未就。今桂孽已靖，正西南一致北定中原之时，公以一身系天下安危，数月以来，已从容休养，局部小事，亦无足撄怀，切盼命驾来梧，统筹全局，庶各方面可收一致进行之效。兹嘱精卫、梯云两兄来谒，未尽之意，一切代陈。专此，敬候

---

① 即陕西民军首领郭坚，接受改编后，于一九二一年八月十五日为陕西督军阎相文等所诱杀。

② 即新任四川总司令兼省长刘湘。当时川军"援鄂"，于一九二一年八月十八日占领巴东、秭归后，分三路进发，以图占宜昌。

　　顺安

孙文

十月三十日

据《汪伍两代表谒唐冀赓》，载一九二一
年十一月十一日上海《民国日报》第六版

致彭泽文盼海内外同志踊跃捐款函[①]

（一九二一年十二月十二日）

泽文同志兄台鉴：

　　文奔走国事，迄数十年，困心衡虑，冀除暴乱，奠我邦家。今西南再造，响应自治之声，弥漫宇内。吾辈当如何自勉，以求偿厥素愿，慰我国民？

　　顾自治非可托诸空言，必挟实力以坚其后盾。今前敌杀贼，义不反顾，虽断胫裂身，犹冒锋突进。文每轸念其劳，彼则曰：男儿爱国，当如是也。我父老兄弟姊妹之寄居海外者，其志斯言！文终日焦劳，冀我海外同志，念前敌之艰苦、祖国之阽危，勃然有作，踊跃输将。兹中央筹饷会由发起人等公举干事十人，主持会务，广设劝捐员，一面于国内分别募捐，一面函托海外同志担任募捐之事，内外合力，共襄进行。

　　夫国家兴亡，匹夫有责。今四百兆同胞以重任付托于我同志，则共同尽力，以解其倒悬，致民国于福利者，即我同志之责也。我同志其力图之！临颖神驰，努力自爱。

孙文（印）

中华民国十年十二月十二日

据原函，北京、中国国家博物馆藏

---

　　①　此件为通函，另有致李源水等人函，内容一致；与一九二二年五月一日分致饶潜川等人函件也相同。

复梁柏明告西江四邑等处军队委任之事
应与胡文官长①接洽函

（一九二二年一月十六日）

柏明兄鉴：

　　来函备悉。所云经营西江四邑等处军队应予委任之处，请就近与胡文官长接洽可也。此复，即询

毅祺

孙文

一月十六日

据原函，广州、广东省立中山图书馆藏

复阮伦等论借款创办油业函②

（一九二二年一月十八日）

阮伦各位同志鉴：

　　民十年十一月卅日函悉。油业一事，最好采用机器借款一法，为国有之业，则所获利益，公之四万万人之国家，为大众所共享，不为一人一家之私利。如此则可推行全国，为一独揽之事业也。

　　诸公等与资本家商酌，其所出之机器及各种费用，作为政府之借款，此事业之开办及管理，皆由此资本家派人主持其事，至本利还足之日为止。中间所赚纯利，亦可以若干分归于资本家，为酬劳之费。如资本家合意为我国兴创一实业，

---

① 胡文官长，指胡汉民，一九二一年十二月任大本营文官长。

② 阮伦系国民党员，侨居美国波士顿。函中所议之事，为以政府（指广州的中华民国正式政府）名义向美国资本家贷款，在华（当指广东）兴办石油工业。此时孙文已在桂林设立陆海军大元帅大本营，拟分路出师北伐。此函发自桂林。

则请公等与资本家回华，面订一切详细合同可也。

另有一英文信，可交资本家同阅。此复，并候

大安不一

孙文

十一年一月十八日

据原函照片，台北、中国国民党文化传播委员会党史馆藏

复咸马里夫人告赴桂林情况及康德黎夫人去世消息并邀来华函

（英译中）

（一九二二年二月十一日）

亲爱的里夫人：

正当很久未得到你的消息之际，接读你去年十一月十七日来函，真是高兴。你的信差不多用了三个月的时间才寄到我这里，得到外部世界消息所需的时间真是太长了。缺乏通讯的手段和旅行的工具，对于进步确实是一个很大的障碍。

我在去年十月十五日离开广州前来这里。从广州到桂林，虽然旅程只有五百英里，但我却整整乘了二十二天的民船①。幸运的是沿途景色宜人，才较多地补偿了这次旅途的冗长乏味。你是知道的，桂林从前是一座王城②，最后一个汉人的统治者③曾在这里住过，因此它富有历史的和传奇的意义；同时它又具有令人惊奇的自然景色，人们形容说"桂林山水甲天下"，的确很对。这里大多数的山都是由石灰石构成的，奇异石柱式的山峦重叠婉蜒，如稍加想象，人们仿佛见到了人和动物的各种形象。

圣诞节刚过，我就得到了康德黎夫人去世的噩耗，感到十分悲痛。我想你此

---

① 民船（house boat），时所俗称，数只或十数只由浅水汽轮拖着在内河航行。

② 桂林原是明朝靖江王朱守谦的王城，清初为定南王孔有德的府第。

③ 指南明永历帝桂王朱由榔。

刻也已得到这不幸的消息了。康德黎夫人性格倔强，各方面都讨人喜欢。我再也得不到她的宽慰和鼓舞的来信了！康德黎博士真不幸！我真不知道现在他没有了夫人，怎能生活下去？而且他们的孩子又都分散在世界各地。

我在这里不会停留很久，并盼望能尽早开始讨伐北洋军阀。但是，如果你的信寄来广州，也一定会有人将信转交给我。我希望情况不久就会改变，使你能够前来协助中国和她的人民，而且不负此行。①

祝贵体康健，精神愉快，并致以最亲切的问候和最良好的祝愿！

您最诚挚的孙逸仙

一九二二年二月十一日

广西桂林

据吕芳上《荷马李档案简述》英文附件（转录台北"国史馆"藏原函影印件）译出，载黄季陆等编：《研究中山先生的史料与史学》，台北，"中华民国"史料研究中心一九七五年十一月出版（林家有译，马宁校）

复朱和中论开办炼钢厂及印刷所函②

（一九二二年二月二十四日）

子英兄鉴：

今日已接到一月一日函。现在大军已开始由桂出发，会师武汉。此信到时，想战事已开，如武汉可得手，则立开办③。

兄十一月廿④五日密函所陈之十二项事业，万一武汉不能得手，亦急欲就西南已有之六省地盘而开办其一部分。广东、四川固有已成之工厂，而云、贵则煤铁遍地，若能先成一炼钢厂以为制造事业之基本，其他则易举矣。若必待统一之

---

① 据英文原函校译。

② 朱和中，字子英，湖北籍国民党员，曾旅居德国多年，时在柏林。函中所议之事，为拟招徕德国资本兴办实业。此函发自桂林。

③ 指在武汉开办炼钢厂。

④ 此处删一衍字"十"。

后，则恐旷日持久，非计之得也。未知前途肯即从事经始否？如其有意，请兄偕彼速来。

又除此十二项事业之外，更有一印刷事业为吾人所急需者也。现在中国金融多属之事物，皆不必假手于人、求材于外为原则。望兄就此原则与彼方资本家磋商，为吾人先设一印刷所，不独印刷纸票，其余他种之印刷事业如地图、书画皆包括在内。印刷物为当今文明之利器，与兵工利器实为并驾齐驱。幸为物识其最上乘而速带之归国，以从事于建设事业可也。

兄之此行，于所陈之十二项事业及印刷机关如能办妥，则目的可谓完满达到。目的一达之时，则盼兄速归勿延为幸。此致，即候

旅安

孙文

十一年二月廿四日

据原函影印件，载一九八一年八月二十八日《湖北日报》第二版《恩施发现孙中山先生的亲笔信》（原函藏湖北省恩施土家族苗族自治州博物馆）

致廖仲恺曹亚伯告照汇款及往接辛慈到穗密函[①]

（一九二二年三月八日）

仲恺、亚伯兄同鉴：

兹得朱和中来函，所图各事，已有头绪。

其有需两兄协办者，特将所关之函付来共阅（此函阅后付丙），便知应付矣。一要仲恺兄照所请，发给四千二百元，分寄北京、柏林；寄柏林者，要买美金或英镑，不可买马克，因恐马克有跌无起，美金、英镑则有起无跌故也。并付来支

---

① 此系孙文致廖仲恺、曹亚伯关于联合德国的函件。一九二二年六月陈炯明叛变，廖仲恺所用公文包被窃，致使此一函件及与此有关朱和中致孙文电函二件，落入陈炯明手中。陈在香港《电信报》公布上述函件，并将此作为孙文崇信"过激主义"的佐证，加以攻击。

条一纸，交由会计司出账可也。二要亚伯兄在广州等候，辛慈①到港，则亲往接，直带他来大本营。此事要十分秘密，故接此信之后，则要着电报处留心欧洲或欧亚沿途各埠所来电报，如有 H 字样来者，即如期往港俟船便妥矣。

　　朱和中处，于未接他此信以前，已有信着他回国，然无论如何，此三千元当寄。汇款时可加一函，转属他回国之期，由他自定，如尚有重要事件须办者，当可稍留；如无要事，当以早回为佳；最好能与辛慈齐来，则诸事更为融洽也。

　　又，亚伯兄在广州等候时，由会计司每月支公费叁百元；到大本营时，则由大本营支，广州可以停止，并付支令一纸。

　　辛慈之事愈密愈佳，如非万不得已，则政府中人，亦不可使之知也。此致，并候

大安

　　此信看完付丙。

孙文
三月八日
据原函影印件，广州、广东省档案馆藏

分致饶潜川李源水杨纯美望发起中央筹饷会函②

（一九二二年五月一日）

潜川同志兄台鉴：

　　文奔走国事，迄数十年，困心衡虑，冀除暴乱，奠我邦家。今西南再造，响应自治之声，弥漫宇内，吾辈当如何自勉，以求偿厥素愿，慰我国民？

　　顾自治非可托诸空言，必挟实力以坚其后盾。今前敌杀贼，义不反顾，虽断胫裂身，犹冒锋突进；文每轸念其劳，彼则曰：男儿爱国，当如是也。我父老兄弟姊妹之寄居海外者，其志斯言！文终日焦劳，冀我海外同志，念前敌之艰苦、

---

① 　辛慈，前德国驻华公使。
② 　此函与一九二一年十二月十二日致彭泽文函属同文函件，因发函时间不同，现姑录存。

祖国之阽危，勃然有作，踊跃输将。兹中央筹饷会由发起人等公举干事十人，主持会务，广设劝捐员，一面于国内分别募捐，一面函托海外同志，担任募捐之事，内外合力，共襄进行。

　　夫国家兴亡，匹夫有责。今四百兆同胞以重任付托于我同志，则共同尽力，以解其倒悬，致民国于福利者，即我同志之责也。我同志其力图之！临颖神驰，努力自爱。

孙文

据原函影印件，台北、中国国民党文化传播委员会党史馆藏

致段祺瑞告特遣吴忠信往见函

（一九二二年五月）①

芝泉②先生伟鉴，

　　自闻台驾出津，且喜且念。敬以鼎祺日懋，动静胜常为颂。国事未宁，共和障碍未去。霖雨苍生之望，公何以慰之？

　　最近奉直一场活剧，形势益变。文于本月六日至韶关，誓师讨贼，义无反顾。惟公大力，匡其不逮，兹特遣吴礼卿君忠信敬问起居，乞赐接见。顺候
荩安不一

孙文

据原函影印件，台北、中国国民党文化传播委员会党史馆藏

---

　　①　原函未署日期。据持信人吴忠信跋注为一九二二年五月。函中所指"最近奉直一场活剧"，即一九二二年四月二十八日爆发的第一次直奉战争。

　　②　段祺瑞，字芝泉。

致张作霖告派吴忠信接洽军事函

（一九二二年五月）①

雨亭先生惠鉴：

前以我军后方问题须先解决，故于上月改道出师，还定粤局，促成北征。乃值贵军已入关，不能同时相应，抱歉之至。事势所拘，当承谅察。

吴虏用诈，遂稍侥幸，然计其能力，决不敢越雷池一步。此间准备完好，文于六日亲至韶关誓师讨贼，督饬各军急速进行，不变初志，以践前约。贵军精锐，未失所望，乘时反攻，使其首尾不能兼顾。彼虏既疲于奔命，则最后胜利，仍在吾人也。

兹特派吴旅长忠信为军事全权代表，晋谒左右，敬祈赐教。并颂

荩安

孙文

据原函影印件，台北、中国国民党文化传播委员会党史馆藏

复马骧等告无暇辅助函

（一九二二年六月九日）

幼伯②先生暨诸同志先生均鉴：

接诵瑶章，猥蒙藻饰，歉之。以诸公爱护共和，追思先烈，至诚悱恻，义至正也。惟近日政情万变，政府亦无暇及此。俟大局稍定，当相机竭力，以辅诸公，而副雅望。专复，敬颂

---

① 原函未署日期。据其内容及奉军开始入关日期（一九二二年四月十日），发函当在五月，并持信人吴忠信跋注为一九二二年五月。

② 马骧，字幼伯，云南下关人。一九〇七年加入同盟会，一九一一年蔡锷任命马为"迤西安抚使"，护法之役，孙文任命马为"川西慰问使"。一九二二年创设"云南自治讨贼军"，力图推翻唐继尧统治。不幸事机泄露，于是年七月为唐继尧捕杀。

侠安

孙文

六月九日

据原函影印件，载林荃：《孙中山与云南自治讨贼军》，《四川文物》一九九二年第三期

复李国定望节哀顺变促川中将领东下函

（一九二二年六月上旬）

静安①先生大鉴：

令郎叔尧来粤，藉奉手书，知萱堂殂谢，不禁怆然。乃足下犹复不忘哀拙，眷怀国事，以川中近状来相启告，令人兴起。

窃维川局非出师无以解决纠纷，而时局亦非川军东下不能戡定国乱。吾兄川中耆宿，请以鄙意转达同人，并催促各将领赳期东下，毋稍犹豫，致误戎机。此间各军已下赣川，奉张决反攻于东北，浙、皖将响应于东南，彼曹、吴倒徐拥黎之局未终，恐直系已成四分五裂之状矣。尚望节哀顺变，时惠好音。即晤

礼祺不具

孙文

民国十一年六月

据原函影印件，载中国人民政治协商会议全国委员会文史和学习委员会、中国国家博物馆编：《孙中山先生画册》，北京，中国文史出版社一九八六年九月出版

---

① 李国定，字静安。

致杨庶堪告已部署讨逆望各省同志勿失望函①

（一九二二年六月二十日）

沧白兄鉴：

粤都之变，想已闻悉。幸天相民国，我犹不死，遂有十七日炮轰之举，以表护法政府尚非全坠。今设行营于黄埔，专待北伐大军之回戈，则乱贼实不足平也。前以姑息养奸，今则彼罪通天，惟有诛戮而已。望各省同志切勿失望。

孙文

六月二十日

据《孙总统之手书》，载一九二二年
七月一日上海《民国日报》第二版

复契切林告陈炯明叛变短简

（俄 译 中）

（一九二二年六月二十三日）

尊敬的契切林：

今因达林转来尊函②，谨致数语。

文今祸生肘腋，实由文全力扶植的陈炯明一手造成。达林会将文应付目前局面的打算转告您。

---

① 此函最早刊于一九二二年六月二十五日上海《申报》，原题为《孙中山致某君函》。《申报》所刊既无收信人姓名，文字亦间有讹舛，今据上海《民国日报》所刊收录。

② 达林由苏俄驻北京使团派去见孙文，把契切林一九二二年二月七日的信送交孙文，这是对孙文一九二一年八月二十八日给苏俄外交人民委员会信的答复（《苏联对外政策文件集》第五卷第八三至八四页）。

谨向您及列宁致意。

您忠诚的孙逸仙

一九二二年六月廿三日

广州黄埔永丰舰

据李玉贞：《新发现的孙中山与苏俄政府间的往来函电》
（译自苏联《远东问题》杂志一九八七年第三期，原文据
英文档案翻译），载《近代史研究》一九八八年第二期

致刘成禺专托全权办理和赣之事函①

（一九二二年六月二十六日）

禺生兄鉴：

和赣之事，专托兄全权办理，务期竭其所能，以达目的为要。

孙文

中华民国十一年六月廿六日

据原函影印件，台北、中国国民党文化传播委员会党史馆藏

致汤廷光托付议和事函

（一九二二年七月上旬）②

本总统设行营于长洲，本欲暂避敌锋，以候国民之公断。乃对家迫人太甚，几致我于无地可容。夫当专制时代，君主尚有死社稷，共和时代，总统死国家，分〔份〕所应尔。乃总长忽有趋进和平之说，如有于义不悖，无不乐从。兹托此事于总长，请与湘臣、燮丞、公续、丽堂四君妥筹办法，以达真正和平，大

---

①　孙文在"永丰军舰缄"的信封上写："药群兄交刘禺生兄收启。"

②　原函未署日期。据蒋中正《孙大总统广州蒙难记》七月十日记事中有孙文致函汤廷光的记载，酌定于七月上旬。

局幸甚！

据《海外同志非常通讯处》第二通讯原件（民国十一年七
月十一日），台北、中国国民党文化传播委员会党史馆藏

致曾公乐告照交捐款领回收条函①

（一九二二年七月十三日）

　　径启者：日前贵公司捐助国民党经费毫银五千元。兹因军需浩繁，为此缮备
收条专函列领，即希亮察，照交为荷。此致
南洋兄弟烟草公司曾公乐君

孙文

十一年七月十三日

据"宋子文档案"（Tse-ven Soong Archives）之孙文亲
笔原件照片②，美国加利福尼亚州、斯坦福大学胡佛研
究中心（Hoover Institution of Stanford University）藏

---

　　①　一九二二年六月十六日陈炯明部发动兵变后，孙文仍坚持在珠江河面率领海军舰队阻
击叛军。南洋兄弟烟草公司密派职员曾公乐深夜化装成蜑民登舰输送粮食，并以"捐助国民党
经费"名义捐赠济急款项五千元（其后又捐助讨逆军饷二十万元）。本篇及下篇即为领取该笔
捐款的信函和收据。按：南洋兄弟烟草公司系广东南海籍旅日侨商简照南、简玉阶兄弟一九〇
五年在香港创办，嗣后改设总厂于上海。曾公乐原名曾公洛，因孙文"谕示与民同乐之意"而
改名（见曾公乐恭跋）。

　　②　一九三七年，曾任国民政府财政部长的宋子文出资收购南洋兄弟烟草公司半数股票，
从而取得对该公司的掌控权。一九四七年四月，曾公乐将当年孙文领取该笔捐款之信函及收据
的照片交给宋子文并附记跋文。二十世纪七十年代宋子文在美国逝世后，其后人将有关档案赠
予斯坦福大学胡佛研究中心。

复孔庚望坚持奋斗精神函[①]

（一九二二年七月十九日）

雯掀兄鉴：

潘君宜之到粤，得接各函，并详聆一切，喜悉奋斗精神犹不少懈，感慰无似。现值彼此皆在困难之中，惟持此奋斗精神，各尽所能，以排除艰困而已。

此间无刻不在危险之中，数分钟前，则有一水雷暴〔爆〕发于船之附近，幸无所损耳！现虽北伐军已与叛贼战于韶关，胜负尚未决，总要旬日左右，方能得结果也。成败利钝，尽在韶关一战矣！文在此只有履险如夷，静听前方之解决耳。此候

时祉

孙文

七月十九日

据原函影印件，台北、中国国民党文化传播委员会党史馆藏

复唐克明嘉勉经营武汉函

（一九二二年八月二十三日）

春鹏兄鉴：

来函备悉。此次逆徒叛变，毁护法之成功，坏人类之伦纪，诚堪浩叹。然吾党主义，每历艰贞，益加光显，则此次之失败，又正可策吾人之进步耳！

武汉地处中枢，兄经营不懈，此志可嘉。俟确定方针，自当商筹办法。彼间有何要息，希时见告，俾资参考。此复，即询

---

① 孔庚，字雯掀，湖北蕲水（今浠水）人。一九二一年七月，赵恒惕组织"援鄂自治军"，旅湘鄂人成立"湖北自治政府"，以孔庚为政务院长；八月底，吴佩孚得驻湘英国领事帮助，击败湘赵，"湖北自治政府"解散。孔庚致函孙文，报告困难情形。此为孙复函。

时绥

八月二十三日

据《复唐克明》，载南京《中央党务月
刊》第九期"特载"，一九二九年四月出版

复芮恩施告可能北上函①

（英　译　中）

（一九二二年八月二十六日）

芮恩施博士大鉴：

本月二十一日惠函敬悉。承蒙关切，谨致谢忱。

余亦希望尽速来京，与阁下晤谈。即将进行之为政府获致"财源"之努力，如告成功，则余早日北上，颇有可能。阁下由附去之节略，当可瞭解余此言之意义。以前美国报纸两次访问记之内容即根据是项节略，该节略并已电知《费城纪事报》及《芝加哥论坛报》。美联社亦曾摘要发布余之意见；余并应允该社作另一次"追踪"访问，俾便研讨此一问题与华盛顿会议有关中国部分决议之关系。

阁下对节略中之观点有何卓见，余极愿闻。耑此，顺致深切敬意。

孙逸仙手启
一九二二年八月二十六日
发自上海莫里哀路二十九号

据吴相湘：《国父联系北洋皖奉各系的
一些史料》，载台北《传记文件》第四
十四卷第三期，一九八四年三月出版

---

① 一九二二年八月二十一日美国前驻华公使芮恩施自北京致函孙文，邀请北上讨论中国事务。此为孙复函。

复越飞告对北京政府和张作霖看法等事函①

（英译中）

（一九二二年八月二十七日）

亲爱的越飞先生：

您本月二十二日的一封十分令人感兴趣的来函已经收到。② 贵国政府派阁下这样一位享有盛誉的政治家来我国，我表示非常高兴。

我要马上同您讨论来函中所谈的各个问题，在对您提问的几个专门问题作答复前先谈几点意见。

首先，我必须告诉您，北京政府完全没有骨气，十分软弱无力，因此说现在的政府是某些列强的代理人，也并不过分。特别就它同苏维埃俄国的关系和交往来看，情况更是如此。众所周知，某些列强不愿在它们自己能够将经济投降条件强加在莫斯科身上之前中国同俄国达成协议，同时，它们也不欢迎在我们之间出现任何达成协议的前景，因为这种前景显然会使中国摆脱它们的政治经济控制。只有把中国的重要利益置于各个列强利益之上的中国政府，才能使这两个国家相互完全了解。在这种情况下，我要劝您等待，直到我重新建立北京政府。鉴于目前形势可能出现的各种发展情况，这一点在不久就可能实现。

至于蒙古，我完全相信贵国政府的诚意。我接受莫斯科无意割裂中华民国政治制度领土的保证。我同意，在重建的能同贵国政府进行谈判的政府在北京出现之前，苏联军队仍应驻扎在那里。立即撤走你们的军队，只会对某些列强的帝国主义利益有利。

我现在来答复您在信中提出的各种特殊问题：

---

① 一九二二年八月至十二月，孙文与越飞往来信函七件（越飞写信四封，孙复信三封），现保存于苏维埃档案馆，孙文的复信从国家档案馆收藏的中共驻共产国际代表团的档案中发现。这两封信的原件是英文打字文本。

② 越飞的信，由共产国际代表马林来上海时在八月二十五日带交孙文。

一、张作霖是一个中国人，很难设想，他会希望见到外国列强来奴役他的国家，并为此而进行活动。我不认为他是日本人的代理人。从社会阶级的意义上说，张作霖似乎不是依靠任何阶级，而全然依靠他的军队。据我所知，在北京还没有可以说支持他的人物。但是，北京，正像我指出的那样，现在真是完全是无足轻重的。

二、我在去冬已同张作霖达成谅解，主要是因为他派遣了他的代表来广州见我——更确切地说，是来桂林，我当时正在那里集中我的军队准备北伐——建议进行合作以实现我的重新统一的政策，并且表示在一定的条件下，如果有必要，他将反对日本。我可以在同样的条件下，遵守我在前年同段祺瑞所建立的合作。接受同张作霖合作的另一种抉择，就是既与他作战又与吴佩孚作战。当张建议同我合作时，他可能有诚意，也可能没有诚意，我作为一个讲实际的人，无权假定他没有诚意。如果以后表明他并没有诚意，那时我再来对付他，但不是在那以前。我把重新统一中国看成是头等大事，我当时准备，现在也准备同接受我的条件的任何领袖实行合作。这也说明了现在事态发展对吴佩孚所采取的方针。

关于您对张作霖的态度，我想提一点意见，那就是别将他赶向日本，而要使他能更多地接受我的影响。由于美国据说要支持吴佩孚，看来张现在积极地以英美两国为敌。再加上你们对他采取的敌视态度，这可能迫使他从日本寻求外交上的支持，因为任何人都不想完全受到孤立。请牢记这一点。

三、在这个问题上，我附寄一份我上周签发的声明①，这份声明是就广州局势向列强发的。陈炯明是一个坏人。人们能够理解一个在基本政策问题上脱离其政治领袖的政治追随者。但是，当这样一种脱离采取谋杀领袖的形式时，它就打击了全部政治生活的根基。

四、由于我已经通知国民党的所有国会议员去北京，这个问题现在已经用事实回答了。我曾指出，国会本来就有权召开会议，但这种会议迄今未能在北京召开，是由于遭到了北方军阀的反对。这种反对现在已经不存在了。因此，国会在北京重新召开不是承认黎元洪政府的合法性，而只是抓住清除了反对派的机会，在北京重新召开国会而已。

---

① 指一九二二年八月十七日《孙逸仙对外宣言》。

五、您推论我现在正在同中国外交部保持接触，这是您的误解。对于这个问题的其他答复，我请您参看第一页上我的第一点意见。

现在，我想问您一个问题。您对我说，贵国政府已经授命您同日本举行谈判。我想知道，为了同日本取得谅解或达成协议，贵国政府是否将不惜牺牲中国的利益。让我具体地来说，据说日本想要在北满取代俄国，正如它在日俄战争以后在南满取代你们一样。贵国政府是否会赞成这一点，比方说，将中东铁路上的俄国利益转让给日本。我几乎不需要告诉您，我向来把苏维埃俄国看成是阻挡日本侵犯北满的国家。

我欢迎您为了准备建立我们之间更密切的联系所提出的建议。

谨致最高的敬意！

您的诚挚的孙逸仙

一九二二年八月二十七日

上海莫里哀路二十九号寓邸

据夏道南译，杨德、张宁校：《孙中山致越飞的两封信》，载《党的文献》一九九一年第一期

复黎元洪申谢派使节劳问函

（一九二二年八月二十八日刊载）

宋卿先生执事：

黎、刘、陈①三位来，奉读手教，藉念政躬康健，至为慰颂。六年以还，事变万状，文以倡率护法，不得不艰难搘拄，以求有济，差幸人心悔祸，护法问题终告结束，庶几初心不负耳。到沪日浅，未遑宁居，重劳使节劳问，至深惭荷。公以身任天下之重，凡属国民皆当竭其思虑，仰赞高深。文虽暂息尘踪，藉事休养，惟苟蒙垂问，必献其刍荛之见，以备采择，亦与前席借箸无殊。敬复鸣谢，

---

①　即黎澍、刘成禺、陈调元，三人于八月十五日抵沪谒见孙文，面呈黎元洪亲笔函，请孙北上会商国事。此为孙复函。

晋候

荩安

　　惟希鉴照不备。

孙文

据《孙文由上海寄一快信与黎元洪》，载
一九二二年八月二十八日上海《新闻报》

致熊克武勉致力实业函

（一九二二年八月二十八日）①

锦帆仁兄惠鉴：

　　顷闻川战已告结束，治平之机庶几已启，为国计，为川计，皆不能无此期望。川乱亟矣，不但民生憔悴，即将士也疲殆不堪。今日所急，在诸袍泽各牺牲其意气，以同趋于一鹄，庶兄弟之争可以终泯，而得以措手于民治也。战后所重，无过于民生之培养。川省地大物博，人口众多，若能善用之，以开发实业，使生计优裕，则经济日以发展，政治现象随以安定，不惟为川省善后计当如是，即为民国建设计，也舍此无先务也。

　　兄若有意于此，文当开示实业计划，并绍介专门人才以助进行。兹因希闵兄回川之便，托带此函，惟裁察之。此候

台绥

孙文

八月二十八日

据原函影印件，广州、广东省社会科学院藏

---

　　①　原函未署年份。按函中所称川战结束为一九二二年八月，又本函与稍后九月十五日孙文致刘成勋电意思相近，酌定为一九二二年。

复熊克武嘉许斡旋蜀局并望进而建设函

（一九二二年八月二十九日）①

锦帆兄鉴：

曩奉手书，旋即裁答。青阳函亟称执事仍笃故谊，为之慰喜。国内近情略具致怒、蕴两兄牍，不更赘述。

执事以在野之身幹〔斡〕旋蜀局，卒能有成。幸进而为建设之谋，以复西南往时之盛，何庆加之。绍曾②还川，特嘱存问，唯进教不宣。即颂

侍釐

孙文

八月廿九日

据原函影印件，广州、广东省社会科学院藏

复王正廷述护法要旨函

（一九二二年八月二十九日）

儒堂兄鉴：

来函备悉。所提拥护中华民国、拥护约法、拥护国会三事，文频年所尽瘁者，诚在于斯；奈各方以偏私之蔽，未能了悟，即同辈中人亦辄以见地之微差，致歧途之百出，此诚为失败主因。至如炯明之叛变，则又事之出乎常理外者也。

文于十五日发表宣言，对于护法问题，以合法国会自由行使职权为达到目的，亦即如来书意旨，以主义为归，而不关系于应付任何方面。盖谓此层办到，则约法当然复活，民国庶几不亡。今军阀虽故步未改，然固已知有法统之名，

---

① 原函未署年份。据函中提及之"绍曾述川"，在一九二二年十月二十二日致邓锡侯等人函中多次提到"绍曾见时"已是由沪到川，又"斡旋蜀局，卒能有成"亦指一九二二年八月川战结束事。酌定为一九二二年。

② 范绍曾，号海廷，四川大竹人，曾为袍哥首领，时为颜德基部团长。

斯亦不妨认其为有觉悟之渐。惟所惧者，国民倘即认其所作之伪为真，则作伪者将永行其伪，而真者乃不可复得，此则国民所当严辨，而尤赖时贤之持正不阿者也。

　　兄奔波国事，夙著勋劳，当兹国事浑淆，伏惟努力为正义奋斗。此复，并颂
筹绥

据《复王正廷》，载南京《中央党务月刊》第九期"特载"，一九二九年四月出版

复赵恒惕望勿避艰难益加奋斗函

（一九二二年八月三十日）

炎午总司令大鉴：

　　葛光廷君持来大札，备悉壹是。

　　湘省于饥馑之余，不胜东道，苦情悉见，北伐改道，职此之由。何图陈逆竟作内奸，弄兵肘腋，成功之毁，固深足惜；纲纪之坏，尤所痛心。假联省自治之名，成串盗分赃之实，事诚如此，国岂可为？

　　文删日宣言，对于粤变经过及国事主张，悉有叙述，谅经浏览，所愿同道勿避艰难，益加奋斗。稔乱频年，人求诡遇，非负实力者大彻大悟，乱犹未艾，卓见当亦云然。荩划多劳，至殷慰问。此颂
筹绥

八月三十日

据《复赵炎午》，载南京《中央党务月刊》第九期"特载"，一九二九年四月出版

复蒋中正促早日来沪筹商军事函

（一九二二年八月三十日）

介石兄鉴：

函悉，季、仲①函亦得读。

日来变局愈速，非兄早来沪同谋不可。军事进行，湘、闽似已有不谋而合，日在进行中，湘较闽尤急而有望，似日内便可解决者。金②闻昨日已行，或有分道而驰，先急回滇也。某事③近已由其代表专人带函来问远东大局问题及解决之法，予已一一答之。从此彼此已通问讯，凡事当易商量矣。彼有一军事随员同行，已请彼先派此员来沪，以备详询军事情形，想不久可到也。望兄稍愈，则当早来备筹一切，幸甚！此候

近祉

孙文

八月三十日

据原函影印件，载《孙中山先生手札墨迹》，上海，太平洋书店一九二六年十月出版

复张敬尧希悉心擘划匡扶正义函④

（一九二二年九月二日）

勋成志兄惠鉴：

温参谋持来大札，备悉壹是。忠诚奋发，殊令心感。

---

① 指汪季新（兆铭、精卫）、廖仲恺。

② 指金汉鼎。

③ 指孙文与苏俄全权大使越飞代表的会晤。

④ 一九二〇年六月，张敬尧被湘军逐出湖南，辗转投入奉天张作霖幕下。此时孙文与奉张、皖段搞"三角同盟"，张敬尧于此中有所活动。

陈逆叛乱，乃伦常之变，痛曷可言！文始固坚持待〔大〕张讨伐，嗣以北伐军失利，须变更军略，文乃越险来沪，为统筹全局之计。奉军奋斗不懈，极堪嘉尚。兄赞襄其间，谅资得力。东北根基稳固，大有可为，因应得宜，必多良会。兄与当途既称契合，希悉心擘划，匡扶正义。刻局势尚在混沌之中，文正总合群情，斟衡壹是，俟何方有当借重之处，自应致电相邀，以资骥展。

关山迢递，兄劳瘁之余，尚希节卫。有何要息，勤讯为佳。此复，并询时绥

九月二日

据《总理函稿》，台北、中国国
民党文化传播委员会党史馆藏

复上海各路商界联合会申谢并述国是主张函

（一九二二年九月二日）

上海各路商界联合会惠鉴：

息鞅海上，荷蒙欢迎，勖慰兼施，至深铭感。

六年以来，武人毁法，遂起战争。疆土既离析分崩，民生亦忧伤憔悴。坚持数载，北方武人始知觉悟，相与为尊重护法之表示。庶几从此可导国人入于法治之途，然其代价固亦不菲矣！至于护法主张，如何始能使之真实无憾；法治进行，如何始能使之坚固不摇，此则有赖于全国人民之同心一德，努力不已，以薪贯彻所愿，与诸君子共勉之者也。

若夫统一善后，荦荦诸端，事关重大，猥承清问，足征虚怀。文常憾国人之从事实业者，惟知自适己事，而以国政付之武人政客之手，致民治无由实现。今诸君子留心及此，谨为民国前途贺。

文自蓄志革命，即研究建设之方略，辛亥以来，有怀未遂，顾建设一日未成就，即民国一日未安全，耿耿之诚，无时或释。曾以所见著之篇帙，成为《建国方略》一书，虽卷帙未完，而规模略具。倘承鉴察，敢备蒭荛。

至于六月六日及八月十五日之宣言，亦尝对于时艰，以谋补救，果能见之事

实，必可息此泯梦。诸君子私愿，望更持之毅力。中华民国之事，惟中华国民能自决之。众志成城，则武人之反复，政客之播弄，皆不能动摇神器。文创立民国，当终其身为民国而奋斗，一切横暴之阻力，举无所畏；惟恃正义以为率，民意以为助。今兹与诸君子开诚相见，相期者大，相资者深。诸君子不以寻常酬酢之辞来，文亦不以寻常酬酢之辞应。惟鉴裁之。肃此答谢，敬候

台绥

孙文

九月二日

据《孙总统复商总联会函》，载一九二
二年九月三日上海《民国日报》第十版

复高振霄允为后盾函

（一九二二年九月三日）

手书暨报告国会各情，均悉。

兄等间关流离，不堕初志，至可钦佩！文力所及，自必为诸兄后盾，务期合法者战胜非法，统一乃可实现。至继续进行如何，日来已屡与代表诸君接谈，兹不别赘。专此奉复，即颂

台祉

孙文

九月三日

据《复高振霄》，载南京《中央党务月刊》
第九期"特载"，一九二九年四月出版

复旅京护法议员论恢复旧国会函①

（一九二二年九月五日）

旅京护法议员诸君公鉴：

顷奉惠书，敬悉壹是。

溯自六年北京政府以非法命令解散国会，文率同志以护法号召天下，其目的在使非法命令不生效力，国会能完全自由行使职权。坚持数载，事变繁生，仅能使西南半壁，立于护法旗帜之下。议员不足法定人数，则开非常会议；足法定人数，则开正式会议及宪法会议，正统之传，不绝如缕。其间经过之艰难曲折，惟文与诸君实共之。此一段护法历史，关民国之安危，垂将来之鉴戒，万万不容忽视者也。

迩者，北方武人似有觉悟，解散国会之非法命令自行撤销，且不妨碍国会之开会于北京，就此以观，可谓护法主张已达。至于数年间国会经过之事实，非惟北方武人所未能悉，即国民恐未易知其所以然。故文以为将欲使国会黜伪崇真，俾护法完全无憾，惟有赖于诸君子之奋斗。

今者，国会议员自由集会于北京，无能阻挠之者，诸君尽可驰驱辩论，使人了解孰真孰伪。北方武人前此惟知恢复国会，而不能辨别其真伪；果能使辨别无讹，彼未必甘为伪者左袒，而与真者为仇也。文亦已致书北方军人，开陈一切，得诸君确实表示，更令人易知易从。侧闻近日诸君奋斗之进行，已能令奸伪辟易，可知跋涉不为徒劳，而事实终有大明之日矣。惟坚持贯彻，无所摇惑，以竟全功，是所至企！余不一一。专复，敬候

公绥

九月五日

据《复旅京护法诸议员》，载南京《中央党务月刊》第九期"特载"，一九二九年四月出版

---

① 一九二二年六月十一日，黎元洪受直系军阀推举，"暂行大总统职权"，随后，撤销民国六年解散国会命令，八月一日，民六旧国会复会，"法统"恢复。当时因徐世昌已下台，护法政府也实际瓦解，孙文复函支持旧国会复会。

致陈嘉祐指示进取方略并派宾镇远劳问函

（一九二二年九月五日）

护黄①我兄如握：

前交由组庵及陶君所致各函，想均达览。

近闻偕益之所部屯驻湘南，特派宾君镇远前来劳问诸将士，及商榷进取方略。文意为解决湘事，时机成熟，则以速定湘局为宜；若时机尚未成熟，则宜合益之所部退驻桂林，与在桂之滇军及刘震寰、黄明堂等部联洛〔络〕，相机进行，是所至要。

汝为、登同、子荫等部现驻赣东，将图入闽。将来拟定攻粤总计划，分路进兵，以期破贼，亦当奉达兄处。军饷无着，极所焦念。此间因骤失策源地，筹措维艰，日内筹得若干，即当陆续寄上，以济急需。惟望固结军心，支此难局，至嘱。余容宾君面达，此候

戎祺

九月五日

据《复陈护黄》，载南京《中央党务月刊》第九期"特载"，一九二九年四月出版

致朱培德指示进取方略并派宾镇远劳问函

（一九二二年九月五日）

益之②我兄如握：

前致一函，想已达览。

---

① 陈嘉祐，字护黄，湖南湘阴人，时任湘军第六混成旅旅长，驻扎郴州。

② 朱培德，字益之，云南盐兴人，时任滇军驻粤第四师师长。先后被孙文任命为中央直辖驻粤滇军总司令、北伐中路前敌总指挥，时北伐兵败，退往湘边。

　　近闻偕护黄所部屯驻湘南，特派宾君镇远前来劳问诸将士，及商榷进取方略。文意如解决湘事时机成熟，则以速定湘局为宜；若时机尚未成熟，则宜合护黄所部退驻桂林，与在桂之滇军及刘震寰、黄明堂等部联络，相机进行，是所至要。

　　汝为、登同、子荫所部现驻赣东，将图入闽。将来拟定攻粤总计划，分路进兵，以期破贼，再当奉达兄处。军饷无着，极所焦念。此间因失策源地，筹措维艰，日内筹得若干，即当陆续寄上，以济急需。惟望固结军心，支此难局，至嘱。余由宾君面达，并候

旅祺

九月五月

据《复朱益之》，载南京《中央党务月刊》第九期"特载"，一九二九年四月出版

分致蔡钜猷陈渠珍告派周毅等筹商讨贼事宜函[1]

（一九二二年九月七日）

铸人仁兄鉴：

　　频年护法，为国宣勤，远念贤劳，驰系良深。

　　比者天意悔祸，我西南数年来所争持之主张，已为全国人心所谅解；即向来附和毁法之北军将士，亦有尊重护法之表示。文鉴于分崩离析之局，渐有统一之趋向，故当赣事得手、粤变未起之时，本酷爱和平之心，不为已甚，曾经郑重宣言，愿与北军提携，以谋统一之进行。到沪以后，各方以统一问题就商者，函电纷驰，信使络驿，诚伪虽不可知，第吾党年来所极力争持者，在高尚纯洁之主张，故对于各方之迎拒，亦以主张之能否实现为鹄，此外皆非所问。兹事体大，是否能如所期，尚属疑问，故我方内部于军事上相当之准备，尚不能遽尔放弛。

　　湘当南北之冲，关系重要，而执事为我军健者，举足关系轻重。际兹紧要关头，倚畀更殷，故专授以讨贼之任。关于进行事宜，特派周君毅、于君若愚前来

---

[1]　此系分致沅陵镇守使蔡钜猷（铸人）与湘西原绿营统领陈渠珍（玉鏊）的同文函件。

筹商一切，到时希为开诚接洽为荷。专此，顺颂

勋祺

九月七日

据《致蔡铸人》，载南京《中央党务月刊》第九期"特载"，一九二九年四月出版

致蒋中正请来沪详筹种种事宜函

（一九二二年九月十二日）

介石兄鉴：

日来事冗客多，欠睡头痛，至今早始完全清快。方约兄来详商今后各方进行办法，而急闻兄已回乡，不胜怅怅。日内仲恺、汉民、精卫将分途出发往日本、奉天、天津等处活动，寓内闲静。请兄来居旬日，得以详筹种种为荷。此候

大安

孙文

九月十二日

据原函影印件，载《孙中山先生手札墨迹》，上海，太平洋书店一九二六年十月出版

复焦易堂告调和国会低限函

（一九二二年九月十四日）

易堂兄鉴：

顷得手书，具悉一切。

国会事得诸兄在京努力奋斗，当有贯彻之望。如不得已而调和折衷，总以无悖于法为依归。最低限之让步，当以去吴景濂之议长及议员中不良分子，庶使国会空气稍得清明。鄙见如此，请诸兄斟酌进行为望。此复，敬颂

台绥

孙文

九月十四日

据原函影印件，广州、广东省社会科学院藏

复杨森戒勿投北敌函

（一九二二年九月十五日）①

子惠先生执事：

抱一兄来，得奉大札，备谂壹是。

川难频年，迄无底定，症瘕固结，绝少良方。惟事已如斯，求之过急，则离之愈远，殆不如暂时缓释，不乏良图。

顷颇闻有投奔北敌，以作卷土重来之举，此期期以为不可，盖引狼入室，后患无穷。况川中排外之风甚烈，若率北军攻入，万难取胜，徒丛诟詈耳。今国家多故，时有可为，执事盘盘〔槃槃〕大才，此后自当注意于全国之安危，而勿恋恋于四川之堕甑，则所成就，必能远胜于一隅也。

此间对大局仍积极进行，甚望来沪详商一切。戎轩况瘁，毋任殷拳。即颂
筹绥

据《总理函稿》，台北、中国国
民党文化传播委员会党史馆藏

---

① 原函未署日期。据孙文对杨森来函批示，酌定为九月十五日。

复石青阳望奠定川局向外发展函

（一九二二年九月十五日）①

青阳兄惠鉴：

抱一兄来，得奉大札，备谂川局渐平，至为欣慰。

此番粤变，功败垂成，深可太息。其尤痛者，则陈炯明以誓共生死之人，而竟出于枭獍之为，使人类伦理灭绝耳。抵沪以来，各方倾响，诚恳逾前。北伐军虽经挫折，实力仍存。许君与各部已入建宁、邵武，刻与王永泉协定福州，成功在迩，前途甚可乐观。

兄备历艰难，今兹再振，切望努力奠安川局，并预备向外发展，以襄洪业。兄志坚识卓，必能从事远大也。秣厉多劳，不胜殷念。即颂

戎绥

据《复石青阳》，载南京《中央党务月刊》第九期"特载"，一九二九年四月出版

致张开儒望与朱培德合力讨陈函

（一九二二年九月二十日）

藻林兄鉴：

长征久戍，具仰贤劳。张顺诚、胡思清、戴巨卿三君来，藉悉壹是。

吾党今日政治活动，固不妨虚与委蛇，以谋统一。而叛逆如陈炯明者，国之蟊贼，为国为党，皆当声罪致讨，有以除之。汝为、子荫、登同诸军，在闽已有根据，准备归讨。湖南方通，组安诸人亦有筹划。川之石青阳亦将率师由湘而粤，

---

① 原函未署日期。查十月十二日许崇智等部克复福州，据该函内容，应是发于十二日之前，又九月十五日孙文复杨森函中提及"抱一兄来"与此处应为同人同事同时，酌定为九月十五日。

共襄大举。滇军既为久经战阵之师，吾贤所统，已自不匮，更望与朱益之兄合力并进，则解决粤局，殊非困难。在此兄等志意坚决，通力合作，无坚不破。前日粤事顿挫，徒以兄部不及克日会师，致陷孤危；今各方已从容整顿，最后胜利当属吾军。且叛将内讧正剧，破裂已见，行见摧枯拉朽，共建奇勋，曷胜企盼！过去经历，军事指挥必求统一，故至望与益之兄同心共济，则滇军荣名，与国俱永，勖哉前途，岂胜期望。

余由胡、戴两君面详，行急不及缕缕。即颂

时祺

九月廿日

据《总理函稿》，台北、中国国民党文化传播委员会党史馆藏

致林俊廷望合力讨陈函①

（一九二二年九月二十二日）

此次广州事变，出人意外。陈、叶诸逆破坏政府，摇动国基，凡有血气莫不欲得而甘心。迩来桂省风潮，亦无一不出陈等之从中煽动，事实具在，不可讳言。

此时欲奠定西南，必先平两粤之乱，乱源不清，则时局无由收拾。陈等在西南为害群之马，在国为祸国之魁，此贼未除，祸患无已，而全国统一，阻碍实多。素仰执事热心爱国，尚望合力讨陈，以安桑梓。两粤之事一定，大局之纠纷立解，群策群力，戡乱自易。执事深明大义，当具同情，特布斯意，诸维鉴照不宣。

九月二十二日

据《致林圃田》，载南京《中央党务月刊》第九期"特载"，一九二九年四月出版

---

① 林俊廷，字圃田，广西防城人，时为广西自治军总司令。

致王正卿望合力讨陈函

（一九二二年九月二十二日）

此次广州之变，出人意料。陈、叶诸逆甘心破坏政府，动摇国基，凡为国民，莫不发指。迩来粤桂纠纷，无一不出自陈等之从中挑煽；寖至风潮日急，时事益非，此时固本清源，自非讨陈不可。已将斯意函告圃田先生，希即合力讨陈，以安粤局。

九月二十二日

据《致王正卿》，载南京《中央党务月刊》
第九期"特载"，一九二九年四月出版

复张作霖论合作破敌之策函[①]

（一九二二年九月二十二日）[②]

雨亭先生惠鉴：

吴司令自堂[③]、李理事长香斋、韩督办芳辰[④]先后莅止，获诵手书，并谂起居万福，至为慰颂。

国事至此，非有确定之方针，坚固之结合，不足以资进行。曾与自堂司令详加讨论，对于所拟方略，极为一致，复经卢督办子嘉[⑤]参加意见与以赞成，尚希卓见定夺为荷。

---

①　一九二二年，张作霖（字雨亭）在第一次直奉战争中失败后退兵关外，宣布东三省自治，任东三省保安司令。九月，孙文派汪精卫、程潜（原广东革命政府陆军部次长、代部长）赴奉天与张洽商合作反直问题。此函系带交。

②　原函未署日期。按孙文另修一函托汪精卫带交张作霖之子、东三省陆军整理处参谋长、东三省航空处督办张学良，内署九月二十二日，据本函内容应系同日所撰，故订为是日。

③　吴光新，字自堂，皖系军阀首领段祺瑞之妻弟，曾任长江上游总司令、湖南督军等。在此期间，吴受段派遣分赴广东、奉天与孙文、张作霖联络。

④　韩麟春，字芳辰，东三省兵工厂督办、东三省陆军整理处副监。

⑤　卢永祥，字子嘉，皖系将领，浙江军务善后督办（废督军改任）。

今年奉直战前，文定策先以兵出湖南，与敌战于长、岳，胜则可进据武汉，退亦可与相持于衡阳，依山据险，以战以守，胜负之数必不遽决，当此之际公以大兵直指京畿，囊括直、豫，敌前后受攻，势必无幸。乃湖南当局昧于大计，阻挠前进，而广东内部且生反侧，为后顾忧，以致此策不行。迄至奉直战事已开，出师江西，迟不及事，至可痛惜。前事不忘，后事之师。今后破敌之策，仍须西南先发，与敌相持。公之大任，在于迅取北京、津、保①，使敌失所凭依，然后出重兵以蹑其后，则敌将不战而自溃。此为共同动作之必要枢纽，所望睿虑及之。

现时许崇智、黄大伟、李福林等部已将入闽②，朱培德、陈嘉祐③等部仍在湘边，拟联络川军及驻桂之滇、黔等军，相机发动。广东内部因纪纲已坏，群小渐有互哄之象，而悔罪自投者已踵相接。舰队感于孤露无依，尤亟欲自拔来归。故以西南之大势论之，极有可为。但文新失策源地，诸军所需维持补充等费，竭蹶应付，拮据殊甚，未审公能有以助之否？军事须有全盘计画，挹此注彼，全体实蒙其益，不只局部受其灌溉已也，惟高明裁之。

兹特派汪精卫来谒，不尽之意，统由代陈，诸希俯赐接洽为荷。专此，敬候苠安

惟照不备。

据原函，台北、中国国民党文化传播委员会党史馆藏

复张学良告派汪精卫接洽函

（一九二二年九月二十二日）

汉卿仁兄惠鉴：

顷诵手书，藉悉一切。所论奉省暂持冷静态度，以俟时机，实为特识。

---

① 天津、保定。

② 陈炯明叛变后，已入赣的北伐军回师戡乱，许崇智率粤军第二军、黄大伟率粤军第一路、李福林率福军在粤北与叛军作战失利，乃折返江西休整，九月底进入闽境。

③ 陈嘉祐，讨贼军湘军第一路司令，率三个旅的兵力参加北伐，该部及滇军朱培德部曾在粤北与叛军作战失利，退往湘边。

文顷致书尊公，述此后军事进行，仍宜由西南发难，据险与敌相持，使彼欲进不得，欲退不可；然后尊公以大兵直捣北京，略定津、保，以覆其巢穴，绝其归路，敌必可灭，正与高明之见不谋而合。望力持定见，他日运筹决胜，可为预期也。

韩芳辰君来，连日讨论，备悉东三省整军经武，养锐待发，曷胜忻慰。兹特倩汪精卫兄来谒，一切代述，希赐接洽为荷！专复，敬颂

台绥

孙文

九月二十二日

据原函影印件，台北、中国国民党文化传播委员会党史馆藏

复宁武告派汪精卫赴奉函

（一九二二年九月二十二日）

梦岩兄鉴：

九月十日函悉。韩君①到沪，相见甚欢。又得雨公送二万，甚谢！所言赵某，此间未尝谋面，固无从置辞也。兹派汪精卫兄来奉接洽军国要事，并视察同志，可就近详报各情也。此致。

孙文

九月二十二日

据原函影印件，台北、中国国民党文化传播委员会党史馆藏

①　韩麟春，字芳辰，时任奉军陆军整理处副监，为奉系"士派"主要人物之一，充任奉张代表赴沪与孙文联络。

致杨蓁告派盘公仪联络桂滇各军讨陈希接洽函

（一九二二年九月二十三日）

迩来桂省风潮，日亟一日，特着盘公仪专程入桂，联络桂滇各军，一致讨陈，以安粤局。到时希与接洽，以利戎机。专此，并候

九月廿三日

据《致杨映波》，载南京《中央党务月刊》
第 九 期"特载"，一九二九年四月出版

致黎元洪申谢并派郭泰祺面候函

（一九二二年九月二十三日）

宋卿先生执事：

前蒙遣使存问，至深感纫；息鞅海上，未能面致谢忱为歉。兹属郭复初①兄代候起居，并承明教，希赐见幸甚！专此，敬颂
崇安

九月二十三日

据《复黎宋卿》，载南京《中央党务月刊》
第 九 期"特载"，一九二九年四月出版

致党务部长着速办党证简②

（一九二二年九月二十五日）

党务部长鉴：

前汇同誓约数份，外有失去者两份，着照发党证，何以尚未办妥交来？着速

---

① 郭泰祺，字复初。
② 此简系为催办陈少白、宋庆龄两人党证而致党务部。

办之勿延。

孙文
九月廿五〈日〉

据原函影印件，台北、中国国民党文化传播委员会党史馆藏

复宁武等望扩张党务培植实力函

（一九二二年九月二十七日）

梦岩、星桥兄暨诸同志鉴：

　　凌、杨两君携来大札，得谂壹是。

　　诸同志努力宣扬我党主义，使东省得有进行基础，至为欣慰。国难方深，未知所届，惟望诸同志切实扩张党务，培植实力，贯彻以党治国之主旨，方足以拨乱事而反之正，前途希望甚大，愿与诸同志共勉之！余不一〈一〉。此复，即询筹绥

九月二十七日

据《致宁武等》，载南京《中央党务月刊》第九期"特载"，一九二九年四月出版

复萧翼鲲杨道馨等告提防湘省军阀函

（一九二二年九月二十九日）

翼鲲、道馨暨同志诸兄公鉴：

　　华选、培英两兄来，得奉公函，备悉壹是。诸同志于暴力劫持之下，为党努力，惨淡经营，竟能筹备就绪，曷胜佩慰！继此尤望益加奋斗，实现吾党主义。

　　侧闻湘省虽称自治，而非法杀人之恶耗，时有所闻，同志无辜被戮者，不知凡几；是湘省虽人人愿附于民党，独不悟杀民党者之不可依恃，殊憾事也。军阀惟知以武力据地盘，以欺诈保权利，多数人求自治，彼则附和自治；多数人响民党，彼则敷衍民党；其实彼乃无一时一事不与民党为仇，不与自治为敌，民党欲

于其下讨生活，洵亦难乎其难。惟事在人为，诸同志皆为革命旧份子，智勇兼备，甚望于此等处多留意也。

覃理鸣刻未在沪，能否回湘，请径与函商。此复，并询

党祺

九月二十九日

据《复湘南萧翼鲲杨道馨等》，载南京《中央党务月刊》第九期"特载"，一九二九年四月出版

致卢永祥告派杨庶堪面商函

（一九二二年九月二十九日）

子嘉先生执事：

时局日非，愈烦筹策，想帏幄多劳，至念。

兹有事欲与商榷，特委杨沧白兄前来面达，即希接晤为幸。此致，并颂

筹祺

九月廿九日

据《总理函稿》，台北、中国国民党文化传播委员会党史馆藏

复张藩望联络各军图湘函

（一九二二年九月）①

张藩足下：

蓝君赍来手札，备见坚贞。

此次陈炯明叛变，致国贼逭诛，言之痛心。所幸人心向义，兵力犹存，桑榆之收，期或不远。文来沪时，北方将帅均有服从吾党主义之表示，惟有无诚意，

---

① 原函未署日期。以所述系孙由广州至上海时之事，酌定为九月。

尚未敢必，则军事之布置，决不可稍忽。乃者湘省同志咸以乘机解决湘事为请。湘居南北要冲，关系极重，望即联络各省同志军，共赴此的，以备他图。

翘首西陲，无任企幸。秋风渐厉，诸维珍重。

据《复张藩》，载南京《中央党务月刊》
第九期"特载"一九二九年四月出版

复林支宇斥伪自治函[①]

（一九二二年九月）[②]

特生仁兄惠鉴：

手书诵悉。执事扶持正气，领袖名流，恫国难之频仍，为主义而奋斗，至堪佩慰。

联省自治之得失，非寸函所能尽。惟执事亦谓军人假托自治，阴行割据，无可讳避，但冀人民蹶起，打破虚伪，并力与军阀决斗，以实现共有、共治、共享之期望。伟哉斯言！可使虚伪之徒闻而气阻。顾犹有联军自保，假自治之名，恣睢无忌，且已名为立宪而非法杀人，骈死者日以百数，仁人志士为之痛心！执事谓利用时机善为斡旋，果此间所闻不谬，省言自治之下有此不祥，岂犹可以斡旋而利用耶？

今中国之乱亟矣，拨乱世而反之正，文素以为己任。惟非一手足之烈所能致，甚愿与国中有志者共之。执事既抱宏愿，诚文所亟欲引为救国之良侣者。兹故因少炯[③]返湘之便，命其代致拳拳。

秋意渐深，惟为国珍重，此颂

茞安

据《总理函稿》，台北、中国国
民党文化传播委员会党史馆藏

---

① 一九二〇年十一月湖南宣告自治，林支宇（字特生）被举为省长，翌年四月去职。本函作于上海。

② 底本缺下款，但说明写于是年九月。

③ 杨熙绩，字少炯，与林支宇同为湖南常德人。

致张永福询赠波罗事函

（一九二二年十月八日）①

永福兄鉴：

　　兹收到波罗十箱，称为兄所赠。但未见兄亲笔之信，恐有别情，故特函询确若果为兄所赠，请为赐答为荷。此致，即候

近安

孙文

十月八日

据原函影印件，载张永福编：《南洋与创立民国》，上海，中华书局一九三三年十月印行

复景梅九赞许注意宣传事业待机筹款支持函

（一九二二年十月十一日）

梅九志兄道鉴：

　　辱示领悉。年来人心陷溺，正义销沉，北京狐鼠所凭，尤属暗无天日，诚赖有正大光明之言论机关，为之摧廓。惜吾党以时势关系，常置重军政方面，于宣传事业遂少注意，殊多憾焉！

　　今兄独能于困苦之际，树赤帜于幽都，佩慰曷可言喻！正应力助，以展鸿猷。惟刻值财政奇窘，无法可筹，一俟稍有机缘，即当尽力，以副厚望。

　　太夫人倏尔仙逝，痛悼同深，尚希守移孝作忠之训，为国节哀。

　　余维亮照不备。

十月十一日

据《总理函稿》，台北、中国国民党文化传播委员会党史馆藏

---

　　①　原函未署年份。据孙文墨迹当系晚年所书，其信笺没有特征，推断在上海所书。酌定为一九二二年。

复李仁炳望与在京同志协力一心谋国家幸福函

（一九二二年十月十一日）

仁炳先生鉴：

惠函备悉。雅意殷拳。不胜感慰！

国家多事，正赖英贤，或共驾以图功，或分途而致力，但使气求声应，厥效正同。高旌驻在幽燕，为翳蔼阴霾之所，以吾党之道，力导黑暗于光明，亦殊急务。甚望即与在京同志协力一心，以谋国家之幸福，毋任期勉。此复，即询

时绥

十月十一日

据《复李仁炳》，载南京《中央党务月刊》第九期"特载"，一九二九年四月出版

复四川支部筹备处勉宣传主义团结同志函

（一九二二年十月十一日）

四川支部筹备处诸同志公鉴：

向君携函备悉。诸同志努力经营党务，至为欣慰。

文素树以党治国之义，故视党极为重要。近察各方趋向，渐已了解，欲救中国，非实行本党主义不可，大有群蚁附膻之象。本党为容纳群材、扩张党势起见，刻正审筹改进方略，俟妥再行通告。今所切望于诸同志者，即在竭力宣传主义，务使群众趋于一致，以举自治之责。川中旧同志实繁有徒，更当力为团结，以厚基础，至要至勉。此复，即询

党祺

据《复四川支部筹备处》，载南京《中央党务月刊》第九期"特载"，一九二九年四月出版

复《旭报》勉拥护法权作民喉舌函

（一九二二年十月十一日）

《旭报》执事先生公鉴：

惠函领悉。人心陷溺，正义消沉。不有黄钟，群阴莫破。贵报拥护法权，作民喉舌，此物此志，毋任崇钦！

今兹黠者方盭法以惑众，懦者又甘枉法以求安，法之难言，于斯已极。骊探犀照，端赖鸿裁，既承广益之微〔徵〕，愿以衡平为颂。倘使群伦遵循有道，斯真远胜于三千毛瑟也。此复，即颂

撰绥

十月十一日

据《复旭报》，载南京《中央党务月刊》
第九期"特载"，一九二九年四月出版

致民友阁嘉许演戏筹款讨陈函

（一九二二年十月十七日）

民友阁诸先生义鉴：

接仰光函，藉谂先生等愤陈逆之叛乱，恫大义之沦亡，不辞粉墨登场，筹措饷项，醵金万盾悉付共济会赞助讨贼，足征挚诚爱国，黾勉从公，仰念贤劳，曷胜嘉佩！

迩年来军阀专政，国事蜩螗，吾民饱受虔刘，渐多觉悟，知非将盭法乱政之徒彻底澄清，末由跻国家于承平之域。我党人苦战奋斗，三十年如一日，仍排万难、冒万险而不之恤者，夫亦为国耳。惟是重肩艰巨、辄深陨越之虞，广揽英豪、弥切嘤鸣之想。诸君子见义能为，当仁岂让？匡时济世，夙抱自殷。倘能一厥步趋、共咏泽袍之什，宏兹愿力、同申带砺之盟，奠宗国于苞桑，登斯民于衽席，尤文等所期望不置者也。

海天在望，不尽神驰。风露乍凉，诸维珍摄。专此布达，并候

旅安

孙文

十一年十月十七日

据原函影印件，台北、中国国民党文化传播委员会党史馆藏

致饶潜川嘉慰为北伐筹饷函

（一九二二年十月十七日）

潜川同志兄惠鉴：

据邓泽如、黄馥生二君报告，此次北伐筹饷，仰光同志出财出力赴义急公者，大不乏人；而兄毅力热心，尤足称许，所举成绩，大有可观，逖听之下，感慰莫名。

历年来建设民国，拥护民国，保全民国，殆全仗吾党之力，所赖于海外同志者实多。今兄等拚个人之牺牲，为主义而奋斗，效力所及，不特一党受其惠，全国且蒙其赐，此则最足为我百折不挠之同志自慰者也。

祖国风云，瞬息万变，尚希奋力前进。谨修寸械〔缄〕，藉相策勉。余未一一，并颂

精神

诸同志兄祈代致侯。

孙文

十一年十月十七日

据原函，台北、中国国民党文化传播委员会党史馆藏

致《觉民日报》望为讨陈尽力宣传函

（一九二二年十月十七日）

《觉民日报》董事、记者暨执事诸兄道鉴：

陈逆称叛，害国祸乡，公道沦胥，大法斩绝，凡有血气，莫不愤心。吾党人切肤致痛，敌忾弥深，讨逆之檄告朝传，助义之饷糈夕集，斯固由海外同志爱国心之挚厚，亦未始不因言论机关鼓吹力之得宜也。

夙仰贵报为吾党之喉舌，作侨界导师，大声疾呼，发聋振聩久矣，尽宣传之巨责，收文字之奇功，一纸风行，万流景仰。而对于陈逆叛乱，尤能主持正义，力辟奸邪，激发人心，咸知急难，大张士气，共励同仇。贵属同志及侨胞此次能集巨额饷项，侠风义气，足为海内外矜式者，非藉贵报鼓舞之效，曷由致之？拿氏谓："报纸功力胜于三千毛瑟"，斯言殆可为贵报道矣。感甚佩甚！

国事多艰，仍希奋力猛进。谨布悃幅，并颂

精神

同志诸君均此致候。

孙文

十一年十月十七日

据剪报，台北、中国国民党文化传播委员会党史馆藏

致刘成勋望舍武力而趋实业函

（一九二二年十月二十日）

禹九①兄大鉴：

育仁来，藉奉手书，雅意殷拳，慰幸无已。

---

① 刘成勋，字禹九，一九二二年七月十日被成都军事会议参加者选为四川省省长兼总司令。

川局奠定，贤者统挈，功为独多。独〔犹〕复励精图治，接物以诚，持此不渝，效绩当复可睹，然欲图长治久安之道，必含〔舍〕武力而趋实业。前日所谈，闻已由育仁诸人详电陈述，此举要视兄等决心如何，始有办法。前题既决，则不难以专门名家，详其计划，复以现有兵力为之保障，相得益彰，内争之端，自不难无形消弭。公私之便，无逾于斯，此真足为四川开一新纪元者。执事阅历深纯，自不难内断于心，勿事徘徊瞻顾，以自误良机也。余由育仁面尽，并拟派戴季陶君入川上谒，相与讨究其利害得失，讨议既明，则唯在最后决心耳。

闽省已为我军占领，大局复有转机，并以附闻。手此，即颂

勋祺

十月二十日

据《复刘禹九》，载南京《中央党务月刊》第九期"特载"，一九二九年四月出版

复刘介藩告闽省近况并派员赴川函

（一九二二年十月二十日）

介藩兄大鉴：

刘锦孝来，递到手书，藉审各情。川中诸将，迭有函电，表示诚意，至堪嘉慰。

群贤入党，固自标同德之雅；而执事经年宣传有素，亦略有成效可观，幸相与推诚相洽，勿稍召不良之感，则前途当未可量也。

汝为诸军已占领闽省，国事当益可为。又舒百川诸人相助为理，不致如报纸所传之杂糅。此间并已派精卫、介石、觉生诸人前往辅襄，大可据是以攻粤贼。北庭日言援闽，而苦无办法，未足深虑。彼辈内讧，虽曹、吴且有衅隙，他更无论矣。

绍曾来，想已晤谈。季陶不久亦将继至。外间消息，当更能详，不一一赘及也。手此，即颂

时安

十月二十日

据《致刘介藩函》，载南京《中央党务月刊》第九期"特载"，一九二九年四月出版

复周震鳞告湘军奋起首在打消惧吴观念函

（一九二二年十月二十日）

道腴兄鉴：

十月十一日手书奉悉。

款事刻不能办，以闽事方急，而如滇军之饥疲等，在在皆须接济，来源有限，自不能取给裕如。湘军之能否奋起，首在消弭其惧吴之念，确知直军不能深入，然后乃有敢为之气，款饷似犹其后也。执事锲而不舍，殊堪钦慰。

蔡、陈、唐各部，既派代表来迎，但须察其决心与否，以定行止。志已决矣，乃可与图进行；若独徘徊观望，虽有巨金，亦何能济？前日护黄①挫败，正坐无起而应之者。此时自当先使其觉悟，知洛吴四面楚歌，不能专力对湘，众志一决，则崛起倒赵②不难。款项不过为辅助之一种，且现役军队尤非恃此为急。至冀执事于此先决问题，加之意也。

劳军名义，刻非所宜；守秘之说，自勿俟嘱。懋叟老当益壮，幸致声慰劳之。各方消息转佳，湘正可图，惟希勉为其难，毋任企盼。即颂

时绥

十月二十日

据《致周道腴函》，载南京《中央党务月刊》第九期"特载"，一九二九年四月出版

---

① 即陈嘉祐。

② 指湖南省省长赵恒惕。

分致刘成勋等告派戴季陶入川
面商川省兴办实业函①

（一九二二年十月二十二日）

　　川局粗安，百端待理，而实业尤为长治久安之要。顾兹事体大，非楮墨所能详尽，特派戴季陶君入川，与诸兄面究，惟进教不宣。

据《致刘禹九但怒刚邓晋康赖□□刘福五□季昭田颂尧□蕴兰向仙乔石青阳》，载南京《中央党务月刊》第九期"特载"，一九二九年四月出版

复但懋辛论在四川举办实业概要函②

（一九二二年十月二十二日）

怒刚兄鉴：

　　育仁③来，藉奉手书，具审贤者厌弃武力，趋向实业，觉悟先人，至堪嘉慰。复殷殷以计画相询，尤见勤求实践之盛心。

　　川省地大物博甲于中国，诚治之得宜，将大足有为，造福于国家不浅。顾计

---

　　①　此系分致刘成勋、但懋辛、邓锡侯、赖心辉、陈洪范、刘斌、田颂尧、余际唐、向楚、石青阳等人的函件拟稿。当时川军有第一军（熊克武派，军长但懋辛）、第二军（刘湘派，军长杨森）、第三军（军长刘成勋）及刘存厚旧部（邓锡侯、田颂尧、刘斌、赖心辉）等势力。从一九二二年五月开始，第一、三两军联合刘存厚旧部进攻二军。八月七日，第三军占领重庆，第二军杨森率部退往川鄂边境。北军吴佩孚指令所部卢金山、吴新田、孙传芳援川（指杨森），未果。八月二十六日，第一军占领奉节。在此后一段短时期内，川局稍呈安定，上述部分四川军人参加了国民党，于是孙文派戴季陶入川活动。

　　②　一九二二年六月陈炯明部在广州叛变，孙文脱险后于八月抵达上海。同年七八月间四川不同派系军队发生战争，孙文于战事结束后即频频致函电给该省各军政要员，认为发展经济可使政治安定，故极力推动在四川兴办实业，此函乃所主张较详者。但懋辛（字怒刚）原系同盟会员，时任川军第一军军长。此函发自上海，下款无署名。

　　③　宋育仁，四川国学院院长。

画大实业①，非一纸之书所能毕事，必得专门家实地调查，始克奏功。今所亟望于川中各当局者，首在先有决心。如众意佥同，当派专门人材入川，相与计画。盖实业之速成，国人此时尚无此能力及计画；以既乏资本，又缺知识，故非借助外资与外才不可。若能有此决心，三五年间必收实效，直可安坐而享其成耳。②但外资外才，彼亦矜慎自重，若战乱不息，则将裹足③，未敢轻试。必各军将领毅然不复为私利之竞争，而有共谋公益之表示，则彼始欢欣，愿竭其力，以相辅为治。内争既弭，然后合力以清匪患，中外人士皆乐出其途，而建设乃始可言图。如能办此，文当先行介绍外资约五千万，以为试办之基。若有成效，后此当可源源而来，不虞匮竭。唯此种企图，纯为全川人民共谋长久之福利，非徒供执事者一时之私益。其合同大旨，须申明此种资本为四川人民所借，所办实业为四川人民所有，所获利益为四川人民所享。其经营管理，初由资本家代之，同时并任训练吾国人材之责。至资本还清之日，则管理之权收回归我，以后对于此项资本家或分别留任，或即行辞去，其权皆自我操之。如此有利无弊，能得④外资外才之益，而避其害，行之数年，省未有不富，国未有不强者。其最要关键，则在兄等之觉悟与其决心如何，空言高论殊无补也。

上来〔面〕所说，实举办此事概要，至幸贤者酌裁而力图之。余由育仁面尽，或特遣⑤戴季陶兄来川与兄等讨究。期于西南成一良好模范，则非独川省之利而已，吾国前途实有厚望。文将竭其全力以助兄等之成，不复有爱，唯吾贤图之。即颂时祉

十月二十二日

据《总理函稿》"致但怒刚"（录自民国
十一年函稿簿），载南京《中央党务月刊》
第九期"特载"，一九二九年四月出版⑥

---

① 据台北、中国国民党文化传播委员会党史馆所藏《总理函稿》原本，此处误书"人实业"，今据底本改为"大实业"。

② 据前注党史馆所藏《总理函稿》原本，此处尚有"无须于此者"五字，今据底本删去。

③ 据前注党史馆所藏《总理函稿》原本，此处误书"裹足"，今据底本改为"裹足"。

④ 据前注党史馆所藏《总理函稿》原本，此处原作"用"，今据底本改为"得"。

⑤ 据前注党史馆所藏《总理函稿》原本，此处误排"遗"，今据底本改为"遣"。

⑥ 《总理函稿》原本当时藏于南京、中国国民党中央执行委员会总务部。

复石青阳促出兵助谭驱赵图湘函

（一九二二年十月二十二日）

青阳兄大鉴：

刘锦孝来，藉奉手书。川中诸将果尔觉悟，群趋吾党，自是佳象。若能更进以诚意救国，则形胜如川，何功不立？械事如有办法，自当为兄分拨，特运输一层，兄宜预计，河山间阻，殊恐不易径达也。

前数日间，汝为诸军已占领闽省，大可据以攻粤。曩时计划图湘，组安①、沧白皆望兄出兵助之，以鼓湘军之气；闻兄亦尝有斯志，函允组、沧。今已入于实行期间，至盼兄速为筹备。如已决行，文亦当筹开拔款费，汇寄来川。吾兄壮志可酬，而救国大业乃能见诸实践。此时湘中人士已视兄之能否助力，以为进止，组安尤日夜企盼复音。即为兄军计者，亦不宜僻守一隅，致或消磨于内竞。赵恒惕罪恶已盈，终非驱除不可。川中诸将，尤望开陈利害，不为此贼游说所惑。曩日陈逆之恶，强半由渠狼狈而成，左证昭然，非徒人之多言而已。

救国之方，非以西南为根据，则北敌凶焰，殊未易降。吾兄爱国若渴，当必不漠视斯言，而乘此良机，有以展其平生抱负也。手此，即颂
时安不一

十月二十二日

据《致石青阳》，载南京《中央党务月刊》第九期"特载"，一九二九年四月出版

---

① 谭延闿，字组安，又作祖庵，当时寓居上海，谭派军人宋鹤庚、谢国光、吴剑学、蔡钜猷等，在湘拥兵据地，尊谭为首领，与湖南省省长赵恒惕相颉颃。此时湖南亦酝酿驱赵运动。

复邓锡侯论实业救川计划函

（一九二二年十月二十二日）

晋康兄大鉴：

育仁来，递到手书，情意殷渥，慰喜无量。熊济周君旋至，复奉华翰，诚挚可感。昔闻良誉，今睹深衷矣。吾党得兄辈数人，匪直私庆，国家前途，实利赖之。

绍曾见时，当能具述鄙怀。今更拟派戴季陶君继至，专与兄等讨究实业救川之计，盖武力未可久恃，当世强国，实业殆为其盛富之首。川省地大物博，为全国冠，据此图治，何功不成？顾视兄等决心为何如耳。诚能同德一心，共趋斯轨，即以现有兵力，为保护实业之用，三五年后成效可期，而内争之端不辑〔戢〕自弭，救国大业未有急于斯者，是在兄等之先觉觉人，当仁不让，以副此千载一时之良机而已。详细计划，则有专门人才负责，未足深虑；提倡实行，则兄等之任也，亦傥有意乎？跂予望之久矣。

闽省近为我军占领，大局日有转机，西南根本，惟兄等维护而拓展之，万千之幸！即颂

勋祺

十月二十二日

据《致邓晋康函》，载南京《中央党务月刊》第九期"特载"，一九二九年四月出版

复赖心辉告拟派戴季陶面商川省发展实业函

（一九二二年十月二十二日）

□□□①大鉴：

熊兆渭兄过沪，获审手书，雅意挚情，曷胜欣慰！

---

① □□□，当系原刘存厚部将赖心辉。

今时局又已丕变，闽省全为我军占领，西南根本，至冀兄等维护展拓，共达救国素志，川省内部则应倡办实业，以为消弭内争之具。育仁来此，已详为言之。现更拟派戴季陶君入川，与兄等讨论，倘能共决，同趋一轨，则天府如川，前途盛业，当未可量，是在兄等之明辨果决而力行之耳。

闻兄治军有声，国难未纾，愿更努力。即颂

勋佳不备

十月二十二日

据《致赖□□函》，载南京《中央党务月刊》第九期"特载"，一九二九年四月出版

复夏之时告拟派戴季陶面商川省发展实业函

（一九二二年十月二十二日）

亮工兄大鉴：

育仁兄来，得惠书，雅意殷拳，慰喜无量。

现在川局初定，而欲图长治久安，则当唯实业是赖。盖川省地大物博，以斯图治，十年后当为亚洲第一富足之区，而隆盛绝非日本可比也。其大要所见，晤育仁时便可详论。季陶亦将继至，当与兄等讨论其实行方策耳。即询

毅安

十月二十二日

据《致夏亮工函》，载南京《中央党务月刊》第九期"特载"，一九二九年四月出版

复吕超告拟派戴季陶面商川省发展实业函

（一九二二年十月二十二日）

辅周兄大鉴：

育仁兄来，得惠书，慰喜无量。现在川局粗安，欲求长治久安，则当以图发

展者谋善后。近代世界文化之宏规，实以实业为首。川省地大物博，为全国冠，若能一心同德，共趋斯轨，以现有之兵力，移为保护实业之用，三五年后成效可期，内争之端，不辑〔戢〕自弭。兄等热诚宏识，当必同意斯旨。大要前已由育仁兄等电告蜀中诸同志，更拟派戴季陶君继至，专与诸兄讨究斯业。

闽省近为我军占领，大局日有转机，民国宏基，唯望兄等维护而展拓之耳。即颂

勋祺

十月二十二日

据《致吕辅周函》，载南京《中央党务月刊》第九期"特载"，一九二九年四月出版

复田颂尧告拟派戴季陶面商川省发展实业函

（一九二二年十月二十二日）

颂尧兄鉴：

育仁兄来，得惠书，情意殷渥，慰喜无量。

现在川局粗定，欲图长治久安，则当以图发展者谋善后。近代世界宏规，盖以实业为首。川省地大物博，为全国冠，以此图治，何功不成？顾视诸兄等决心为何耳！诚能同德同心，共趋斯轨，即以现有兵力，移为保护实业之用，三五年后成效可期，内争之端，不辑〔戢〕自弭，救国大业未有急于斯者矣。兄等热诚宏识，当必同意斯旨。大要前已由育仁兄等电达，兹更拟派戴季陶君继至，专与兄等讨究之。

闽省近为我军占领，大局日有转机。西南根本，唯兄等维护而展拓之耳。即颂

勋祺

十月二十二日

据《致田颂尧函》，载南京《中央党务月刊》第九期"特载"，一九二九年四月出版

复黄肃方告拟派戴季陶面商川省发展实业函

（一九二二年十月二十二日）

肃方兄大鉴：

育仁兄来，得手书，慰喜无量。

川局赖诸兄努力，得以粗定。惟不图根本救治，则乱源不去，后患亦难遂免。长治久安之道，当以发展实业为先，移现有之兵力作实业之保障，三五年后成效可期。川省地大物博，为全国冠，若能同德一心，共趋斯轨，则内争之端，不辑〔戢〕自弭，救国要端，莫逾于此。兄等热诚宏识，当必同意斯旨。兹并拟派戴季陶君入川，与诸君讨论其详也。余不一一。即询

毅安

十月二十二日

据《致黄肃方函》，载南京《中央党务月刊》第九期"特载"，一九二九年四月出版

致张开儒揭露陈炯明诡谋谕以厚集兵力攻粤函①

（一九二二年十月二十三日）

藻林吾兄惠鉴：

前上壹函，详述内外情势，并代蘅秋②兄代候。蘅秋兄行时，汝为、百川③等方攻福州。旋得捷报，我军已确实占领福州④，李厚基⑤逃去，敌之主力及其他部

---

① 孙文到上海后即积极联络旧部，部署讨伐盘踞广东的陈炯明叛军。张开儒，号藻林，曾被孙文任命为云南讨贼军（即北伐军）副司令，率领滇军自滇黔边境出师。陈炯明叛变后，张率师进入广西。

② 黄实，字蘅秋，原籍广东新会，寄居云南楚雄。陈炯明叛变前，黄任总统府参军。

③ 王永泉，字百川。当时许崇智等部与驻闽皖军实行军事合作。

④ 十月十二日，黄大伟、李福林所部攻占福建省会福州。

⑤ 李厚基时任福建督军兼省长。李原属皖系，直奉战争后改投直系，并与陈炯明合作。

完全溃散，全闽亦指顾可定。闻汝为、子荫、登同①以所得军实，扩充兵力，不止加倍。刻已促其赶紧整理，为返粤讨贼之计。

惟陈贼②得知我军占领闽省消息，即移重兵于东江，并闻有和西战东之诡谋。盖欲利用桂军牵制我师，复冀滇军意志不一，即可以和缓一方面，而专力对付一方面也。若我于此时机统一内部之意志，同时疏通桂人，厚集吾兵力，从西江顺流而下，关国雄部、郑润琦部③必不敢抗，且将易其观望之态度而为响应。陈逆无心腹中坚军队为防，则破之易易。要之，彼不能有东西兼顾之力量，即为我军恢复百粤最良机会。

兹特派邹海滨兄鲁回港④，与各方面策应接洽。海滨于民党屡次图粤，皆有力量，且深知粤桂军之情，而与刘显丞深交，当我军东西并进之时，故使在港沟通一切，妥为照应。用特专函告知，即乞时与接洽为荷。此颂
戎安

十月二十三日

据《总理函稿》，台北、中国国
民党文化传播委员会党史馆藏

复谢持望设法推广北方党务函

（一九二二年十月二十三日）

惠生兄鉴：

手书暨卢生报告，均悉。洛事所见极是，自当酌量办理。北方党务，极须注意，切望设法推广党势，俾固基础。兄在京奋斗，申张正气不少，甚为慰念。手此，顺询

---

① 黄大伟，字子荫；李福林，字登同。十月十八日，孙文任命许崇智为东路讨贼军总司令兼第二军军长，黄大伟为第一军军长，李福林为第三军军长。

② "陈贼"及下文"陈逆"均指陈炯明。陈于一九二二年九月复任粤军总司令。

③ 关国雄为陈炯明所部粤军第四师师长，郑润琦为粤军第三师（师长魏邦平）第六旅旅长，均留驻梧州一带。如孙文所料，是年十二月西路讨贼军沿西江而下讨陈时，郑润琦率部响应。

④ 邹鲁被孙文任命为驻港特派员，一九二二年十月三十一日自上海抵达香港。

近佳

十月二十三日

据《复谢惠生》，载南京《中央党务月
刊》第九期"特载"，一九二九年四月出版

致邓泽如委为讨陈管理财政函

（一九二二年十月二十三日）

泽如我兄惠鉴：

　　我军既得福州，许、黄、李三部以所得军实扩充兵力，增加不止一倍。滇军朱、张两大部亦渐趋近西江，以此驱除陈贼，贼虽狡恶，断难东西兼顾，故弟认此为恢复百粤最好时机。

　　兹在港设立办事机关，以为西江及内地各路之策应，即委兄管理财政。以兄资望信用，为同志所共知，亟望慨任不辞。同时嘱海滨兄回港，与各方接洽。海滨于民党屡次图粤，均与有力，且熟知粤桂等军队之情状。关于支用款项之手续，可由兄存贮于银行，而支用时则必得海滨与兄两人签字，乃行交付，则对内对外，皆妥善矣。专此，即颂

近安

孙文

十月廿三日

据原函影印件，载邓泽如编：《孙中山先生廿年来手
札》卷四，广州，述志公司一九二七年一月出版

附载：居正奉孙大总统谕代答湖北公民团诸君函

（一九二二年十月二十三日）[①]

湖北公民团诸君公鉴：

　　萧向炎、刘壬龙两君持来文件，业经大总统披阅，备谂壹是。鄂民水深火热，痛

----

① 原函未署年份。此据底本《函牍稿簿》的前后编排次序酌定。

怛同深。惟以时局颠连，莫能拯救，实令彷徨。鄂为首义之区，世泽未斩，切望人民以先烈创建之精神，求真正民权之实现，斯必有成功之日也。

奉谕代答，特此奉达，即希察照。

居

十、廿三（已发）

据《复湖北公民团》，见居正：中国国民党本部
总务部《函牍稿簿》，原稿本，上海图书馆藏

致邓泽如请与邹鲁在香港相助调和函

（一九二二年十月二十六日）

泽如兄鉴：

兹特派邹海滨兄为文驻港特派员，并特派兄为理财员。望兄与海滨相助为理，调和各人意见，以期速达灭陈目的为荷。此候

大安

孙文

十月二十六日

据原函影印件，载邓泽如编：《孙中山先生廿年来
手札》卷四，广州，述志公司一九二七年一月出版

复郑占南望力筹讨陈军饷函

（一九二二年十月二十七日）

占南志兄鉴：

杨君仙逸持到手书，并经晤悉，藉谂侨胞义愤，一致讨贼，毋任感慰！

炯明藉吾党提携，得弋微名，遂得罗致鹰犬，伺机反噬。此固文用之未当，然以廿年服事之人，一旦变为枭獍，亦殊出常理之外，非诛此獠，诚不足以昭法纪而正人伦。今贼暂据广东，即以全省利权抵押借款，业为全粤人民所唾弃，即

前日之助其张目者，今亦反颜相向，足见公理尚未尽隳。

现我军已克福州，根基已得，进讨不难。切望兄等竭力筹募义捐，俾充军饷，则士饱马腾，荡平可指日计也。救粤救国，责任均在吾党，务勉为之。特复，即颂义祺

十月二十七日

据《复郑占南》，载南京《中央党务月
刊》第九期"特载"，一九二九年四月出版

致鲁涤平勘救湘省而振西南函

（一九二二年十月二十七日）

咏安①吾兄伟鉴：

久未笺问，敬以勋祺日懋，为颂且慰！

自陈逆作乱粤东，大局复陷于黑暗。然是非、顺逆所在，则人心皎然其不可欺，即对于甘为军阀傀儡、尸位素餐之黎氏，亦既厌且憎。故吾人当以天下为己任，不容一日放弃。

湘省为西南门户，首倡护法，举足重轻。独恨执政方针日错，不惜为陈逆之应声，为民治之障碍，甚者假借名义，取便私图，日杀无辜，排除异己，士民之怨，亦既深矣！惟有力者为能拨乱反正，改位〔弦〕而更张之。且夙昔与为声援者，今日适受种种之牵掣，无以相顾，则内部谋解决为不易得之时机。救湘省而振起西南，知贤者不能辞其责。今日刘曙汀君之行，特泐数行奉候，并托代达一切。即请
勋安

十月二十七日

据《致鲁咏安》，载南京《中央党务月
刊》第九期"特载"，一九二九年四月出版

---

① 鲁涤平，字咏安，湖南宁乡人，时任湖南第二师师长，后任湘军第二军军长。

致蔡钜猷勖救湘省而振西南函

（一九二二年十月二十七日）

铸人吾兄伟鉴：

久未笺问，时以勋祺日懋为祝！

自陈逆作乱，大局陷于黑暗。然是非、顺逆所在，则人心皎然其不可欺；即对于甘为军阀傀儡、尸位无能之黎氏，亦既厌且憎。故吾人当以天下为己任，不容放弃。

今有假省自治之名，图其私利，以排除异己者，盖陈逆之应声虫，而西南之障碍物也。专欲怙权，日杀不辜，士民之怨毒实深，非蹴倒之，何以救一省而振起西南？计此义当为兄所素谂。惟彼阴谋煎迫日益甚，而向为彼辈奥援者，适受他方种种之牵掣，已无相救，则内部解决为不易得之时机，是在兄等之决心如何而已。

兹因刘曙汀之行，特嘱代达一切，即颂

戎安

惟照不备。

十月二十七日

据《致蔡铸人》，载南京《中央党务月刊》第九期"特载"，一九二九年四月出版

附载：居正复张秋白告以总理批示
可于党中任一编撰职务函

（一九二二年十月二十九日）①

秋白兄鉴：

尊函奉总理批示：可于党中任一编撰职务，薪水至多百元云。特此奉达。弟

---

① 函末仅署日期"廿九"，年月系据底本《函牍稿簿》的前后编排次序酌定。

以此事本属宣传部范围，惟刻以新章宣布在即，各部皆在结束之中，拟俟改组以后再事实行如何？此复，即颂

时祺

廿九（缮发）

据《复张秋白》，见居正：中国国民党本部总务部《函牍稿簿》，原稿本，上海图书馆藏

复张贞等告福建省长当由省议会选举函①

（一九二二年十月中下旬）②

□□兄鉴：

电悉。鲁贻为吾患难交，素所钦倚。惟福建省长一席，闽海外华侨同志多属望林子超。此时闽省财政困窘已极，若藉此而获华侨之资倾，俾闽省民治事业畅行无阻，亦未始非计之得者。然省长关系于一省民治前途者极大，当由省议会选举，庶足以表示民众公意，预杜争端。兄等既为自治而战，此旨谅早已共喻。今福州虽下，郊垒未清，下游贼氛独〔犹〕炽，有待于贤豪之相与努力者正多，幸为国自爱。不尽缕缕。

据《复张贞许卓然杨汉烈陈国华吴适卢兴邦黄炳武》，载南京《中央党务月刊》第九期"特载"，一九二九年四月出版

复廖湘芸望努力进行以竟全功函

（一九二二年十月）

湘芸兄鉴：

接诵来书，欣慰无似。

---

① 此系复张贞、许卓然、杨汉烈、陈国华、吴适、卢兴邦及黄炳武等人的函件。
② 福州在十月十二日为许崇智等部所克，该函当在此后所写，酌定为十月中下旬。

兄屡入危境，俾断续不完之义军联成一气，厥功甚伟。现闽局渐定，我军所获械弹极夥，回戈讨逆，期必不远。望更努力进行，以竟肤功。所有各方情形，务须随时举报，俾资策划。跋涉多劳，千万珍重不备。

据《总理函稿》，台北、中国国民党文化传播委员会党史馆藏

复梅培促黄大伟部速攻广东函

（一九二二年十月）

光培兄鉴：

函悉。子荫兵力增加，喜慰无似。望兄从此鼓其士气，速往平逆，收复广东，为吾党根据，前途乃有希望。若久留福建，则〔或〕贸贸然出中原，皆危道也。并望时时报告详情毋既。即询

近佳

据《复梅光培》，载南京《中央党务月刊》第九期"特载"，一九二九年四月出版

致张作霖告派程潜往商军事函

（一九二二年秋）①

雨亭先生惠鉴：

顷奉一函，想承鉴及。国本未宁，军事孔亟，通筹全局，实为目前之要图。执事伟略匡时，至深佩慰。

程颂云兄前任湘军总司令，久历行阵，深悉敌情，数年以来，参赞戎机，尤

---

① 原函未署日期。据程潜（字颂云）在一九二二年二月所作《抚军江门作并序》诗称"予去秋奉命至沈阳"句（陈利明著《程潜传》第一五一页）推断，此函当写于一九二二年秋间。又函中有"顷奉一函，想承鉴承"，推断系九月二十二日派汪兆铭北上沈阳时所写。

资臂助。兹特派赴尊前，关于军事进行，有所商榷，敬希俯赐接洽，是所至荷。余不一一。专此，敬颂

勋祺

惟照不备。

据原函，台北、中国国民党文化传播委员会党史馆藏

分致李庆标黄壬戌等请再筹饷讨陈函[①]

（一九二二年十一月一日）

同志先生大鉴：

径启者：护法讨贼，屡蒙海外贤豪赞助饷糈，所裨至大。顷据黄馥生报告，知执事平素对于本党党务莫不竭力维持，且屡助巨资，尤为感纫无既也。

方今义师进驻福州，大局粗定。返旆百粤，为期匪遥。惟是大军出发，需饷孔亟，尚祈执事本爱国爱党之心，再为卜式输财之举，则戡乱之目的，不难完全达到矣。

海天在望，不尽神驰。专此布达，并颂

义安

孙文

十一月一日

据原函影印件，台北、中国国民党文化传播委员会党史馆藏

致蒋中正介绍卢凤冈往见函

（一九二二年十一月二日）

卢凤冈君新由吴佩孚处来，知彼方之情甚悉。特着来见，以备兄采询一切。

---

① 此系分致季庆标、黄壬戌等同文函札。

此致

蒋介石兄鉴

孙文

据原函，上海孙中山故居纪念馆藏

复越飞劝勿援助吴佩孚函①

（俄 译 中）

（一九二二年十一月二日）

亲爱的越飞先生：

今闻贵国政府已肃清西伯利亚白卫军和日本军队，最终迫使日军撤出海参崴，红军开入该市。贵国政府大功告成，令我欣喜之至，特为祝贺。

从上次我们通信后，我即开始与吴佩孚联络，试图弄清有无可能与之携手共谋重新统一中国和建立一个强大而稳定的政府一事。遗憾的是，我不得不说明，吴的表现证明他是一个很难与之打交道的人。据我现有的情报，我以为现在吴对我的态度，无疑是由下述事实而来：吴希望在其一旦与张作霖交战时能得到贵国政府的军事援助。在这种情况下吴、张二人的冲突不仅对中国，而且对俄国也必有百害而无一利。

显而易见，如果吴佩孚与张作霖开衅时得到俄国的援助，张必定要寻求日本帮助。这且不说。依据同样的理由，本来对贵国政府和苏维埃制度就怀有敌意的英、法、美三国，在得悉全部情况后也无疑将被邀请前来干涉。其结局对于中国来说将是致命的。而且在贵国处境极为艰难时，尤其是如果日本从其他大国处获准或被邀请前来助战时，那就势必激发白卫军的反苏维埃活动再行肆虐。

如果贵国冷静地观察资本主义国家对俄国制度的刻骨仇恨，那就能够看到，此事不可等闲视之。还有一个事实，它证明日本军国主义者，曾置日本比较开明

---

① 越飞受苏俄政府派遣于一九二二年八月来华，负有与北京政府谈判恢复邦交问题及在中国物色合作派系的使命。

的自由主义派明显的反军国主义倾向于不顾，而立即利用这种局势再行控制民众的思想，这些比较开明的自由主义人士已经挫败了对西伯利亚的军国主义政策，因为那样的侵略政策是伪装不了的。贵国若站在吴佩孚一边干涉中国，就会使日本军国主义者把自己的政策伪装起来而向贵国宣战，届时日本将会得到列强的道义和物质支持。而贵国反将被说成是中国的侵略者，就连我到时也不能否认这一点。

鉴于这些原因，我不无惊愕地得悉，贵国政府拟派遣军队至北满，理由似乎是要维护或保卫俄国在中东铁路的利益①，但却会使人们以为，实际上这是想帮助吴佩孚进行他策谋的明年春季讨伐张作霖的战争。

恕我直言，吴佩孚攻打张作霖时，苏俄给予吴的这种援助，很可能被吴用来对付我。我很难设想，贵国政府希望或有意将我视作敌人，或有意帮助任何一个与我为敌的人。

我以为，贵国对张作霖的否定态度乃出于对他的怀疑，似乎他是日本的代理人，他宽容白卫分子或者允许他们明里暗里在中国东北从事反对贵国政府的活动。但是我有能力迫使他作出令贵国满意的保证：将来执行与我相同的对待贵国政府的政策。实际上我已经采取某些措施让张透彻地理解，毫无疑问，我同他合作的条件之一就是他必须同意我的对俄政策。

我毫不怀疑，贵国政府定能使张作霖为保证苏俄的安全而理智地做出他应做的一切，但不要与吴佩孚一起或使用军事援助和武力手段通过吴佩孚去做，而是与我一起并通过我利用外交手段去做。

至于吴佩孚，我很想与之合作。但我的旧友至今仍忠于我重新统一中国的计划，我不能抛弃他们而谋求任何合作。吴佩孚想让我与张作霖分手，以此为代价谋求与吴携手。我不能接受此种行动方针，况且张作霖愿意接受有各派系领袖参加的全国性协调。

最后，我提请您注意下述两点：

---

① 一九二二年十月二十五日俄共（布）中央委员会远东局通过指令，拟派兵占领中东铁路，追歼白卫军残部。俄共（布）西伯利亚局和远东共和国的一些领导人还专门就此组织过讨论。次年一月四日俄共（布）中央政治局否定了这个建议。

一、我难于同吴共事，因为他有恃无恐：一旦与张作霖或者尔后与我开衅，他均可得到苏俄援助。

二、与我一起并通过我，贵国政府定能在张作霖处达到一切目的，非帝国主义的俄国为英明治理国家定会得到所需要的一切。

请将此信寄给我们莫斯科的朋友们，尤其是列宁、托洛茨基和契切林。我正在给契切林就此问题写一封详尽的信，但在信发出之前想倾听您的意见。能否烦请您向莫斯科拍发一个同样内容的电报①，据悉，那里正在研究向北满派遣军队的问题。

顺致最崇高的敬意！

您忠实的孙逸仙

一九二二年十一月二日

上海莫里哀路二十九号

译自 ВКЛ（6），Коминтерн и национальнреволΙоционное движение в Китае（документы），т. I. 1920—1925（Москва，1994），No. 43 "Письмо Сунь Ятсена А. А. Иоффе"（第四十三号文件 "孙逸仙致越飞函"）（李玉贞译）②

致陈洪范告派张左丞面慰函

（一九二二年十一月六日）

福五仁兄执事：

协撰到上海，举川中将领，必称道足下，及仲才来，益知深明大义，晓然于世界与国家大事之所趋，而措四川于不乱者，当以兄为巨擘，钦慰无已。

去年曾子伟还川，尝裁寄一书，略道鄙意。顷闻此书未达尊听，而得之者转

---

① 原注：可能是应孙逸仙的请求，越飞于十一月十日和十三日致电契切林，向莫斯科转达孙逸仙的意见，并强调孙无论如何都不会同意苏俄消灭张作霖，因为他 "随时要利用张作霖来反对吴佩孚"。

② 感谢俄罗斯国家社会政治历史档案馆的帮助，译者得以据英文打印件核对。

滋猜疑，幸足下镇静有术，得无事耳。比仲才还，又奉一书，当能入览。而仆之主张，仲才当能道其大略。今特派张君左丞，慰存执事。当今之世，吾人应立一救国治世之主义，相与奋斗而牺牲之，各视其力所能及，以倡先肃伦，风靡全国，所谓不朽之业，其在于斯。执事握重兵，居要地，而四川豪俊又不后人，务望互相策勉，力规其远且大者，以图利国家，洵诸君子不朽之业也。区区之志，左丞能面罄之。

　　寒渐重，千万为国自爱，并希察量不宣，即颂

戎祉

十一月六日

据原函，台北、中国国民党文化传播委员会党史馆藏

致刘成勋望立救国治世主义并派张左丞面慰函

（一九二二年十一月六日）

禹九仁兄执事：

　　协揆、仲才先后来上海，谈及川中将领，必称道足下。而谢慧生兄亦尝称执事深明大义，晓然于世界与国家大势之所趋，无任钦佩。往者仲才还蜀，既属其代达钦迟之意矣。今特派张君左丞，慰存执事。

　　当今之世，吾人应立一救国治世之主义，相与奋斗而牺牲之，各视其力所能及，以倡先肃伦，风靡全国，所谓不朽之业，其在于斯。执事握重兵，居要地，而四川豪俊又不后人，务望互相策勉，力规其远且大者，以图利国家，洵诸君子不朽之业也。区区之志，左丞能面罄之。

　　寒渐重，千万为国自爱，并希察量不宣，即颂

戎祉

十一月六日

据原函，台北、中国国民党文化传播委员会党史馆藏

复杨希闵告勿坠桂系诡计从速图粤函

（一九二二年十一月八日）

绍基①吾兄惠鉴：

那代表②到沪时，诵篠日快邮代电，欣慰之至。兄与同袍转战数千里，备尝艰险，而所志不渝，尤可念也。

自粤东逆军作乱，政纪荡然，所幸是非、顺逆之在人心者益明，即北方武人亦羞与叛徒为伍，吾人正义之胜利，转以自信。近者我军已占领福州，许、黄、李等部增加实力，不止一倍，于是乃有和西战东之诡计。盖以桂省内容复杂，则欲用其离合操纵术，牵掣我师。破彼奸谋，惟有与桂人避无聊之冲突，而我滇军两大部益接近一致以进行，先定粤乱，则西南之障碍立除，滇桂问题可迎刃而解。窃计滇军为百战之精锐，综合两部实二万余人，顺流而东，势力至大。彼逆内部时有分裂之象，西江之一、三两师必扶义而起，为我应援。故彼逆纵出全力，专应西江，亦未必能守，况须移重兵以支持东路，则彼愈失势而我愈得机矣。以上各节，乞为我同胞爱国爱党之士熟虑而预计之。

唐代表到港，港有电来，已即电嘱港机关备办饷食衣服等接济，并妥筹运送。余托那代表道达。专此，即颂

戎安

十一月八日

据《总理函稿》，台北、中国国民党文化传播委员会党史馆藏

---

① 杨希闵，字绍基，云南宾川人，时任滇军第三旅旅长，一九二二年十一月被推举为西路讨贼军前敌总指挥，一九二三年三月被孙文任命为中央直辖滇军总司令。

② 指那博夫（其仁）。

复徐镜清望努力奋斗一致讨贼函

（一九二二年十一月八日）

瑞霖兄惠鉴：

得十月廿六〈日〉手书，藉悉号召各部次第克复大田、德化、永春等县，嘉慰之至。

北方仍维持李厚基，使入厦门，计必与陈逆勾结，闽南各处将为交争之点，望兄等努力奋斗，以张吾军。近已改编粤军为东路讨贼军，以汝为兄为总司令，义师各路悉受节制。来节已转寄福州汝为兄处，想兄处亦时与接洽也。又铮兄已于冬日离闽，闽中改推伯川为闽省总司令，子超为省长，既以缓和外间之空气，而民治提倡，亦与闽人之期望不背。至我军之大目的，则在于一致讨贼，重整纪纲，务使化除畛域之见，相成而不相妨碍。尚复，即颂

近祉

十一月八日

据《复徐瑞霖》，载南京《中央党务月刊》第九期"特载"，一九二九年四月出版

复张开儒望与朱培德部协同讨逆
并告饷项已设法筹措函

（一九二二年十一月八日）

藻林吾兄惠鉴：

谷君春芳来，得手书，并悉兄与同袍近况，备尝艰险，而所志不渝，至足感念。

内外形势，已具近日所致数书。陈逆为国人所不容，其部下亦自相携贰。今复移重兵以备东江，则我军若顺流而下，粤乱之定，在指顾间耳。益三〔之〕所

部已从桂林出发，当能携手一致进行；内部应如何维系统辖，亦望兄与益三〔之〕等熟商而行之。饷顷〔项〕一节，已电嘱港中机关接济，纵不能即副所期，亦必不令我军困苦也。专复，即颂

勋安

十一月八日

据《复张藻林》，载南京《中央党务月刊》第九期"特载"，一九二九年四月出版

复北京护法议员论护法事宜
并告托张继来京宣传函

（一九二二年十一月八月）①

护法议员办事处诸先生均鉴：

杭、凌二君来，获诵大札，具论公等为法奋斗而弥坚，各界赞助，极符私祝。

北京政象近愈离奇变幻，未知所届，诚非吾人所乐睹；然变化为进步之机，从未有不变而能进者。至国家能于此剧烈变化中进至何度，一惟公等之努力与决心是视。承示此后宜兼顾政治，洵属扼要之图。处万恶之北京，政治社会法律已等于具文，徒与争法律，恐真正护法问题，终无由解决也。

此间日来甚贫困，每念公等之窘阻，无术资倾，愈蹙迫不安。现正设法筹募，一俟筹有的款，当托张溥泉兄来京助理宣传。

北地多寒，诸维珍重！

据《复护法议员办事处》，载南京《中央党务月刊》第十六期"特载"，一九二九年十一月出版

---

① 据孙文批护法议员办事处函称："作答：日来甚困，俟筹有的款，当张溥泉来京助理宣传"与来函结尾相同，故酌定为十一月八日。

复王懋功望内部固结同心勠力函

（一九二二年十一月十日）

东臣兄惠鉴：

张金钊君来，获诵手书，具悉一切。我兄间关数千里，艰难数百战，立此奇功，至深欣慰。前遣精卫兄等来闽，慰劳诸将士，藉申拳拳。昨精卫兄等回沪，略悉闽中近状，并稔兄之尽瘁主义，申儆军实，尤足副我期望，佩何如之！

〈昨〉得报告，臧和斋已收复漳、厦，李厚基、高全忠均逃，赣兵入境，亦已退却。此间向各方面均有接洽，务期闽围差固，俾我讨贼军将士心无旁挠，集中精力，以完未了之任务。文侨寓海上，接济军实，有心无力，时以为歉；但如有机缘，必为绸缪，无劳多嘱也。此时内部固结，最为要图，但得三军一致，同心勠力，则足以立于不败之地。兄夙重大义，其善图之！至嘱。耑复，并候

戎安

十一月十日

据《复王懋功》，载南京《中央党务月刊》第九期"特载"，一九二九年四月出版

复王永泉述闽局前途并望振奋直前函

（一九二二年十一月十日）

伯川吾兄惠鉴：

余君田侯来，获诵惠书，具悉一切。我兄不避艰险，以奠闽局，念及贤劳，时深廑系。

最近消息，李厚基、高全忠已为臧和斋所逐，赣兵入寇，亦有引退消息，闽局一时可谓粗定。然内部之整理，周围之应付，及贯彻主义之应如何进行，事绪至为复杂。我兄与成〔汝〕为诸兄，同历艰危，死生相共，情志固结，必能和衷共济，措置裕如。文在此间一切自当留意，如有所见，必随时奉白，以

资进行也。

闽中既决军民分治，四围对闽空气，已较和缓。日来北平〔方〕及赣中对文表示，于闽事已渐化敌意；此后相机应付，当可使之就范。田侯昨已赴浙，明日精卫偕自堂亦往，闽事若得浙助，则唇齿势力，东南形势于此可求发展矣。

环顾国内，危险震撼，诚非吾人息肩之时。所冀吾党之士振奋直前，锲而不舍，必有完全贯彻所期之日。兄手定闽疆，鉴〔誉〕望已集，深盼发挥光大，以慰所怀。书不尽言，专复，敬候

戎安

十一月十日

据《复王永泉》，载南京《中央党务月刊》
第九期"特载"，一九二九年四月出版

分复蔡钜猷陈渠珍述解决湖南问题函[①]

（一九二二年十一月十三日）

铸人吾兄惠鉴：

于、周两君还，得手书，并据转述伟抱，具审热诚爱国，始终不渝，无任欣慰。

湘为解决南北问题关键，中原有事，在所必争。曩以赵氏首鼠两端，梗我义师，致陈炯明悍然叛变，破坏大局，凡有血气，靡不发指。兹幸闽省收复，我军大振，不日即与集中桂境之滇、赣各军，夹击广东。湖南方面，即照尊旨，嘱组庵切实进行，三面环攻，粤局不难传檄而定。刻正与组庵磋商办法，俟确定后，当专人奉告。

赵氏昧于大势，假联治为割据，一意孤行，南北之同情尽失；犹复内挟猜忌，排斥异己，失道寡助，覆亡当不旋踵。执事提精锐之师，据险阻之地，传檄一呼，应者必众。至于北方，内忧外患，相逼而来，各谋自保之不遑，安有余力为赵援

---

① 此系分缮复蔡钜猷、陈渠珍的同文函札。

助？且更有法使之决不援助，应请毋庸过虑。总之，统一南北，平定广东，均以解决湖南为急务，而解决湖南，则惟湘西是赖。所望执事以坚强不拔之精神，努力为主义奋斗是幸！先此布复，即颂

戎绥

十一月十三日

据《复蔡钜猷陈渠珍》，载南京《中央党务月刊》第九期"特载"，一九二九年四月出版

复赵杰述讨陈情形函

（一九二二年十一月十三日）

奕午吾兄惠鉴：

屡从李君靖宇处得见手书，藉知爱注殷拳，至为纫感。委状数通，前已缮备，以无便邮，未克奉寄耳。

自许、王等部占领福州，吾军益张。滇军朱益之部从桂林与张藻林五旅接近，其势亦厚，前途可抱乐观。惟经济问题甚形支绌，令人时扼腕耳。常部由闽移动，闻已派员接洽，当不致为他人利用，此节深感臂助。勋臣兄想时晤面，乞为致意。专此，即颂

勋安

十一月十三日

据《总理函稿》，台北、中国国民党文化传播委员会党史馆藏

致蒋中正望接洽吴煦泉函

（一九二二年十一月十三日）

介石兄鉴：

兹介绍吴煦泉君来见，以商一切事宜，到时望为接洽，详询各情。如有把握，

慎以从事，或可得一大好效果也。此致，并候

大安

孙文

十一月十三日

据原函，上海孙中山故居纪念馆藏

复上海妇女节制会允代征募费用函

（一九二二年十一月十三日）

来函已悉。现以俗冗纠缠，无暇延见。至于贵会之发展，实所希冀。除已捐五十元外，当再代为设法征募。

据《中山赞助抚育工儿院》，载一九二二
年十一月十四日上海《民国日报》第十版

致张静江告字幅日后再送上等事函

（一九二二年十一月十六日）

静江兄鉴：

属写字一事，待日间再行写过，方能送上。至于贺令郎微物，乃内人心事，彼亲自送〔从〕肆中采买来者，可向彼道谢也。此候

大安不一

孙文

十一月十六日

据原函影印件，载杨政知等编：《孙中山先生墨
迹》，石家庄，河北人民出版社一九八六年十月出版

复加拿大顷士顿同志奖勉筹款讨陈函

（一九二二年十一月十六日）

启文部长、竹间书记暨同志兄均鉴：

径启者：来电备诵种切。本月鱼日汇来沪洋七百五十两，及八月覃日焕廷兄沪洋二千三百两，俱妥收无误。从来吾党救国，所赖于海外同志之资助为多，加属方面，供亿尤力，综计贵分部党员人数捐款额数，允称属中巨擘，热诚毅力，钦佩奚如！

迩者义军敉定八闽，声威丕振，正宜乘胜反斾，光复岭南，诸路大军，近已次第出动，擒渠扫逆，指日可期。惟是义师转战万里，分布数省，虽有生命可拚牺牲，奈无粮秫可资接济，救乡救国，畴肯后人，出力出财，各宜尽责。矧此次再讨陈逆，一胜一败，实关于国运之隆污，正义之消长，凡有血气，自应被发缨冠，赴兹急难，而在我灼肤受痛之同志，更无论矣。

兄等吾党中坚，同侪模范，再接再厉，不达不休，努其全力，竟兹伟功，不俟文之切嘱者也。此复，即候

任安

孙文

十一月十六日

据《会书》之十《函札》，台北、中国国民党文化传播委员会党史馆藏

复李福林述筹措军饷情况函

（一九二二年十一月十九日）

登同我兄惠鉴：

谢君建诚来，获诵手书，具悉一切。此次我兄转战数千里，劳苦功高，而辑抚商民，周旋僚寀，又深明大体，至为佩慰！

手书注意枪械补充，自属必要之图。文在此间对于接济，未尝一日忘怀；只以到沪以来，已失去策源之地，惟恃海外醵资相助，为力有限，竭蹶万状，想兄已深悉此中情况，不待多述矣。如能于数日之内，筹得的款，必有以副兄之望。

福建富庶，财政整理，如能得宜，则以之给养本军，完成讨贼任务，尚非不可能之事，所冀子超尽心筹画，以充军实。前寄军毯万张，不敷分配，心甚歉然；兹再购备，寄汝为兄处转发，庶几可为御寒之用。当此艰难之际，惟望加意拊循将士，以大义相激发，回粤讨贼，功业告成，始能有挟纩①之乐也。专此奉复，并候

戎绥

十一月十九日

据《复李福林》，载南京《中央党务月刊》第九期"特载"，一九二九年四月出版

致林驹望以大义激发所部完成讨贼之功函

（一九二二年十一月十九日）

仲廷我兄如握：

此次福军转战数千里，屡立奇功，在将士固备受艰险，而福军之荣誉与信用随以增长，深可慰庆！我兄在军中勤劳特著，忠勇过人，尤所系念。兹福军已编为东路讨贼军第三军，并擢兄任旅长，尚望兄顾名思义，加意拊循所部，以大义相激发，卒成讨贼之功，完救国之愿，是所至嘱。专此布达，并颂

戎绥

十一月十九日

据《致林驹》，载南京《中央党务月刊》第九期"特载"，一九二九年四月出版

---

① 挟纩：即穿棉衣，事出《左传》。鲁宣公十二年，楚子（楚庄王）伐萧，萧溃，"申公巫臣曰，师人多寒。王巡三军，拊而勉之。三军之士，皆如挟纩"。

复黄隆生论黄业兴附义讨陈函

（一九二二年十一月二十日）

隆生吾兄惠鉴：

郭君来，得诵手书，备悉黄军①款附，极慰。此固由我兄与郭君介绍之力，而黄君见义勇为，能结吾党于失败之后，尤足感念。

陈逆炯明猜忌成性，妄思以一姓宰制百粤，非其私暱，或海陆丰子弟，凡稍能自树者，鲜不为所忌刻。近闻以奸伪已暴露于天下，猜防尤甚。以是诸将士之失望怀怨，欲刺刃于陈逆之腹者，不可一二数，特为陈逆虚声所震，未敢先发。使得大勇如黄业兴者，传檄一呼，应者必众，陈逆之亡可翘足俟也。陈逆多行不义，已为南北所共弃，今复野心勃发，倾全粤以图闽桂；闽桂之战起，粤防必空，此殆所谓天夺之魄耶？扶义而起，此其时矣。

黄君为吾粤骁将，文久已访闻，惜无缘一通音问，务希转致殷拳。郭君已付托谢良枝〔牧〕开诚接洽。特复，即询
起居

十一月二十日

据《复黄隆生》，载南京《中央党务月刊》第九期"特载"，一九二九年四月出版

复徐镜清望团结进取勿同舟树敌函

（一九二二年十一月二十日）

瑞霖兄惠鉴：

诵十日手书，知兄刻正进〈攻〉泉、永，勇迈绝伦，曷胜佩慰！

闽事复杂已极，危机四伏，计惟有团结各部民军，与东路讨贼军一致进取，

---

① 指黄业兴军。

庶能立于不败之地。外寇方炽，我军更宜处以大度，勿争得失于一隅，致同舟树敌。我兄服务桑梓，关怀尤功〔切〕，应如何清内孽以谋发展，想已筹之熟矣。千万努力。诸维朗照不具。

十一月二十日

据《复徐瑞霖》，载南京《中央党务月刊》第九期"特载"，一九二九年四月出版

致蒋中正望坚守福州分途奋斗函

（一九二二年十一月二十一日）

介石兄鉴：

顷见兄致展堂、季新书，有"十日内如毫无进步，则无可如何"等语。吁，是何言也！吾不能亲身来闽，而托兄以讨贼之任，兄何能遽萌退志如此？夫天下之事，其不如人意者固十常八九，总在能坚忍耐烦，劳怨不避，乃能期于有成。若十日无进步，则不愿干，则直无事可成也。就如来信云云，子荫当来沪①，此事已不成问题，则内部之大难题，已得解决，则进步为极大矣。其他纷繁小故，何足介怀？纵我无进步，而敌则日日退步，如敌军将士之日有觉悟也，敌人之团体日形瓦解也，百粤人心之恨彼日甚也，思我日深也，此即日日之无形进步也。由此以观，我能坚持，便等进步矣。故望兄切勿稍萌退志，必期达灭陈之目的，而后乃能成一段落。非然者，则必百事无成也。

兄前有志于西图②，我近日在沪，已代兄行之矣，现已大得其要领，然其中情形之复杂，事体之麻烦，恐较之福州情形，当过百十倍，此无怪吾国之志士乘兴而往彼都者，悉皆败兴而返。吾幸而得彼津梁，从此可日为接近。然根本之办法，必在吾人稍有凭藉，乃能有所措施。若毫无所藉，则虽如吾国之青年共产党

---

① 蒋中正在福州，不满东路讨贼军第一军军长黄大伟（字子荫），以黄恃功骄傲、不听指挥，要求撤去黄职。孙文徇蒋之意，于一九二三年初撤黄职，而由总司令许崇智兼第一军军长职务。后黄大伟愤而投向陈炯明。

② 指蒋中正欲赴莫斯科学习、考察一事。

与彼主义完全相同矣，亦奚能为？所以彼都人士，只有劝共产党之加入国民党者，职是故也。此可知非先得凭藉不可，欲得凭藉，则非恢复广东不可。此次广东一复，则西南必可统一，如是便可以西南数省为我凭藉，则大有办法矣。此次土耳其革命党之成功者，此也。故兄前志之成否，则全在福州之一着也。能即进而灭广州之贼固善；如其不能，则保守福州而坚持，亦为一进步也。盖有一日福州，则我有一日之凭藉，外交内应，则可以此为背景。倘并此而无之，则我不过为一租界之亡命客耳，奚足轻重？故兄能代我在军中多持一日，则我之信用可加多一日，故望兄为我而留，万勿以无进步而去。

兄忘却在白鹅潭舟中之时乎？日惟睡食与望消息而已，当时何尝有一毫之进步，然其影响于世界者何如也？今则有我在外活动，而兄等在福州，则为我之后盾也。有此后盾，则我之计划措施，日日有进步，或者不必待兄等之恢复广州，我计划已达最后之成功，亦未可知也。故兄无论如何艰苦烦劳，必当留在军中，与我在外之奋斗相终始，庶几有成。外间日日之进步，非纸墨所能尽，仲恺来当能略道一二。

总之，十数年来，在今日为绝好之机会，吾人当要分途奋斗，不可一时或息，庶不负先烈之牺牲，国人之期望也。千万识之！此候

筹祺

孙文

十一月二十一日

据原函影印件，载《孙中山先生手札墨迹》，上海，太平洋书店一九二六年十月出版

复王永泉勖厚集兵力待时而动函

（一九二二年十一月二十五日）

百川我兄惠鉴：

夏君芷芳来，获诵手书，具悉一切。闽局新定，事绪繁兴，我兄揭柱艰难，至为系念。

今者军民分治之局，既由兄等采纳民意，毅然见之实行，则此后政治上已有

轨道之可循，当不难渐臻妥帖。关于军事之进行，兄又约同汝为、和斋商设联合办事处，以收联络统一之效，根本已植，分条〔途〕发达，尤有无尽之蕲望也。惟群凶充斥，挟畏忌怨毒之念，环而窥伺，为一时权宜计，虚与委蛇，虽未为不可；然寇不可玩，敌不可纵，终须厚集兵力，一扫荡而廓清之。兄谋勇过人，为国事计久远，当早已熟虑及之矣。

迩来群小无状更甚，腾笑中外，犹不自敛戢，覆亡之期，必在不远。我苟固结内部，待时而动，当可以一竟平生救国之凤愿，所企与兄共勉之也。

先此奉复，如续有所见，当随时布达；并望不吝金玉，时以闽中近况见示，以慰远念为荷。手此，敬候

戎绥

十一月二十五日

据《复王永泉》，载南京《中央党务月刊》
第九期"特载"，一九二九年四月出版

复赵杰勖共济艰难合力扫除粤逆函

（一九二二年十一月二十五日）

毅武我兄惠鉴：

昨接十月十八日手书，敬悉一切。我兄统筹全局，思深识远，至可佩慰。近日政变愈趋剧烈，似有急转直下之势，果使斡旋得宜，当可因变化而得较良之结果，我兄团结旧部，奋翼渑池，良深企望。沈阳俊义云集，凤所钦迟，并烦我兄勤相结纳，以主义为号召，以情感为相发奋，群策群力，共济艰难，国事始有可为也。

闽中新定，粤中叛徒遂用惴恐，勾通敌人，共谋拘煽，惟士气因之愈以激昂，荡寇之期，当不在远。所期兄等努力合图，扫除群小，苫筹所及，时以开示，盼甚盼甚。专此奉复，并候

台绥

十一月二十五日

据《总理函稿》，台北、中国国
民党文化传播委员会党史馆藏

复焦易堂告罗文干案态度并允设法筹款函

（一九二二年十一月二十六日）

易堂我兄惠鉴：

顷接十一月廿二日手书，具悉一切。

罗案①虚实，既付之法廷〔庭〕，自有水落石出之日。本党议员表示无所偏倚，以静候法律之解决，态度至为公允。吴景濂之横行无忌，实为国会之羞，诚不可无以膺惩之。所望兄等为国奋斗，贯彻始终，使小人屏足，正气得申也。本党议员当此财政竭蹶之时，团体开会及交际各费，竟至无从筹措，深为廑念。此间适值奇困，莫能为助，尤所歉然。俟有机会当为设法，请勿为念。所索各书，当饬事务所照寄备用。

日来政变诡异万状，如有所见，希随时函告为荷。余不一一。此复，并候

台绥

孙文

十一月二十六日

据原函影印件，广州、广东省社会科学院藏

复张左丞告请邓泰中斡旋滇军函

（一九二二年十一月二十七日）

左丞吾兄惠鉴：

两得手书，报告滇军内容颇详，凡此皆当注意者。前以彼此交通不便，甚难

---

① 指罗文干涉嫌舞弊案。一九二二年十一月十四日，王宠惠内阁的财政总长罗文干与华义银行代表签订奥地利借款展期合同，换发新债票。此案经由国会议长吴景濂举发，认为将因此而使国家损失五千万元。罗案发生，与控制北京政府的直系保、洛两派斗争有密切关系。此案的提出，导致保派控制的张绍曾内阁产生。

得其真相，故港中穷于应付。现拟请邓和卿一行，或可斡旋一切。人事复杂，而敌方又转出其离间操纵之术，盖不能不小心以因应也。专复，即颂

时祺

十一月二十七日

据《复张左丞》，载南京《中央党务月刊》第九期"特载"，一九二九年四月出版

复邹鲁望勿为□伯捷所欺函

（一九二二年十一月二十八日）

海滨兄鉴：

二十日手书并洋文信，均收诵。此事经查得伯捷本人，殊不可靠；又其款果可交，决不因是而阻，签字保证，徒受其欺，前日已电兄，请将此议作废，想兄廿日作书时犹未审其真相也。

闻军事进行至为乐观，甚慰。专复，即候

旅安

十一月二十八日

据《复邹海滨》，载南京《中央党务月刊》第九期"特载"，一九二九年四月出版

复林森促发行公债函

（一九二二年十一月二十八日）

子超吾兄惠鉴：

得廿日手书，具悉一是。兄勉任艰巨，此间同志皆为欣慰。

目前万事，自以筹款为最要，望兄放胆做去，勿庸瞻顾。无财政则军队嗷嗷，无以自守；外敌之来，更遭蹂躏，尤非地方之福。想闽中人士明达者，当了解此义也。昨已电兄速即发行公债三百万，此为救急之策，望勿犹豫（即欲对小吕宋

等处筹款，亦非此不可）。其次，朱卓文已觅有洋人股东，愿供给生银与福州造币厂，其条件尚相宜。朱已来沪，兄可电招朱往办理。

近日西江军事紧急，香港机关乃不名一钱。泽如司财政，日有电来告，而沪上则以筹付手机关枪欠款，将住宅典去，犹不能足。似此情形，决难望港中垫款。而弟所以亟望闽省发行公债，华侨应募，或得从而挹注也。北方保、洛分家，萧墙祸〈起〉，王阁之倒，乃其见端，时局颇可乐观。惟孔方①困人，遂使西江及闽中军事，俱未能发展，殊可忧耳。专复，即颂

政安

十一月廿八〈日〉

据《复林森》，载南京《中央党务月刊》第九期"特载"，一九二九年四月出版

复张作霖望协商时局一致行动函

（一九二二年十一月三十日）

雨亭先生惠鉴：

李君香斋来，获诵十一月十七日惠书，敬悉一切。

近日政海极波谲云诡之观，诚如大札所言。吾辈处此，惟有坚持一定之宗旨，始终贯彻，以不变者待其变，庶其变乃有穷期也。香斋陈述尊旨，具聆种种。文前与公书，让此后对于大局，无论为和为战，皆彼此和衷，商榷一致行动，决不参差。迄今此意，秋毫无改。凡公所斡旋，文必不生异同，且当量力为助。至文所欲奉白者，已托香斋面陈一切。幸鉴此衷曲，予以提挈，是所至荷。专复，敬请

荩安

惟照不宣。

十一月三十日

据《总理函稿》，台北、中国国民党文化传播委员会党史馆藏

---

① 孔方，钱的谑称。铜钱其形外圆内方。

复杨大实告许崇智徐树铮不和为谣传函

（一九二二年十一月）

大实兄鉴：

辱示领悉。东省人士信仰吾党主张，足征兄等宣传之力，无任佩慰。

文素以争主义不竞私利为职志，此次我军入闽，诸将士幸皆坚守斯旨，未尝稍逾。汝为与又铮情感尤洽，又铮联好吾党亦既有年。外患方殷，中原未定，讵同袍相迫之时，是愚者所不为，而谓汝为、又铮为之耶？各报所载许、徐不合之说，直谰言耳。幸转告雨亭、邻葛①两公，勿以介意。文与芝泉、雨亭，共患难之日方长，终不愿其部属、友好，睚眦相向也。

王省长②固热心民治者，今得佟君为助，德业益不可量。会间希致殷问。余维朗照不备。

据《总理函稿》，台北、中国国
民党文化传播委员会党史馆藏

复刘达庆任为桂军第三路司令并促东下讨贼函

（一九二二年十一月）

达庆吾兄惠鉴：

日昨李君偕谢愤生携手教至，为道尊意甚厚，极惬鄙怀。

桂局纷扰至今，几不可理，揆诸往年援桂、扶植自治之初衷，实文梦想所不及；然推厥由来，要皆陈炯明阴毒挑拨所致。炯明久蓄宰制两广之野心，必嗾使桂军各将领自相仇杀，至困惫不能自立，乞援于彼，彼始得施其操纵之术，以收渔翁之利。故桂军各将领殆无一不为所搏弄，不独广西六百万同胞供炯明一人牺牲，即各将领

---

①　杨宇霆，字邻葛。
②　指当时的奉天省省长王永江。

为所撎弄者，亦何尝一日得安？而梦梦者竟犹甘受其撎弄而不觉，认贼作父，殊可悯叹。今为广西策治安，救广西人于陈贼所设之陷阱而登诸衽席之上，非速诛陈贼，以绝祸根，其道末由。执事早见及此，足征卓识超群，曷胜佩慰！

兹特以中央直辖桂军第三路司令相属，即希联络诸同志部队，协助在桂滇军东下讨贼。贼今方有事于闽，守备已虚，而粤军一、三、四各师驻粤〈防〉西江者，又俱约为我应，陈贼不足平也。陈贼一平，粤人感再造之德，桂省无侵扰之虞，桂粤提携，岂惟两广民治可期发展，全国和平统一之基，亦将在是，此诚不世之伟业也，幸贤豪急起图之！任状由李君转致。即颂

戎绥不暨

据《复□达庆》，载南京《中央党务月刊》
第 九 期"特 载"，一九二九年四月出版

复林义顺望领导侨商捐款函

（一九二二年十一月）

发初吾兄惠鉴：

别后每以为念，忽邵君来，出示手书，并蒙赠黄梨膏二箱，潭水深情，感曷可支！

承嘱以早饬纪纲，速图富强，救时谠论，敢不拜嘉？文常愤祖国陵夷，主张革命，每见海外侨胞横遭凌虐，愈奋发不能自已。不幸屡逢阨阻，所志百未偿一。自陈炯明叛乱，国家之大纪大法，几为所破坏无遗。祸乱已极，更何富强可言？所幸人类之正义观念，犹未尽为妖氛所蔽，数月以来，是非已大白于天下。而吾党主义以〈愈〉磨历而愈光，国人倾向之诚，较前尤盛，此诚否泰剥复之机，深望吾党有志之士，各尽所能以赴之。范弦高以牛贩救郑，午公〔千古〕深〔称〕诵。兄今领袖商界，所处殆犹过之，幸勉励前修，勿令古贤专美于前也。谨谢厚贶，并祝

福祉

据《复林义顺》，载南京《中央党务月刊》
第 九 期"特 载"，一九二九年四月出版

复宋渊源望宣传主义为闽事根本之图函

（一九二二年十二月五日）①

子靖吾兄惠鉴：

函悉。兄以个人心力赞助汝为进行军事，维持闽局，深为佩慰。惟萨②本一旧官僚，恐自治非所了解，终难贯彻。兄宜乘此时宣传主义，为根本之图，异日收效必较大也。耑复，并颂

时祉

据《总理函稿》，台北、中国国民党文化传播委员会党史馆藏

致马林告胡汉民不能同行函③

（英 译 中）

（一九二二年十二月六日）

亲爱的朋友：

胡汉民先生甚至在两周之后，也不能与你同行，谨告。相信你会把我的想法告诉我们的朋友们④。

祝旅途愉快，并望尽早再会面。顺颂

---

① 指萨镇冰。李厚基垮台后，萨曾一度由福州各团体推为福建省省长，并由北京政府予以任命。

② 原函未署日期。据《国父墨迹》附《宋渊源上国父函》（一九二二年十二月二十五日）提及"奉读十二月五日钧示"，所述内容与本函同，酌定为十二月五日。

③ 一九二二年十二月马林将离中国去莫斯科，向共产国际报告中国的工作情况，孙文前拟派代表与马林同赴莫斯科。因派胡汉民未能同行，特致函告之。

④ 指在莫斯科的苏俄领导人。

大安

你诚挚的孙逸仙

一九二二年十二月六日

据李玉贞等主编：《马林与第一次国共合作》（译自马林档案第 230/3030 号孙文英文手稿），北京，光明日报出版社一九八九年九月出版

致列宁劝勿派兵占领北满及与北京政府谈判函

（俄 译 中）

（一九二二年十二月六日）

亲爱的列宁：

因有要事，今趁机致短函于阁下。我得悉苏俄武装力量正在满洲边界集结，并准备占领北满。

我担心，这种占领将来会给中俄关系造成严重后果。对于中国人来说，昔日北满的被占领曾经是沙皇制度的明显例证。如果贵国占领这一地区，我相信，中国人民定会将其视为旧俄帝国主义政策的继续。

我本人并不相信，莫斯科的举措乃出于帝国主义的动机。

我坚信，事实上，贵国乃因不信任张作霖才须要占领北满。

请允许我再次强调，通过我并与我合作，阁下能够迫使张作霖最明智地为俄国安全采取一切必要措施。

遵循此政策，阁下不仅可以避免中国阴险的反动势力对贵国的攻击，而且可以为我更加顺利和迅速地开展中俄合作创造外部条件。

先前贵国对中国的声明①，给中国人民带来很大的希望并争取了中国民心，使人们把俄国看作中国的朋友，它能保证中国摆脱帝国主义列强而得到民族解放。

---

① 此指一九一九年七月二十五日《俄罗斯苏维埃联邦社会主义共和国致中国人民和中国南北政府的宣言》和一九二〇年九月二十七日《俄罗斯苏维埃联邦社会主义共和国外交人民委员部致中国外交部的照会》，简称苏俄政府第一、二次对华宣言。

　　请阁下不要做出任何类似占领北满①这样不理智的举动。我不久拟派遣全权代表赴莫斯科，与阁下和其他同志共商保护中俄合法利益应该采取的行动。

　　同时我要再次说明，同中国现政府的谈判不仅是浪费时间，而且可能是危险的。北京政府现在是帝国主义列强的奴仆和工具，故此，与北京政府打交道，实际上就意味着与列强打交道。这是危险的，因为北京政府和列强总是要尽手腕，使我们在中国人民面前处于不利的地位，这种事时有发生。

　　顺致崇高的敬意和兄弟般的问候！

孙逸仙

一九二二年十二月六日

上海

译自 ВКЛ（6），Коминтерн и национальнореволоционное движение в Китае（документы），т. I. 1920 – 1925（Москва，1994），No. 43 " Письмо Сунь Ятсена В. И. Ленину"（第五十号文件"孙逸仙致列宁函"）②（李玉贞译）

致王宠惠告嘱谢持北上致意函

（一九二二年十二月六日）

亮兄惠鉴：

　　慧生回沪，具述种种关怀，久要不忘，仭〔纫〕感曷极。政潮乍起③，至于无奇不有，此亦在意料中。盖阴谋酝酿已非旦夕，金人乘机发难，何有忌惮。然舆论公道，究不可欺，中外同情，究有所寄。真为国者，尽拚牺牲即亦无尤悔之足言也。兹嘱慧生北上，藉致拳拳之意。君任④兄处不便直接通

---

　　①　越飞于一九二二年九月十五日致孙文函中曾对事态的发展有所暗示；而在九月二十七日越飞致苏俄领导人的第三号信函中说，他已向孙文透露过苏俄可能出兵北满以清除白卫军基地一事。

　　②　此函曾节录发表于莫斯科《苏共历史问题》（Вопросы истории КПСС）一九六六年第十期，发表时略去苏俄拟出兵占领北满的有关重要内容。

　　③　指一九二二年十一月罗文干案。

　　④　罗文干，字钧任。

问，更乞为我道意。书不能尽言，由慧生面罄一切。专此，即颂

莶安

孙文

十二月六日

据原函影印件，载吴相湘：《王宠惠是蜚声国际法学家》，
台北《传记文学》第四十四卷第一期，一九八四年一月出版

复谢万宽告已嘱林焕廷缮发收据函

（一九二二年十二月六日）①

万宽先生大鉴：

十一月四日来书接悉一切。前承寄来救济款港银伍拾柒元肆毫，已照收到。于九月十七日亲复一函，经已言及。今接来书，始知前函未蒙收到，该项收据特嘱焕廷缮发壹纸，希照检收。国内现状，已详本部通信，祈阅及，自悉一切。先此奉复，并颂

台安

孙文启

十二月六日

据原函影印件，台北、中国国民党文化传播委员会党史馆藏

---

① 原函未署年份。据函中有"特嘱焕廷缮发一纸"，林焕廷在上海国民党本部负责财政。此函当系一九二二年在上海发出。

附载：居正复周道腴等告以某事
须俟新章颁布始能着手组织函

（一九二二年十二月六日）①

道腴、自由②兄暨诸同志公鉴：

十一月廿七日来函业经总理披览，谕交溥泉③代答。

后以此事关系綦大，经由主任会议议决，须俟新章颁布、中央干部成立始能着手组织。现新章业已议订完竣，惟宣言尚须审议，不日亦可告成，即当全部宣布。特此奉达，即希公鉴。

居

十二月六日（已发）

据《复周道腴等》，见居正：中国国民党本部
总务部《函牍稿簿》，原稿本，上海图书馆藏

致江少峰望供给借款讨陈函

（一九二二年十二月七日）

少峰先生大鉴：

久未会晤，想尊况甚佳为颂。

兹有恳者：我军自入福建后，军实比前加增数倍，俟筹备妥当，即从事讨贼，现正急需之际，敢烦阁下提倡〔供〕借款，以备应用。素仰阁下热心国事，定能竭力襄助，其筹措情形，望随时示及。至前时粤军回粤借款，当时已令粤财政厅筹还。讵陈逆于马育航经手者，则尽归还，而廖仲恺经手之款，则置之不理，是陈逆包藏祸心，不自今始矣。现定前时仲恺经手之款，俟恢复粤省后，即如数清

---

① 函末未署年份，此据底本《函牍稿簿》的前后编排次序酌定。

② 即冯自由。

③ 张继，字溥泉。

还，并望转达贵处同志为荷。此颂

台安

孙文

十二月七日

据《会书》之十《函札》，台北、中国国民党文化传播委员会党史馆藏

致卢煊仲嘉慰其慨垫巨款加入财团函[①]

（一九二二年十二月八日）

暄〔煊〕仲[②]仁兄惠鉴：

近得港中同志电告，藉知吾兄以爱国爱乡之志，慨垫巨款加入财团，仁侠高情，佩仰之至！

陈逆叛国，遂使百粤沉沦，种种倒行逆施，已天怒而人怨，即其垄断自肥，使吾粤财政枯竭紊乱，四民悉受其影响。港澳同志有鉴于此，组织财团以图恢复，整理救济，造福将来，其功甚伟！得兄慨为提倡，尤易有成矣。专此，即颂

侠安

孙文

十二月八日

据原函照片，香港卢衍民（卢煊仲之孙）藏

[①]　一九二二年六月，陈炯明叛变，讨逆战事，军饷甚急，而粤省财政，已成空虚。为此，孙文"亲躬理财"，曾发出多份财务"手令"。十月二十六日，又派邹鲁为驻港特派员，邓泽如为理财员，希望"港澳同志"组织"财团"，筹措经费，讨伐陈逆。值此艰难时刻，卢煊仲毅然加入财团，"慨垫巨款"。

[②]　卢煊仲，名宗璜，字圣岸，号煊仲。一九一七至一九一八年、一九二五至一九二八年任澳门镜湖医院总理；一九一九年任第七届澳门商会副理。

复王永泉告福建之患不在赣而在粤陈函

（一九二二年十二月九日）

伯川吾兄惠鉴：

　　顷接诵十一月三十日复函，欣悉刍荛见纳，不胜感荷。

　　承嘱制粤、赣二寇于外，此固文分〔份〕内事，自当竭力所到，为兄等助。抑更有进者，福建今日之外患，不在于北方之赣，而在于粤。赣固受北廷命援闽者，然北廷今方为政潮所卷，赣内部且生变化，何暇远图？即助李厚基回闽最力之苏督抚万，近闻亦已诿谢。惟粤陈之部落割据主义，自知与吾辈国家主义决不相容，视我军为心腹大患，苟可制我军于死地，任何牺牲，亦所不惜，不独李厚基在闽遗孽恃为厚援，即赣省寇闽之计，亦必待陈而后定。倘陈贼朝倒，闽祸可期夕解，想我兄高瞻远瞩，当不以斯言为河汉也。

　　尚复，诸维鼎照不宣。

十二月九日

据《总理函稿》，台北、中国国
民党文化传播委员会党史馆藏

复李福林论兵贵精而不在多函

（一九二二年十二月十一日）

登同吾兄惠鉴：

　　谭君礼庭赍来手书，已聆悉。此时内孽未清，外寇迭至，自宜厚我兵力，以资攻守。承嘱添购枪枝一节，业与谭君设法矣。

　　抑吾闻之：兵贵精而不贵多，民国战史，大都以弱小之忿兵，摧残强大之骄敌。此次我军入闽，即其一例。兄等苟就现有部队勤加训练，激以大义，则以少许胜人多许，亦非绝不可能之事。若徒计较数量之多寡，则以吾今日财力，安能与彼据有广土众民者争胜负？立〔言〕念及此，尤不能不望我兄之发愤百倍，于

万死中力辟生路也。患难相处，期之深遂不觉责之厚。诸希亮照不具。

据《复李福林》，载南京《中央党务月刊》
第十六期"特载"，一九二九年十一月出版

复许卓然望不分畛域共同对外函

（一九二二年十二月十五日）

卓然吾兄惠鉴：

得惠函，具悉壹是。

此次驱李复闽，闽军实与有力量〔矣〕，而兄多年为党为地方策划奔走，固同人所共信也。前此许军等未遽及闽南，或因准备不足，今闻已分道进攻泉州，肃清李逆余孽矣。汝为兄与兄亦相知有素，闽事本所洽闻，当无偏听误信之虞。徐瑞霖兄或处置有未当之处，宜直告之，并宜与汝为兄切实磋商。

文前电展云兄，使专心盐政，而自治军全部则由汝为兄统率整理。盖军事贵统一，属在同志之军队，更无畛域之可分。展云兄复电，亦极赞同。所望兄等互相提携，互相体谅，共同对外，以收成功，而达预期之目的，则不但为闽省之庆矣。专复，即颂

勋安

十二月十五日

据《复许卓然》，载南京《中央党务月刊》
第十六期"特载"，一九二九年十一月出版

复张启荣嘱勿为蜚语所惑并询
滇桂军是否东下攻粤函

（一九二二年十二月二十日）

启荣吾兄惠鉴：

来函均接阅。本月十日、十二日两惠书及竞生密函，亦已领悉。

张部滇军多劳擘划，至为感佩。文与藻林、竞生相知已久，决非蜚语所能入。港中办事人多方接洽，想或别具苦心，人事至杂，要未可以一格相绳。所冀吾党志士各竭力之所到，俾滇桂军早戡粤乱，勿逸良机，祸本一除，支节自少，否则筑室谋道，为敌所乘，祸变之来，恐有非今日所可想象者。

如来讯所云，滇桂军当已连舸东下，何至今尚未见报，岂又中变耶？南天引领，项胝为痟，幸速举所闻以告，不胜驰泝。

十二月二十日

据《复张启荣》，载南京《中央党务月刊》
第十六期"特载"，一九二九年十一月出版

复越飞告不要与北京政府谈判并望进行合作函[①]

（英　译　中）

（一九二二年十二月二十日）

亲爱的越飞先生：

您最近的来信已经收到。

我注意到您关于张作霖的评述。我打算早日就此问题与他交换意见。

关于您对同北京的垂死机构谈判这个问题的意见，我冒昧向您提出下面这些考虑。

如果您的政府的政策是长期承认北京的清宫作为中国的正式政府机构，那么，你们想同北京政府谈判，毫无疑问是正确的。但是，这样一来，你们就是同资本主义列强一起，通过国际承认等等为它树立威信。不过，我必须指出，你们同北京举行谈判，实际上是默认资本家的论点，即承认必须采取所谓进化或渐变这种和缓的方法，而不是采用可称作革命或激变这种苏俄方法来解决中国问题。资本主义列强认为，激变会严重滋扰外国商业，因此，绝不能支持迄今我为之奋斗的那种革命措施，而我本人作为中国革命的体现者，也必须遭到他们的反对、攻击

[①]　此系国家档案馆收藏的中共驻共产国际代表团的档案中发现的孙文致越飞信。

和镇压。当然，他们力图用似是而非的理由来论证他们对待我的态度——我在广州时就听说过——说什么他们只能同"公认的"中国政府打交道。令人奇怪的是，您竟重复同样的资本主义论点，这正好中了你们伟大制度宣布为敌人的那些列强的计。

但是，您可能要问：怎么办？幸好，总的形势已经发展到这样一个阶段，使我现在可以提出一项建设性的政策，即我本人作为我国受压迫同胞的代表同你们的政府实行合作。

从我离开广州以来，我开始认识到以广州为根据地的弱点，因为它是英国势力和海军强国支配的中心。然而，由于某种特殊的原因，我不能放弃广州。在过去几个月间，我已在着手创造一种能使我请您的政府用一种实际方式进行合作的局势。

我现在可以调动大约一万人从四川经过甘肃到内蒙古去，并且最后控制位于北京西北的历史上的进攻路线。但是，我们需要武器、军火、技术和专家帮助，等等。

你们的政府能通过乌兰巴托支援我吗？如果能够，支援到什么程度和在哪些方面？

如果这个计划付诸实施，我必须很坦率地说，我的真正敌人肯定会是吴佩孚，英国和其他国家肯定会支持他而反对我。英国甚至现在就躲在吴佩孚和陈炯明的"联盟"幕后，在福建"消灭"我的军队。吴佩孚正在这样干，尽管他保证善意对我。我担心此人靠不住，或者，正如我们中国俗话所说，人心难测。

如果你们政府对我的计划有兴趣——它是一个大胆的新计划，首先是一个革命的计划——那末，请派一些能胜任的人来，为了早日采取行动同我进一步讨论这个计划。如果计划在明年即能付诸实行，那就会有成功的良机。拖延，只会使资本主义列强帮助反动势力进一步巩固它们自己在中国的地位。

至于所谓吴佩孚在内阁问题上的失败，实际上毫无现实意义。曹锟现在正在同张作霖调情，旨在迫使吴佩孚同意曹当选为总统，或诸如此类的职位。另一方面，张作霖正在争取曹锟反对吴佩孚。但是，曹锟虽然可能是个傻瓜，他的幕僚却非常高明，不会不懂得消灭了吴佩孚，以后一旦遇到麻烦，曹锟就只能单独对付张作霖。这完全像下棋，只是"缓慢地"改造中国这一局棋中的一步。除了采取革命措施去扫除现存的整个腐朽制度以外，决不会发生真正的变化。

您的非常忠实的孙逸仙

一九二二年十二月二十日

上海莫里哀路二十九号寓邸

据夏道南译，杨德、张宁校：《孙中山致越飞的两封信》，载《党的文献》一九九二年第一期

复冯百励允嘉奖黄海山等四人函

（一九二二年十二月二十五日）

百励①志兄鉴：

十一月三十日致林焕廷兄之函，文已阅悉。

国事艰巨，诸承各同志热心匡助，始终不懈，殊可嘉慰。所有历次筹款出力人员，自应从优奖励，以彰其功。前在广州时，曾令印铸局制定各级奖章，预备颁发，乃因叛变，遗失无存。来函所请奖励黄海山、黄燮恭、邓宝廷、陈官明四君之处，意甚可嘉，俟粤乱平后照办可也。此复，顺颂

毅祺

十一月二十五日

据《总理函稿》，台北、中国国民党文化传播委员会党史馆藏

---

① 冯百励系旅居菲律宾华侨，小吕宋中国国民党支部长。

分致黄海山黄爕恭邓宝廷陈官明
嘉奖热心爱国筹饷最力函①

（一九二二年十二月二十五日）

阅冯百励支部长致林焕廷兄之函，藉悉兄热心救国，历次筹饷，奔走最力，殊深嘉慰。一俟大局底定，即论功行赏，以酬功绩。

国事艰巨，不有贤劳共起维持，其何能济？十载以来，变乱频仍，而共和之名义尚存者，即我同志奋斗之功也。今国内民众多感于吾党之至诚，而信仰吾党之主义，我同志务须鼓其勇气，各竭其力，则必能得最后之胜利也。此致，顺颂
毅祺

据《总理函稿》，台北、中国国
民党文化传播委员会党史馆藏

致蒋中正促速攻粤函

（一九二二年十二月二十八日）

介石兄鉴：

近日吴佩孚在北京政治失败，四面楚歌，其欲为自救计，乃纠合其长江之羽党四五万人，以孙传芳为总司令，向福建发展。其初，苏齐、赣蔡皆有怀疑反对，近已疏通一致，协力图闽矣。此吾人生死危急之秋，不可不速为逃生也。逃生之道，只有效法南雄退兵之事，假道闽南，直冲潮汕。潮汕一得，则陈内部必立即瓦解而无疑，时机紧急，不可终日稍迟，则无路可逃矣。盖臧、陈联合，已发其端，虽未成熟，但他日孙传芳一入闽界，臧必软化，而求陈为之对吴佩孚求恕，而陈必乐利用其军队以制我也。吴之图闽以自救，乃与陈有密切之结合，我速击

---

①　此系分缮致黄海山、黄爕恭、邓宝廷、陈官明的同文函件。

陈，不独可以逃生，且必可破彼之合从〔纵〕而转危为安。得失之机，间不容发，务望各同志当机立断，不可半刻迟疑，以解决生死之关头也。

福州之地盘，可让与张贞或臧致平，以为借路之代价。至出发及入粤善后费，杨西岩有法筹之，兹着他到来面详一切。现泊汕头之"肇和"、"楚豫"两舰，必可响应不误也。

孙文

十二月二十八日

据原函影印件，载刘大年主编：《孙中山书信手迹选》，北京，文物出版社一九八六年九月出版

复焦易堂告张继必来京等事函

（一九二二年十二月二十八日）

易堂兄鉴：

来函备悉。党务日形发达，甚慰！

溥泉现实因家事滞沪，但必来京，惟时间尚未定耳。京中既多宣传机会，希与诸同志努力进行为幸。各书已嘱事务所照寄。此复，即颂

新祺

孙文

十二月廿八日

据原函影印件，广州、广东省社会科学院藏

复王永泉述讨陈回粤策函

（一九二二年十二月二十九日）

伯川吾兄惠鉴：

来书备悉。忠荩之怀，令人深感。

北方全局已呈瓦解之象，曹、吴以权利冲突，恶感日深，黎氏暂拥虚名，难为两姑之妇；张绍曾组阁，本以倒黎，乃以吴氏中梗，复生礁确，于此可见黎氏固不过旦夕之命，而保、洛又必不免鹬蚌之争，两大相持，各无成就，徒增祸乱而已。

我方与奉、皖推诚相与，形势既佳，而川、湘各省亦皆倾附。今为患者，则陈炯明密与吴佩孚勾结，遣孙传芳入赣，协而谋我；我若不趁孙传芳、蔡成勋未臻妥协之际，先行取粤，则陈逆犄角势成，必实行其夹击之诡计。惟有先发讨陈，使孙传芳不及乘我之后，则我可并力前进，一鼓而擒陈逆，粤定而闽乃可固。故已令讨贼军不日回粤，即此意也。更念闽疆新定，治理綦难，排外思潮日形鼓荡，我辈非力图向外发展，则缨冠之义，恐反滋纷臂之嫌，故事势之来，亦有促吾人以不能局促一隅者。吾兄高撑远撅，当必烛见于斯，惟未稔善后之图何如耳。便中希赐示一二。专复，即颂

军祺

十二月廿九日

据《复王伯川》，载南京《中央党务月刊》
第十六期"特载"，一九二九年十一月出版

复宋渊源望转告各军勿陷陈炯明计函

（一九二二年十二月二十九日）

子靖兄惠鉴：

来书备悉。闽局新定，治理实难，诸务均希同志慎重将事，庶免流弊。炯明现力诱在闽各军攻赣，一面复唆北军援闽，其计至毒。望转告各军勿为所陷。

五权宪法将以作详细要义，但一时不能应急耳。此复，即颂

新祺

十二月二十九日

据《复宋渊源》，载南京《中央党务月刊》
第十六期"特载"，一九二九年十一月出版

复上海广肇公所及各团体望援助汤节之案函

（一九二二年十二月二十九日）

广肇公所诸乡先生暨各联合会、自治会、公民大会诸先生鉴：

奉到公函一件，为汤节之君案法官枉法判决事，诚如来示所云，殊堪叹惋。法律者天下之平，全国人民赖以保障，不能对于任何方面有所袒庇或蹂躏者。至云舍证据而任情感，尤非法庭所宜出。执事等大声急呼，起而奋斗，具审公谊侠情，迥异旧时自了之风。此案关系，诚非仅及汤君个人人权之争，固凡为市民者所有事也。执事等既据公理法律，从事援护，文亦当视鄙力所及，终不令彼徇法者剥夺人权以自恣，则厚幸也。专此布复，即颂

公安

孙文

十二月二十九日

据《中山先生复广肇公所等各团体函》，载一九二三年十二月三十一日上海《民国日报》第十版

复徐绍桢请将对陈炯明看法转告张绍曾函①

（一九二二年十二月三十日）

固卿先生惠鉴：

电函具悉。敬舆②为创造共和有力之一人，素来主张为国无私。最近闻其抛弃武力统一计划，尤为难能。然于南方之事似未了解，故或认陈氏真有实力，而以息事宁人之见欲予优容。不知年来国内纠纷虽剧，而尚有一不可逃之公例，则

---

① 原件未署年份。据其内容，应为一九二二年。按同日致徐绍桢函，今见两通，内容雷同。秦孝仪主编《国父全集》所收者附录于后。

② 张绍曾，字敬舆，原王宠惠内阁陆军总长，一九二二年一月至五月，任国务总理。

违反正义而恃诈术暴力以行者，不久辄败。况如陈氏倒行逆施以后，内部已裂，财政无以自存。所谓实力，亦已可见。至关正义，则北方以恢复法统为号召，护法之举我则主之，而陈则乱之。故其叛党亦即叛国，自非敌视护法者必不与陈氏为友甚明。我为此断断而不肯稍假以博取宽大之名者，以其鸱张恣恶不能为国家社会容恕之也。传曰："恶于宋而保于我，保之何补？"北方或未详知经过之事实与陈氏之生平，请以实告之。今为过渡时代，大局非无希望。弟于主义可同者，向无人我之见，且冀其能直道而行，于事有当也。专此，即颂

旅祺

孙文

十二月三十日

据原函，北京、中国国家博物馆藏

附载：复徐绍桢告张绍曾对讨陈态度函

（一九二二年十二月三十日）

固卿志兄道鉴：

二十七日手书及抄电两纸，均奉悉。

兄以高年奔走于朔风冰雪中，为国贤劳，至为感念。敬舆兄调停苦衷，文所深喻，惟竞存奸伪，尚须慎审。夫以二十余年同党共患难之同志，一拂其割据之私，遂不惜反戈相向，置旦旦信誓于不顾，而谓其统一后愿将所部军队还诸中央，此何可信？敬舆长者，文甚不愿其为反侧份〔分〕子所卖弄，以自误误国也。昔汉高斩丁公，后世莫不赞其远识。今敬舆一秉政，便欲优容一毁信弃义、紊乱天常，任何时代所决不可容之蟊贼，文诚不知竞存与敬舆关系何如？敬舆视文，以视刘之视项又奚若？吾恐人类之纲纪从此绝，乱将无已时，以此谋统一，去统一之真义愈远。想敬舆为尽忠民国最力之一人，亦必深虑及之矣。文一身利害不足计，惟陈贼在所必讨。苟于正义无伤，而有可促进国家之统一者，无不乐从。晤敬舆时，幸为恳切致意。

北地多寒，诸维珍重。

十二月三十日

据《总理函稿》，台北、中国国民党文化传播委员会党史馆藏

复杨毓棻论湘省须进取奋斗才能自治函

（一九二二年十二月三十日）

毓棻吾兄惠鉴：

来书备悉。为国宣勤，曷胜驰念。

湘西虽在一隅，实可转移全局。况湘省同志夥颐，协力共图，万无不济。惟无识者往往以湘省兵祸连年，非闭关自治，不能休养，此乃大谬！盖湘省当南北之冲，实军阀必争之地，惟以进取之精神，与虎狼奋斗，斯能自活，否则野心者接续而来，灾祸正无底止。彼自私自利者以保全禄位为满足，以依附军阀为秘计，故前则勾通国贼，阻挠大谋，后则屈事仇雠，苟延旦夕。衡岳间刚正之气，为之摧残尽矣。及今不图，外寇势力日滋，湘省终成荐食之地，故与其避外寇而委曲求全，毋宁去内奸而自图奋发。况今奸人之倚为狼狈者，各有内忧，更难旁顾，则尤为吾人铲除障碍之好机会也。

来书殷恳，故详及之，幸为国努力！此复，即颂

时祺

十二月三十日

据《总理函稿》，台北、中国国民党文化传播委员会党史馆藏

复林支宇勉以排除湖南恶势力及
内奸而实现真正自治函

（一九二二年十二月三十日）

特生兄惠鉴：

少炯来，得大札并晤谈一切，藉稔擘划多猷，甚为欣慰。

湘人个性坚强，诚非虚语。历遭变故，而革命精神未全颓废，足见植之深故垂之久。然正赖兄等支撑其间，使恶势力略形减杀，故自治形骸尚能存在。假一任自私自利者之依附军阀，甂岁愒日，早有沦胥之厄矣！

惟欲求真正自治，自非排除恶势力之束缚不可；欲排除恶势力之束缚，又非驱逐依附军阀之内奸不可。此为根本问题，非对于个人有所爱憎者也。盖来者为谁，吾人本无执着，而当前障碍，则固舍删除别无进行之路。湘省地当冲要，与其他偏隅固闭之地不同。吾人不求所以进而解决大局，则前虎后狼，争相践踏，兵革之灾，尚未有已，何策以实现自治也。兄主持坛坫，地有可凭，幸于根本问题三致意焉，则造福于乡国者实大，曷胜期勉之至。此复，即颂
筹祺

十二月三十日

据《总理函稿》，台北、中国国民党文化传播委员会党史馆藏

复谢良牧请谅筹款不济之苦函

（一九二二年十二月三十日）

良牧兄大鉴：

来函备悉。艰困之状，不言可知。惟此间财用，亦极窘迫，无从为力。故凡响应之军队，只好令其静候，俟他军发动之后，乃再约动，庶较易于设法。此为不得已之办法，兄谅能知其苦也。此复，即颂

筹祺

十二月三十日

据《总理函稿》，台北、中国国
民党文化传播委员会党史馆藏

复蒋光亮望移军东下讨陈并告款已托带去函

（一九二二年十二月三十日）

光亮先生惠鉴：

来书藉知卓划，甚慰甚慰。

陈逆为人阴险褊狭，唯利是图，现一方设法和缓滇军，一方又鼓弄桂军各派交相捣乱，以致互为牵制，不能东下；而对闽则调遣大兵，以图抵抗，又利用李厚基残部，以苟延时日，其计虽狡，其胆已寒。幸我军刻已将李逆残寇肃清，各军渐集闽边，不日即向陈军攻击。此时甚望东西并进，使陈逆首尾不顾，必成擒矣。现陈逆财尽力疲，内部解体，闽、桂并进，有若摧枯。贵军与其艰难竭蹶于桂，诚不如扬旌东下，为国家建立宏功也。至款项一节，业交邓和卿、卢锡卿带往若干，此外并托沈鸿英处挪借，以应发动之需，请随时接洽可也。

秣厉多劳，惟努力报国！此复，并颂

军祺

十二月三十日

据《总理函稿》，台北、中国国
民党文化传播委员会党史馆藏

复杨希闵望举军赴粤讨陈并派邓泰中等往洽函

（一九二二年十二月三十日）

绍基先生惠鉴：

来函备悉。诚恳之怀，令人深感！

滇军素称忠勇，此次备历艰难，愈有疾风劲草之叹。惟陈军以我军既克闽省，即将回粤，因出种种阴谋，捣乱桂局；又勾结龑赓及桂派之无识者，协陷贵军，迫使消灭。故我为正义计，为利害计，皆宜先发制人，以除此獠。今许军已发动在即，企望贵军同时并举，使贼首尾不顾，则成功易矣。粤省地方雄厚，足资根据，得此毋虑不发展也。来函所云各节，业已交邓和卿、卢锡卿办理，请与接洽便妥。

秣厉多劳，惟努力报国！此复，即颂

军祺

十二月三十日

据《总理函稿》，台北、中国国民党文化传播委员会党史馆藏

复黄展云望努力推行党务函

（一九二二年十二月三十日）

展云兄惠鉴：

来书藉悉党务甚形发达，学生军亦已加盟，至为欣慰！

本党于新年元旦起实行新章，规模更为阔大，可以容纳群流，切望努力推行是幸。此复，即询

党祺

十二月三十日

据《总理函稿》，台北、中国国民党文化传播委员会党史馆藏

复张开儒告财政计划已稍就绪函

（一九二二年十二月底）

藻林我兄惠鉴：

竞生兄转来十二号大札，并为请令动员，想见壮怀犹昔，欣赖无既。寿慈忠

厚人，亦不免见利思迁，浊俗污人，可为浩叹！然盘根错节，适以辨兄利器。大敌未灭，是戈戈者，姑谨防之，置为后图可也。

　　文之返沪，原为各路义师谋援济，而坚〔艰〕苦善战，孤悬数千里之滇军，尤未能一日忘怀。只以经济久困，巨万之款，非叱咄可办，遂令我忠义之士久暴露于外，未获一饱，良用歉然。比闻贵部以服、薪两缺，致陷于进退维谷之境，益觉不安。刻幸财政计划已稍就绪，一俟款项有可指拨，即发令专人赍上，所冀勉为其难，坚持以待。现桂、粤各军多响义，闽事亦颇得手，陈逆已如釜底游鱼，只须加一火耳。千万努力，不胜拳拳。

据《复张藻林》，载南京《中央党务月
刊》第九期"特载"，一九二九年四月出版

复刘玉山望坚持不变以待款项函

（一九二二年十二月）

玉山我兄惠鉴：

　　前余君建中偕尊权兄来，代达尊意，已把晤。顷复接诵竞生兄转来十三日惠书，具稔坚苦待助，极为慨念。

　　此间无日不以接济各路义师为务，只以经济久困，巨万之款，非顷刻可办，遂令我忠义之士久暴露于外，未获一饱，良用歉然。复承催促，更觉不安，刻幸财政计划已稍就绪，一俟款项有着，即发动员令，连款差人解上。文之焦急，甚于前敌，无俟兄等再索也。

　　现粤军多向义，闽事亦颇得手，陈逆已陷于孤立无援之境，指日可破，所虑者只我军能否坚持不变，候期合围耳。万望忍苦以待，吾辈苦尽甘来之日，当不远也。专复，并候

戎绥

据《总理函稿》，台北、中国国
民党文化传播委员会党史馆藏

复叶夏声请转致讨陈将士坚持待款函

（一九二二年十二月）

竞生我兄惠鉴：

廿二日手书及张、刘二司令函，均诵悉。

藻林兄坚贞好义，文所素晓，敌方肆其离间挑拨，何可轻听？兄所言煞有见地，即祈锐力斡旋，趣其东下。此间现正极力筹巨款，一俟所筹有着，即发动员令，连款差人解交。文之焦急，更甚于前敌，固无俟兄等催索也。现桂、粤各军多向义，闽事亦颇得手，陈逆已陷于孤立无援之境，指日可破，所虑者只我军能否坚持不变，候期合围耳。兄至平南，万望将此意婉致各将士。

为国多劳，无任驰念。诸维朗照不具。

据《总理函稿》，台北、中国国
民党文化传播委员会党史馆藏

复贺龙告川局近况及讨陈情势函

（一九二二年十二月）

云卿①先生鉴：

周参谋持来大札，备悉壹是。边徼久成，艰苦逾恒，而壮志不渝，忠诚自矢，此真可为干城之寄，当勉望于无穷者也。

川中久苦内战，迩来以各将领互开诚愊，共企新图，遂有开发实业计划。前各以书来陈说，文曾力赞其成，不独为弭息内争、昭苏民困之要图，而给养有恃，简练益精，一俟会讨有期，建瓴而下，且可以襄成大业，幸协图之。

我驻闽各军实力充裕，稍事休息，即须出讨。驻桂之张、朱各军，现已下迫梧州，西江震动，陈逆料难久谖。切望秣厉待时，共戡大难。此复，即询

---

① 贺龙，字云卿，湖南桑植人，时任川军第九混成旅旅长。

戎绥

据《总理函稿》，台北、中国国民党文化传播委员会党史馆藏

复廖湘芸望开晓滇军勿返滇函

（一九二二年十二月）

湘芸吾兄惠鉴：

十二月六日惠书，已领悉。维持藻林，实我素怀。日前业托邓和卿携款往商藻林，并属其协助藻林，速统滇军向粤进攻。现北方竞逐于所谓最高问题，泯梦无纪；陈逆备多力分，饷源枯竭，军民共愤，外援又绝，滇军苟能乘机举发，则粤中各地义师，必群起倒戈相应，岂惟百粤可一呼而下？以我方张之势，御彼极乱，虽传檄而定全国，亦非难事。望即将此旨开晓滇军各将士，俾勿延误。万一滇军将领中有堕陈贼奸谋而主张返滇者，尤须力为警觉。盖诱迫滇军返滇，为陈贼与蒉赓密约之毒计，蒉赓捍御于前，陈贼蹑击于后，滇军必无幸理也。此复，并颂

毅祺

据《复廖湘芸》，载南京《中央党务月刊》第十六期"特载"，一九二九年十一月出版

复朱培德剖析陈炯明阴谋并谕以东西并举攻贼函

（一九二二年十二月）①

益之②吾兄惠鉴：

自粤变后，兄处境愈危困，而危困究至何度，音问梗塞，无从一为纾解。来

---

① 朱培德，字益之，陈炯明叛变后，率领参加北伐的在粤滇军自湘边进入广西。
② 原函未署日期。按函中言"得十月二十七日手书"，"距今又一月有余"，据此酌定为十二月。

者多称述过往事，已不可追，据报纸传讹，尤滋疑虑。日昨陈君绍虞来，得十月二十七日手书，藉悉尊处近情，数月积疚，始为豁然。然距今又一月有余矣，变化奚若，殊难悬揣，未便遥断。但有可为兄略言者，陈贼炯明之阴谋与吾人今后应付之大概方略耳。

炯明今日之劲敌，所必欲剿除而后快者，在东惟汝为，在西惟兄与藻林两部。故于东则勾结北军及李厚基旧部，肆其侵扰，复调三路监视，冀收渔利；于西则唆唐蘉赓出而诱胁，涣我军心，嗾桂军将领之无识者，旁挠中阻，迫令饷弹徒耗，给养无所，复加派重兵督之使战。犹恐东西不能并敌也，则更矫为东和西战或东战西和之说，以相炫惑。若东西有一为所愚，则彼各个击破之计逞。其计虽狡，其情固甚怯也。

为今之计，惟有于最短期间东西并举，使陈贼不能兼顾。凡桂军皆修好，避勿与战，即蘉赓亦不妨动以利害，以乱其谋。吾意蘉赓内虚，未必愿在外滇军之猝返。且为滇军计，与其坐困桂境以待毙，孰若向粤以图发展；滇中贫瘠，孰若粤中殷富；争得失于一隅，孰若为国家扶正义。以此晓将士，将士想乐从也。今陈贼兵已尽于东西两防，财政奇窘，哗变时虞。而东防之尹、赖、李各旅①，西防之一、三、四各师②，又均约为我应。大军朝至，贼众必夕溃畔。望兄与藻林速勉图之。至汝为方面，已饬其准备急进矣。

饷项当广为设法，微兄言，文亦当力助，幸勿以为虑。此复，并候

戎安

据《总理函稿》，台北、中国国民党文化传播委员会党史馆藏

---

① 尹骥，原为陈炯明所部粤军第二师第三旅旅长，时已升任第五师师长；赖世璜，赣军第二混成旅旅长，随孙文北伐，陈炯明叛变后，率部自湘边入桂；李云复，陈炯明所部粤军第二师第四旅旅长。

② 陈炯明所部粤军第一师师长梁鸿楷、第三师师长兼梧州警备司令陈章甫、第四师师长吕春荣。

分致梁楚三陈耀垣马素及舍利分部
介绍刘生初等前往拜候函①

（一九二二年十二月）

楚三志兄鉴：

　　刘君生初、李君业棠，旧属檀香山同志，返国后在上海永安公司供职，为该公司重要分子，平日对于商务素具整顿之热心，而于本党事业，不辞劳怨，尤有始终不懈之精神。此次奉公司命前往欧美调查新出货品，将过贵处，欲便道拜候各同志，联络感情，报告国事。文嘉其意，故为具函介绍，到时望与接洽为荷。此颂

群祺

据《总理函稿》，台北、中国国
民党文化传播委员会党史馆藏

复朱培德望速与桂平滇军连师讨陈函

（一九二二年十二月）

益之吾兄惠鉴：

　　敬电诵悉。卓识苌筹，佩慰无量。

　　岑、沈②与我方有所接洽，吾人为专力讨贼计，自当与彼提携，共靖粤乱。现粤币折至二成，粤军除陈家将外，殆无一不输诚于我，此真所谓天与不取反受其殃之绝好机会，幸速与桂平滇军连师东下。桂平滇军中颇闻有因争帅而延师期者，以义勇闻于天下之滇军，而犹有此缺点，殊出吾人意料外，尤望我兄有以晓

---

　　①　此系分缮致梁楚三、陈耀垣、马素及舍利分部的同文函件。
　　②　指岑春煊、沈鸿英。

导之。国贼未灭，危机四伏，决非吾人从容谈权利时也。耑复，即颂

新禧

十二月

据《总理函稿》，台北、中国国
民党文化传播委员会党史馆藏

致张绍曾赞同共谋和平统一函①

（一九二三年一月三日）

敬舆仁兄惠鉴：

久暌风度，时用怀想。

迩来迭接固卿②兄函电，藉悉我兄谋国公忠，将以和平统一号召天下，收拾六年以来分崩离析之局。长才远识，甚慰所怀。文自今〔去〕夏直军将士表示尊重护法以来，认为和平统一时机已至，方拟着手进行，猝遭粤乱③，未遂其志；然耿耿此心，终始不渝，荏苒半载，无裨大计，辄用嗟叹。今执事发此宏愿，且毅然挺身以当此难局，甚盼执事之遂底于成也。且闻执事于将受大任之际，不欲袭历来恶例，草率就职，而必以国会为期，尤征高议。想履事之后，和平统一之方策，必能如意施行，无所迟滞矣！敬以为贺。未尽之怀，统由固卿兄代陈，恕不一一。

惟尚有不能已于言者，今者国会虽得在北京自由召集，然议员资格，屡起纠纷，护法事业，犹有缺憾，尚望执事扶助正义，俾得完满解决。此不特时局之幸，亦历史之光。执事明义，当不以此言为汗漫耳。余不一一。

孙文

一月三日

据《府院合手办统一之动机》，载一
九二三年一月十一日北京《益世报》

---

① 从一九二二年十二月初起，张绍曾即筹组北京政府内阁，标榜和平统一，大谈裁兵，一九二三年一月八日，张绍曾就北洋政府国务总理职。

② 徐绍桢，字固卿。

③ 指一九二二年六月陈炯明叛变。

致曹世英勖相机报国函

（一九二三年一月四日）

俊夫兄鉴：

贵代表周君至此，藉聆近况，甚慰。

国事蜩螗，于今愈甚，惟有识者拔出庸流，力图远大，斯为有济。兄耐劳忍苦，历有数年，艰贞可见。既在北方握有实力，则相机报国，尤属易图。方今军阀外观势力虽大，实若冰山耳。吾人果以爱国之赤诚，作顺人之举动，其成功可必也。

北风多厉，惟为国努力，毋任期望。此致，即询

筹祺

十二年一月四日

据《总理函稿》，载南京《中央党务月刊》
第十六期"特载"，一九二九年十一月出版

复李梦庚告粤局戡定有期函

（一九二三年一月四日）

少白吾兄惠鉴：

成君①携来手书，备悉壹是。

奉方人士既知局部之和，不能裨益大局，谅有鸿图，继行纾展也。刻桂中各军与粤军联合讨陈，已进取西江，粤省震动，戡定之期不远矣。

北方现局有何变化，亦望随时见告，甚幸。此复，并颂

筹祺

一月四日

据《总理函稿》，载南京《中央党务月刊》
第十六期"特载"，一九二九年十一月出版

---

① 即成济安。

复聂其述等论裁兵书①

（一九二三年一月四日）

云台、日章、梦麟、任之先生同鉴：

接奉元旦所发快邮代电，劝告裁兵，所陈理由既深切著明，所订方法亦切实可行，浏览之余，至深快慰。

文于昨年六月六日发表宣言，于化兵为工及制置国防军诸计划，已有具体方案。方期运用职权，贯彻主张，以不负国民付托之重，猝遭粤变，事与愿违，然耿耿此志，始终不渝。自维平生建国怀抱，格不得行十常八九，探其原因，虽似由敌党之顽抗，而实由民众之寡和有以使然。国利民福之事，国民不自急起直追，又不予先驱者以援助，则先驱者以势孤而致蹶，后起者以覆辙而寒心，坐令奸宄横行，仇雠快意，而躬被其祸者，仍为国民，言念及此，可为痛心。

今者，全国商会联合会既以裁兵主张昭示天下；又得诸先生之大声疾呼，国民自动之精神，涣汗大号，足使孤行独往之士，闻之勇气百倍，感甚佩甚。顾犹有不能已于言者，国民之表示主张，自以劝告当局为第一步，然而与虎谋皮，久垂明戒。故第二步之办法，不可不为积极之准备，以免徒蹈空言。当局之漠视舆论，摧残民意久矣，非示以实行之决心与毅力，必不能使之降心以相从。历史以来，无不劳而获之民权，无垂手可成之功业，愿诸先生勉之，并愿全国商会联合会共勉之也。专此布臆，并颂

台绥

一月四日

据《总理函稿》，载南京《中央党务月刊》第十六期"特载"，一九二九年十一月出版

---

① 全国商会联合会推举聂其述（云百）、余日章、蒋梦麟、黄炎培（任之）等为劝告裁兵代表，于元旦发出劝告裁兵的快邮代电，提出裁兵与和平统一的主张，并提出赞成和贯彻裁兵主张者，方可举为总统。此系孙文复函。另有《复全国商会联合会劝告裁兵书》除起首一二句不同外，与此函相同。附录于此函之后。

复林森望极力准备闽省应行之事函

（一九二三年一月五日）

子超吾兄大鉴：

奉诵贺笺，弥深怅感。

岁华不待，而国乱如恒，我辈仔肩之重，诚非兼途并进，不足以完大愿于万一。今岁履端发表本党宣言，谅经达览。党纲及修正总章，亦同宣布，冀从此收罗群彦，固我基础。兄地处可为，幸并留意焉。西江军事甚利，戡定有期。闽省应行准备之事，尤望极力进行，促成大举。

二十六日手函，亦经接悉，并复，即颂

筹祺

一月五日

据《总理函稿》，载南京《中央党务月刊》第十六期"特载"，一九二九年十一月出版

复李根源望协赞护法函[①]

（一九二三年一月五日）

印泉吾兄惠鉴：

顷诵支[②]电，敬悉吾兄续长农商，为国得人，长才克展，甚慰甚慰！

此次张阁不肯蹈袭迩来恶例，必欲得国会通过，始出当大任，具见尊崇法治之盛意。现时国会已能自由行使职权于北京，惟议员资格问题，国会自身尚未能为圆满之解决，尚望兄协赞一切，使护法问题完全无憾，是所至企。

---

① 李根源于一月四日电告孙文，张绍曾重组北京政府内阁，李本人续任农商总长。此为孙复函。

② 支，即四日。

西路讨贼军①已下梧州，攻肇庆，军势甚顺，贼当不支，堪以告慰。余不一一。专此，敬候

台绥

孙文

一月五日

据李希泌：《孙中山的两封信》（原函存中国人民政治协商会议全国委员会文史资料委员会），载北京图书馆编：《文献》第九辑，北京，书目文献出版社一九八一年十月发行

复王正廷为余和鸿辩诬函

（一九二三年一月五日）

儒堂②兄鉴：

前以墨西哥同志余和鸿③为敌党倾陷，将被摈逐，曾请电驻墨公使设法挽救。继奉复电，以据驻墨王使复称："余和鸿藉党横行，侨民切齿，本年侨界突起争杀，余经告发主谋"等语。查此次报告，当是一面之词。据本党在墨同志所述，则适与此相反。今将大略情形抄奉一览，此中曲直，不难概见。余和鸿如果为暗杀主谋，墨国法庭当以法律处分之。今不出于法律，而出于总统之特权，是足证余案并无犯法行为；勒余出境，当系该使偏帮一面，尽力为之运动耳。

又查同志所述，杀人主犯又已被法庭拘捕，实属敌党所为，而本党党员完全胜诉。其初被诬牵拟勒出境者，经诉明后，亦业由墨政府电令善督保留。此为八月间事，何以此后忽翻前案，乃至如该使所称"墨委员赴顺查复：此次侨争，实余鼓动，无辜被逮者几及三百余人；又有筹款北伐，诋毁现任元首之事，墨政府将严办，恐难邀免"等语，翻云覆雨，其情状不大可见耶？况前云争杀，而后乃牵入北伐等语，足见争杀非罪，乃更架以他词，计诚狡矣！夫北伐何起？起于护

---

① 指当时接受孙文领导讨伐陈炯明的滇、桂联军。

② 王正廷，字儒堂，时任北京政府外交总长。

③ 余和鸿，墨西哥中国国民党支部正部长。

法。今北京已自称恢复法统，则护法者不得为罪。乃今外使犹欲藉此以加罪于护法之人，是显与现在承认法统之当道相背驰，其不职亦甚。故该使如不肯打消其迫陷余和鸿之手段，则是已视北京政府之命令如弁髦；如北京政府明知之，而尚容该使之任性妄为，是阳认法统而阴仇护法之人也。是否如此，即堪以此案为证。

吾国侨民受外人之虐至矣，若更由公使使人无理放逐，恶弊一开，必使侨民无托足之地。兄谙悉外情，谅怀隐痛。应如何对外以崇国体，对内以慰侨情，企望有以补救之也。此复，并颂

筹祺

孙文

一月五日

据《总理函稿》，载南京《中央党务月刊》
第十六期"特载"，一九二九年十一月出版

复王正廷述外交与内政关系函

（一九二三年一月六日）

儒堂兄鉴：

包君世杰持来大札，备稔鲁案接收情况①，甚佩勤劳。

内政不清，外交益多荆棘，有谓外交运用得宜，则内政可徐图改善者，此实未窥外患之来，由于内隙耳。来书谓默察举国人民均有刷新之决心，窃实愿其如此。所望英贤因势利导，使一洗苟安之习，而收群策之效，国事庶其有济也。此复，并颂

筹祺

一月六日

据《总理函稿》，台北、中国国
民党文化传播委员会党史馆藏

---

① 北京政府于一九二二年十二月和日本缔结解决山东悬案条约，日本虽允将胶州德国旧租借地交还中国，但事实上日本仍控制胶济铁路，胶州湾亦仅由日本独占变为各外国列强共管的商埠。王正廷系中方代表，事竣向孙文函告鲁案了结经过。

复张静江慰问康复情形函

（一九二三年一月八日）

静江我兄鉴：

接示得悉电医有效，甚为喜慰。前闻该医说，兄所服之止痛药，恐日久成毒，切宜戒除，以免深中，虽偶有痛，稍为忍之，较胜于服药百倍。盖所谓止痛者，不过蒙迷脑筋，使不知觉耳，其实痛犹在也云云。今彼所施之电术，既属有效，则当惟彼之言是听，勿服止痛药，勿请他医，专由彼施治。彼言三礼拜当见效，三个月可全〔痊〕愈。吾信其判断为有把握，望兄一心信之。与之时机，以得尽其所长，而排除三十年旧疾，俾贵体恢复常态而再出为国尽力，此岂止兄一人之幸，实为吾党之大幸也。深为拭目望之。并候

时祉不一

孙文

十二年正月八日

据原函影印件，载杨政知等编：《孙中山先生墨迹》，石家庄，河北人民出版社一九八六年十月出版

复张敬尧告广东讨陈进行情况函

（一九二三年一月九日）

勋丞吾兄惠鉴：

济安①持来大札，备聆壹是。

东省当局②竭力整顿军队，以俟时机，此诚切要之图，兄擘画其间，足征宏识，至佩至佩。现闽疆全定，汝为军队已积极准备回粤，滇、桂军业经奉命连

———————————

① 即成济安。
② 指奉系军阀张作霖。

〔联〕合粤第一、三、四等师，直下西江，距肇庆只数十里，逆部业有土崩之象，不日即可解决。粤疆一定，大局必随而变化，切希预储方策，以赴时机，成功未远也。此复，即颂

筹绥

一月九日

据《总理函稿》，台北、中国国民党文化传播委员会党史馆藏

复罗翼群促率师火速回粤讨陈函

（一九二三年一月九日）

翼群吾兄大鉴：

　　来函备悉。粤变以来，旋回转战，备极勤劳。革命党能冒犯艰难，扫除国贼，所获即多，固不在乎物质之获得也。

　　顷接港电，肇庆已下，粤局解决在即，请鼓动各将士火速回粤，以赴时机，至盼。戎轩况瘁，惟为国努力。此复，即颂

筹祺

一月九日

据《总理函稿》，载南京《中央党务月刊》第十六期"特载"，一九二九年十一月出版

复林支宇望本改革精神为根本计划
并告无力资助仇君函

（一九二二年一月九日）

特生吾兄鉴：

　　龙君涛持来大札，备稔壹是。

湘人性质果决勇敢，诚属不虚，因而用之，可以发扬光大。惜比年当局以苟全地位之故，一味柔媚外寇，乃至百方压抑，冀欲折刚健之至性，成脂韦之恶行，此所以枘凿不容，战争起伏，而求安者反以不安也。兄酷信吾党主义，惟望一本改革之精神，为根本之计划，则裨益湘人者至大也。

仇君等拟将自治月刊改为日刊，努力宣传，极应赞助；惜刻财用颇窘，不能为物质上之助力耳，还希亮〔谅〕之。此复，即颂

筹祺

一月九日

据《总理函稿》，载南京《中央党务月刊》
第十六期"特载"，一九二九年十一月出版

复张启荣促联络钦廉各属讨陈函

（一九二三年一月九日）

启荣吾兄鉴：

来函所述各节，均悉。陈逆罪大恶极，岂有容纳余地？惟彼常以我已容许悔过之言，诬骗各方，以图和缓，可见黔驴技尽矣！现西江已得胜利，兄宜竭力联络钦、廉各属，积极进行，俾得同时解决。时机已迫，幸速图之。此复，即颂

筹祺

一月九日

据《总理函稿》，载南京《中央党务月刊》
第十六期"特载"，一九二九年十一月出版

复陈烜告政学系桂系似萌悔意函

（一九二三年一月九日）

侠夫兄鉴：

来函备悉，虑事周详，足征诚挚。

惟魏①此次发动，系奉此间命令行事，岑云阶亦已与此间接洽，主持桂事。政②、桂各系前因谬误，走入穷途，现以环境之压迫，似萌悔悟，想无他意也。此复，即颂

时绥

据《总理函稿》，台北、中国国
民党文化传播委员会党史馆藏

复何克夫告民军须得土地始予承认函

（一九二三年一月十日）

克夫吾兄鉴：

赵超君持来大札，备稔壹是。兄苦心擘画，至佩勤劳。

惟此间已有定策，不招民军；如果有见义勇为起而杀贼者，须俟得有土地，始予以承认。如此则既可以免流弊，亦足以资激励也。此复，并颂

筹祺

一月十日

据《总理函稿》，台北、中国国
民党文化传播委员会党史馆藏

复张启荣嘱勿与张开儒发生误会函

（一九二三年一月十日）

启荣吾兄鉴：

元日来函已悉。虑事周详，足征忠荩。

惟魏此次发动，系奉此间命令行事，现已克复肇庆，自当令其迅入省垣，扫

---

① 即魏邦平。
② 指当时依附桂系军阀的政学系。

除叛逆。陈炯明甘冒不韪，其结果乃至全失人心，自行瓦解，则为德不卒者当知明戒。若我党人再能秉持正义，严行督责，怀抱阴谋者当不敢逞，故惟在吾人之善为处置耳。

藻林①为人，非所素悉，滇军已仍归其统率无问题矣。切望我同志间，勿以一时见地之殊，发生误会，至幸至幸。港办事处，亦当令其遇事妥慎也。此复，即颂

筹祺

一月十日

据《总理函稿》，载南京《中央党务月刊》第十六期"特载"，一九二九年十一月出版

复黄展云嘉许顾念大局函

（一九二三年一月十日）

展云②吾兄大鉴：

年底先后两函均悉，兄以调和同志之故，屈任盐务，苦心孤诣，至极钦迟。闽元气久伤，整理非易，惟冀诸同志均相谅解，各以所长，助其所短，则内部巩固，建设即可畅利矣。兄淡于权利，惟以顾念大局为务，此心坦白，文素深知，并望勉励同侪，悉持此旨，曷胜幸慰。

顷接港电，肇庆已于昨日克服，想粤局可以戡定矣，并告。即颂

筹祺

一月十日

据《总理函稿》，载南京《中央党务月刊》第十六期"特载"，一九二九年十一月出版

---

①　即张开儒。

②　黄展云时任福州盐运使。

复龚豪伯促率部回粤巩固粤中函

（一九二三年一月十日）

豪伯吾兄鉴：

仲恺带来大札，备稔壹是。

福州之役①，备极辛劳，战役扩充，又勤训练，励精不倦，良深嘉慰。

顷得港电，肇庆已下，宜鼓励将士，作速回粤，勿失时机，粤中巩固，然后可以图向外发展也。此复，即颂

戎绥

一月十日

据《总理函稿》，载南京《中央党务月刊》
第十六期"特载"，一九二九年十一月出版

复邹鲁望重大问题仍希电告函

（一九二三年一月上旬）②

海滨兄惠鉴：

顷得二十九日手书，藉悉种种。滇、桂军经已发动，占领梧州后，顺流而下，足征兄办理各军经过成绩之不虚，深为感慰。

来书说四事，切中肯要。惟遇有重大问题，其事件须加商榷者，仍希电告，以定办法。总司令名义，须与他路不犯重复，而按合所部军队实情，临时亦希酌拟见告。此复，余电详。

据邹鲁：《回顾录》第一册，南京，
独立出版社一九四七年七月出版

---

① 指一九二二年十月十二日许崇智部联合皖系王永泉部攻占福州，驱走福建都督李厚基。

② 原函未署日期。函称收到"二十九日手书"，系指邹鲁于一九二二年十二月二十九日将联络滇、桂各军和代委各总司令的经过情形所呈函；又称"占领梧州后，顺流而下"，其时广州尚未收复，故酌定为一九二三年一月上旬。

复罗省分部准原款购赠飞机并请筹款函

（一九二三年一月上旬）①

罗省分部同志诸兄均鉴：

接黄子聪总干事函，藉悉贵部同志曾集巨款，拟购飞机为救国用，嗣因陈逆叛乱，慨拨该款赞助讨逆，只以将款变移，恐于信用有关，特商黄总干事代请仍作购赠飞机一架存案等由。仰念兄等赴义急公，愿宏力毅，方之古人毁家保国者，何复多让？所请存案，自应照准。俟杨仙逸兄所办飞机运到，即择其一，刻以"美国罗省分部捐赠"字样可也。

义军回粤，近已开拔，待需军饷殊急。兄等其再接再厉，作义军有力后援，则党仇国贼之陈逆，有不难一鼓荡平者矣！专此手泐，并候

任安

孙文

据总理复王正廷函，载上海《中国国民党本部公报》第一卷第二号，一九二三年一月二十日出版

复刘文辉告广东讨陈情形并勉候赴时机函

（一九二三年一月十二日）

文辉吾兄大鉴：

复函备悉。忠荩之忱，至为佩慰。

驻桂滇军及桂、粤各军前日奉命由梧入粤，九日已克肇庆，十日即下三水，逆军溃败不支，陈逆已向惠州逃窜，想不能再稽显戮矣！粤中既定，闽、桂东西夹辅，形势巩固，足以进图发展，解决全局，中国前途，尚可乐观。吾兄掌握兵

---

① 原函未署日期。据函称"义军回粤，近已开拔"，酌定为一九二三年一月上旬。

符，凭依天府，大有可为之地，即希与同志将领，竭诚团固，候赴时机。倘川中内战不复发生，则即可以出而驱除国贼矣！

严风秣厉多劳，惟为国努力。此致，即颂

戎绥

一月十二日

据《总理函稿》，台北、中国国民党文化传播委员会党史馆藏

复关建藩望不惧非议为国奋斗函

（一九二三年一月十三日）

芸农吾兄鉴：

来函备悉。国难频年，我同志或以时地之因缘，从多方面分途作事，虽此志始终未渝，而迹近嫌疑，类招非议。此中情隐，难冀共明，惟至得当时机，则努力襄建事功，证明心迹，斯是非终能大白也。在同志绳准交施，或憎多口；然不磷之质，正赖磨砻。吾兄奔走多劳，当事已皆深悉。际此国家多故，吾人正须为国奋斗，以达最后目的，幸毋灰阻，致戾初衷。盖惟诘难者愈多，而乃愈不得不奋厉精神，实现素抱。古之言修养者，取资于十手十目，文意极愿兄如是观也。此复，即颂

毅祺

一月十三日

据《总理函稿》，台北、中国国民党文化传播委员会党史馆藏

复赵士觐告所云各事可与胡汉民联络函

（一九二三年一月十五日）

士觐兄鉴：

四日来函备悉。所云布置军事各节，如果办有成绩，即可向胡文官长①详细报告，并请伊设法接济可也。此复，即颂

筹祺

一月十五日

据《总理函稿》，台北、中国国
民党文化传播委员会党史馆藏

复梅培促及时动作并告朱卓文已赴港函

（一九二三年一月十五日）

光培兄鉴：

四日来函备悉。所经营各部既皆妥惬，足征进行敏捷，至为嘉慰。

现西江既节节得胜，东路亦已兼程并进，粤局戡定在迩。兄宜及时动作，以促成功。卓文②早已赴港，谅晤谈矣。此复，即颂

筹祺

一月十五日

据《总理函稿》，载南京《中央党务月刊》
第十六期"特载"，一九二九年十一月出版

---

① 即胡汉民。

② 即朱卓文。

复黄日权告赴广西川资可与胡汉民接洽函

（一九二三年一月十六日）

日权吾兄鉴：

致苏中①函，业由渠代达，展悉壹是。兄乔梓俱为国勤劳，曷胜佩慰。

所云"奉令尊〔遵〕命赴邕，维持部队，须汇款以作川资"各节，请就近与胡文官长接洽办理可也。此复，即颂

毅祺

一月十六日

据《总理函稿》，台北、中国国民党文化传播委员会党史馆藏

复林文忠望谋党务发达函

（一九二三年一月十六日）

文忠志兄鉴：

十一月十四日来函，文已阅悉。陈逆忘义负恩，叛党乱国，凡有血气，莫不愤怒，是以讨贼之师蜂起于闽、粤、桂之中，不旬日取梧州，下肇庆而进。诸将士劳苦功高，固可嘉慰；而我海外同志出财出力，始终如一，尤堪敬佩也。兄函谓不论如何，决不变初志，忠诚爱国，溢于言表，可嘉可感。

贵分部②同志对于党务，素来热心，当此国步艰难之时，尚望力图振作，谋党务之发达，即所以救国也。此复，即颂

毅祺

---

① 即徐苏中。

② 即葛苍埠分部。

并候列位同志。

正月十六〈日〉

据《总理函稿》，台北、中国国
民党文化传播委员会党史馆藏

复王鸿庞宋以梅告各事请与胡汉民接洽函

（一九二三年一月十六日）

鸿庞、以梅吾兄鉴：

来书备悉。所称"联络高、廉等八属军官，请以何克夫兄统率，及陈德春亦经接洽，请直接加委任"各节，希就近与胡文官长接洽，妥商办理可也。此复，即颂

筹祺

一月十六〈日〉

据《总理函稿》，台北、中国国
民党文化传播委员会党史馆藏

复克兴额告暂不能施行大中华计划函

（一九二三年一月十六日）

克兴额兄惠鉴：

来函备悉。蒙古政教不齐，民智闭塞，诚宜注意宣传，促进文化，以实现我党构成大华民族之根本计划。惟兹事体大，非小举所能奏效。若规模宏大，则需款又必浩繁。际此讨贼军兴，饷糈孔亟，权衡缓急，势必不能先此，故惟有暂俟缓图，至经济充裕时，再商具体之办法，则效可期矣。卓见当亦云然。此复，并颂

时祺

孙文
一月十六日

据《总理函稿》，载南京《中央党务月刊》
第十六期"特载"，一九二九年十一月出版

复徐耕陆告闽事宜与许崇智洽商函

（一九二三年一月十六日）

耕陆兄鉴：

巢君①携来大札，备稔壹是。经营渐有成绩，至慰。

惟闽地新复，人心未静，一切进行，总以切实妥慎为宜。所商各节，现闽事已以全权付汝为办理，请就近与商可也。此复，即询

时绥

一月十六日

据《总理函稿》，台北、中国国民党文化传播委员会党史馆藏

复梁柏明告联络军队请与胡汉民接洽函

（一九二三年一月十六日）

柏明兄鉴：

来函备悉。所云"经营西江，四邑等处军队，应予委任"之处，请就近与胡文官长接洽可也。此复，即询

毅祺

一月十六〈日〉

据原函，广州、广东省立中山图书馆藏

---

① 即巢安澜。

复廉泉拒为良弼祠题楹函①

（一九二三年一月十七日）

南湖先生大鉴：

来函藉悉。独以宏愿为良弼建祠，笃念故人，足征深厚。

惟以题楹相委，未敢安承。在昔帝王颠倒英雄，常以表一姓之忠，为便私之计。今则所争者为人权，所战者为公理。人权既贵，则人权之敌应排；公理既明，则公理之仇难恕。在先生情深故旧，不妨麦饭之思；而在文分昧生平，岂敢雌黄之粲？况今帝毒未清，人心待正，未收聂政之骨，先表武庚之顽，则亦虑惶惑易生，是非滋乱也。看宝刀之血在，痛及先民；临楮素而心伤，难忘我见。用方雅命，希即鉴原。此复，藉询

时绥

一月十七日

据《总理函稿》，载南京《中央党务月刊》
第十六期"特载"，一九二九年十一月出版

复周公谋告广州已克饷糈不缺函

（一九二三年一月十七日）

公谋吾兄鉴：

二日来函，备悉。所云滇、粤、桂讨贼军需饷各节，刻广州已克，饷糈当不缺乏，希转告刘总司令②与同志军队，协力歼敌，巩固广东策源地，则大局易于解决矣！

---

① 天津廉泉为在辛亥革命爆发后被革命党人炸毙之宗社党首领良弼建祠，函请孙文为之题楹，被严词峻拒。此函曾登在当时许多报刊上。

② 即刘震寰。

逐北多劳，至殷慰问。此复，藉询

戎祺

据《总理函稿》，台北、中国国民党文化传播委员会党史馆藏

复朱乃斌何汉强请寄宣传画片函

（一九二三年一月十七日）

乃斌、汉强兄鉴：

来函备悉。宣传之功，胜于武力。兄等致力于此，识见高超，至为佩慰。

所云各种宣传画片，请觅数幅寄览为幸。此复，即询

毅祺

据《总理函稿》，台北、中国国民党文化传播委员会党史馆藏

复崔通约等告暂不归粤函[①]

（一九二三年一月十七日）

通约、大文、广泰、如舟、家谟、鹤琴、栋材、耀基诸兄惠鉴：

大函备悉。吾粤自陈逆叛变，奸淫掳掠，糜烂不堪。今幸义师一举，逆众土崩，足见公理尚存，人心助顺。文不必自行归粤，已可收拾。诸兄关怀桑梓，猥以返旆相催，殷挚之情，极为感佩。所冀秉兹热念，群策群力，共促成功，则所贶于乡国者大矣！此复，即询

毅祺

据《总理函稿》，台北、中国国民党文化传播委员会党史馆藏

---

① 一九二三年一月七日在南京暨南学校的崔通约、王大文等与华侨代表何广泰、李如舟、曹家谟、黄鹤琴、符栋材、黄耀基，联名函请孙文回粤主持讨逆。此为孙复函。

致耳把都拉而吉子嘉许以宗教之力
宣传教化并派王约瑟等面洽函

（一九二三年一月十八日）

耳把都拉而吉子先生惠鉴：

久慕英贤，极思通问，国家多故，致梗鸿邮。

西北地方辽阔，民俗朴厚，只以国家政局不宁，经营未暇，致使贪污坐据，宰割横施，言念同胞，曷胜隐痛。幸赖以宗教之力，宣传导化，使人民稍获慰安，此则执事之功不浅也。文持三民主义，首即以融化五族，普及教化为务，独惜所谋多阻，大功莫集。甚愿执事交相辅益，竭忠尽智，以扫除政教之魔障，增进民族之幸福，则国家实利赖之。

兹特派王约瑟及毕少珊前来，面达各节，一切希开诚接洽，毋任殷感。此致，并颂

筹祺

一月十八日

据《总理函稿》，载南京《中央党务月刊》
第十六期"特载"，一九二九年十一月出版

致马文元告关注西北发展并派王约瑟等面达函

（一九二三年一月十八日）

文元吾兄惠鉴：

为国宣勤，至深萦念；迩复闻热心党务，益用钦迟。

国事多艰，苍生待拯。东南半壁，以屡岁之牺牲，维千钧于一发，虽人民重困，而国局多裨。惟西北以交通滞阻，积障未除，猾吏凶横，坐据自大，致使政教坏于废弛，回、汉苦于隔阂，乃眷西顾，使我心忧。文持三民主义以治国，既

求民族之融化，更图西北之发展，惟以时机未假，莫告成功。今幸西北同志渐多，经营有自，故切望推诚接纳，共策事功。吾兄夙具鸿图，幸为努力。

兹派王约瑟及毕少册前来，面达一切，可与畅谈，倘有良机，务希奋发。此致，即颂

筹祺

一月十八日

据《总理函稿》，台北、中国国民党文化传播委员会党史馆藏

致马麒告关注西北发展并派王约瑟面达函①

（一九二三年一月十八日）

吾兄大鉴：

久耳英贤，至深萦念。道途梗阻，慰问维艰。

执事既握韬钤，兼勤木铎，已著干城之绩，更宣敷教之劳，边圉绵亹，殊资依赖。惟际此国家多故，狐鼠纵横，西北寥天，置诸化外，遂使贪污坐据为雄，挑拨自固，此真国家之厄而西北之殃也。文持三民主义以治国，首图民族之融化，更谋西北之发展，故亟欲扫除恶障，改良政治，用得达我目的。惟兹事体大，东南半壁幸有经营，西北一隅实劳筹画。执事夙具雄图，谅能神契，切望交相辅益，共济艰难，则国家与民族，胥利赖之。

兹派王约瑟及毕少册前来，面达一切，幸开诚接纳，毋任殷感。此致，即颂

筹祺

孙文

一月十八日

据《总理函稿》，台北、中国国民党文化传播委员会党史馆藏

---

① 马麒，字勋臣，回族，甘肃河州人，一九一八年任甘肃提督，一九一九年二月任甘肃甘州镇守使，一九二四年九月被授予将军府翰威将军。

复廖湘芸嘉许讨陈复粤并告已见闵天培函

（一九二三年一月十八日）

湘芸吾兄大鉴：

来函述在梧会议①及滇、桂、粤军联合讨贼各种经过情形，策画周详，至为欣慰。

今各军果以旬日驱除陈逆，恢复粤省，足见秉义而行，终归胜利，逆贼虽凶无用也。闵君天培到此，已接见，嘉其志趣，业加温奖矣！此复，即颂

筹祺

一月十八日

据《总理函稿》，载南京《中央党务月刊》
第十六期"特载"，一九二九年十一月出版

复黄德源李庆标望鼓励侨众踊跃输将函

（一九二三年一月二十日刊载）②

德源、庆标兄惠鉴：

接诵来翰，并闽侨会所名称及闽商姓名一纸，藉悉关怀桑梓，互策进行，良画尽筹，至堪嘉佩，经即转致林省长，料当照办。

目下讨贼军进攻泉、漳，不日可下，泉、漳一定，闽局全安，仍希兄等鼓励侨众，踊跃输将，义师倘获实力之后援，吾人必收最后之胜利，幸共勉诸。专此手复，并颂

筹祉

————————————

①　在梧会议，指一九二二年十二月二十八日滇军总司令杨希闵、桂军总指挥刘震寰等率军攻克梧州后举行的军事会议。

②　此函未署日期。所标时间系《本部公报》出版日期。

同志众兄均此致意。

孙文

据《总理覆人印光支部黄德源李庆标》，载上海《中国国民党本部公报》第一卷第二号，一九二三年一月二十日出版

复鲍应隆嘉勉捐款讨陈函

（一九二三年一月二十三日）

应隆吾兄大鉴：

来书备悉。筹饷踊跃，一举手间，即认壹千余元，足征诸同志见义勇为，不惜推解，以纾国难，如斯高义，非吾党人，诚难及此。操〔披〕甲执兵之士感此热心，益当为国出其死力也。本日报载陈逆已离惠州，想肃清不远，甚望益加努力，协竣全功，毋任殷勉之至。此复，并询诸同志

毅祺

一月二十三日

据《总理函稿》，台北、中国国民党文化传播委员会党史馆藏

致张绍曾告派徐绍桢北上接洽统一事宜函

（一九二三年一月二十五日）

敬舆仁兄执事：

风尘多阻，把晤无期，载想清扬，辰维安善，以颂以慰。

近数年来，国事纷纭，民生涂炭，弭兵之望，中外同心。今幸国会重开，规模粗具，虽有未尽合法之处，尽可和平商酌，无事用兵。文已于本日通电宣言，愿尽力于和平统一之事，惟是裁兵理财，以及其他有关统一事件，颇为繁夥，若非接洽讨论，莫由计出万全。兹特派徐固卿君为代表，与各方接洽统一事宜，素知执事心怀宏济，志在澄清，特嘱徐君趋前承教，伏愿抒其伟抱，赐以嘉谟，俾

和平统一之业，早日告成，岂仅鄙人私祝相符，抑亦国家莫大之幸。专此布达，
敬请

台安

孙文

一月二十五日

据《政府进行统一之方策》，载一九
二三年二月一日上海《申报》（二）

复张绍曾论裁兵为和平统一前提函

（一九二三年一月二十五月）

敬舆先生惠鉴：

辱荷手书，昭宣德意，燕云在望，无任神驰。迺者周君来函，带奉玉照，晨夕晤对，有如入座春风，不胜感谢。

窃维中国时局，纠纷数载，民生憔悴，人厌干戈，诚欲和平统一，祈求郅治之隆，则积极裁兵，实为独一无二之办法。鄙见及此，乃于本日通电各方，重申去年六月六日文在广州宣言之本旨，以化兵为工之方策，期和平统一之进行，凡所云云，谅达聪听。素仰阁下高明独具，胞与为怀，况复总揽中枢，权衡庶政，假能循此实践，见诸施行，将不仅事业千秋，垂于不朽，民国前途，亦利赖之矣。蔡君①来已接谈甚洽，谨以鸿便，敬布区区，惟希爱照，不尽一一。专此奉复，并颂

政祺

孙文

一月二十五日

据《信使接洽中之统一问题》，载一
九二三年二月六日上海《申报》（六）

---

① 即蔡达生。

致段祺瑞告派于右任商洽要事函

（一九二三年一月二十六日）

芝泉先生惠鉴：

　　兹特派于右任晋商要事，即祈赐予接洽。至文对于时局意见，已于今日电达，想邀英览矣。即颂

冬祺

　　　　　　　　　　　　　　　　　　　　　　　　一月廿六日

　　　　　　　　　　　　　据《总理函稿》，台北、中国国
　　　　　　　　　　　　　民党文化传播委员会党史馆藏

复张绍曾告对时局意见已电达函

（一九二三年一月二十六日）

敬舆先生惠鉴：

　　大蕤①兄来，获诵手书，虚怀下问，无任钦感。

　　文对于时局意见，已于今日电达，想邀台览。余事即托大蕤兄面罄，恕不一一。

　　　　　　　　　　　　　　　　　　　　　　　　　　孙文

　　　　　　　　　　　　　　　　　　　　　　　　一月廿六日

　　　　　　　　　　　　　据《总理函稿》，台北、中国国
　　　　　　　　　　　　　民党文化传播委员会党史馆藏

---

① 王用宾，字大蕤，山西籍，为参院院议员。

复王永泉告抵粤后再告闽粤大计函

（一九二三年一月二十七日）

伯川吾兄惠鉴：

　　曹君勉菴来，获诵手书，并备聆种切，具见远虑深谋，极为欣感。吾辈谊切同舟，苟可为兄助，无不尽力，勿以为念。

　　文现以诸将领屡电敦促不获，已于今日赴粤一行，所有闽粤大计，俟抵粤后当再奉告。文昨曾发表和平统一宣言，想已入览。匆匆草复，藉颂

戎绥

一月廿七日

据《总理函稿》，台北、中国国民党文化传播委员会党史馆藏

复张开儒告回粤与商善后函

（一九二三年一月二十七日）

藻林吾兄惠鉴：

　　竞生①兄赍来手书，已聆悉。

　　文今日赴粤②，与兄等筹商善后，良觌匪遥。特先奉复，即颂

筹绥

一月廿七日

据《总理函稿》，台北、中国国民党文化传播委员会党史馆藏

---

①　叶夏声，字竞生。

②　孙文赴粤之行，因沈鸿英于一月二十六日发动江防之变而中止。

致张作霖告粤省近况并派路孝忱
赴奉申请援助函①

（一九二三年一月二十八日）

扶舆②先生惠见〔鉴〕：

襄〔曩〕承惠助，至纫高谊。兹幸联军讨贼已奏肤功，陈逆所部望风降糜〔靡〕，隆〔赖〕诸将努力，亦执事声援之威有从〔以〕振之。

文于日前通电，宣布和平统一裁兵主张。后本拟赴粤一行，抚辑主客诸军，殊将行之前数小时，乃得急电云："沈鸿英军与滇军因开军事会议冲突，致将魏邦平捕缚，生死未卜；同时，复勒缴第三师械，恐酿战祸"云云。行期遂因而中止。此行既不遽〔遂〕设政厅〔府〕主旨，本在和辑诸军，今已破裂，自无速往之必要。惟查此次变起，滇军方面仅激于主客歧视之见，而以邦平为挑〔排〕外首领，故恨之特深，谬为感情冲动，未暇详权其利害；沈鸿英则蓄谋叵测，甘受洛吴③指使，妄思盘踞广州，以遂其宰割之欲；而政学系中二三败类复为虎作伥，煽惑沈军，以献媚洛吴，致使粤局安而复危，定而复乱，破坏之恶，至堪发指。

沈鸿英衅迹既彰，罪名已著。文唯督率响义诸军，讨兹离叛。独憪〔惜〕粤中自遭陈逆蹂躏以还，公私匮竭；今复不幸，遇鸿英中道疑贰，攘窃省会，一再用兵，饷源困乏，不可言喻。特派路孝忱晋谒麾下，申请援助。如能照前所拟数，速与汇寄，则士饱马腾，荡平逆气〔氛〕，可操左券。国步中兴，义师复振，皆悉出闳赐。万一时促不及遽集，亦请量助巨额，俾克有济三军，感节〔激〕匪可言宣，文亦得大力为国劳罄。执事之助，与日俱永，遂听下风，伫闻明教。

---

① 原函未见，称系行书，据《辽宁大学学报》一九八一年第五期所载，疑误颇多，今按文意酌加改定或存疑。原函未署年份。据函称：日前曾发布和平统一通电，发生沈鸿英逮捕魏邦平事件，当系一九二三年。

② 据《新发现的孙中山致张作霖的信》的作者称：原函开头二字被挖掉，"扶舆"二字系原函收藏者、曾任奉天都督府秘书的李维桢所加，原名应系张作霖号"雨亭"。

③ 指直系洛派首领吴佩孚。

洛吴自北庭政争挫败以来，力图长江，未尝稍懈，援闽图浙，野心凌踔。今幸子嘉移师边境，小警其横。文致力川、湘，效绩渐见。川中诸将，自刘成勋以次各师师长皆已入党。湘赵①地位动摇，有非让组安不能弭辑〔戢〕之势。此二三省份，吴氏终将缩乎〔手〕无所复施其策。

惟广东为吾党策源地，负固如陈逆，且犹不旬月而驱之，乃突遭沈鸿英反噬，大业中梗。彼吴丑力〔行〕且将审入腹心，若不除沈，前途岂复堪此耶？暂失之沈，祸犹微；久失之吴，则害中于国家，而公、我皆将为竖子所蔑笑。以执事与文谋国之忠，结纳之固，岂复能一日堪此耶？词之缕缕，唯执事立决而惠助之，威〔感〕且无量。

又俄国外交所关尊防至巨，其详由孝忱面陈。文倾〔顷〕与越飞氏谈话，报章译载有将要点遗漏者，兹特饬人补译，抄如别纸，幸赐察览。有见教处，为文力所能及者，亦望告孝忱转述。时艰，为国珍卫，即颂

勋祺

　　　　　　　　　　　　　　　　　　　　孙文

　　　　　　　　　　　　　　　　　　　一月廿八日

据《新发现的孙中山致张作霖的信》，载《辽宁大学学报》一九八一年第五期

复卢焘慰小挫不足为累函

（一九二三年一月三十日）

寿慈吾兄惠鉴：

刘俊三君赍来手书，并为道近况，藉悉壮怀犹昔，深为感佩。

兄本长才，可期多助；一时小挫，不足为大贤累，幸努力为国奋斗，苦心人天不负也。吾辈神交已久，迄无缘一面，白水苍葭，不胜遐想。倘便道枉存，一倾积愫，实所钦迟。此复，藉颂

---

①　指湖南督军赵恒惕。

筹祺

一月三十日

据《总理函稿》，台北、中国国
民党文化传播委员会党史馆藏

复刘震寰望速讨沈鸿英函

（一九二三年一月三十一日）

显丞吾兄惠鉴：

昨周君公谋来，发出迎柬，高谊干云，纫感无既。

本拟返粤一行，与兄等筹商善后，不意船位甫订，而沈鸿英谋变，捕杀丽堂之警耗迭至，诸同志愈以祸变未知所届相劝阻，遂不果行，枉劳候迓，尚希亮察。此间确报，鸿英所欲图害者，实不仅丽堂一人、广东一省，贵部及其他诸同志部队，亦均在彼暗算之列。在鸿英向隶盗阀，久降北虏，其仇贼吾党，破坏西南，无足深怪；独惜此次桂军以义始，徒以鸿英一人之故，几蒙不义之名。外间不察，甚至疑滇、桂军皆党于沈，沈愈挟之以市利，殊令人慨叹不置。

粤中诸军屡电请讨，谓欲肃清两广内奸，维持护法根据地，如沈鸿英者，决不可不亟谋铲除；海滨、展堂诸人亦均以是为请。文以士气不可过遏，除恶终宜务尽，业经复电允可。兄为吾党健者，想不待此书之至，早已磨盾草檄矣。夫乘机以去敌，义立而众归，在昔贤豪之兴，罔不由此。今沈部不过数千，论力则我众彼寡，论理则彼屈我直，胜负之形，无俟交绥而已见，此殆天夺沈魄而玉执事于成耶？语曰："天与不取，反受其殃"，幸速图之。即颂
戎安不一

孙文

一月三十一日

据《总理函稿》，台北、中国国
民党文化传播委员会党史馆藏

致杨希闵嘱勿为沈鸿英所惑并派人持函面达函①

（一九二三年一月三十一日）

肇基兄大鉴：

此次联军讨贼，以兄所部滇军为倡义之首，劳苦多功，亟堪嘉慰。不幸以主客误会，激成事变，文之行期因而中止。

日来沈军电北，渐启异谋。吾兄义声著于国人，万不可稍受其惑，致隳令望。远道传闻，或多失实，文之坚信兄等始终无二。兹特专函，由李文汉、寸性奇两君面达，并述文倚畀吾兄之至意。苦衷密画悉可与汉民、协和、海滨、映波、和卿、锡卿②详筹之。

国难频仍，文与兄等历年患难之经，不宜轻听金壬，或稍自疑。吾党为国牺牲之巨，兄辈躬与其役，当不忍以一朝之忿，而小忽百年大计也。临风布臆，伫竢嘉猷。手此，即颂

勋安不一

孙文

一月卅一日

据原函，上海图书馆藏

复梁楚三准暂托陈鸿文代理部务函

（一九二三年一月）

楚三志兄鉴：

得元月五日手书，知前函及委状，均经收妥，甚慰。

讨贼军兴，需款急要，兄亲自出发加东、加中各埠鼓吹筹饷，劳瘁不辞，可

---

① 此函由杨庶堪代笔，孙文签名。
② 协和、映波、和卿、锡卿，即李烈钧、杨蓁、邓泰中、卢师谛。

为感佩。加属同志众多，热心素著，使能相恕相爱，协力不懈，则收效必大。兄卓识宏谋，经历又富，自能振作有余。所请暂托总务科主任陈鸿文兄代理部务一节，应即照准。此复，并颂

精神

据《总理函稿》，台北、中国国民党文化传播委员会党史馆藏

复任金谢馈手杖函

（一九二三年一月）

任金志兄鉴：

黄子聪君归国，得接手书，并承惠赠柯木手杖一枝，以表击贼之意，志诚心热，感佩殊深。谢谢！

比年以来，国事益坏，官僚军阀无恶不作，幸有我海内外同志奋斗不懈，国贼虽多，终必有尽数扫击之日，此责任愿与我同志共负之。此复，并颂

毅安

据《总理函稿》，台北、中国国民党文化传播委员会党史馆藏

复利物浦支部嘉许视党事如家事函

（一九二三年一月）

骆潭部长、静愚书记均鉴：

读去冬十二月二十四日来函，藉悉贵支部现大加改良，党员对于党事国事，视同家事，为之欣慰不置。

中华民国系吾党所缔造，维持拥护，亦惟乃吾党之责权。国事之隆替，视乎吾党势之盛衰；而党势之盛衰，则视乎吾党员对于党事之观念如何，此不易之理也。近者本党修订总章，大加整顿，即欲唤起党员之精神，扩张本党之势力。来

函所言，实获我心。

诸君远适异国，寄人篱下，相助相扶，端赖有党，非仅为交换知识，共肩国事已也，故海外党员尤有视党事如家事之必要也。诸君既明乎此，甚望相敬相爱，相恕相戒，身体力行，以感化敌派。此复，即颂

群祺

并候列位同志。

据《总理函稿》，台北、中国国民党文化传播委员会党史馆藏

复横滨支部告粤局平定可期函

（一九二三年一月）

同志诸兄均鉴：

接诵禧电，备荷眷注，感纫至深。

近念横滨党务进展非常，规模气象焕然一新，非诸君子黾勉奉公，毅诚将事，曷克臻此。日来粤局陡变，平反之期，指日可俟。愿兄等攘袂奋兴，作义军后援，救乡救国，端在斯举，其共勉之。此复，即颂

新禧

孙文

据《总理致横滨支部函》，载上海《中国国民党本部公报》第一卷第二号，一九二三年一月二十日出版

附载：复全国商会联合会劝告裁兵书①

（一九二三年一月）

由全国商联会举出之裁兵劝告代表聂云台、余日章、蒋梦麟、黄任之四人，

---

① 原函未署日期。按其内容，除起首一二言外，与前"复聂其述等论裁兵书"相同，似为同一函，今以附录并存。

因鉴于目前情势之需要，已表示接受是项名义，并于本年元旦发表通电，明示主张。昨接奉元旦所发快邮代电，劝告裁兵，所陈理由既深切著明，所订方法亦切实可行，浏览之余，至深快慰。文于昨年六月六日发表宣言，于化兵为工及制置国防军诸计划，已有具体方案。方期运用职权，贯彻主张，以不负国民付托之重，猝遭粤变，事与愿违，然耿耿此志，始终不渝。自维平生建国怀抱，格不得行十常八九，探其原因，虽似由敌党之顽抗，而实由民众之寡和有以使然，国利民福之事，国民不自急起直追，又不予先驱者以援助；则先驱者以势孤而致蹶，后起者以覆辙而寒心，坐令奸宄横行，仇雠快意，而躬被其祸者，仍为国民。言念及此，可为痛心。今者，全国商会联合会既以裁兵主张昭示天下，又得诸先生之大声疾呼，国民自动之精神，涣汗大号，足使孤行独往之士，闻之勇气百倍，感甚佩甚。顾犹有不能已于言者，国民之表示主张，自以劝告当局为第一步，然而与虎谋皮，久垂明戒；故第二步之办法，不可不为积极之准备，以免徒蹈空言。当局漠视舆论，摧残民意久矣，非示以实行之决心与毅力，必不能使之降心以相从。历史以来，无不劳而获之民权，无垂手可成之功业，愿诸先生勉之，并愿全国商会联合会共勉之也。专此布臆，顺颂

台绥

孙文

据《会书》之十《函札》，台北、中国国民党文化传播委员会党史馆藏

复佟兆元谢赠礼并告派路孝忱面达函

（一九二三年二月一日）

得一先生执事：

辱惠书，远承藻饰，敢不加勉。文与执事虽未尝相见，然当秀翘兄在奉天时，数数来书，辄为道执事梗概，文于执事，盖所谓神交，不在形迹之疏与密也。

吾国外交素称棘手，东省处日俄之冲，交涉尤难。执事周旋其间，绰有余裕，

具见长才，曷胜佩慰。

　　蒙赠贵乡珍产，一一敬领。何时得与执事晤对一堂，纵谈天下事耶？维日望之矣。丹甫①北来，已嘱其代达一切。专复并谢，即颂

时绥

二月一日

据《总理函稿》，载南京《中央党务月刊》
第十八期"特载"，一九三〇年一月出版

致张学良告派路孝忱赴奉函

（一九二三年二月一日）②

汉卿仁兄执事：

　　久想英风，钦迟无似。乃者，精卫、丹甫来□③，备蒙优遇。国是主张尤荷赞同，海内俊贤，时无两甚，以企难顷。致尊公长牋，于近事颇有论列，幸赐览观，并希明教。求援之举，乃以时势相迫，未忍以俗情自外。环顾国中，独一夫己氏为吾庆父，国难不解，皆彼厉阶。合力讨除，不能不勉。执事高瞻远瞩，必有成算。荡涤之期，当匪遥待。近更猖獗，利彼金壬，入室操戈，此而可容，将何所忌？不得已而再事廓清，在势为不可避免，而有待大力之扶，乃愈必要。特派路丹甫上谒尊公，并乞教益，至望不遗，而维护之感且无量。手此，即颂

侍安不一

孙文

二月一日

　　再者：成国屏君来，藉奉大照，英姿磊落，展玩无已。日来军情转变，并嘱

---

　　①　路孝忱，字丹甫。
　　②　原函未署年份。据函中所称派路孝忱谒张作霖，系一九二三年二月事。此函当为一九二三年。
　　③　似为"奉"字。

成君归报一切，以供参考。成君见闻较确，必语焉能详也。文又及。

据原函影印件，中国人民政治协商会
议全国委员会文史资料研究委员会藏

复李梦庚告粤事近况并派路孝忱面达函

（一九二三年二月一日）

梦庚①先生执事：

惠书嘉慰无似。别数月耳，而粤事变换有如弈棋，曷胜浩叹。今足下历举所见，娓娓而谈，实足以匡文不逮，一俟粤局大定，当有以勉副厚望也。泯源②、得一诸君，诸承关垂，极为欣感，相见时幸代致拳拳。未尽之怀，由丹甫兄面达。专复，即颂

时绥

二月一日

据《总理函稿》，载南京《中央党务月刊》
第十六期"特载"，一九二九年十一月出版

复李友兰告粤省近况并派路孝忱面达函

（一九二三年二月一日）

香斋先生执事：

别来时时系念，复辱惠书，所以期许文而为之筹策者至厚，隆情卓识，敢不拜嘉。

不图天未厌乱，炯明甫定，鸿英跳梁，粤局之安，尚需时日，文惟当为国自奋耳。尚望执事时惠嘉言，匡其不逮，并希尽大力之所能至者，助而成之，则澄请〔清〕统一之功，当不难于立见。不尽之怀，由丹甫兄面达。耑复，藉颂

---

① 李梦庚，字少白，系张作霖亲信，曾于一九二二年二月奉张命到桂林与孙文商谈。

② 王永江，字泯源。

筹祺

二月一日

据《总理函稿》，载南京《中央党务月刊》
第十八期"特载"，一九三〇年一月出版

复于冲汉告粤省近况并派路孝忱面达函

（一九二三年二月一日）

云章先生执事：

秀翘来，备述雅意；又辱惠笺，推奖逾恒，令人感奋。执事才智轶众，经验宏多，对于全局之统筹，必有踌躇而满志者。

文自陈氏败审，方期提挈两粤，与天下豪杰，共策和平。不图旬日之间，沈变继作，北庭谬妄，即欲乘间抵隙，肆其野心，以达彼武力鞭策天下之宿志，良用慨然。文当此惟有继续努力，贯彻初衷，以与祸国者奋战而已。如荷不弃，尚希时锡嘉言，匡其不逮，企盼之殷，盖有非语言所可宣者。余由丹甫面达。即颂

筹祺

二月一日

据《总理函稿》，载南京《中央党务月刊》
第十八期"特载"，一九三〇年一月出版

复杨宇霆告粤省近况函

（一九二三年二月一日）

邻葛①先生大鉴：

顷奉大示，以主义精神相结合，又复归本于信义，名言谠论，度越前伦。文虽不敏，敢不力竭棉薄，以从贤豪之后？况东省自得执事与诸贤助理，军民两政日臻盛轨。

---

① 杨宇霆，字邻葛，时任奉军总参议。

文方欲控制百粤，共策进行；何期陈逆将就肃清，而桂军之沈鸿英，豺子野心，顿谋反噬。粤军总司令魏丽堂君推诚相与，猝不及防，竟为所困。粤军一、四两师顷退驻江门；桂军刘震寰所部亦与海军联络一气，誓讨沈逆；在闽粤军计当抵粤；即陈逆部曲对于沈逆之攘窃行为，亦感怀义愤，迭电输诚，愿为前驱。

文生平接物以诚，从未以狡诈用事。今沈逆包藏祸心，窃据羊城，谋危大局，非独粤人所不容，当亦执事所深恶也。文与执事现相矢以信义，相结以精神，尚希时锡嘉言，以匡不逮。肃复，即颂

筹安

孙文

二月一日

据《总理函稿》，台北、中国国民党文化传播委员会党史馆藏

复何成濬告解决粤局为解决闽局先导函

（一九二三年二月一日）

雪竹吾兄惠鉴：

翁君①携来手书，已聆悉。师行无滞，至惬鄙怀。现陈贼虽窜，沈贼又起，更望从速进剿，迟恐滋蔓难图。闽局极杂，粤军撤后，将愈泯棼不可理，当以解决粤局为解决闽局之先导。至鲁贻、媿生、卓然②诸兄处，已遵嘱去电勉励矣。尚复，即颂

戎绥

二月一日

据《总理函稿》，载南京《中央党务月刊》第十八期"特载"，一九三〇年一月出版

---

① 即翁吉云。

② 即黄展云、吴媿生、许卓然。

复黄展云望去各省区域之见立党谊函

（一九二三年二月三日）

鲁贻吾兄惠鉴：

翁吉云君来，得一月十七日手书，欣悉我兄正为讨贼军筹薪饷，指困高义，何以逾此，感极感极。

近年来各省区域之见重，党谊往往为所湮没。据道路传闻，虽闽省多贤，亦不免此，矫而正之，将惟足下是赖。足下吾党健者，为党为国，伟略必多，望时时惠示为幸。即询

近益不具

二月三月

据《总理函稿》，载南京《中央党务月刊》第十八期"特载"，一九三〇年一月出版

复杨汉烈谢馈礼物函

（一九二三年二月五日）

汉烈吾兄惠鉴：

惠书暨茶叶五箱，已一一领悉。

乃者闽南告靖，兄力实多。文尚未为国报功，厚赠愧曷敢当。第以精诚所在，芹曝之献，尚不可却，矧属我兄嘉贶，敢不敬领？亜室荒江，朔风如吼，因念远征诸将士尚崎岖于冰山雪壑间，未遑宁处，辄用疢心，何时得为兄等解甲卮酒相劳，一慰平生耶？尚勉旃哉，企予望之。此复，藉颂

戎安

二月五日

据《总理函稿》，载南京《中央党务月刊》第十八期"特载"，一九三〇年一月出版

复陈肇英告张贞愿出师可与许崇智商洽函

（一九二三年二月五日）

雄甫吾兄惠鉴：

接诵元月十九日手书，欣悉我兄随佐汝为讨贼，鱼水相得，深为忭庆。

八闽本兄旧游地，遗爱在民，进行当更顺遂。张贞愿为讨贼军前驱，极嘉，可商之汝为，渠自有处。闽事极杂，须俟粤局彻底解决后，再谋整理。此时无力兼顾，姑听其自然可也。嵩复，并颂

时绥

二月五日

据《总理函稿》，载南京《中央党务月刊》
第十八期"特载"，一九三〇年一月出版

复徐镜清请勿高蹈鸣洁函

（一九二三年二月五日）

瑞霖吾兄惠鉴：

一月十三日惠笺及敬告全闽父老昆弟书，均奉悉。

兄此次服务桑梓，外摧强寇，内戢同袍，想已心力交瘁，偶萌退念，亦属恒情。惟起视寰宇未宁，即吾人之责任未尽。文老矣，尚未敢自逸，兄何忍遽言高蹈？况值粤军返粤，闽局愈危，尤望大力勉为撑持。若夫既〔脱〕逐以鸣洁，是特硁硁小丈夫之行，非文所望于吾党志士也。特复，并颂

痊安

二月五日

据《总理函稿》，载南京《中央党务月刊》
第十八期"特载"，一九三〇年一月出版

复刘玉山勖协同义军戡定沈乱函

（一九二三年二月八日）

玉山吾兄惠鉴：

奉手教，速文还粤，荩等卓识，至为佩慰。

近来地域之谬见，寝淫全国，往往置国事党谊于不顾。兄桂人也，独能于桂军将领之不法如沈鸿英者，持义不苟，痛加诛斥，高瞻远瞩，洵足为吾党矜式，可与共天下事矣！粤事关系全局，幸协同诸友军努力戡定，文必竭其棉〔绵〕薄为兄等助，或来粤与兄等共苦乐也。特复，顺颂

筹祺

二月八日

据《总理函稿》，载南京《中央党务月刊》第十八期"特载"，一九三〇年一月出版

复刘震寰望速与各军商追击沈军函

（一九二三年二月八日）

显丞吾兄惠鉴：

哲生来，奉到专函，并据面述，文既欣扶义之坚，复感用心之苦，大义隆情，令我心折。沈氏①目前虽已退驻西江，其志实在不小。吾恐粤难方兴未艾，而大局之底定，亦必较诸往日更费经营。望吾兄速商同志各军蹑击勿失，迟则彼与赣合，为祸将愈大矣。文或者当刻期还粤，与兄暨诸同志一商大计也。不尽之怀，由哲生面馨。此颂

筹绥不一

二月八日

据《总理函稿》，台北、中国国民党文化传播委员会党史馆藏

---

① 指沈鸿英。

复陈天太望维系粤局函

（一九二三年二月八日）

天太师长台鉴：

罗良斌君来，获诵近笺，忠挚之气，溢于言表，实深欣慰。

粤中近数月来祸变之多，古所罕见。文早拟于陈逆远飏后还粤一行，绥抚诸部；不意牵于人事，略迟吾行，而沈鸿英之变遂作。粤局幸赖足下扶助于前，尚望维系于后。有必要时，文仍当南还，一劳足下与诸军将士便商大计也。特复并谢，即颂

戎绥不一

二月八日

据《总理函稿》，载南京《中央党务月刊》
第十八期"特载"，一九三〇年一月出版

复杨希闵告即将返粤函

（一九二三年二月八日）

绍基吾兄惠鉴：

夏副官长①来，得惠书，恳挚极慰。

粤事始终赖兄维持，使于国事有所藉手，挞伐多劳，排解犹苦，同志无不称叹。惟消息阻遏，屡电不通，即录来诸要电，至今犹有未到者，设在他人，不几疑文有意与兄疏远耶？而兄乃皎然益明，不为尘蔽，临冠南②之乱，守严峻之威，正大坚贞，有非寻常所可比拟者矣。今北方无和平诚意，近益挟其武力统一之谬见，以与我周旋。大憝不除，民治终无进步，艰巨之任，惟兄与诸同志是赖也。

---

①　即夏声。

②　沈鸿英，字冠南。

粤中根本关系綦重，文或者勉副兄之期望，返粤一行。行止之时，当再奉告。先此奉复，并颂

筹祺不具

二月八日

据《总理函稿》，台北、中国国民党文化传播委员会党史馆藏

复梁鸿楷望速与各军追击沈军函

（一九二三年二月八日）

鸿楷吾兄惠鉴：

王忍盦君赍来手书，已晤悉。兄久困于陈逆积势之下，欲起驱陈，本为难事，今果如志，大义既昭然于天下，而兄之屈伸妙用，亦非寻常人所可企及也，曷胜幸慰。

文刻下统筹全局，不图陈逆已去，而沈贼又来。今虽退驻西、北两江，其志实不在小，望速与各友军努力诛锄，以竟全功。如有必要时，文或者南旋，一劳兄等便商大计也。余由王君面达。耑复，藉颂

戎安不一

二月八日

据《总理函稿》，台北、中国国民党文化传播委员会党史馆藏

复张开儒勉勿引退并请慰陈君函

（一九二三年二月九日）

藻林吾兄惠鉴：

养①电五日始到。前竞生来沪，晤谈关于兄之用心，有所未尽，哲生昨以电

---

① 养，即二十二日。

报言之，今来沪更面详一切，令人歉然于怀。国难未已，兄何能退官，当仍出共天下事也。罗君来，又辱惠书。陈君困乏，早在意中，重以兄言，自当力为设法。惟际此扰攘拮据之会，每苦于供不应求，希兄时时慰藉陈君，务谅此间艰难，而善抚辑士兵为要，不尽。即颂

近佳

二月九日

据《总理函稿》，载南京《中央党务月刊》第十八期"特载"，一九三〇年一月出版

致上海潮州会馆董事告广东政局并请筹饷函

（一九二三年二月九日）

潮州会馆诸董事先生均鉴：

民国变乱，十载于兹，其间牺牲之大莫过于我粤，言念及此，殊可痛心。

去夏，文欲冀传统之完全恢复，整军北伐，甫奏肤功，不料陈逆炯明顿怀异志，阻我义师，功败垂成，深堪痛恨，甚致纵兵淫掠，所过皆墟，粤省繁华顿归寂寞。文忍无可忍，不得已电令各军返师讨贼。兹据我军迭来电告贼军闻风溃退，逆首已逃。粤局戡定，秩序无紊，堪为执事告慰。所有筹备善后，需用浩繁，不得不望我同乡父老兄弟顾念桑梓，鼎力赞助，以竣全功。

苦文从事改革，奔走半生，素未与同乡诸君时恒把晤，抱憾良深。项已将此中情形分函告劝，并委陈君个民、江君少峰、黄君少岩为驻沪广东筹饷局局长，办理筹饷事宜。窃恐我乡人散处沪滨，难齐心志，非有统一办法，困难必多。想贵董事乡望素孚，一言九鼎，兼对于我乡人资力厚薄，底蕴深知。是以敢请诸执事速就贵会馆召集潮属同乡开会，协同陈局长等衡情酌量，商榷妥善之方，则事半功倍，早安粤局，幸何如之。

附上已函同乡姓名单一纸，其间如有遗漏再请代填列入，不胜恳祷之至。

此颂

公安

并候明教。

孙文

二月九日

据原函，上海市档案馆藏

致胡汉民邹鲁等论回粤事函

（一九二三年二月十日）

汉民、海滨并各同志公鉴：

文初本欲广州一下，则立即回粤，而以汉民、伯兰、季龙①为全权代表，以办护法政府之收束；换言之，即为一议和之机关。万一和议决裂，则当再从事于军事。后以汉民以为在沪无容有此机关，我乃改为我留沪，而汉民回粤，又转意以为最好我能始终不回粤而在上海，以应付各方，其理由已与汉民详言之。乃汉民去后，我在沪便发觉政〈学〉系与沈氏之诡谋，曾电汉民设法图之，此约在江防之变前十日。从此以后，日日接电，非回粤不可，我亦以为来或能消患于无形也。不期适起程之日，则得江防之变消息，而北京政府态度亦变，吴佩孚对吾人之真面目则全露。事已至此，以为虽回亦无益矣。及滇军代表夏君②到沪，详报一切事变情形及滇军态度，似又应有来之必要。惟屡得粤电，则吾同志之内部又呈分裂之象，今对此分裂之象，不能不有以处断之。第一问题，若我不必回粤，则粤中政事，当由兄等全权担任之，此所以有任汉民长粤之事。第二问题，若非我回粤不可，则我到粤之后，必欲藉〈居〉粤之机会，以试行我五权之制、分县之治，并同时彻底澄清粤中积弊。如是则吾党中坚同志，决不欲其担任地方行政之事，而欲其在我左右，以成立一五权机关（此机关未与北京破裂以前，不名为政府，而但行政〈府〉之实权。吾革命数十年来，未曾得过一自由之地、一自由之机，以施行我之抱负。今若回粤，则满意以为此其地此其时矣。乃兄等不察，

---

①　即孙洪伊、徐谦。

②　即夏声，滇军杨希闵部副官长。

斤斤以省长、财政厅、盐运使为去就之争，此我大惑不解也。现所任命之省长、财政厅、盐运使，非必以其人皆适当，亦断难保其无弊，惟其人已定于粤事未得手以前，今不妨由他一试耳。一旦有不称职，则去之可也。总之，我到粤则必欲兄等在中央机关做事，不欲兄等在地方机关做事，幸为谅之。

孙文

二月十日写于上海

据原函影印件，载孙文书，郭镇华编：《国父墨宝》，北平，北方杂志社国父遗墨筹印委员会一九四八年三月初版

复任鹤年促协助刘震寰出兵讨沈函

（一九二三年二月十日）

鹤年足下：

来书具悉。

粤为西南根本要地，关系匪轻，多劳擘划，实深欣慰。桂沈跋扈专横，别有所图，若不速除，后患曷极，诚如尊论。望即协助显丞，迅图进取，与讨贼诸军一致动作，此不独两粤人士之所企图，大局前途亦系之矣。千万努力。不具。

二月十日

据《总理函稿》，台北、中国国民党文化传播委员会党史馆藏

复马林告派奉天代表已北上函

（英　译　中）

（一九二三年二月十一日）

亲爱的同志：

接奉十一日惠寄快信，谨致谢意。关于我在奉天的代表，很抱歉，他已动身

北上①。

祝万事顺遂。

你忠诚的孙逸仙

一九二三年二月十一日

据李玉贞等主编：《马林与第一次国共合作》（译自马林档案第 231/3038 号孙文英文手稿），北京，光明日报出版社一九八九年九月出版

附载：复某同志告代表已离开北方函

（英译中）

（一九二三年二月十一日）

我们的同志②：

贵函收悉，不胜感激。请务必将此信息告知我方奉天代表。

抱歉，我们（的代表）已离开北方。此致。

孙逸仙谨启

一九二三年二月十一日

据 "Sun's Letter to Comrade"，www. iisg. nl（International Institute of Social History，Amsterdam，Holland），February 11，1923［《孙逸仙致同志信函》，一九二三年二月十一日，载荷兰阿姆斯特丹国际社会史学会网站 www. iisg. nl］（方露译，高文平校）

英文原文见本册第557—558页

---

① 孙文所派代表即路孝忱，二月初赴奉天。
② 该同志似应为外国友人。

复沈鸿英促悔过自新书①

（一九二三年二月十二日）

冠南足下：

令亲郑君赉来手书，并备述尊旨，具悉。

国家之事，须正当办法，乃能得正当解决，绝非挟私任术、好逞阴谋，与民治之道背驰者所能胜；中间或能侥倖得一二胜利，结果亦终归于败，可以断言。此古今中外之成事具在，可资考证者也。

今足下本西南护法诸将中僇力国事之一人，三四年来异向殊趋，足下率众奔突，转战于粤、桂、赣、湘，其劳已极，然而今日所得不过如此。文以为足下饱经忧患，阅历益深，凡人性之真伪，民意之向背，必灼见无遗，而得一真正觉悟，故有联军讨陈之举。不幸联军甫入广州，即有二十六日江防会议之变，此不独贻笑于人，即足下且不免各方之疑议。足下全日通电辩释，则足下之怀有隐痛，定可知矣。足下勇毅善战，文所深知，倘得相维始终，共力国事，诚文之愿，亦国之幸也。贵部偶有不谨，未免贻人口实。传曰："不矜细行，终累大德。"望足下勤加戒饬，勿使人笑贵军以义始，以不义终；而文亦得免于自决藩篱、引鬼入室之讥，则岂惟吾两粤之休？大局前途，实利赖之。

来书促文还粤，并言服从文之命令，文日间即来粤一行，勉副期望。耑复，藉颂

籍颂

筹祺

据《总理函稿》，台北、中国国民党文化传播委员会党史馆藏

---

① 沈鸿英叛变后，失道寡助，陷于穷蹙，乃耍弄缓兵之计，致函孙文输诚。此为孙复函。

复谢文炳□育麟促速出师剿沈函

（一九二三年二月十二日）

文炳、育麟足下：

唐铸携来手书，藉悉足下与该军将士响义各情。顷复据醉生①来沪，详述一切，热诚毅力，实堪嘉许。足下与诸将士从此与文一心，相维终始，欣慰何极。昔贤有言："从前种种，譬如昨日死；以后种种，譬如今日生。"文甚愿与君等共守斯旨，时相惕勉。

沈鸿英逆迹已著，今虽退驻北江，实欲与赣南北军联络，在我非速图剿灭之不可。望即查照前电，邀击勿失，迟则彼与驻赣北军合，君等腹背受敌，危矣！详情由醉生面达。即颂

戎绥不一

据《总理函稿》，载南京《中央党务月刊》
第十八期"特载"，一九三〇年一月出版

复熊宝慈慰勉努力粤事并告已拨款函

（一九二三年二月十二日）

宝慈足下：

来函领悉。此次讨贼之役，先后疏附，深资助力，至为佩慰。顾以财政支绌，接济未能如愿，良用歉然。所冀足下以大义自慰勉，谅我苦衷。粤局前途，尚多驳结，有待于足下之努力奋斗者，为日正长。特因醉生还粤之便，致书殷问，并徇醉生之请，暂拨千元交醉生，聊备兄与九维②、醉生三人办事之费。幸惟亮察

---

① 即梁醉生。

② 即张九维。

不具。

二月十二日

据《总理函稿》，载南京《中央党务月刊》
第十八期"特载"，一九三〇年一月出版

复张九维嘉慰冒险入粤并拨给经费函

（一九二三年二月十二日）

茹辛足下：

来书备悉。足下此次冒险入粤，热心宏愿，至足纫念。燮丞虽过于谨细，未能反戈杀贼，然取消极态度，暗为牵制，使贼军减一助力，其功亦有足多者也。此间困窘，略拨千元，供足下与宝慈、醉生等办事费。幸维谅察不具。

据《总理函稿》，台北、中国国
民党文化传播委员会党史馆藏

复李炳荣嘉勉策应讨贼军函

（一九二三年二月十二日）

燮丞足下：

粤局多变，何止沧桑，抚今追昔，欣慨交集。前黄亚伯偕令兄汝训赍来手书，已悉一切。

比恐形迹过密，贻累足下，故未裁复，惟托亚伯与令兄代致殷勤，然深为足下危，而足下竟毅然不动声色，策应讨贼军，使粤垣无喋血之惨、珠海有澄清之期，韬略之奇，识者无不称叹，足下功业固自有其不朽者在也。兹因醉生返粤之便，特具函致候。即询

近佳不一

二月十二日

据《总理函稿》，载南京《中央党务月刊》
第十八期"特载"，一九三〇年一月出版

致马福祥等勖坐镇西北注意全局函①

（一九二三年二月十二日）

□□镇守使、都统、统领惠览：

顷马邻翼君为道近况，并盛称执事整军经武，捍卫边圉，深为佩慰。甘肃民俗强悍，自古屏藩西北，今得执事加以训练，当更知耻有方。年来内忧外患纷乘迭起，而西北独幸安然无事，是皆君等坐镇之力也。倘能扩而充之，力矫近日各省军人之地域偏见，而注意全局，一以强国为务，将见丰功伟烈，照耀寰宇，以视拘拘于一隅者，岂可同日语哉。

兹特托马邻翼代致鄙忱，幸省察焉。即颂
戎绥不一

据《总理函稿》，台北、中国国民党文化传播委员会党史馆藏

复温树德告苟忠于主义可再为友函

（一九二三年二月十三日）

子培吾兄惠鉴：

李屏华君来，获诵惠书，肫挚可感，文已迭电详复，想邀谅察。

文常以为，天下事当与天下豪杰共之，苟忠于文之主义，虽仇可友。如杨坤如、李云复之流，皆尝围攻公府，谋贼吾命，文近犹许其自新，任之不疑，况兄与文并无如杨、李之深仇，而往年岑、莫②秉政，兄为文炮击观音山之义举，文至今固未尝一日忘也。务望勉励前修，勿为敌所间。

---

① 此系孙文致马福祥、马麒、马廷勷、马鸿英、马麟、马国良函。其时马福祥等分任甘肃省镇守使、都统、统领等职。

② 即岑春煊、莫荣新。

文定某日启程来粤，与兄等共商善后，良觌匪遥，特先布臆，藉颂

筹绥不具

据《总理函稿》，台北、中国国
民党文化传播委员会党史馆藏

复王永泉告北方和平统一为空言
并闽事与林森等共济函

（一九二三年二月十四日）①

伯川吾兄惠鉴：

兹读五日惠书，辱承推奖，愧负虚声，当益自勉，以副期许。

张敬舆尝以和平统一事来商，文亦乐观厥成。惟彼之基础，全筑于保、洛军阀②之上，所标榜者全与文宥电③相左，空言往返，诚意毫无。吾辈此时惟有自固本根，振导民意，以促彼自命北洋正统者之觉悟。否则，彼等武力统一之迷梦未醒，以分赃谋苟合，适以长乱，非忠于谋国者所愿与闻也。

闽事务望采纳文近日各电，与子超、鲁眙共济；子超为最忠于我党主义、力倡民治之一人，纵惑于闽人治闽之谬说，亦不至引谋危民国之洪宪遗孽如刘冠雄者以自杀，文可断言拥刘④之说，特拥萨⑤者捏此以乱吾谋耳，万勿过听。

文因粤中诸将领迭电敦促，定明日赴粤一行。匆匆草复，即颂

春祺

据《总理函稿》，载南京《中央党务月刊》
第十八期"特载"，一九三〇年一月出版

---

① 原函未署日期。据函中称"明日赴粤"，当系二月十五日的前一天，即十四日所发。

② 保、洛军阀，指以曹锟为首的直系保定派和以吴佩孚为首的直系洛阳派。

③ 宥电，指一月二十六日孙文发表的《和平统一宣言》。

④ 指刘冠雄。

⑤ 指萨镇冰。

复陆世益论兵工计画函①

（一九二三年一月下旬至二月中旬间）②

数年不见，良念不置。每于报端護〔獲〕③悉吾兄在北方工作情形，孤行独往，奋斗无懈，无甚〔任〕欣佩。

顷奉赐书，对于根本利害既洞烛无遗，所拟办法复透切已极。文不日返粤，于改组党务、创立党军、宣传党义诸端，皆拟依据进行。兵工计画尤为中国起死回生之无二办法，文筹画已久，数年心力悉在于斯。诚如尊论，真正之兵工必于国家统一之后始可着手。着手之时，宜令全国兵士先修筑碎石道路，次及铁路等工事，即令兵士渐为工事之主人，国家仅负统一监理之责。大兵工厂之创设，文亦有志而未逮者，数年于兹。将来至少如克虏伯厂之规模者，须成立三四处始足分配。文此次返粤，当首先减削兵额，量力实行兵工，想兄所乐闻也。

大驾何日南来，敬扫径以待。

据《总理第二次之兵工书牍》，载陆世益编：《孙中山兵工政策论》（又名《孙中山先生兵工计画论》），上海，北新书局一九二七年七月出版

---

① 一九二三年初，山西省路工总局局长、国民党员陆世益致书时在上海的孙文，对改造党国大计提出不少有益建议，孙甚为重视并即复函。

② 底本未录本函上下款，日期不详。按函称"文不日返粤"，而孙原拟一月二十七日启程赴粤，后因故改为二月十五日出发，则一月下旬或二月上中旬复函皆有可能。酌定为此期间。

③ 此因字形近似而误排，"護"的简化字为"护"，"獲"的简化字为"获"。

致邓本殷冯铭楷望率部顺势讨沈函

（一九二三年二月上中旬）①

品泉、纯卿足下：

粤人常喜言自治，文亦尝赞其成，设非炯明称兵，不自治而自乱，百粤金瓯，孰得而缺之？抚今追昔，能勿慨然。今炯明已矣，而沈鸿英又乘机窃踞，降附北庭，以蹂躏吾粤，自决藩篱，引鬼入室，粤人无不切齿痛恨，即滇、桂军稍明大义者，亦矢言诛沈。语曰："智者不背时而立功"，想足下胆识素优，必不昧此良机也。

特因伯芬之便，托致鄙怀，惟足下裁度之。即颂

筹绥不一

据《总理函稿》，台北、中国国民党文化传播委员会党史馆藏

分致陈德春陈家威王定华申葆藩
望与诸军共讨沈逆函②

（一九二三年二月上中旬）

恩波军长、汝岩旅长、尧臣旅长、介臣总指挥惠览：

此次讨贼军兴，曾未兼旬，而大勋立集，非执事策应之力，曷克神速若此？捷电传来，无任佩慰。

不图天未厌乱，炯明虽去，沈贼复来，大局既费支持，吾粤首遭蹂躏，瞻念前途，痛心曷极。在文酷爱和平，固不忍轻于启衅，重苦吾民；第拒虎进狼，不

---

① 此函和以下四函，均未署日期。此数函皆系孙文托宋伯芬南下返粤时分送，时在江防事变之后、孙尚未返粤之前，故酌定为二月上中旬。

② 此系分缮致陈德春、陈家威、王定华、申葆藩的同文函件。

独文无以自解，抑亦大违执事向义之初衷矣。执事久历戎行，忠勇素著。今文既以重任相属，务希与诸军和衷共济，以坚定之志，成戡乱之功，有厚望焉。

兹因伯芬还粤之便，特致殷问，即颂

戎绥不一

据《总理函稿》，台北、中国国民党文化传播委员会党史馆藏

致黄业兴望率部响义讨沈函

（一九二三年二月上中旬）

统才足下：

粤中能战之将士，足下实其一人，文知之最深，故延揽益切。自去年六月炯明叛变而后，文即驰书遣使通达殷勤，距今才数月耳，想足下犹能忆及。

今陈逆败窜，益知顺逆之分〔份〕不能假借，而智者弃逆效顺尤贵及时。足下虽失之东隅，深可惋惜，然桑榆之收，犹未晚也。现在沈鸿英依附北庭，蹂躏吾粤，破坏大局，殊堪发指，文必督诸军诛之。足下若能率所部翻然听文之命，成立功名，此其时矣。足下粤人，应恭桑梓；足下猛将，应爱国家。文于足下，实有厚望，故不惮一再言之。

伯芬南下，特嘱其便道趋晤，幸即当机立断，毋再游移。如有所怀，尽可直白。专此，即颂

戎绥

据《总理函稿》，台北、中国国民党文化传播委员会党史馆藏

致林俊廷望共策讨沈行动函

（一九二三年二月上中旬）

蒲田先生执事：

自陈贼倡乱，执事每每慨助讨贼军，至今黄明堂辈犹数数来书，称道不置，足征执事侠义，迥异等伦。

乃者幸赖诸将努力，陈贼败逃，方期两粤从此谧宁，民治可谋发展，不图天未厌乱，枝节横生，吾民何辜，能勿慨叹！切望执事念辅车唇齿之义，共策进行，勿徒以被发缨冠，塞救灾恤邻之责。特托宋君伯芬致候，幸进而教之。即颂
筹祺不一

据《总理函稿》，载南京《中央党务月刊》
第十八期"特载"，一九三〇年一月出版

致黄明堂勖讨沈并介绍宋伯芬任后方政要函

（一九二三年二月上中旬）

明堂吾兄惠鉴：

忆自陈逆倡乱，兄即首先讨贼，不幸北江军退，兄乃崎岖于粤、桂之交，困苦艰难，犹日以杀敌自励。此次滇、桂军尚未东下，而兄已率部先出灵山。兄之热心毅力，诚令人倾倒。顾文远处上海，兄有所求，未能即应，每念及此，犹难为怀。

今幸陈贼已逃，兄军全胜，以为可以稍遂兄之志矣；不图陈逆残部尚待安戢，而沈鸿英竟敢肆其变祸之谋，以破坏西南之局，若不亟谋讨伐，不独有违除恶务尽之训，且贻拒虎进狼之讥，文与兄将俱无辞以自解矣。故兄将来之责任仍属最重，望益加努力为祷。兄责任既重，则后方关系匪轻，凡与黄志桓接近之人，总宜谨防，不可使任后方要务。宋伯芬其人可以重任，兄所知者，合浦县事或其他要务，若以属宋君，必能胜任愉快，幸为留意。此致，藉颂

戎安

据《总理函稿》，载南京《中央党务月刊》
第十八期"特载"，一九三〇年一月出版

复蒋介石告派其为参谋长请速来粤
并胡汉民等人须暂留沪函

（一九二三年三月十八日）①

介石兄鉴：

顷阅兄与沧白、湘芹兄函，甚慰。展、季二兄现时均有重要职务，须暂留沪及赴浙、奉，此间须兄助至切，万请速来，勿延。并已发表兄参谋长，军事枢机，不可一日无人也。

文　巧

据毛思诚编：《民国十五年以前之蒋介石先生》第六编
（四），香港，龙门书店一九六五年十一月影印初版

致李煜堂敦请返粤商办善后事宜函②

（一九二三年三月二十二日）

煜堂先生阁下：

乃者逆贼既讨，百粤重光，文之归来，大之谋全国之和平，小之谋本省之安

---

①　原书把此电放在一九二三年二月十八日，但发表蒋介石为大本营参谋长为三月十七日，原电称"已发表兄参谋长"；且胡汉民、汪精卫、邹鲁等奉孙中山命，由沪至甬，邀请蒋赴粤策划军事是三月十五日，蒋于十九日随胡等返上海，四月十五日赴广州。胡汉民、汪精卫、徐谦等继续留沪，进行联络皖、奉军阀和直系军人冯玉祥的工作。故此电应系一九二三年三月十八日。

②　李煜堂系广东台山籍的香港富商，因受其子李自重及婿冯自由（同盟会在粤港澳两名主盟人）的影响而加入同盟会，广东光复时出任该省军政府财政司长，后又屡对孙文资助饷款。时因南方革命武装力量联合击败陈炯明叛军，孙文于一九二三年二月在广州成立大元帅大本营，其近期工作重心是筹款裁兵。李煜堂接信后决定接受孙文的邀请返粤一行，并参加广州裁兵大会。

靖，已于敬日宣言①详述之。顾粤省善后万端，非赖群策群力，不足以共肩巨任。素稔阁下爱国热忱，众流仰镜，敬恭桑梓，责无旁推。兹特派林警魂、孙科、王棠赴港敦请阁下返省，商办广东善后事宜，并筹画财政公开，一洗往日少数营私舞弊之谬习，建设前途庶有攸赖。仁望早日莅止，共策进行，利国福乡，固非独文私幸而已。专此，顺颂

台祺

孙文

三月廿弍日

据《孙文催李煜堂上省》，载一九二三年
三月二十七日《香港华字日报》第三页

复焦易堂勉在北方为党宣传函

（一九二三年三月二十三日）

易堂兄执事：

三月九日来函诵悉。执事仍驻北方为党宣传，并决心非必不得已，即专注意宣传事业，不欲他往，兼已印刷三民主义、五权宪法等演说词数万分〔份〕分送各界。阅之，致为欣慰。

吾党主张，以大多数人民未能了解，故于推行时，每多阻碍，此在北方，更觉较甚。得执事在彼宣传，必见伟大之效。尚祈宏此远谟，以竟将来水到渠成之全功，为至望也。专复，即颂

时祉

孙文

民国十二年三月廿三日

据原函影印件，广州、广东省社会科学院藏

---

① 即二月二十四日发表的《裁兵宣言》。

致护法议员同志告与杨度商洽函[①]

（一九二三年三月二十七日）

护法议员同志诸兄鉴：

　　杨度君近助文尽力于和平统一事业，其态度愈明，而受彼方忌刻亦愈甚。能为之助力者，非诸兄莫属。特为专函介绍，幸推诚与之商洽一切为荷。此颂

公安

孙文

民国十二年三月廿七日

据原函影印件，广州、广东省社会科学院藏

复雷鸣夏请勿辞《晨报》主持函

（一九二三年三月二十七日）

鸣夏志兄鉴：

　　来书备悉。云埠[②]《晨报》既由兄主持，公意佥同，自能胜任愉快，幸勉厥职，无事推辞，党义辉光，实所深赖也。至筹款一节，已另函加总支部，通告加属各部协助矣。特复，并颂

公祺

孙文

民国十二年三月二十七日

据原函抄件，台北、中国国民党文化传播委员会党史馆藏

---

　　① 杨度时任直系军阀首领曹锟高等顾问，但倾向革命。陈炯明叛变后，孙文为了阻止吴佩孚全师入赣帮助陈炯明消灭孙所领导的军事力量，曾派刘成禹北上与杨商量办法，杨慨然允助，从中斡旋，吴师卒未入赣。随后，杨又到上海，赞助孙文的和平统一事业。孙文此函即据此而发。

　　② 即加拿大温哥华。

致某君告反对伪令及广东局势函①

（一九二三年四月上旬）

　　曹、吴竭数月之力，欲以一沈鸿英统一西南，且为督理伪令，使北方政局，几呈大变。乃伪令既下，不但不足以动我分毫，转使沈投顺之心，更为坚切，并为避嫌起见，已全军遵令移防。即沈、陈联合之企图，亦归无望。以陈部残军，所存无几。距沈远者，既感事实之困难，近者又多向我表示诚意，正极力剖白联沈之无稽。故曹、吴计划，至此已成画饼。又滇军杨希闵，因北廷任为军务帮办，闻讯痛愤，向予声辨〔辩〕至再，并率其军官十余人，尽数入国民党，指天誓日，永不相背。余之部下既已一心一德，全粤人士，亦共愿服余命令。现在市面平靖，安堵如垣〔恒〕，大局前途，至可乐观。惟余唯一目的，则仍在实行兵工计划，粤中已着手进行。倘北方果有和平诚意，即可同时裁兵，和平统一，指日可待；倘以正统自居，而目人为割据僭窃，则余为倡导正谊〔义〕起见，势不得不与之周旋中原也。

据《孙氏致京中某君之一封书》，载一九
二三年四月十四日上海《时报》第二版

致中国国民党驻三藩市总支部告陈璧君等人
来美筹款请热心捐助函

（一九二三年四月十二日）

中国国民党驻三藩市总支部诸同志兄鉴：

　　执信学校需款甚切，兹汪精卫夫人陈璧君女士及其弟耀祖来美筹款，务望诸

---

①　据原报称，原函甚长，此仅系该函大意。收信者姓名不详，据函中提到沈军遵令移防等内容，时间当在四月上旬。

同志热心捐助，并乞广为劝募，以示尊崇先烈、造就人才之意，无任感荷。专此，即颂

公绥

孙文

四月十二日

据《会书》之十《函札》，台北、中
国国民党文化传播委员会党史馆藏

复李烈钧告已筹款汇去并告粤事函①

（一九二三年四月十四日）

协和吾兄鉴：

道腴②来，得手书，具悉吾兄艰苦，时时在念。苦军用浩繁，不能如期接济，顷已先筹汇一批（五万由汝为转汇），并嘱道腴驰还，一切嘱其面达。望早赴事机，以藏全功为望。此间情形，道腴可详述。

北江已将肃清，东江亦甚得手，当易了也。顺颂

近佳

孙文

民国十二年四月十四日

据原函影印件，台北、中国国民党文化传播委员会党史馆藏

---

① 李烈钧时任闽赣边防督办，奉孙文命移驻闽南，将原驻防地让与回粤的许崇智军驻扎。

② 周震鳞，字道腴，湖南宁乡人，时奉孙文命担任代表，前往厦门漳州一带与李烈钧部联络。

复北京学生联合会勉极力从事宣传函

（一九二三年四月十五日）

北京学生联合会诸先生公鉴：

朱务善、李敏二君来，获诵惠书，备聆尊旨，足征谋国公忠，见义勇为。国之不亡，将于诸君乎是赖，欣感无已。

北京本为吾国首善之区，今乃变为首恶之地，荡涤而廓清之，夫岂异人之任。今诸君毅然定议促我北征，责任在躬，义无或后。况复和平绝望，转移之术，惟出于战之一途。文自当整率六师，冀副厚望。所虑根本未固，往辙堪虞，于势不能不稍有待耳，然终必有以勉副诸君之望也。

君等主张，极表赞同，倘遇机缘，当力副厚望。抑文更有进者：北庭今日所凭藉以祸国者，吴佩孚一人已耳。佩孚朝伏诛，北庭夕瓦解。然佩孚之有今日，实则曩日之舆论为之，故居今日而欲灭佩孚，仍非先转移舆论，不易为功也。且宣传主义以为义师之导，较之徒恃武力，其难易不可同年而语。诸君明达勇决，尚望极力从事宣传，使北方民众皆晓然于佩孚之恶，而亟思去之，则庶乎成功不远矣。

国步艰难，时乎不再，诸君苟能以时各抒己见，迪文不逮，尤所愿欲而企祷者焉。临笔不尽，专复，藉颂
学祺

孙文

四月十五日

据原函，台北、中国国民党文化传播委员会党史馆藏

复宁武告王子珍等三人入党事已交党部办理函

（一九二三年四月十六日）

梦岩兄鉴：

伍君①还，得手书，并悉尽力宣传，有加无已，不胜嘉慰。王、赵、冯三君事②，已交党部查照来函办理，交由伍君转达矣。复颂

时祺

孙文

四月十六日

据原函，台北、中国国民党文化传播委员会党史馆藏

复吴忠信告解决国是全在自己努力函

（一九二三年四月二十四日）③

礼卿兄鉴：

来书具悉。解决国是，全在吾人之努力。此间刻正并力以除东江余孽。拟俟粤境肃清后，一方整饬内政，以粤省树建设之始基；一方出师北伐，以期早日讨平国贼。届时皖、奉两系以及国中各有力分子如能奋起，以与吾党合作，则尤大局之幸矣。匆复，顺颂

大安

孙文

四月廿四日

据原函影印件，台北、中国国民党文化传播委员会党史馆藏

---

① 即伍朝枢。

② 王、赵、冯三君事，系指王子珍、赵冠儒、冯庸三人加入国民党一事。

③ 原函未署年份。据持信人吴忠信跋注为一九二三年。

复周震鳞请转告李烈钧款项正竭力筹措函

（一九二三年四月二十五日）

道腴兄鉴：

得汕头来书，具悉。此时计已抵厦晤商协和，一切进行当有计划，惟望动作敏速，以赴事机。

协和所需款项，正在竭力筹措，并先饬汝为接济十万。房捐所收数殊零星，每日兵站所需皆取给于此，已予指定，殊无大宗可汇，仍恃特别筹集，收到后乃能给发，为时当不至过久，望兄以此意转告之。

所需旅费已加给千元，随饬照寄。手此，顺颂

时祺

孙文

民国十二年四月廿五日

据原函影印件，载《文史通讯》一九八一年第四期

复李烈钧望早日图赣断沈逆退路函

（一九二三年四月二十八日）

协和吾兄鉴：

得四月廿日书，具见诚勇之概，深为欣佩。

沈逆恃北方为援，顽强抵抗，我军分三路进击，期于扑灭。然不断其北窜之路，终不能殄灭无遗；且彼得据赣边，勾连北敌，仍为我患。甚望吾兄所部早日出发图赣，不惟断沈逆之去路，亦且开北伐之先声，想兄必投袂而起。上兵伐谋，固不必聚兵力于粤东一隅也。

尊部所需款项，正在力筹，必当源源接济。近日情况，盼时见告。即颂

捷绥

孙文

民国十二年四月二十八日

据原函影印件，台北、中国国民党文化传播委员会党史馆藏

复张作霖谈西南军事问题并请助款函①

（一九二三年五月三日）

雨亭先生执事：

精卫转到手教，恳挚无伦，自非神明契洽靡间，不获闻此谠论。某氏②之恶已昭著于国人，吾辈为国除患，知之当为切至，相期之殷，不敢不勉。

来示谓藉武力以济和平之穷，极为扼要。此间于固有兵工厂外，曾于桂陆③败后，以外交手段争得最新式机械，足敷建厂之用。惟需款二百五十万，需时半年，乃克成功。此间支出过巨，尚未有力遽及于此，常日念之，徒呼负负。稍可设法，终当为之，此固军实之至要也。

至尊见以协和回赣、组安④回湘，乃与鄙意不谋而同。所以迟迟，徒以财政过绌，不能因应咸宜。协和回军之需，至少须五十万元；组安之需，亦必得二十万元乃克有济。此间自战事起后，救死扶伤，在在需款，仓卒乃无以应之。如公处此时能助此额，协、组皆可立发，他无所顾，不识尊意以为可行否？

川军因内讧过深，即引吴⑤者亦非本怀。此时已渐酝酿逐吴之谋，顷已派人前往开说，大要不至无望。反吴军队如熊、但、石、汤⑥诸人，尚余军额三四万，

---

① 继一九二二年九月之后，孙文又分别于同年十二月及一九二三年四月、五月派汪精卫赴奉天与张作霖联络。张作霖，字雨亭，时任东三省保安总司令。本函是对四月间张托汪所带来函的答复。

② 指曹锟，直系军阀首领，是时北京政府完全受其控制。

③ 桂系陆荣廷。

④ 即谭延闿，时在广东任大元帅大本营内政部长。

⑤ "吴"及下文"吴贼"皆指吴佩孚。

⑥ 熊克武；但懋辛，川军第一军军长；石青阳，四川讨贼军第一路总司令兼川东边防军总司令；汤子模，川东边防军第一师师长。

足以一战。其中立诸军，仍可望结合，尊旨不难达到。

沈逆①自攻省溃败后，乃集全力于西、北两江。直军两旅加入作战，初颇顽强，我军小挫。三十日军田、银盏坳②之役，我军拼死力战，已将直旅击溃，不能成军。其后方张克瑶一旅闻已丧胆，不敢邃进矣。是役我军伤师长一、旅长二、团长四、营长六，下级官与士兵死伤约近千人。敌两倍之我，团长一已死，北江敌兵纷乱逃死之情，极可悯叹。吴贼造孽，已极其能事，天不助乱，我幸而获胜。此后万端待理，大局底定更未知何日。我公高掌远蹠，何以见教，万冀不遗，进而为具体之商榷，则公私之感，宁复有暨。

精卫初拟返粤报命，后以俄事及敌方紧急，乃电嘱其先赴尊处，唯有以辱教之。此复，即颂

勋祺

孙文

中华民国十二年五月三日

据杨庶堪代拟原函稿，台北、中国国民党文化传播委员会党史馆藏

致李烈钧告予周震麟名义破坏洪兆麟计划等事函

（一九二三年五月十九日）

协和兄鉴：

日前道腴兄来告急云：洪兆麟已受北方任命，其旧部李云复、尹骥已大摇动，将有离兄而回击潮汕之势，救急之法，只有假他以名义，由彼更用其同乡之感情，则必能破坏洪氏之计划。于是遂许之以劳军使，并督率该两师之任务，其唯一之目的乃在破坏洪逆之图谋而已。此目的一达，则道腴兄之任务便为终了，此后该

---

① 指沈鸿英。沈据孙文命令率部移驻肇庆，在直系军阀武力支持下公开发动叛乱，四月十六日凌晨派兵万余人分三路进攻广州，激战四日后被击退。孙文随即调动军队分向西江、北江进击，后于八月将其逐出粤境。孙曾多次亲临前线督战。

② 军田在广东省花县境内，今属广州市花都区狮岭镇；银盏坳在广东省清远县境内，今属清远市龙塘镇。

两师仍归兄命令、编制、调遣，道腴不得稍为参与于间，以碍军事之行动。此意已托赓笙兄转致矣，今更作函详述，如有必要，可将此信示道腴也。

兄图赣之费，此间因事变叠生，不克如期应付；然已另行设法，向奉天筹五十万，专为兄入赣之用。闻沪中同志亦有欲助兄一二十万者，亦并催促矣。早晚得当，当再报闻。此致。

孙文

民国十二年五月十九日

据原函影印件，台北、中国国民党文化传播委员会党史馆藏

复麦造舟赵泮生告已向加政府抗争移民新例函

（一九二三年五月二十九日）

造舟、泮生两先生：

王登云君归国，藉奉手书及移民新例一纸，阅之慨叹。前此奉电后，即已电加政府①要人，抗争此案。兹将英文来去电抄上，并华文电一通，希为察览。现在唯一之希望，则在上院之否决而已，亦已竭力设法做去。结果如何，尚不可知，至冀兄等努力争之。文当尽其绵薄，以为后盾，不敢有爱也。此颂

时安

孙文

中华民国十二年五月廿九日

据原函，台北、中国国民党文化传播委员会党史馆藏

---

① 指加拿大政府。

致北京大学学生勉为国事努力勿懈函

（一九二三年五月）①

北大学生诸君公鉴：

陈君兆彬来粤，藉稔诸君目击时艰，奋斗不懈，伟略宏愿，曷胜钦喜。

年来军阀专横，人民愁苦，文虽奋斗呼号，而素志未成者，徒以国人判白是非之心，尚嫌薄弱。文倡于前，而乏群众以盾其后。即吾所挚爱之青年学子，曩者亦偏重学业，而以不干涉政治为揭橥，或驰骛过高之学说，而不先植其基础。文之所以为国者，乃独与少数党人镆而不舍。故牺牲虽巨而蕲响犹虚，官僚武人愈益跋扈，而吾民几不知死所。文每念之，悚然惊惧。

今幸诸君瞭然于恶政府之罪行，认为绝望，蹶起运动，标明主旨，诚不可谓非彻底之觉悟，而为国事一大转机也。其为快慰，可胜宣吐！努力勿懈，必有达到目的之一日，文亦当竭其绵薄，敬从诸君之后，苟利国家，不敢有爱。

诸君纯洁，他日之绩，必有非今世政客所能期望者。逊清末造，其能力肩革命之任，为其主动而卒建今日之民国者，亦端赖海外学生数十人、内地学生数百人而已。以今方昔，何能多让；又况今之诸君，学术知识，已较前为裕，其能胜此故国革新之任，已无俟夷犹。吾国一线生机，系之君等，至望诸君之好为之也。

余由陈君面述。临风布臆，不尽区区。即颂

均安

孙文

据《北大代表赴粤运动之成绩》，载一九二三年六月十二日上海《民国日报》第十版

---

① 北京大学学生会曾派代表陈兆彬到广东，希望在实现澄清政治、教育独立等方面的主张得到孙文的支持。此系孙文交陈兆彬带回的信件。原件未署时间。按：北大学生会干事会六月七日开会时已收到此信，故当写于五月。

致廖湘芸再声明防止进出虎门军舰名函

（一九二三年五月）①

湘云②兄鉴：

昨夜二时，闻虎门将海军小轮船炮击，伤彼数人。省内海军闻之，立要炮击大本营，以为报复。此间殊无抵抗，亦无预备，故即避往东山。今早与之调解，其气稍平，或可无事。一小轮船本不必开炮，此未免操之过当。

兹再声明，此间所防止其出口者为"同安"、"豫章"、"永翔"、"楚豫"四舰而已。此四舰必要得我命令，乃可放行。其他"海防"、"江防"、"盐运"各舰，及海军小轮可不必制止。又入口则只防"海圻"、"海琛"、"肇和"三舰，此三舰非得我命令，决不准进口。此外亦不必问。

近日有"绍平"③由汕头回省，见时当加意保护，着泊沙角候命，并速行报告可也。

据原函，北京、中国国家博物馆藏

致胡汉民杨庶堪告处置广九铁路复业事宜函

（一九二三年六月七日）

汉民、沧白两兄鉴：

广九铁路前已着颂云与兵站各员助其复业。但逆党忽有占据深圳、平湖等处，又有图扰我石龙、增城之事，故虽有助其复业之心，究于军事行动有无妨碍，必须加以详细之考虑，乃可定此事，当与颂云、翼群妥商办理也。

昨日接广九代理总工程司来函，称"该路停业日久，支款浩繁，现将无款开

---

① 原函未署时间。函中所称与海军发生冲突及"绍平"舰回省事，均在五月。据此酌定。

② 廖湘芸时任虎门要塞司令。

③ 绍平，船名。

销，若再不能复业，则必将停止行车，遣散工人"等语。果尔，则对于吾军交通运送为一绝大之打击，须有以预防之，乃不受其所制。如果彼有停车之举，则曲在彼，我可收而管理以应战时之需要。此事可着陈兴汉先事筹备，预先密为知照广九职员、工人等，一遇英工程〈司〉有停行车之命，我立派陈兴汉兼管之，毋使一日停车，方不致有碍军事。陈对于铁路管理为特别长才，于粤汉铁路已得确证，有此人在，断不怕英工程司之要胁也。惟必先事有所筹备，则不至临时无所措手足。望两兄及颂云、翼群于接此函时立即从事对付可也。此候

筹祉

孙文

民国十二年六月七日

据原函，北京、中国国家博物馆藏

致孙科嘱务须恳切留住胡汉民函①

（一九二三年六月七日）

科儿知悉：

今早在博罗城得接你加封寄来朱和中一信，其中所虑，皆去事实千万里之远。此时为危急存亡之秋，正宜开诚布公，同心协力，以共扶危局；若彼此互相猜忌，妄相付〔附〕会，则愈想愈湾〔弯〕矣。财政计画非军事解决，必无办法；军事非我亲临前敌，必难速行解决。故望你大家一心，竭忠尽力，维持目前之要需：第一兵站之费，务要使东江战士无绝粮之忧；第二海军之饷，不可失信，致复生变。此二事如果大家同心一致，必可办到，则目前之困难可抒〔纾〕，而东江军事必能达所期目的。东江目的一达，则各种财政计画皆有希望。故此汉民纵不能代我办事，必能代我任过。否则，各种之过皆直接归在父一人身上矣。汉民之用，其重要者此为其一，故万不能任彼卸责也。但恐我数日不回，彼必走人②，则我必要直当各路之冲，则更不得了矣。但汉民见得毫无办法，亦恐难留也。父已尽力设法留之矣，

---

① 时孙文在东江前线督战，胡汉民代行大元帅职权，孙科任广州市政厅厅长。
② 走人，广州话口语"离开"的意思。

然犹恐无济。外间已有成见，你与彼成为两党，想你两人或亦不免有此意见，故留汉民仍以儿为最相当之人。为大局计，为父此时负责任过计，你不得不留之、不得不恳切以留之，而留之必要留住斯可矣。否则，父同时要任种种之过、要当各方之冲，则必不能专注意于军事；军事一败，大局便崩，无可救药矣。故汉民去留，甚有关于大局之得失成败也。你须注意，勿忽为要。至幸至幸！

父示

六月七日

据原函影印件，载《中山墨宝》编委会编：《中山墨宝》第七卷书信（中），北京出版社一九九六年一月出版

致杨庶堪嘱函告杨廷培归还李福林炮函

（一九二三年六月九日）

着沧白即写信杨廷培云：东江战事已发生，前由李福林所借之炮二门，务即还他，以应东江攻敌之用。（此信交谭礼庭带交。）

文（印）

中华民国十二年六月九日

据原函影印件，载刘大年主编：《孙中山书信手迹选》，北京，文物出版社一九八六年九月出版

复叶恭绰嘱速解决东征财政困难函

（一九二三年六月十日）

誉虎兄鉴：

九日函悉。所示各节，极端赞同，总望积极办去，当收效果。至各种建设事业，如有投资承办者，皆可通融将就，以广招徕。独于电话及无线电报（通世界者）二事，则已有成约，必待六个月后不能开办，始能另商。

东江军事，日前石龙之溃，几误大事，今则危机已过矣。西江、北江皆不足

虑，此后胜负所关者，仍在东江一着。东江一解决，则西北江必可同时解决。现敌人正集数路之力来救惠州，然我兵之集中此地者尚不薄，所虑者则财政之困乏耳。对于此事，深望兄与诸同人之尽力，倘财政之困难能解决，则军事敢说必有把握。现适东江紧急，故不得不专力于此，所期诸同人亦各就所急，努力奋斗，则中国事必大可为也。此复。

孙文

中华民国十二年六月十日

据原函影印件，载《总理遗墨》，叶恭绰影印，一九三四年三月十二日，折叠装①

致孙科望竭力筹兵站款并严办杨西岩等人函

（一九二三年六月十二日）

科儿知悉：

现在之成败利钝，全在兵站能源源接济前方，使兵士无绝食而已。故当集全力以筹兵站之款，望你与各机关同人以此为急，首先注意，竭力设法为要。

前西岩许以入城费二百至五百万，卒未践言，吾犹优容之。不意今日彼竟有匿印不交之事，殊失所望，此实不能再容，当以违令严办之。至其欠款，已着将官产扣还，新人接手，亦当照办，而彼尚有违命之事实，曲在彼也。又王国璇屡次行谝，既误造币厂，又失信五十万借款，至延误种种，亦应有以惩之。须由王棠劝之速行补过，否则，勿谓无情也。

此时惠州尚未攻下，东江军事仍然紧急，望吾儿劝告各同仁，务要一心一德，共维危局。此示。

父字

六月十二日

据原函影印件，载《中山墨宝》编委会编：《中山墨宝》第七卷书信（中），北京出版社一九九六年一月出版

---

① 原无题，书名为后人所加，共十页七件。

致国会议员勉持正爱国函①

（一九二三年六月十五日）

民国护法各议员诸同志惠鉴：

比岁以来，军阀横暴，破坏纪纲，故同志集合倡正义于广州。逆陈叛变，粤局破坏，致使各同志流离出走，初衷未遂。及文移居沪渎，仍促国会北上开会，力谋国是，欲持和平统一、化兵为工之策，以定国家之根本，以促北方武人之觉悟。不意国会方开，民八、民六问题②不定，更举广州政府数年召集所议之案，弃而不顾，可知北方军阀对国会同人，有利用而决无诚意矣。

今日军阀攘位，故态复萌，视民国二年以兵力挟举总统、民国八年以非法谬窃大位，殆尤过之。夫今日之所谓北京国会者，合法与否，尚属问题；再加以非法之行，其何以对天下？文与国会诸公，始终相共，务望劝告同人，各尽所能，力持正义，其有以兵力、金钱图窃国权者，当以去就相抵抗，文必为诸公后盾。粤局日内可定，一俟（与各方面商定办法）布置妥帖，必有函电达京商榷南行办法。今先派刘生成禺来京详述一切。北望蓟门，风云昏晦，持正爱国，是所盼切。

手此，顺候

时安

孙文拜启

中华民国十二年六月十五日自大本营发

据原函影印件，广州、广东省社会科学院藏；另据《孙大元帅以大义勉国会议员》，一九二三年六月二十八日上海《民国日报》参校

① 直系军阀曹锟于一月十三日逐走北京政府大总统黎元洪，准备贿赂国会议员选举其为总统。孙文为此由广州发信给参加过护法的在京议员，望他们持正爱国，反对曹的非法行为。

② 一九一七年，在段祺瑞威迫下解散的国会称"民六国会"；部分国会议员南下护法后，于一九一九年将未到广州的议员一律除名，缺额补选，组成的国会称"民八国会"。一九二二年六月黎元洪复任总统后宣布恢复国会。"民八"和"民六"议员为国会的正统问题发生争执。

复徐谦告不愿受议员选举为总统并反对委员制函

（一九二三年七月四日）

季龙兄鉴：

六月廿六日函悉。我对于现局，绝对未有信何方将承认我为总统之心，亦不愿再受所谓议员选举我为总统，我只愿为革命党之总统。倘革命党永远在中国未有选举总统之权，我当不作是想。兄以曹锟比我，太属不伦。我对于委员制绝对反对，因曾饱尝七总裁之滋味，以后再不敢领教也。中国现局堕落，一至于此，乃革命不彻底之所致。革命之所以不彻底，乃因武昌之成功出于无意，成得太易太快，致堕革命党之精神。从今以后，我行我素，再从事于彻底之革命，此外之事，一概不理。此志能达，不怕他来什么内患外忧，倘兄不信，请观今日之俄国。惜乎今日中国之志士不从根本上去做工夫，而只识反对曹锟做总统，吾不知曹与黎有何择焉。至兄所倡之委员制，更比曹、黎又下矣。

广东军事，想不日可以了结，到时自当另为彻底革命之运动，以期收效于三年。故现在之变局，毫无关系于我心，想兄等虽着急，亦断无法以解决。倘委员制成立，不过多几个曹锟而已，于内患则多加七倍，于外忧只有日甚，吾诚未见其可也。中国人在今犹尚不知为走头无道，而猛省回头，从事革命，诚哉！其为满清遗民、亡国贱种，无法可救。兄乃健者，且为基督徒，盍当醒哉，从事于彻底之革命，切勿随俗浮沈，有厚望焉。

孙文

中华民国十二年七月四日

据原函影印件，载孙文书，郭镇华编：《国父墨宝》，北平，北方杂志社国父遗墨筹印委员会一九四八年三月初版

复胡汉民杨庶堪告复臧电及石青阳款等事函

（一九二三年七月四日）

展、沧两兄鉴：

四日来函收悉。臧①电已批，答对：滇军在此候之较有力，遇回省催之。催之之责，望兄等竭力做去便可。

何家猷委任，发表亦无妨，不过此时不可去接事，必俟海南得后乃可，大约不出一月也。

青阳②款，一到有法时必助之，惠、潮③下后必有法。可为我先慰之也。

孙文

四日

据原函影印件，载胡汉民编：《总理全集》第四集，上海，民智书局一九三〇年二月初版

致廖湘芸嘱将陈朝豫解大本营处置函

（一九二三年七月九日）

湘芸兄鉴：

兹闻关于陈朝豫之案，有用重刑勒款万元之事，在民国之下、民党势力之中，有此举动，殊足痛心。兄为虎门要塞司令，何得擅用残刑，而施于人民。若陈某果犯有重大罪案，有人告发，应交司法办理，或解大本营处分，不得擅自用刑索款。事已至此，其挽救之法，当由兄自动将此人解来大本营处置为妥。

---

① 即臧致平。

② 即石青阳。

③ 指广东惠州、潮州。

孙文

中华民国十二年七月九日

据原函影印件，载中国人民政治协商会议全国委员会文史委员会、中国国家博物馆编：《孙中山先生画册》，北京，中国文史出版社一九八六年九月出版

复石青阳勉继续奋斗函

（一九二三年七月十日）

　　由绍曾转两函，已得阅悉。兄如此苦心孤诣，协同禹九、锦帆维持四川大局，俾吾党能得一巩固基础，以实行主义，中心〔心中〕快慰无极。禹九、锦帆、怒刚、德祥①诸兄，爱党纯挚，久而愈著，连年劳瘁，远念尤深。西陲重任，吾所期望于诸兄者至切也。

　　近日沪上之联省政府、委员制度等说，皆非彻底之革命事业，断不能根本解决中国之大局。革命自产生以来，今日为最有希望，广东战事不日可以平定，倘四川军事亦能同时结束，则以四川、广东两省为革命之策源地，尚何忧革命之不成哉？所患者，吾人之心志不坚，患得患失，不肯牺牲耳。深望蜀中同志勿忘素抱，务要恢复昔年手枪、炸弹时代之革命精神，从今日起，再去开始奋斗，必期三民主义、五权宪法实行于中国，始得为革命之成功。此事一日不成，则吾人之责一日不卸，从此继续奋斗，再十二年想必得大告成功之日也。今日吾人地盘有全省，武器逾万枪，而奋斗之成绩，尚未及昔年无立锥之地时手枪炸弹之同志，则何以慰先烈在天之灵？须知吾人今日之地盘武器，乃先烈之遗留者也。吾人承受先烈之遗泽而不能行先烈之遗志，清夜自思，何以为人，更何以为革命党？贯彻革命之主张，则先烈之所以流血、所以牺牲也。愿吾同志勿忘斯旨，努力实行。幸甚幸甚！

————————

　　①　即刘成勋、熊克武、但懋辛、赖心辉。

孙文

据《大元帅致石青阳函》，载一九二三年
八月二十六日上海《民国日报》第六版

致罗翼群希星夜将大油油渣解来前方应用短函

（一九二三年七月二十六日）

罗总监鉴：

此间大油、油渣均缺乏，希即星夜解来前方应用，勿延为要。

孙文

中华民国十二年七月廿六日

据原函，北京、中国国家博物馆藏

复胡汉民指示款项收支并出兵东江事函

（一九二三年七月二十七日）

汉民兄鉴：

廿七〈日〉函悉。何处有款收入，何项紧要支出，未出发前已经批发清楚，由各人向各机关催取，便能了事。至未来之急支，即行时尚未发生问题；其断续发生者，即惟李济深之款耳。此款向梅培筹之，可着他将备我用之款，移去李军发饷可也，其数约五六万元。近日各机关之收入，最有望者为梅培处，大约可敷一个月之例外支出。并着梅预备中央银行印纸币费，尚欠美金拾三万六千元。其他之紧急款，此后继续发生者，由兄审断应付可也。

出兵东江之事，已电函交催绍基矣，更由兄催之。并将显丞各电抄示各人，由其各人问心安否而已，并先为彼等告之：倘东江不能早日肃清，则北敌必再来，而彼万无在粤安享之理；如能见机，当为一劳永逸之计也。

昨日因风雨所阻，至今尚停留石龙，大约明早乃可开行往惠。到时情势如何，再告。

沧白统此不另。

孙文

中华民国十二年七月廿七日

据原函影印件，载谭延闿编：《总理遗墨》第一辑，一九二八年五月校印①

致胡汉民杨庶堪望集全力顾东江各军给养函

（一九二三年七月三十日）

汉民、沧白两兄鉴：

东江水涨为向来所未有，稻田悉成泽国，早稻多已失收，军队故无从购粮，而人民恐不免饥荒。刻下最急之事，为着兵站速行运大批米石来博②，以应各军之给养；并着各筹款机关火速先筹兵站之米价，俾得源源接济为要。其他各种供应，能裁减者裁减之；不能裁减者，暂缓之可也。刻下则务当集全力以顾东江之军米，望同事各人皆当注意于此点，是为至要。此致。

各同事统此不另。

（并附汝为信一观）

孙文

中华民国十二年七月三十日

据原函影印件，载谭延闿编：《总理遗墨》第一辑，一九二八年五月校印

---

① 校印时间据谭延闿跋。

② 即广东博罗。

复邓演达着率全团来东江函

（一九二三年七月三十一日）

泽〔择〕生兄鉴：

　　函悉。切望兄与全团来东江，以资随卫，俾能往来自如，以速决东江战局为要。至李师长西江督办名义，非此无以统一该路之财政，非统一该路之财政，则该路之饷项暂时恐无所出也。若恐一时无从办理，则仍宜责成前日熟手之人（如刘纪文当或胜任）以助之也。敌人来援惠州之军已被张民达完全击灭，我宜乘胜速下惠、潮，则广东从此可告太平，而北敌亦不敢再犯广东矣。惠州之破，仍当以地雷为最有把握。而前者所作工事不妥，近日所作又为水坏。水退之后当要继续行之，拚十日之工当无不成。此又要兄速来，以资熟手，万勿延迟。来时并望向程部长颂云多领取工作器具带来为荷。此致。

孙文

中华民国十二年七月卅一日

据原函，北京、中国国家博物馆藏

致徐谦告反对委员制并以革命解决中国纠纷函

（一九二三年七月）①

季龙兄鉴：

　　兄以俄国以委员制而兴，瑞士以委员制而治，为今日中国必当行委员制之左〔佐〕证，是犹近人所谓闻笋可食，归而煮其簀也。不知俄之委员，纯然革命党之委员，决不容有他党份〔分〕子之混迹其中；瑞士之委员，纯然民治之委员，

---

　　①　原函未署时间。按：一九二三年七月四日孙文曾复函徐谦，表示对采委员制组织政府之态度。查本件内容，似是徐谦收到七月四日孙函后，复信重提委员制问题，此件即为对徐信的进一步答复，故酌定为七月。

决不容有帝制军阀之列席其内，较之兄今所主张之委员制，则如何？时至今日，尚欲以委员制而解决中国之时局，是益其纠纷而已。

文前之不绝对反对兄之提议者，是犹有和平统一之希望，倘能达其希望，何所不可。曹、吴未侵川、粤之前，文曾许不反对其为总统，亦犹是希望也，今则已矣。语云："治乱国，用重典。"今欲解决中国之纠纷，非革命不可。从此吾行吾素，不问其他。

据冯超编辑：《中山外集》，上海，
中央图书局一九二七年六月初版

致宋庆龄介绍郭介卿安装电话函

（一九二三年夏）①

夫人鉴：

兹介绍郭介卿君来见，并安置试验无线电话，请夫人留心一切，观其如何，用法到时可问郭君带来之工程师指导各件为要。此致。

孙文

据原函，台北、中国国民党文化传播委员会党史馆藏

复叶恭绰告新宁铁路得款付兵站函

（一九二三年八月四日）②

誉虎兄鉴：

函悉。关于新宁铁路之事，如有转圜，当可了之。惟所得只十万，当悉付之兵站。如能多得，则以一半接济四川石青阳，以一半交学煅还债可也。此答，即候

---

① 原函未署时间。信纸系"大元帅行营公用笺"，酌定为一九二三年夏。

② 此函日期孙文原署"中华民国十年"，查一九二一年叶恭绰尚在北京政府任职不可能在广州，函中内容亦系一九二三年事，"十年"后面当系孙文漏填"二"字。此函当为一九二三年所写。

筹祺

孙文

中华民国十〈二〉年八月四日

据原函，北京、中国国家博物馆藏

致胡汉民杨庶堪嘱设法增发刘玉山部火食费函

（一九二三年八月五日）

展堂、沧白兄鉴：

　　刘玉山处火食千元，常苦不足，欲再加增，请两兄酌量，尚有何机关可每日再发千元者，即批饬照发可也。

孙文

中华民国十二年八月五日

据原函，北京、中国国家博物馆藏

复杨庶堪告东江军事并请尊重叶恭绰函

（一九二三年八月五日）

沧白兄鉴：

　　五日函悉。滇军有期出发，甚喜。兹有致信之①一函，请兄面交，并为我鼓励他。李氏通缉令我以为可下，彼既为曹、吴运动滇军，于段情面断无碍也，所要酌量者即蒋、王情面如何耳。

　　淡水、永湖间我军先退而后胜，而打仗仍属张民达之一旅，其他部队皆不甚得力，或畏缩，或不肯战，尚未知其故，而前后皆张民达一旅打仗，以少胜众，此足见敌人实无战斗力，破灭无难，惟地区辽阔，非有相当之军队不能一鼓荡平而已。

---

　　①　即蒋光亮。

再造币厂一事，已指定归财政部直管，今海滨商得一路而不欲俾誉虎知此，实属不合。无论如何，此事必先商之誉虎，以明统系而一事权乃可。我既任之为财长，而此事又于政务会议特别指定，今忽不使之知而推翻前议，此不特于理不合，而于我用人行政之信用，亦大有关。且誉虎之筹画财政，确有一贯之条理，稍假时日，吾信其必能收效。今一面用之，而一面又暗中破坏其计画，乌乎可？海滨本属其主管，当然要承命于彼，何得别立门户而不与闻之？此实不成政体，望兄为我纠正之为荷。此候

时祉

孙文

中华民国十二年八月五日

据原函，南京、中国第二历史档案馆藏

致政务会议嘱筹款预办冬衣函

（一九二三年八月七日）

政务会议①诸君鉴：

刻当筹备的款，为预办冬衣之用。其数总在十万套以上，非两三个月不能造起，今日即要起首筹款，起首定做。定做由陆军部长担任，筹款由各机关担任，如期拨交，不得延误。其确数几何，用何材料，款数各担几何，几日交清？请由政务会议决夺施行为望。

孙文

中华民国十二年八月七日

据原函影印件，载谭延闿编：《总理遗墨》第一辑，一九二八年五月校印

① 政务会议由大元帅府所属六部二局二处首长参加，时内政部长徐绍桢（原为谭延闿）、外交部长伍朝枢、军政部长程潜、建设部长林森（原为邓泽如）、财政部长叶恭绰（原为廖仲恺）、法制局长古应芬、审计局长刘纪文、参军长朱培德、秘书长杨庶堪。

致姜明经告派吴明浩往商同抗直系事函

（一九二三年八月八日）

士庭先生执事：

同志自闽中来者，往往称道执事志行，文屡为神往。天下汹汹，良将无多，倘得如执事者数人，日与共帷幄，宁非大快？

今国人无不疾恶军阀，直系横恣无道，妄思宰割天下，尤为国人所痛心疾首，欲与偕亡。彼昏不知，竟欲以武力胜公理，树敌全国，焉有倖理？文不忍数十年艰难缔造之民国，败坏于若辈之手，窃不自揣，愿为国人诛此贼，以申正义于天下。执事同盟旧友，谅有同心，体国公忠，必多长策，此文之所以亟与执事商榷大计者也。

闽南一隅之地，为全局命脉所关，雪竹奉命守泉①，与臧军联络一致者，此物此志也。执事与雪竹有乡里之谊，而于国家有改造之责，今雪竹弃泉，林、洪②与杨砥中辈夹攻漳、厦，大局岌岌，执事又讵能遏抑素志，坐视其弊，而听国家之胥溺者？仰芝③兄推重执事，过于寻常，特嘱其入闽晤商，藉达文意。书所不尽，统由仰芝兄面言之。专此，即颂

戎祺

孙文

八月八日

据原函，台北、中国国民党文化传播委员会党史馆藏

---

① 时中央直辖福建各军总指挥何成濬驻守福建泉州。

② 指林虎、洪兆麟。

③ 吴明浩，字仰芝。

复邓家彦请游说德国促成中德合作函

（一九二三年八月十八日）

孟硕兄鉴：

六月二十三日函悉，此间现在财政极困，说不起买军械事。至于飞机，自己可造，日前已造成第一架，比之外国所造者尤甚；此后当陆续自造，不须外来矣。

兄前各信多已收到，曾亲答一函，未知收到否？此间因需德专门技师，然零星延聘，无补于事，必也与德国资本实业家如 Sirnnes 者及其政府订一大建设计划，中国以物资人力，德国以机器科学，共同合作发展中国之富源，改良中国之行政，整顿中国之武备。总而言之，即借德国人才学问，以最速时间，致中国于富强。此步达到，则以中国全国之力，助德国脱离《华塞条约》① 之束缚。如德国政府能视中国为一线之生机，中国亦必视德国为独一之导师。以德国今日废置之海陆军人才及制造武器、组织军队各等计划及经验，悉移来中国，为中国建树一强固国家，互于资助，则彼前战败而失去种种权利，必可由助成中国之富强而恢复之也。未知德国多数之政治家，有此眼光否？望兄乘留德之机，向其政府及实业家游说之。如彼等有此见地，知两国相需之殷，通济之急，不以欧亚而歧视、种族而区别，则人道之大幸也。倘德国志士将从此途用工，成中德两国之提携，其功业必比于丕斯麦者尤大也，而兄又为成此事之中介，则功业亦当在四万万人之上矣。幸为相机图之。此候

旅安不一

孙文

八月十八日

大本营

据《会书》之十《函札》，台北、中国国民党文化传播委员会党史馆藏

---

① 今通译《凡尔赛条约》。

致叶恭绰嘱力筹军费解决东江军事函

（一九二三年八月二十六日）

誉虎兄鉴：

我军内容复杂，运用迟滞，遂不能与和斋同时作动，以成夹击，而歼敌人，致有漳、泉之失，乃使敌人得有余暇再聚而来犯，适我博罗方面空虚，几为所乘。今幸滇军已到一部，或不至疏虞。然此次非众志成城，大举东征，决一个月之精力，不能扫灭惠、潮之敌，而为一劳永逸计也。且成败之局，则决于此。我不灭敌，则为敌灭，此必然之势也。

兄等既来赞襄粤局，自深期粤局之成。然粤局之成，其主要则在财政，而所急正在此时。粤中各财政机关，机〔几〕已罗掘俱穷，实无可再筹之余地，兄所知也。兄部虽筹划未周，收入尚待，然较其他，算为有望，故于此时紧急成败之交，不得不赖兄格外尽力。除今晨电令协同筹济军米之外，由九月一日起，每日筹行营紧急军费壹万元，大约一个月内外，可以结束东江军事，则此款立即停止。如能一起筹足三十万元解应，则军事必可更早了结，此款由行营金库长接收。此为成败所关，无论如何设法，总希办到为祷。此候

时祉

肇觉兄统此不另。

孙文
中华民国十二年八月廿六日

据原函影印件，载《总理遗墨》，叶恭绰影印，一九三四年三月十二日，折叠装

复谭延闿勉猛力毅进函

（一九二三年八月二十八日）

组安兄鉴：

今早正由石龙出发博罗时，得接八月十六日函，并致廪亟〔显丞〕宥电，得

悉军事得手，其慰。

此次命兄回湘，是极大之决心，断不为何种议论所摇动。望兄努力干去，成败〈在〉所不计，况已兆大成之望，兄安心决意，亦不为各处空气所动摇，猛力毅进，则前途之希望无穷也。

孙文

八月二十八日由石龙发

据《大元帅以猛力毅进勉谭延闿》，载一
九二三年九月三日《广州民国日报》（三）

致王棠催急办攻惠州军需事函

（一九二三年八月）

棠兄鉴：

现在最急者为东江军队粮米。许汝为军前队已到惠州北岸及博罗一带，在路已绝粮数日云。望兄与各同人筹款供给兵站，责之赶紧多办米石，火速运到博罗、惠州，以济军食，万勿延误，切切。其次要者，为新飞机日内可到，必照应着航空局长赶将飞机配好，赶来前敌应用。航空局所需经费，至紧接济，以利进行。又无线电报局长冯伟所定之电机，闻已运到，望即筹款交他，速行取出运来前方应用。此三事：粮食、飞机、无线电，皆为前方急要之物，特交兄向该三处该管机关，即兵站总监罗翼群、航空局长杨仙逸、无线电局长冯伟，催促赶紧办理为荷。又着鱼雷局长谢铁良，运五百磅水电铁壳两个，一二百磅者四个，并带足炸药、电线、电池等件，火速运惠州攻城，并要谢局长亲来指挥至要。此四事交兄专催，并筹费接济，至紧要如命办到，不得延误。胡代行职权、杨秘书长、各部长及各同事，不暇一一作函，统此通知，望为协力。

孙文

据原函影印件，台北、中国国民党文化传播委员会党史馆藏

致杨庶堪告勘察博罗附近地形函

（一九二三年九月二日）

沧白兄鉴：

今日再从前方回，办理石龙各军出发事。盖各军之已到石龙者，住车住船，满载停顿于此，不进不退，盖在后方者无人有办法也。东江水涨比前次尤甚，石龙已浸至瓦面，此亦无怪人人失措，束手无策也。我今日上午自为排长，亲自上前侦察博罗西方高原一带之地，察悉有村落甚多，不受水患而又无敌迹，可集中万数千人，离苏村不过一二十里，离博罗城不过十余里。有此好阵地而我不先占，且尚不知之，而日在石龙苦水，一何可笑！因有此发明可解决水患，故急回催各军上前，俟各军完全出发，当再往前方督师与陈贼决一胜负。

青阳、组安款事，必俟东江战事完毕，乃能为之设法也。此答。

孙文

中华民国十二年九月二日

据原函，北京、中国国家博物馆藏

致胡汉民告兼排长职亲临侦查敌情函①

（一九二三年九月二日）

吾今日兼尽一排长之职务，凡侦查敌情，考察地势，吾悉为之。

据古应芬：《孙大元帅东征日记》，上海，民智书局一九二六年十一月初版

---

① 一九二三年九月二日，孙文复到石龙前线督战，见滇军在石龙逗留不前，便亲自登上土北岭，察看形势和敌情，部署作战计划。此为孙文在行营致函。

复徐绍桢等望助官产处速投卖惠济仓沙田函

（一九二三年九月三日）

固卿、汉民、誉虎三兄鉴：

关于惠济仓沙田事，早已发令官产处投卖，以济军需。当此危急存亡之秋，凡属国民，应负毁家纾难之责，乃今日人民程〈度〉不及，故姑舍其个人之私产而不问。而公共之产，向为一二人把持以自肥者，应移变为军饷之用。如无阻挠，应不究既往。倘不顾公家之急，则收没此产之外，仍当算账，追填旧欠。倘国家能依革命主义以造成，则人人得所，更何容有此沧海一粟之惠济？然此产既属于为公而不为私，则当推广其公而惠济于国，以济此时军用，而致民国早日完成。此当为昔时创办人之本旨也。望兄等助梅处长①之进行，以速得款济军用为要。此复，并请

筹祺

孙文

中华民国十二年九月三日

据原函，上海市档案馆藏

复杨庶堪告蒋光亮范石生必来东江奋斗函

（一九二三年九月四日）

沧白兄鉴：

函悉。蒋、范②二兄之意，甚为赞同。惟此事之做法，必当两兄先来东江奋斗，乃得顺理成章。今他人自来奋斗，而两兄不来奋斗，其将如部下何？杨蕙

---

① 梅培，官产处处长。
② 蒋光亮，字信文；范石生，字小泉。

阶①被围于博罗，危急万分，而我同志坐视不救，万一不幸，问心何以对之？况两兄皆知东江为大局所关，吾党成败系于此点，则奋斗之志不能加于绍基，亦当等于绍基乃可。两兄若来，各任一面，以解决东江之战局，则我决可照两兄之意做之，断不更变，兄可为蒋、范两兄作证也。

今日已发令着将石龙未出发之王师调往淡水，以便信之统一指挥，此等指挥当以事实行之，不必出以名义，因绍基此次来东江亦并未有奉命令，他向淡水出发，我尚以为彼返了省城，函电皆寄省城投送。信之出淡水指挥其军队，小泉出博罗解围，博围既解，则在右翼之许军调回左翼，而在左翼之滇军调回右翼，而两兄统率全部之滇军直出海陆丰而向潮汕，汝为率许军全部出河源而向梅县，会师于潮州，则粤定矣。此后则头头是道，大有机会以图发展中原矣。

今午发一命令与禄代军长，将石龙之队即日开发淡水，而禄代军长接令后，要求要将在博罗下游菜屋村之罗旅调回。此旅所驻之地离博罗不过十余里，若一旦调回则必致被围之我军生恐慌，而使敌人之气益壮，此不独见死不救，且甚于落井下石也，其将何以对杨冀阶？此万万不可，望信之兄有以制止之。总之，两兄宜速来东江，分途并进，信之往淡水、小泉往博罗，博围一解，我决照办就是。此致。

信之、小泉两兄统此不另。

孙文

中华民国十二年九月四日

据原函，南京、中国第二历史档案馆藏

致卢师谛令即率所部开往淡水接防函

（一九二三年九月五日）②

樟木头探送卢军长师谛鉴：

顷据许总司令、刘总司令由惠、博来报告，略称："我东路第八旅及杨锦龙旅

---

① 杨廷培，字冀阶，为中央直辖滇军第三师师长。

② 原函未署年月。据东路讨贼军在永湖与敌军激战是在一九二三年九月，故此函时间当在一九二三年九月五日。

于三日在永湖遇敌军约三千人，激战一日夜，经将敌人击溃，夺获军用品无算，现淡水已无敌军"等语。仰该军长即率全部开往淡水接防，以便许军进攻平山，勿稍延缓为要。

孙文　歌（印）

据原函影印件，广州、广东省文史研究馆藏

复叶恭绰嘱速为东征筹款函

（一九二三年九月十六日）

誉虎兄鉴：

六日函悉。林、黄①二人如有诚意来归，并有办法可行，当无不曲就，兄如有路当可进行。近日吾军在博罗、淡水两路皆大得手，已将来犯之敌全数击退。淡水方面已追至平山而占领之，博罗已追击，派尾、惠城已全在合围之中，不日可下。

惟此时军需极急，甚望兄之筹画早日成功，得以应此要需。至于造币厂，则更不能再有延搁。如兄之路果受日本天灾之影响，则可由兄自动令海滨继续法国银行之议，由法人承办，闻此路亦能照足。兄之合同，惟要以大沙头地担保，此当可照准也。此事当以速办为佳，否则军需恐有一时不继，则影响于大局不少也，望为留意。此候

时祉

肇觉兄统此不另。

孙文

据原函影印件，载《总理遗墨》，叶恭绰
影印，一九三四年三月十二日，折叠装

---

① 指林虎、黄大伟。

致叶恭绰介绍邹建廷来洽造币厂事函

（一九二三年九月十六日）

誉虎兄鉴：

　　造币厂事，邹建廷兄有一路更较他路为有把握，兹着他来面商，望为接洽是荷。此致，即候

筹祺

孙文

中华民国十二年九月十六日

据原函影印件，载《总理遗墨》，叶恭绰
影印，一九三四年三月十二日，折叠装

致胡汉民杨庶堪告不准各军定造手机关枪函

（一九二三年九月十七日）

汉民、沧白兄鉴：

　　手机关枪不准各军定造，只造为卫士队之用，请为注意，切勿再发手令为荷。以前所发者着即取消。

孙文

中华民国十二年九月十七日

据原函影印件，载谭延闿编：《总理
遗墨》第一辑，一九二八年五月校印

复加拉罕告来粤与新政府谈判时机适合函

（俄 译 中）

（一九二三年九月十七日）

亲爱的加拉罕同志：

我必须证实您的非常宝贵的通知已收到了，这个通知是我正在前方与军事领导人举行会议的时候转给我的。这就是我延迟到昨天才发出回电的原因。现随信附上电报副本作为说明。

我未必需要表明，您可以期望我能够给予您的帮助，以使您在中国的目前使命得到进展。然而，您会发现和北京集团的谈判是非常困难的，北京集团在其同俄国的关系事实上执行的是使馆区的命令。王正廷在祝词中要您仿效美国的榜样，就表明左右他同您进行谈判的势力的所在。

我毫不怀疑，北京政府一定会力求把正式承认苏维埃政府的条件，同美国和其他资本主义列强承认曹锟所领导的任何一个新的行政当局的条件联系起来。

如果您发现没有希望在不损害中国人民的主权、并使新俄国和其他列强处于国际平等的条件下和北京谈判，您也许会明白，到广州与我现在组织的新政府进行谈判是适合时宜的，以免空手回莫斯科。资本主义列强将试图通过北京和利用北京使苏维埃俄国遭受一次新的外交失败。但是，请您时刻注意，我已经准备并且现在就可能粉碎任何使您和您的政府蒙受侮辱的企图。

您的非常真诚的孙逸仙

据《苏联对外政策文件集》第六卷第四三六页俄文译出，莫斯科，一九六二年出版（郭景荣译，蔡鸿生校）

复林义顺贺其公子结婚函

（英 译 中）

（一九二三年九月十八日）

亲爱的林先生：

非常感谢贵公子婚礼邀请。只是距离遥远，未克参与盛典为歉。

谨致挚诚之意和良好祝贺。

孙逸仙

一九二三年九月十八日

广州

据秦孝仪主编：《国父全集》第十册英文原函译
出，台北，近代中国出版社一九八九年十一月出版

分致犬养毅等人慰问震灾函①

（一九二三年九月二十一日）②

比闻贵国地震、海啸，遂成巨灾。同种比邻之邦，交游宅居之地，罹兹惨变，悒悼逾恒。文自战地归来，留意讯访，幸挚友良朋，尚庆无恙，悬情之恫，差用轻减。想展伟略，纾宏规，指顾之顷，顿恢旧观。

特修寸笺，遥寄侍右，敬候兴居，并祝

平安

孙文（印）

九月廿一日

据《孙大元帅慰问日本朝野名流》，载一九
二三年九月二十五日《广州民国日报》（三）

---

① 孙文闻日本发生大地震，分致函犬养毅、山本权兵卫、后藤新平、田中义一、福田雅太郎、西园寺、上蕊泽荣一、大仓喜八郎、藤村义郎、久原房之助、头山满、寺尾、广田弘毅、秋山定辅、萱野长知、菊池良一、床次竹二郎、吉野作造、宫崎民藏等表示慰问。

② 原函未署日期。据秦孝仪主编《国父全集》第五册、《近代史资料》总五十七号所载孙文分致宫崎民藏、后藤新平函校补，并酌定为九月二十一日。

复黎元洪邀赴广东函

（一九二三年十月十六日）①

宋卿先生执事：

曩日奉电②，适文督师东江，致稽裁答。复初③来粤，藉奉手教，雅意殷拳，诵之百感。精卫函电亦屡述盛意，良用钦迟。

辛亥之役，公实伟烈，持此不坠，令名将炳于无穷。感念前劳，抵回未已。

时局日棘，魑魅横肆，来示所谓"非通力合作，不足以扶持正谊，铲除强权"，洵今日之笃论也。追随之说，岂所克当！公、我天职，斯时固未遑遐逸也。

海上清豫，能否命驾来游是邦，拥篲清尘，伫候教益，匪唯私幸，民国实利赖之。延望维劳，至深企祷！手此，即颂

勋祺

不庄具。

孙文

十月十六日

据李希泌：《孙中山的两封信》（原函存中国人民政治协商会议全国委员会文史资料委员会），载北京图书馆编：《文献》第九辑，北京，书目文献出版社一九八一年十月发行

---

①　原函未署年份。据内容系黎元洪被北洋军阀曹锟逼出北京至沪之事，另有一九二三年十月三十二日上海《民国日报》刊出此函，应是一九二三年。

②　黎元洪南下至沪后，欲在上海重组政府，致电孙文请予支持。

③　郭泰祺，字复初。

复夏寿华请勿听浮言函①

（一九二三年十月二十二日）②

径敬者：辱惠书，所以勖之者良厚，循回捧读，感佩至深。

三月二十九之役，我公维持庇护，备极艰苦，文所深悉，即当日同志至今犹能言之。来书所云，此间实无所闻，无稽之言，幸勿为念。

我公劬劳国事垂数十年，救国之心老而弥笃，宁有利禄之见存，即同侪中宁敢以是见疑者？文以衰老之余，谬膺艰巨，军国大事，诸待明达示我周行，尚乞勿听浮言，致生遐念，至所企祷。专此布复，并颂

道绥

孙文启

十月二十二日

据原函，北京、中国国家博物馆藏

复胡汉民告石龙情况并命蒋光亮等速来追击函

（一九二三年十月三十一日）

函悉。石龙实无事，各军之自相惊扰，不战而去石龙，殊为可恨可笑。文底〔抵〕石滩，即停止其退却，而令之即行反攻，各将始收容整理，费大半日之功夫，乃得迟迟而向石再进，及抵石龙，则闻敌亦退却矣。昨日之来，实一大幸，否则退兵必长驱回至省城，而大势去矣！敌不败我，而我自败矣！蒋军③务要速

---

①　夏寿华，字卓春，湖南益阳人，一九一一年任广州巡警教练所所长，黄花岗起义时，曾支持与掩护革命党人。

②　原函未署年份。按夏寿华于一九二二年四月离广州，一九二四年五月因愤赵恒惕主湘暴政而投江，被救起后数日即去世。查函称"文以衰老之余，谬膺艰巨"等语，当系指一九二三年二月返粤设立大本营任大元帅以后事，故此函当写于一九二三年。

③　即蒋光亮所部。

来，以应追击，以期一鼓而尽灭东江之敌，为一劳永逸计也。此复。

孙文

卅一日午前二时

据原函影印件，载谭延闿编：《总理
遗墨》第一辑，一九二八年五月校印

致马超俊告将造起之枪交廖行超取价函

（一九二三年十一月十四日）①

超俊兄鉴：

杨师长廷培既不能如期交价，以应支工值，则造起之枪，可交与廖师长行超取价，以应工人之要求便是。此致。

孙文

十一月十四日

据原函影印件，台北、中国国民党文化传播委员会党史馆藏

致后藤新平请鼎力相助高州矿山事函

（日　译　中）

（一九二三年十一月十四日）②

后藤新平③阁下：

窃自与阁下结交以来，历时已久，缅怀昔年会晤台湾，迄今犹萦回五内，历

---

①　原函未署年份。据一九二三年十一月十五日孙文"命恢复各军备价领枪办法令"中有"杨师长廷培既不如期缴价，着兵工厂长……"判断，此函酌定为一九二三年十一月十四日。

②　原函未署年份。此函与一九二三年十一月十四日廖仲恺致后藤新平函应为同时。孙文、廖仲恺两函均为日文，似为日方译文。

③　后藤新平时任日本山本权兵卫内阁内务大臣。

历在目，殊难忘怀。嗣后屡经事变，迭经沧桑，虽形迹疏阔，而衷情益感亲密。至余近来所主持者，谅可得到阁下赞同，深望阁下能给予援助。

高州矿山一事，承蒙委派农商务省技师进行勘查，隆情盛意，感佩奚似。该事已委托山田纯三郎专门办理，更盼鼎力相助，以促其成。至于个中近况，已请该君面陈。余愿遵循以往友谊，以励将来。临颖匆匆，不尽所怀，谨祝

健康

诸维鉴照不宣。

孙文

十一月十四日

据章伯锋译：《孙中山致后藤新平函》，载中国社会科学院
近代史研究所近代史资料编辑组编：《近代史资料》总五
十七号，北京，中国社会科学出版社一九八五年四月出版

致犬养毅纵论国际局势并请日本助成
中国革命及承认苏联函[①]

（一九二三年十一月十六日）

木堂先生大鉴：

山田君[②]来称，先生此次入阁，将大有为，可助吾人未竟之志，以解决东亚百年问题，闻之狂喜。久欲修书商榷，以广东军事尚未解决，遂致未果。

今以曹锟窃位，举国同愤，西南已声罪致讨，行将令四川、湖南、广东三省之师及滇、桂同志各军大举北伐，同时联络张作霖、段祺瑞、卢永祥同力合作，以破国贼。惟曹锟之甘冒不讳〔韪〕而公然窃位者，其先固有强国为之后盾，故敢有如此也。按之列强传统之政策，当不愿中国之致治图强，故有历次反对革命

---

①　山本权兵卫于一九二三年九月在日本第二次组阁。该内阁仅存在四个月。犬养毅时任文部大臣兼递信（邮政）大臣。此函托山田纯三郎带交。

②　即山田纯三郎。

之举；此次吾人举动，亦当受列强种种之挠阻，可无疑也。贵国对支行动，向亦以列强之马首是瞻，致失中国及亚洲各民族之望，甚为失策也。今次先生入阁，想必能将追随列强之政策打消，而另树一帜，以慰亚洲各民族喁喁之望。若能如此，则日本不忧无拓殖之地，以纳其增加之人口也。吾知南洋群岛及南亚各邦，当欢迎日本为其救主也。请观尼泊尔及不丹二国，虽受英国之统治百有余年，而仍纳贡称藩于中国，是民族之同性大于政治之势力也。倘日本以扶亚洲为志，而舍去步武欧化帝国主义之后尘，则亚洲民族无不景仰推崇也。

自欧战而后，世界大势已为之一变。强盛如英，加以战胜之余烈，尚不得不退让而许爱尔兰之自由，允埃及之独立，容印度之解放，其故何也？此即欧战而后发生一种新世界势力也。此势力为何？即受屈部分之人类咸得大觉悟，群起而抵抗强权之谓也。此部分人类以亚洲为最多，故亚洲民族亦感此世界潮流，将必起而抵抗欧洲强权也。今之突厥①其先导也，波斯、柯富汗②其继步也，其再继者将有印度、巫来由③也。此外更有最大最要而关系于列强之竞争最烈者，即支那之四万万人是也。其能奴此四万万人者，则必执世界之牛耳。故列强中初有欲并吞之者，而阻于他强，遂有议而瓜分之者，不期适有日本崛起于亚东之海隅，而瓜分之谋又不遂。当此之时，支那之四万万人民与亚洲各民族，无不视日本为亚洲之救主矣。不图日本无远大之志、高尚之谋，只知步武欧洲之侵略手段，竟有并吞高丽之举，致失亚洲全境之人心，殊为可惜！古人有云："得其心者得其民，得其民者得其国。"倘日本于战胜露国之后，能师古人之言，则今日亚洲各国皆以日本为依归矣。英国今日之许爱尔兰以自由，允埃及以独立，即此意也。倘日本能翻然觉悟，以英之待爱尔兰而待高丽，为亡羊补牢之计，则亚洲人心犹可收拾。否则，亚洲人心必全向赤露④而去矣，此断非日本之福也。夫赤露者，欧洲受屈人民之救主而强权者之大敌也，故列强之政府出兵攻露而各国人民则反攻其政府，故英、佛、米等国皆以其人民之内讧而不得不撤回征露之师。今亚洲人民

---

① 突厥，今土耳其。
② 波斯（Persia），一九三五年改名伊朗（Iran）；柯富汗（Afghanistain），下文亦作阿富汗，今译阿富汗。
③ 巫来由（Malaya），后文亦作木兰由，今译马来亚。
④ 赤露，即苏俄。

之受屈者比欧洲人民尤甚，故其望救亦尤切，本洲既无济弱扶倾、仗义执言之国，故不得不望于赤露。波斯、突厥已遂其望矣，支那、印度亦将赖之。吾切望日本深思而善处之，幸毋一误再误！夫当欧战之初，日本溺于小信，昧于远图，遂失其一跃而为世界盟主之机会，以贻世界有再战之祸。日本志士至今回顾，犹有痛恨太息者，想先生或犹忆灵南坂①之半日长谈也。先生昔以不能行其志而拒入大隈内阁，然今先生竟入阁矣，想必为能行其志之时，故不禁为先生长言之、深言之也。

夫再来之世界战争，说者多谓必为黄白之战争，或为欧亚之战争，吾敢断言其非也，其必为公理与强权之战争也。而排强权者固以亚洲受屈之人民为多，但欧洲受屈人民亦复不少，是故受屈人民当联合受屈人民以排横暴者。如是，在欧洲则露、独为受屈者之中坚，英、佛为横暴者之主干；在亚洲则印度、支那为受屈者之中坚，而横暴者之主干亦同为英、佛；而米国则或为横暴者之同盟，或为中立，而必不为受屈者之友朋，则可断言也。惟日本则尚在不可知之数，其为受屈者之友乎？抑为受屈者之敌乎？吾将以先生之志能否行于山本之内阁而定之。若先生果能行其志，则日本必将为受屈者之友也，如是则对于再来世界之大战争不可不准备也。然则准备之道为何？请为先生陈之。

其一，日本政府此时当毅然决然以助支那之革命成功，俾对内可以统一，对外可以独立，一举而打破列强之束缚。从此则日支亲善可期，而东亚之和平永保；否则列强必施其种种手段以支制日，必使日支亲善永无可期，而日本经济必再难发展。夫欧洲列强自大战而后，已无实力以推行其帝国主义于东亚，然其经济地盘之在支那者已甚巩固，故其所虑者，为吾党革命之成功有危及之耳。彼列强之深谋远虑实出日本之上，故常能造出种种名义，使日本不能不与之一致行动以对支那。不知日本于支那之关系，其利害适与列强相反。凡对支政策有利于列强者，必有害于日本。而日本事事皆不得不从列强之主张者，初固以势孤而力不敌，不敢稍露头角而与列强抗衡，习惯成自然，至今时移势易而犹不知变计；且加甚焉，事事为列强作嫁衣，此支那志士之痛恨于日本，较

---

①　灵南坂位于东京赤坂区（今属港区范围）。

列强尤甚者此也。今幸而先生入阁，想必能将日本前时之失策与盲从列强之主张一扫而空之，其首要则对于支那之革命事业也。夫支那之革命，为欧洲列强所最忌者。盖支那革命一旦成功，则安南、缅甸、尼泊尔、不丹等国，必仍愿归附为中国之屏藩；而印度、阿富汗、亚剌伯、巫来由等民族，必步支那之后尘离欧而独立。如此，则欧洲帝国主义经济侵略必至失败。是故支那之革命，实为欧洲帝国主义宣布死刑之先声也，故列强政府之反对支那革命无所不至者，此也。乃日本政府不察，亦从而反对之，是何异于自杀也。夫日本之维新实为支那革命之前因，支那革命实为日本维新之后果，二者本属一贯，以成东亚之复兴，其利害相同密切本有如此，日本之对于支那革命何可步武欧洲而忌我害我耶？为日本国家万年有道之长基计，倘支那无革命发生，日本当提倡而引导之，如露国今日之对于波斯、印度，又如先生昔年之命宫崎与吾党联络者方是。至于支那革命已经发动，日本当倾其全国之力助成之，以救支而自救，如百年前英国之助西斑雅①，如近日米国之助巴拿马乃可。乃日本政府对于支那革命，十二年以来皆出反对行动；反对失败，则假守中立以自文。从未有彻底之觉悟，毅然决然以助支那之革命，为日本立国于东亚之鸿图者。此皆由于先生向未得志于政府之所致也。今先生自为政府之一员矣，吾人不得不切望之、深望之也。此非独为支那计，亦为日本计也。

其二，日本当首先承认露国政府，宜立即行之，切勿与列强一致。夫列强之不承认露国政府者，以利害之冲突也。佛以国债之无偿，必要求露国政府担负还债而始承认之。英以印度问题不得解决，必欲露国政府为其领土之保障，如最后之日英国盟焉，而后承认之。米亦以债权关系，即佛之债权多有转嫁于米者，露国既废除国债之担负，米亦大受损失，故与英、佛一致行动也。顾日本则如何？于此而犹兢兢与列强一致者，其愚真不可及也。不观欧洲诸小国乎？其与露国无关系者，乃有与英、佛一致行动；其与露国有关系者，已悉先承认露国矣。而日本与露国固有最大之关系者也，初以误于与列强一致行动而出兵，后已觉悟而曾单独与露国代表开数次之会议矣，乃竟以承认问题犹与各国一致，而致感情不能

---

　　①　西斑雅（Spain），今译西班牙。

融洽，遂碍种种之协商不得完满之结果，殊为惋惜。夫日本与露既有密切之关系，而又无权利之损失如列强者，而对露外交犹不敢脱离列强之范围，是比之欧洲之一小国亦不如也。何日本之无人一至于此！或谓日本立国之本与苏维主义①不同，故不敢承认之，此真坐井观天之论也。夫苏维主义者，即孔子之所谓"大同"也。孔子曰："大道之行也，天下为公。选贤与能，讲信修睦。故人不独亲其亲，不独子其子，使老有所终，壮有所用，幼有所长，矜、寡、孤、独、废、疾者皆有所养。男有分，女有归。货恶其弃于地也，不必藏于己；力恶其不出于身也，不必为己。是故谋闭而不兴，盗窃乱贼而不作，故外户而不闭。是谓大同。"露国立国之主义不过如此而已，有何可畏？况日本为尊孔之国，而对此应先表欢迎，以为列国倡，方不失为东方文明之国也。倘必俟列强承认之后，而日本始不得不从而承认之，则亲善之良机已失矣。此所谓"为渊驱鱼、为丛驱雀"也，行将必有排日本之强国利用露国为之前锋，则不独日本危，而东亚亦从此无宁日矣。如此则公理与强权之战，或竟以日本而变成黄白人种之争，亦未可知也。须知欧战而后，不独世界大势一变，而人心思想亦为之一变，日本外交方针必当随而改变，乃能保存其地位于世界也，否则必蹈独、逸之覆辙无疑也。试观汉那鲁鲁之布置，新加坡之设备，以谁为目的者乎？事已至此，日本犹不联露以为与国，行将必受海陆之夹击而已。夫英、米海军各已强于日本者数倍，而露国陆军在于今日实天下莫强焉，不可不知也。以孤立之日本而当此海陆之强邻，岂能有倖？故亲露者为日本自存之一道也。

以上二策，实为日本发扬国威、左右世界之鸿图。兴废存亡，端系乎此。日本于欧战之初，既误于所适而失其为世界盟主之良机矣，一误岂容再误？维先生详审而速图之。

孙文谨启
民国十二年十一月十六日写于广州

据原函照片，台北、中国国民党文化传播委员会党史馆藏②

---

① 苏维主义（Sovietism），今译苏维埃主义或苏维埃制度。

② 另有十月二十五日亲笔函草稿，藏于南京、中国第二历史档案馆。

致朱培德祝捷函

（一九二三年十一月十九日）

益之兄鉴：

　　顷接十九日午前十二时捷报，甚喜。当此更当努力，将此残敌扫灭，为一劳永逸，方为上策。望智杀贼，为国珍卫。此候

捷安

孙文

民国十二年十一月十九日

据原函影印件，载马长林、邢建榕：《孙中山为反击陈沈叛军致朱培德函令》（原函藏上海市档案馆），《历史档案》一九八三年第三期

复范石生祝捷并望激励将士协竟全功函

（一九二三年十一月二十一日）

筱泉兄鉴：

　　迭闻凯唱，嘉尚良深。昨接廿日报告，益悉转旋。战局屡奏肤功情形，为之欣慰。此次林、杨①诸逆，冀以沉舟破釜为孤注之一掷，其谋既狡，其势亦凶。我军以一部之不臧，几误全局。赖兄果敢沉毅，遂得转败为功。军中有一范，顽敌心胆战矣。肃清潮梅，分途并进，所见甚是。关于第二步肃清东江计画，已饬参谋处起草。卓见所及，望径行函达会商为要。逆军重创之余，气焰已馁，正好乘胜长驱直捣巢穴。望先查照廿日训令，激励将士协竟全功，是所至盼。专复，顺颂

---

　　①　指林虎、杨坤如。

勋祉

孙文

民国十二年十一月二十一日

据原函影印件，载李殿元编选：《四川省文史研
究馆新发现的孙中山九件佚文》（原函藏四川省
文史研究馆），《历史档案》一九九三年第二期

致许崇智告特派古应芬等劝驾回粤函

（一九二三年十一月二十二日）

汝为兄鉴：

　　败时我责兄之重，则知胜时我爱兄之深也。此次转败为胜，全赖兄之神勇，而追击又在各军之先，我之喜慰，何可言喻。乃兄忽而引去，殊令我无所措手足。兹特派古湘芹、宋子文追往港、沪，代我挽驾，务望即日言旋，同肩大任。况粤局非兄莫能收拾，而革命事业，非粤无由策源。故兄之职责，自非一时一地之关系，实国家百年大计之所赖也。必当劳怨不辞，毅力奋斗。至盼至盼。

孙文

十一月廿二日

据原函影印件，台北、中国国民党文化传播委员会党史馆藏

复范石生促出兵追击残敌函

（一九二三年十一月二十四日）

小泉兄鉴：

　　函悉。此时追击，非兄出马不可，而总预备队亦应负此责也。兄部新兵尚欠枪枝，我甚欲兄明日率部与我同行，到前线以收缴残敌之枪。如何？即复，此候

戎安

孙文

十一月廿四日

据原函影印件，载李殿元编选：《四川省文史研
究馆新发现的孙中山九件佚文》（原件藏四川省
文史研究馆），《历史档案》一九九三年第二期

致张作霖告讨陈军情并派叶恭绰往洽函

（一九二三年十一月二十五日）

雨亭总司令大鉴：

自去年陈炯明听吴佩孚嗾使叛乱于后方，致我北伐之师中道挫折，因而致奉天师旅亦不克扫荡燕云，擒斩国贼，良用为憾。

失败而后，只身到沪，犹奋我赤手空拳与吴贼决斗。一年以来，屡蒙我公资助，得以收拾余烬，由闽回师；又得滇军赴义，川民逐吴，遂将国贼在西南之势力，陆续扑灭；而广州根本之地，得以复还。此皆公之大力所玉成也。

惟自得广州之后，残破之余，元气一时难复，而财政之困，日以迫人，以致不能速于扫荡，竟使叛逆尚得负隅东江，为患而今。而吴佩孚、齐燮元近日济以大帮饷弹，逆贼乃得倾巢来犯。旬日以来，石龙不守，广州危急，本月十八、十九两日我军为背城之战，幸将士用命，将敌人主力完全击破，广州得转危为安。从此广东内部平定可期，而北伐计划亦可从此施行矣。故特派叶誉虎①前来领教一切，并详报各情，到时幸赐接洽为盼。并候

大安

孙文

民国十二年十一月二十五日

据原函影印件，载《总理遗墨》，叶恭
绰影印，一九三四年三月十二日，折叠装

---

① 叶恭绰，字誉虎。

复罗翼群请有暇速来省函

（一九二三年十一月二十九日）

翼群兄鉴：

廿八日报告及函均悉，敌情明了，嘉慰殊深！兄驰骤贤劳，时殷感念。如有事不妨休憩数日，有暇仍盼速来也。

东莞逆匪图扰虎门，被我军痛击，不复成军，现东莞已复，虎门秩然。西、北两江，均有进步。东江战事胜利，已克复石龙，乘胜追击矣。特并以闻，顺颂

时祉

孙文

民国十二年十一月二十九日

据原函影印件，广州、广东省社会科学院藏

致杨希闵勉努力进取并请来省商洽函

（一九二三年十二月三日）

绍基兄鉴：

自陈、沈构乱，劳我义师，先统三〈迤〉子弟①，转载〔战〕粤东，数月以来，不遑启处。每念勋伐，倚畀殊深。迩者东江战事，复以诸军为最后奋斗，遂驱丑虏，克奏奇功，虽古名将，亦何以过。现以因应西、北两江，酌调队伍，增援应付，原具苦衷。然东江残逆，尚属负隅，待机进攻，筹策北伐，并须再劳硕划，尚望顺时自卫，努力进取，国民之喁望，与文之期许，均甚殷也。前方部署若妥，来省一商，亦所盼耳。专此，顺颂

---

① 三迤，云南省的代称。

勋祺

孙文

十二月三日

据《大元帅厚期杨希闵》，载一九二三
年十二月五日《广州民国日报》（三）

致朱培德望注意调动北江军队时机函

（一九二三年十二月四日）

益之兄鉴：

东江军队，不好调往北江，既如兄等所说。而北江军队，此数日内亦不可移动，恐致别部之误会。必待南、始①方面之追击结果如何，并察沈鸿英之企图如何，必得有把握之对付方法，乃可移动北江军队。望为注意为荷。此致。

孙文

十二月四日

据原函影印件，载马长林、邢建榕：《孙中山
为反击陈沈叛军致朱培德函令》（原函藏上海
市档案馆），《历史档案》一九八三年第三期

复旅沪国会议员盼舍国会之奋斗助革命之进行函②

（一九二三年十二月六日）

护法议员诸君公鉴：

自由③兄来，兼两奉惠书，主持正大，论列周至，无任佩慰。方今国会奋斗，

---

① 指广东南雄、始兴。

② 一九二三年七月后，部分国会议员愤于直系军阀曹锟在北京倒行逆施，加紧篡夺大位，故而联袂南下上海，进行反直斗争。他们两度致函孙文，表示护法意愿。此为孙复函。

③ 即冯自由。

业经失败，法律效力，悉被蹂躏于暴力之下。继此而谋救国之策，舍革命之外，必无真能成功之望。至盼患难与共之国会同人，舍国会之奋斗，助革命之进行，有彻底澄清之功，始有长治久安之效。区区此意，前已详为奉言之矣。粤中军事颇称得手，东、北两江前后大捷，不日全粤肃清，即当提兵北伐。实力之助，宣传之功，惟诸君子唯力是视，以共赴大业耳。专此布达，即颂

时祉

孙文

中华民国十二年十二月六日

据薛瑞禄：《新发现的孙中山致护法议员
函》（原函藏中国社会科学院经济研究所），
载一九八〇年十二月十六日北京《光明日报》

复国会议员同志会允择时北伐函

（一九二三年十二月十七日）

国会议员同志会诸君均鉴：

　　惠书慨然以崇正黜邪、力图革新为任，苦心毅力，嘉荷实深。法律之在今日，已成军阀攘窃之资；非本革命之精神从事于建设，殆无摧陷廓清之望。文日以此义诏国人，尤幸诸君之协力同心，振木铎于垂聋，障狂澜于既倒也。东、北江相继大捷，俟肃清残寇，即当移师北伐，以竟讨贼之功，而副同人之望。专此奉复，并颂

议祺

孙文

十二月十七日

据《孙大元帅勖勉同志议员》，载一九二三年
十二月二十二日上海《民国日报》第十版

致范石生望务要保全杨廷培函

（一九二三年十二月二十二日）

小泉兄鉴：

　　顷闻蕶阶被士兵要迫到沙河，究为何故，望为详报，并望兄无论如何，务要保全蕶阶，以存友道，庶于患难之交，始终无愧。士兵或激于一时意气，务望兄彻为晓喻，不使有法外行为，是为至要。特此专致，并候

戎安

孙文

民国十二年十二月二十二日

据李殿元编选：《四川省文史研究馆新发现的孙中山九件佚文》（原函藏四川省文史研究馆），载《历史档案》一九九三年第二期

致朱培德望即日赶赴前线指挥函

（一九二四年一月二十六日）

益之兄鉴：

　　昨接绍基总司令报告，本月廿六日开始总攻击，以肃清东江残敌而恢复潮、梅，为北伐军之后盾。乃今日有人来说，兄尚在省城而未出前方，闻之殊为失望。近闻敌亦预备对我反攻，有入省以过旧历新年之消息，而我将领尚玩忽如此，而不知大祸之将至，此诚大不可也。务期即日赶出前方，努力杀贼，以挽危机。幸甚幸甚。此候

捷安

孙文

中华民国十三年一月廿六日

据原函，上海市档案馆藏

附载：复学生联合总会告粤乱定后将率师北伐函①

（一九二三年十二月二十八日刊载）

敬启者：奉大元帅发下贵总会《请愿从速出师北伐呈》一件，奉谕：

曹逆篡国，罪在必诛，当贿选方成之日，即径下令讨伐。祇以陈贼炯明，甘心助逆，阻抗义师，腹心之患未除，义旗何能远指。刻下联军并力诛陈，亦正所以剪灭曹贼羽翼，幸逆军已履〔屡〕为我败，粤境指日可告肃清。天下兴亡，匹夫亦与有责，心诛笔伐，其力胜于兵戈。所望该会以指导舆论自任，力尽宣传鼓吹之责；一俟粤乱稍定，本大元帅即当亲督各军，分出湘、赣，联合各省，大举北伐，以靖国难，而慰喁望。

据《联军肃清东江与筹备北伐》，载一九二三年十二月二十八日上海《民国日报》第二版

复彭世洛分部勖继续努力党务与筹饷函

（一九二四年二月一日）

彭世洛分部同志诸兄暨承业、南唐②先生均鉴：

径启者：萧君佛成、陈君美堂抵粤，带来大函并港币九百拾元，已照收到。着中央筹饷会填发收据四十六张寄上，希为察照。至于奖章一层，已令该筹饷会按照筹款章程，赶速办理矣。夙仰诸君热心党务，迭次讨贼，卓著勋劳；操算运筹，慨助巨款，崇德令誉，久已远近昭彰矣。惟本党主义，伐罪吊民，国贼一日未除，则仔肩不容苟卸。

自民国十三年来，龙蛇群动，战血玄黄，名则号曰共和，实则甚于专制。迩更军阀横行，政孽肆毒。生民憔悴，举国徬徨。不有救济，势必沦胥以灭也。诸

---

① 此函为大本营秘书处代致，附录于此。
② 即卓承业、郭南唐。

君既以党义奋斗于先，尤望以毅力坚持于后。今后党务之策划与饷项之运筹，仍请继续努力。他日成功，有众叨德，岂独文个人与本党之幸也耶？临书神驰，尚希亮察，即候

义祺

孙文

十三年二月一日

据原函抄件，台北、中国国民党文化传播委员会党史馆藏

致黄仲初嘱继续努力党务与筹饷函

（一九二四年二月一日）

黄仲初先生大鉴：

中原鼎沸，国事蜩螗。救国锄奸，责在吾党。夙仰先生热心党务，迭次讨贼，卓著勋劳；操算运筹，慨助巨款，荣德令誉，久已远近昭彰矣。惟本党主义，伐罪吊民，国贼一日未除，则仔肩不容苟卸。

自民国十三年来，龙蛇群动，血战玄黄，名则号曰共和，实则甚于专制。迩更军阀横行，政孽肆毒，生民憔悴，举国徬徨。不有救济，势必沦胥以灭也。先生既以党义奋斗于先，尤望以毅力坚持于后。今后党务之策划与饷项之运筹，仍请续继努力。他日成功，有众叨德，岂独文个人与本党之幸也耶？临书神驰，尚希亮察，即候

义祺

孙文

中华民国十三年二月一日

据原函影印件，台北、中国国民党文化传播委员会党史馆藏

复赵世炎等说明国民党改组要义
并望党员身体力行函^①

（一九二四年二月六日）^②

世炎同志暨诸同志均鉴：

十二年十一月三十日手书诵悉。一切所论，洞见症结，至为欣慰！

关于本党改组问题及政策问题，此次召集国民党全国代表大会，通过宣言、章程，在宣言中列举政策，在章程中确定变更组织，均与手书所论略相吻合。要之，此后吾党同志，当努力于主义之宣传与实现；对于外国之帝国主义及国内之专制余孽，务当摧陷而廓清之；筑国民党基础于民众利益之上，时时导引国民为民众利益而奋斗。凡此荦荦诸端，凡属党员皆当身体力行。文甚望此次改组以后，本党之组织与纪律能使党员一致，以猛向前进，则建设大业终当成就。

本党此次改组，得力于俄国同志鲍尔汀^③之训导为多。鲍君本其学识与经验以助本党之进步，成绩已著。诸兄现留俄国，于其革命主义之所以能彻底，及其党之组织与纪律，与其为国民利益而奋斗之方策，必多真知灼见，望时时以所心得饷之国内同志，俾得借镜，是所至嘱。

至于来书望文移驻沪上一节，揆之目前事实，有所未宜。粤中环境固未能猝即实现吾党之理想，然有此以为根据，将种种困难次第解决，则亦未尝不可作为实行主义之发轫地。今正从事肃清东江，俟余孽荡尽，即当出师北伐。盖主义之宣传与障碍之扫除，当同时并行，此意诸兄当能洞及也。专复，并候

旅祉

孙文

二月六日

---

①　赵世炎为加入国民党的中共党员，当时就读于苏联莫斯科东方大学。

②　原函未署年份。据函中内容应为一九二四年。

③　即鲍罗廷，时被孙文聘为国民党组织训练员、国民党中央执行委员会顾问，参与国民党改组工作。后又被孙文任命为革命委员会顾问。

附章程及宣言各一份。

据原函，台北、中国国民党文化传播委员会党史馆藏

复契切林申谢来信指点并望继续保持接触函

（俄 译 中）

（一九二四年二月十六日）

亲爱的契切林同志：

谨向您表示感谢，感谢您在一九二三年十二月四日写给我的一封很有意味的信。您说得完全对，我党的基本目的是要掀起中国人民的强大运动，一个革命的、建设性的运动，为了达到这个目的必须进行组织和宣传。我们正在朝着这个方向努力奋斗；我们希望将来在中国作出你们党在建立新的国家观念和新的管理制度方面所曾在俄国做过的一切。

由于这种缘故，我们需要忠告和帮助，并且希望从您和其他同志们那里获得这种忠告和帮助。

关于这一点，我对在国民党改组过程中为我们做出贡献的鲍罗廷同志表示深深感谢。他是一个无与伦比的人，他的中国之行显然是一个意义深远的事情。①

我热烈地祝贺你们的外交在使唐宁街②在法律上承认你们政府这件事情上所获得的卓越胜利。毫无疑问，为了获得这个胜利的果实，还需要作许多努力。但是，你们对克松③主义的胜利无疑会引向其他的外交胜利。

列宁同志的逝世引起我深切的悲痛。但是，幸而你们党的工作是奠定在广泛的基础上，因而，我们伟大的同志的逝世不致影响你们坚强的手所创造的大厦。

我欢迎您所提出的关于我们今后继续保持接触的主张。这不仅对于我们彼此间交换意见是必要的，而且对于我们在世界的斗争中能作的共同努力也是必要的。

---

① 《国际生活》俄文一九五五年版《没有发表过的孙逸仙的文件》，删掉了孙文对鲍罗廷表示感谢的一部分。今据《中国革命与苏联顾问（1920—1935）》一书补上。

② 唐宁街：伦敦的一条街，英国外交部所在地。

③ 克松（Curzon），又译寇松、柯尔逊。

敬祝您的政府继续获得成就。

谨致以兄弟的敬礼。

孙逸仙

一九二四年二月十六日

广州

据《没有发表过的孙逸仙的文件》，载一九五五年十一月十四日北京《人民日报》第三版

致赵士觐嘱拨给沈鸿英退兵款一万交朱培德派人带去函

（一九二四年二月十七日）

公璧兄鉴：

答应沈鸿英退兵之款，既交万元，其余一万，自不可中变，当照拨之。一齐由朱军长派人带去，与沈部交涉退兵。果能退兵，则交款，不退，则将原数带回。此事可责成朱军长负完全责任。倘能以二万元而令他退兵，较之以兵驱逐他出境为有利。故已经答应之款，当要照交为是。此致。

孙文

中华民国十三年二月十七日

据许礼平：《书札收藏杂说》，载二〇一五年七月三十一日上海《文汇报》（原函藏许礼平处）

复范石生望裁撤江防函

（一九二四年三月一日）

小泉兄鉴：

函悉。兄有此心，国之幸也，我慰莫名。然《春秋》责备贤者。海防既走

私盐，又走私烟，革了陈策，仍复如是。不意江防又从而效之，无可如何？故不得不将江防、海防，悉从而裁撤，另行组织，聘请外国舰员严加训练，以为海军之基础。不图兄为中梗，不肯裁江防，而海防乃有藉口，致我意不行，遂令私不能缉，匪不能靖。长此以往，必至江、海不通，公私坐困也。务望兄放去江防，俾新组织得以早日成立，则匪风必息，私运可绝，而广东元气乃有恢复之望也。

孙文

中华民国十三年三月一日

据原函影印件，载李殿元编选：《四川省文史研究馆新发现的孙中山九件佚文》（原函藏四川省文史研究馆），《历史档案》一九九三年第二期

致许崇智告收束海军不可再设舰务处函

（一九二四年二三月间）①

汝为兄鉴：

对于海务，以少设机关为宜。故舰务处不可再设，当以海防司令统一之，直接归兄统驭便可。若多一机关，必多一弊端，而防范愈难。刻正拟取消江防，并收束海军，可废舰务，要使海上机关愈少愈好。因海务人员皆无才而多坏，陈策已然，其他尤甚。故非从新再设学校，如陆军官校，以练过新人才不可。故对于此方面，望兄须格外谨慎。我所排去之人，不再得我许可，不得再用。而海上机关则于未大改革以前，只准减，不准加。此必当注意。否则，现在稍有可用之人员、船长，亦必因方针错乱，而变为无用之物也。故对海军方针，当要与我一致乃可。又"江固"向为我坐船，竟被此辈骑去西江，竟不交还我用，以致出入皆无船可用。此辈可恶，一至于此，其他作弊可想而知，故望兄事事须慎也。至好

---

① 原函未署日期。陈策被撤去海防司令，在一九二四年一月二十二日，此函与三月十日复范石生函内容接近，皆为谈裁撤江防事，酌定为二三月间。

对于海上一方面，兄要设机关并用人，须先告我知，方免彼辈之弊端再为复活也。此致。

孙文

据原函，台北、中国国民党文化传播委员会党史馆藏

致国民党中央执行委员会请安置董方城鲍慧僧函

（一九二四年四月四日）

在缅甸被英政府窘逐之同志董方城、鲍慧僧二人，应由党中留心考察何等事务相宜安置；如党中无事可办，则向各行政机关为之觅事，免至付闲为要。此致中央执行委员会照

孙文

据原函，台北、中国国民党文化传播委员会党史馆藏

致泰戈尔邀请访问广州函

（英　译　中）

（一九二四年四月七日）

亲爱的泰戈尔①先生：

我极为希望在您抵华时，能获得亲自迎接您的特殊荣幸。向学者表示敬意乃是我们的古老风尚。但我将欢迎的您，不仅是一个曾为印度文学增添光辉的作家，而且还是一个在辛勤耕耘的土地上播下了人类未来福利和精神成就的种子的杰出劳动者。

届时，我能否有幸邀请您光临广州？

---

① 泰戈尔，印度文学家，也有译太歌儿、泰谷尔等。

您的忠诚的孙逸仙

一九二四年四月七日

据杨允：《孙中山与泰戈尔信使往来》中英文影印件译出，载台北《传记文学》第七卷第六期，一九六五年十二月出版（袁鸿林译，金应熙校）

复范石生望率先领军迁出广州城函

（一九二四年四月十三日）

小泉兄鉴：

函悉。兄顾虑周详，深心大局，诚为可感。所陈各节，已着军政部照行办理。但为人民安居乐业计，为军队改良进步计，城市之内，无论何军，皆应该迁出，方为根本之图。此事务望兄率先提倡，为他人模范，则前途乃有希望。自讨陈以来，人民苦矣，而政局则更为一落千丈。教育、行政、司法，皆以无经费而日就腐败，此诚目击心伤之事。若军人能日就范围，渐上轨道，则此等一时之痛苦，当可忍受。若在此根本策源之广州，犹不能使人民有一日之安，而任军队长此横行，则诚无可救药矣。所谓"挂单"军队，俱挂有力者之单。故非兄率先作则，使一切皆离城不可。幸于此留意为望。

孙文

中华民国十三年四月十三日

据原函影印件，载李殿元编选：《四川省文史研究馆新发现的孙中山九件佚文》（原函藏四川省文史研究馆），《历史档案》一九九三年第二期

致张静江介绍医生李其芳诊视函

（一九二四年四月中旬）①

静江兄鉴：

　　内子回粤，称兄病近来反剧，行动更不自由，殊用为念。兹有医生李其芳，新由德国回来，医学甚深。据称近日德国发明新法，用药注射可愈此病。彼曾亲见一病十二年不能行动者，不过一月便已医愈。今请李君前来诊视兄病，设法医治。如能于一两月内全愈，则请兄与李君一齐来粤为荷。至于医金药费，由此间担任，兄不必再给也。弟与李医生详谈半日，深信其法为合理而妥善，想必能奏奇效，望兄亦深信而一试之，幸甚。此致，即候

时祉

　　并祝速愈速愈。

孙文

据原函影印件，载杨政知等编：《孙中山先生墨
迹》，石家庄，河北人民出版社一九八六年十月出版

复棉兰同志勖继续努力党务与筹饷函

（一九二四年五月二日）

蓝田、燕浅、中奭、联棠、璧磋、履初同志诸君均鉴：

　　由廖仲恺转来大函，备悉一切；并由撞〔渣〕打银行电汇来荷币‖〇三夕8千②盾，该港银壹仟四百五十九元，已交中央筹饷会进数，着该会主任邓泽如填发收据付上，以昭信实。夙仰诸同志热心党务，迭次讨贼，卓著勋劳；操算运筹，

---

　　①　原函未署日期。宋庆龄回粤为四月十一日，一九二四年四月十二日《广州民国日报》报道李其芳于四月十八日离开赴沪。此函当为四月十一至十七日间所写。

　　②　即20895。

慨助巨款，崇德令誉，久已远近昭彰矣。惟本党主义，伐罪吊民，国贼一日未除，则仔肩不容苟卸。

自民国十三年来，龙蛇群动，战血玄黄，名则号曰共和，实则甚于专制。迩更军阀横行，政孽肆毒，生民憔悴，举国彷徨，不有救济，势必沦胥以灭也。诸君既以党义奋斗于先，尤望以毅力坚持于后。今后党务之策划，与饷项之运筹，仍请继续努力。他日成功，有众明德，岂独文个人与本党之幸也耶！临书神驰，尚希亮察，即候

义祺

孙文

十三年五月二日

据原函抄件，台北、中国国民党文化传播委员会党史馆藏

复宫崎民藏告病愈并申谢慰问函[①]

（一九二四年五月二十六日）

民藏先生左右：

惠书祗悉。弟偶撄微恙，早经告愈。远荷存注，心感曷极，率复不尽。即颂

筹祺

孙文

五月廿六日

据《大元帅复宫崎民藏函》，载一九二四年五月二十七日《广州民国日报》（三）

---

①　一九二四年五月孙文因积劳过度，偶感小恙，外界谣传孙文逝世，宫崎民藏即来信探问。此为孙复函。

致安南同志告派刘侯武接洽党务函

（一九二四年六月三日）

安南同志公鉴：

　　兹派刘侯武君到越与同志诸君接洽，共图党务之进行，除中央执行委员会指导各节外，特附数言。敬祝

进步

孙文

十三年六月三日

据原函抄件，台北、中国国民党文化传播委员会党史馆藏

附载：嘉奖范石生愿督师东征函①

（一九二四年六月六日刊载）

　　径启者：顷奉大元帅发下尊函，执事以"东江停顿，宵肝殷忧，决出督师，扫清□敌，率师北伐，解决中原，整旅回乡"，俱见执事志趣豪迈，英雄奋发，本救民之仁心，成济世之伟业，固不独西南与百粤受其赐，行见举国舍生负性之伦，皆将瞻拜于马前也。奉谕特达，顺颂

戎祺

　　此致

范军长

大本营秘书处启

据《帅谕嘉奖范石生》，载一九二四
年六月六日《广州民国日报》（六）

---

　　①　中央直辖滇军第二军军长范石生呈请即日出发东江讨贼，早清内寇，以便出师北伐。孙文当即饬令大本营秘书处复函，传谕嘉奖。此处收为附录。

致福特邀请到华南访问函

（英　译　中）

（一九二四年六月十二日）

亲爱的福特①先生：

　　持送此函的黄任凯②先生通知我说，您很可能于不久的将来访问中国。如果您能成行，我将非常愉快地在华南欢迎您。人们通常说，我国的许多智慧、能量和财富，都可见之于华南。

　　我知道您在美国的出色工作并曾读过有关的报道。我认为您在中国可以更广泛更有成效地从事同类工作。您在美国的工作，从某种意义上可说是个人和私家的，反之，在中国这里，您将有机会以新的工业体系的持久方式来表达和体现见解和理想。

　　如果中国仍然在经济上不发达，并由此成为列强剥削和国际纷争的对象的话，我认为中国可能成为另一次世界大战的起因。由此，一俟欧洲签署了停战协定，我就立即制定国际开发中国的计划，希望列强在一九一九年的和会上对此加以考虑。这项计划见于我的《实业计划》一书。该书于一九二一年在上海，一九二二年在纽约由普特曼公司出版。

　　我现在认识到，对列强的现政府期待很多，是不大有希望的。依我之见，倒是可以寄更多希望于像您本人这样的有生气有效率的工作者；这也是何以我邀请您到华南来访问我们，以便亲身研究无疑是二十世纪最重大之一的问题。

非常忠实于您的孙逸仙

一九二四年六月十二日

广州中华民国政府本部

据美国福特图书馆藏英文原函译出（吴开斌译，金应熙校）

---

①　Ford 的中译。

②　Ng Jim Kai，按潮州语音译。

致续桐溪勉协力讨贼函

（一九二四年七月二十三日）

西峰①吾兄惠鉴：

觉民刘君南来，藉审近况，至慰眷眷。

吾兄好义，努力不怠，尤佩忠诚。今吾国祸乱至矣，人民之受苦深矣。奋不顾身出而救民救国者，能有几人？

伪廷群寇，窃踞北方，只图一己之私，不顾天下之大。妖氛弥漫，久而未靖，良用痛心！振臂高呼，协力讨贼，吾兄其图之。

宝珊邓君、虎臣李君勇于赴义，策画一切，当能为兄助。与邓、李二君相晤，幸望为致意。

北望无任驰系。惟勇猛前进，以副厚期，敬颂

道祉

孙文

中华民国十三年七月二十三日

据原函，北京、中国国家博物馆藏

分致蒋中正汪精卫胡汉民廖仲恺告可协商一致处置那威商船私运军械事函②

（一九二四年八月九日）

介石兄鉴：

截缉那威商船③私运军械事，今晚着邓彦华率同“江固”舰来长洲之后，更

---

① 续桐溪，字西峰，山西崞县人，曾参与陕西靖国军护法事，时与冯玉祥、胡景翼等策划倒曹、吴。

② 另据广东省社会科学院藏孙文分致汪精卫与胡汉民、廖仲恺的原函影印件两封，内容一致，不另录出。原函未署年份，按函中内容当为一九二四年。

③ 那威商船，即丹麦“哈佛”号商船，该船为避缉查，挂挪威旗。

约英国兵船来黄埔协助。如遇有事，可协商共同一致行动可也。

文白

八月九〈日〉晚

据原函影印件，载谭延闿编：《总理遗墨》第二辑，一九三〇年一月出版①

致广州商团望勿附和陈廉伯谋叛函②

（一九二四年八月十九日）③

商团诸君公鉴：

陈廉伯所私运之军火，其一部分为诸君集资而购者，政府已可承认，行当令省长④按照《民团条例》交给诸君，故对于诸君之枪枝问题，已可作为解决矣。此外尚有二事，必须诸君协助政府以解决之。

近日由商团本体及各方面发现出陈廉伯有极大阴谋，欲藉商团之力以倾覆政府，而步意国墨素连呢⑤之后尘。此事前一两月香港、上海、天津各西报已有访闻，登诸报章，言之凿凿。昨日陈廉伯托香港某西报著一论说攻击政府、颂扬商团者，犹声声称广州商团为"化思时地"党⑥，即意大利之资本家顽锢党也。而沙面领事团亦有证明陈廉伯确有谋为不轨之事。闻其中策画者有外国人，定期八月十四日推翻政府取而代之，以陈廉伯为广东督军，取消独立，投降北方。近日

---

① 按：本辑系发行于一九二六年上海的《孙中山先生手札墨迹》增补而成。出版时间据谭延闿跋。

② 广州商团系商界联合团体，成立于一九一一年底，为广东各地商团之最大者。一九一九年起，由英国汇丰银行广州支行买办陈廉伯任该团团长。数年来因军政当局重征捐税、驻军扰民等而屡生摩擦。一九二四年五月，十三行行商因不满广州市政厅抽收铺底捐发起罢市，随后成立以陈廉伯为总长的全省商团军联防总部，极力扩建武装。八月十日，陈廉伯雇外轮私运大批军械至广州，孙文下令于次日将其扣留。十二、十五日商团两次组织请愿，要求发还被扣军械，获孙接见。本函即为处理此问题而发，派林直勉等至商团总公所递交并面商。

③ 原函未署年份。据函中内容应为一九二四年。

④ 指广东省省长廖仲恺。

⑤ 墨素连呢（Benito Musslini），今译墨索里尼。

⑥ 化思时地党（Fascisti），亦作法西斯蒂党，今译法西斯党。

陈廉伯派代表往洛阳勾结吴佩孚，乃用商团名义，此等事实彰彰，中外人民皆知。则证以此次君等庆祝牌楼各对联之口气，亦与此事吻合，实已不打自招。此等谋为不轨之事，竟公然明目张胆而为之，陈廉伯等之视政府为无物，于斯可见矣。商团中人当不能委为不知也。

政府宽大为怀，不忍株连，故除廉伯一人外，分作两层办法：其一，其知情而悔悟者，能自行检举，政府当宥其既往，不事深究。其二，尚有执迷不悟，仍欲图谋不轨者，则责成诸君自行指出，送交政府惩办。吾信诸君中大多数为深明大义、拥护共和之人，必不容有败类混迹商团中，假借名义而危害政府也。此事关于民国存亡、革命成败，而本大元帅必当彻底查究者。望诸君切实协助政府淘汰商团内奸，使商团与政府能联成一气，捍卫乡邦，剪除残暴。倘能如此，则本大元帅必倚商团为手足，视诸君为心腹，此不独商团之幸，亦广东之福也。政府实有厚望焉。

兹派秘书林直勉、连声海，副官邓彦华三人为政府代表，来与诸君接洽，以解决以上两问题。并派邓彦华为常驻商团总所委员，协助诸君整顿商团内部。倘商团果能从此消除反对政府之嫌疑，则省、佛①二地市内，不需驻扎军队以防不测。而商民更可安居乐业，共享太平。此实人民莫大之利也。惟商团诸君图之。

孙文

八月十九日

据原函影印件，载孙文书，郭镇华编：《国父墨宝》，北平，北方杂志社国父遗墨筹印委员会一九四八年三月初版

复廖百芳告将采用所拟办法酌量施行函

（一九二四年八月二十二日）

函悉②。所称各节，惩前毖后，切中肯窾，实为先得我心。可知该咨议关怀党国，无微不至，诚属难得。除已将该项军械在黄埔全数起卸外，应采取所拟办

---

① 广州、佛山。

② 大本营咨议廖百芳八月十八日函请孙文从速练就一支军队，主张该军必须是"为特别的、为有主义的、为救国救民的、为革命党指挥之以贯彻三民五宪的"军队。此为孙文复函。

法酌量施行可也。此致

廖咨议百芳

孙文

八月廿二日

据廖百芳：《濛江余影》，载黄季陆主编：《革命文献》第五十二辑《重建广州革命基地史料》，台北，"中央文物供应社"一九七〇年九月出版

致范石生廖行超告速下决心坚决对付商团函

（一九二四年八月二十九日）

小泉、品卓二兄鉴：

　　此次民心之愤激，实因根客军而起。我之对商民，以为筹备送客则可，用武逐客则不可，因此遂为众怨之的，所幸工人农团犹向政府。若两兄不能为政府立威信，则工人农团将必有畏势而退缩，则人心尽去，而大局更危矣！政府万一不固，则滇军必无幸免之理，此实关于滇军生死之机，不独革命成败已也。铁城枪毙其团副，此为分所当然，彼辈一时不就范，只有以法绳之而已。望兄等速决心，不能稍示游预〔犹豫〕。陈廉伯已助东江之敌以大款，不日当有大反攻，若吾人不先清内患，则前方危矣。如明日尚无解决，则吾人非与彼辈决一生死不可。此时正要由死中求生，不可一误再误时间，为敌人之利器拙，速乃吾党之生路。务望与绍基及樊军一致行动，速下万钧之威，不顾一切死里求生乃可，否则追悔无及矣。勇决勇决，革命幸甚！中国前途幸甚！此致，即候

毅安

孙文

中华民国十三年八月二十九日午前二时

据原函影印件，载刘大年主编：《孙中山书信手迹选》，北京，文物出版社一九八六年九月出版

复范石生廖行超嘱约商团签字人面谈函

（一九二四年八月二十九日）

小泉、品卓两兄鉴：

所拟各节，尚无碍难之处，今后办法，不独陈廉伯之表示悔悟措辞如何，尤当察其诚意如何。如真有诚意服从政府，则何事不可通融办理？所以千头万绪，都在一“诚”字而已。故于开市之后，请两兄约同各签字之人到来面谈一切，以观其诚意之所在。如明〈天〉开市，即请午后四点到来可也。此候

毅安

孙文

中华民国十三年八月廿九日

据原函影印件，载香港《华字日报》编：《广东扣械潮》，香港，华字日报社一九二四年冬出版

致范石生廖行超告速与政府一致收缴
商团枪枝勒令商户开市函

（一九二四年八月二十九日）

小泉、品卓两兄鉴：

商团数来调和，每次皆以事故中变，此其故意延长时间，以待东江敌人反攻而为夹击之计，已无疑义，我等不可尚在梦中也。今日若尚无解决，则非死中求生不可。望两兄速决心与政府一致，对商团为最后之忠告，明日须悉将商团缴枪，勒令商户开市。如有不从，则由有纪律之军队协同学生、工人，将西关全市之米粮、布疋悉数征发，以为战时军用。如此，则吾军前后方可免饥寒之忧，乃可持久。此为战时必要之举，各国皆有先例，在我当做而行之。能行则生，不能行则死，生死关头在此，成败利钝亦在此，望两兄速决而力行之，

大局幸甚。此致。

孙文

中华民国十三年八月廿九日

据原函，北京、中国国家博物馆所藏

致蒋中正命发足李糜将军枪械函

（一九二四年九月四日）

介石兄鉴：

　　前日命李糜将军设备钢甲车四驾（北江两驾，东江一驾，佛山一驾），为保护车路兼载宣传队为沿途宣传之用。佛山车已备妥，次日开始宣〈传〉。而兄处派人忽将手机枪并短枪收回，致不能照计画举行。李糜将军固大为失望，吾亦同此心。此事关于党务、军事之进行甚为要着，且我拟一二日后亲往韶关，更需此二甲车随行。务望照前命令发足手机枪拾八支，驳壳枪式百五十支，切勿延误为要。此致，即候

毅安

孙文

中华民国十三年九月四日

据原函影印件，载谭延闿编：《总理遗墨》第二辑，一九三〇年一月出版

分致蒋中正胡汉民廖仲恺告汪精卫正与商团洽愿筹北伐费讨回枪械事函①

（一九二四年九月六日）

介石兄鉴：

商人有愿筹北伐费而讨回枪械者，此事现交精②交涉。如得完满结果，当要给回一大部与服从政府之商团，故欲沽其一部分为练兵费一节，不可施行。此帮械如何发落，当俟精卫交涉后而定也。

孙文

中华民国十三年九月六日

据原函影印件，载谭延闿编：《总理遗墨》第三辑，出版时间不详③

致蒋中正望先发朱培德部枪弹函

（一九二四年九月八日）

介石兄鉴：

请先发朱培德部步枪壹千枝，子弹配足，其余前令发给各部一概从缓，以待精卫与商人交涉妥后另议。此致，并候

近安

孙文

中华民国十三年九月八日

据原函影印件，载谭延闿编：《总理遗墨》第二辑，一九三〇年一月出版

---

① 另据广东省社会科学院藏孙文致胡汉民廖仲恺的原函影印件一封，内容相同，不另录出。

② 指汪精卫。

③ 估计于十九世纪三十年代出版。

致蒋中正望将枪械交卢振柳带给李糜将军函

（一九二四年九月八日）

介石兄鉴：

前李糜将军要取手机枪拾八枝为配甲车之用，务要照发，不可令学生带来，借用一时而又带回去。此殊失李将军之望。李君专长甲车战术，一切须由其配备，乃能灵捷。且敌人已来窥翁源、河头，欲断我省韶铁路之交通。我日内往韶关，则此铁路之防备更为急要。务望将手机枪同驳壳枪一齐交与卢振柳带回，俾李将军得以配备后方防卫，至要，切勿延误。此致。

孙文

中华民国十三年九月八日

据原函影印件，载谭延闿编：《总理遗墨》第二辑，一九三〇年一月出版

复蒋中正告在粤三死因生路以北伐为最善函

（一九二四年九月九日）

介石兄鉴：

长函悉。从根本办去，以练一党军而负革命之责任，此志正与兄同。惟广东一地，现陷于可致吾人于死之因有三：其一，即英国之压迫。此次罢市风潮，倘再多延一日，必有冲突之事发生，而英舰所注意者，必大本营、永丰、黄埔三处，数十分钟便可粉碎，吾人对彼绝无抵抗之力。① 此次虽幸免，而此后随时可以再行〈发〉生，此不得避死就生一也。其二，即东江敌人之反攻，现在已跃跃欲动。如再〈有〉石牌之事发生，则鹿死谁手，殊难逆料。其三，则客军贪横，造出种种罪孽，亦必死之因。有此三死因，则此地不能一刻再居，所以宜速舍去一切，

---

① 此处删去衍文"此因"二字。

另谋生路。

现在之生路，即北伐为最善。况现在奉正入关，浙可支持，人心悉欲倒曹、吴，武汉附近我有响应之师，乘此决心奋斗，长驱直进，以战场为学校，必有好果也。吾党之士，切勿游预〔犹豫〕，大局幸甚。余面详。此致。

孙文

中华民国十三年九月九日

据原函影印件，载杨政知等编：《孙中山先生墨迹》，石家庄，河北人民出版社一九八六年十月出版

致蒋中正嘱与许崇智酌处交回商团枪械事函

（一九二四年九月十二日）

介石兄鉴：

据汝为兄言，如果将长短枪交回商团，当能得百万，以为出发费。果尔，当可取消今日各令，除益之之枪外，可悉数还之，如何？请与汝为酌夺可也。

孙文

中华民国十三年九月十二日

据原函影印件，载谭延闿编：《总理遗墨》第二辑，一九三〇年一月出版

致加拉罕告同意对中国局势估计并请支持中国革命函

（俄 译 中）

（一九二四年九月十二日）

亲爱的加拉罕同志：

明晨我将赴韶关，但走前还想致短函告知您，我完全同意您在七月十一日来

信中对当今中国局势的极为英明的估计。

您从我本月一日发布的宣言①和作为《广州报》的附录于本月八日发表的我关于庚子议定书的谈话（我把这两个文件给您随信附上）可以看出，现在已经是在中国与世界帝国主义公开斗争的时候了。在这场斗争中，我愿得到贵国这个伟大国家的友谊与支援，俾可帮助中国摆脱帝国主义的强力控制，恢复我国在政治和经济上的独立。

近期内我将修书一封向您详述情况。暂时就此搁笔。请接受我兄弟般的问候和最良好的祝愿，望您身体健康。

您忠实的孙逸仙（签名）

一九二四年九月十二日

据《孙中山选集》（莫斯科，一九六四年俄文版）译出（李玉贞译）

与宋庆龄联名复普光孤儿院院长
山德士感佩救济中国孤儿函②

（英 译 中）

（一九二四年九月十七日）

山德士先生：

本月十三日大扎〔札〕经已收到。孙中山先生与我，均很感佩你底努力救济中国底贫苦的孤儿入于佳境，给他们有机会成为中国有用的公民。

我们正从事于这相类〈似〉的事功，与中山先生不遗余力的拯救我们国中的几百兆国民，当中有人能存心为将来的公民谋幸福，他觉得非常喜悦的。

---

① 指《为广州商团事件对外宣言》。

② 美国教会山德士博士于一九二四年在广东省曲江县创办普光孤儿院，曾获孙文修函勉励和赞助。后因受时局影响而停办，至四十年代初抗日战争期间，山德士再度来华复办且扩大规模，增设小学部和中学部对孤儿负全面教养之责，并创办《普光校刊》广为宣传，在创刊号上发表了十八年前孙文伉俪这篇英文函的译文，由宋庆龄执笔的原函未见。

我们不独赞同你这有价值的工作，且十分的佩戴与感激的。此复，顺祝

精神！

孙逸仙　孙夫人宋庆龄经手

一九二四年九月十七日

据《附总理赞助本院函译文》，载曲江
《普光校刊》第一期，一九四二年七月出版

分致粕谷义三涩泽荣一告派李烈钧赴日拜候函[①]

（一九二四年九月十八日）

敬启者：暌隔光仪，每深企仰。遥承勋问，与日俱隆，以为颂慰。

世界潮流已为民气所激荡，有一日千里之势。吾人内觇国情，外察大局，惟本互助之主义，奋斗之精神，以顺应趋势，积极进行。迹其所至，岂惟两国人民蒙其幸福而已！

执事领袖名流，高掌远蹠，知有同情。吾国方从事于讨贼，文已率师北伐，以答国人望治之殷。特派李参谋部长代表东渡，奉候左右，兼致鄙怀。讨谟所及，并望随时接洽，不胜驰情。顺颂

时祐

　　此致

粕谷义三先生阁下

孙文

中华民国十三年九月十八日

据原函影印件，广州、广东省社会科学院藏

---

① 粕谷义三，日本众议院议长。涩泽荣一，日本实业界巨头，创立第一国立银行、王子制纸等企业。另有一内容相同函件致涩泽荣一，见一九九〇年十一月二十一日《团结报》。此处不另录。

致陈青云令迅将所部强拉妇女放还函

（一九二四年九月二十日）

青云旅长①鉴：

刻此间人民报告，贵部拉有妇女十余人禁于船上，此种行为大犯人民之忌。倘此等消息流传于外，人民必与贵军生极大之恶感。而贵军名誉亦必受极大影响，于贵军实有极大之不利。仰即设法补救，将各人赶快放去。不然，则大本营在此，不能不执行军法，则两有不便也。幸为留意！

孙文

中华民国十三年九月廿日午前八点半

据原函，北京、中国国家博物馆藏

复刘显潜勖共讨曹吴函

（一九二四年九月二十三日刊载）

如渊②先生麾下：

张代表③来，携致手书，至钦伟抱。

西南频起义师，牺牲至巨。大功未立，国步日艰，曹、吴窃国穷兵，又为国人共弃，近复甘为戎首，肆虐东南，讨贼兴师，实在今日。文已移驻韶关，誓师入赣，期与奉、浙联军一致声讨。滇、黔屹若长城，精锐所存，足当一面。愿奋远猷，共张挞伐，张西南之义帜，建民国之新元，偕作同仇，实资硕画。余属张

---

① 陈青云时为豫军第三混成旅旅长。

② 刘显潜，字如渊，贵州兴义人，时为滇黔边防督办兼贵州军事善后督办。

③ 张代表，指张瑞麟，一九二三年任广州陆海军大元帅府高参，被孙文派往贵州运动刘显世途中为唐继尧软禁，直奉战争爆发后被释。张请刘显潜写信致孙文，表明对孙的拥护。此为孙复函。"张代表"，为一九一七年张瑞麟代表贵州省与云南督军唐继尧商谈组成滇黔建国联军时的旧称。

代表面尽。

据《大元帅复刘显潜函》，载一九二四
年九月二十三日《广州民国日报》（三）

复林德轩嘱与熊克武联成一气力图进取西南函

（一九二四年九月二十四日）

伯仙兄鉴：

　　廖文蔚君来，带到手书，备聆一切。我兄奋斗精神，久而弥壮，可用佩慰。

　　奉、浙奋起讨贼，义声振天下。文亦躬来韶关督师北指，默料东北战事将移
重于西南。兄处既已有进行，应与熊锦帆联成一气，力图进取。民国未尽之绪，
将于此战系之。正吾党勠力良会，望为勉之。此答，并问
安好

孙文

一九二四年九月二十四日

据余齐昭：《孙中山文史考补》（转录林德轩
家属藏原函），中国人民政治协商会议中山市
委员会文史委员会一九九四年十二月印行

致蒋中正告械船直来黄埔公开起卸函

（一九二四年十月三日）

介石兄鉴：

　　闻仲恺说，械船到时，拟在金星门内起卸，以避耳目。我以为不必如此。若
为避人耳目计，则金星门大大不相宜。因金星门之对面即泠〔伶〕汀关，该关有
望楼，有缉艇，凡到金星门附近之船，无不一目了然，实在不能避，而反露我门
〔们〕欲窥避之心，示人以弱，恐反招英舰之干涉，因英舰已视此等海面为其范
围。此一不可也。且金星门外年年淤浅，此时之水路，当较数年前海图必差数尺，

恐致搁浅。此二不可也。又在该处盘运，实花费太多，又恐小艇有遇风雨、盗贼之危险。此三不可也。究不如直来黄埔，公然起卸为妙。而以此为一试验，若英国干涉，我至少可以得此批到手，而不必再望后日；如不干涉，则我安心以策将来。若往他〈处〉起卸，恐此批亦不可得也。

孙文

中华民国十三年十月三日

据原函影印件，载谭延闿编：《总理
遗墨》第二辑，一九三〇年一月出版

致蒋中正询军械使用计划函

（一九二四年十月七日）①

介石兄鉴：

　　货物几种？各种几何？务期详细报告为荷。对于用货之计画，兄有成竹在胸否？鲍顾问②意见如何？若皆无一定之用途，便可将货运韶关，由我想法可也。

　　另有汉民一信，请兄发意见，俾我参考为荷。此候

毅安

孙文

十月七日

据原函影印件，载谭延闿编：《总理
遗墨》第二辑，一九三〇年一月出版

---

　　①　原函未署年份。按一九二四年九月孙文已督师韶关，此函指示"将货运韶关"事与孙文督师相吻，时间应在一九二四年。函中所谓"货物"，似指由苏联货船运来之军用品。

　　②　指苏联顾问鲍罗廷。

致蒋中正论按新制练兵函①

（一九二四年十月八日）②

介石兄鉴：

今日开始练兵，犹不能行我所定编制，若谓练成之后，兵士、官长都成了习惯，而后再行改制则更难矣。此为我所定之制，则欲练成之后，可以应我方寸之运用也。倘开练之时已不能行我之制，则练成之后，我亦无心用之矣。

今为应我所用之故，特托嘉兰将军③将我卫士练至一营，以为他军之模范。兄谓我编制规模太大，若果因此，何不以练至一营或一团为最大单位，以一营等一团，以一团〈等〉一旅，有何不可？

我想大家不欲行我之制者，则全为故习所囿也。本其日本士官、保定军官④之一知半解，而全不知世界大势，不知未来之战阵为何物，而以其师承为一成不易也。因为此故，我更要今日之军人舍去其故习，而服从我之制度，斯将来乃能服从我之命令，听从我指挥也。如果今日教学生则存一成见，教成之后，何能使之为革命军负革命之任务？试观北洋之军队训练非不精，补充非不备，而作战则远不如败残之杨化昭、藏〔臧〕致平⑤，以彼二人曾与南方稍有革命行动之军队接触，而无形中学得一二革命之战术也。此间今日所练之军队，如果将来能听我指挥，则我必导之去以一攻十或以一攻百也，此等任务更非寻常兵法所有。倘今

---

① 孙文为率师北伐，一九二四年九月移设大元帅大本营于韶关。蒋中正时在广州东郊黄埔岛，任中国国民党陆军军官学校（通称黄埔陆军军官学校，简称黄埔军校）校长。

② 原函未署日期。今据毛思诚编《民国十五年以前之蒋介石先生》第七编（南京，一九三六年十月出版，线装本）标出。

③ 嘉兰，通译加伦，苏联将领布柳赫尔（Василий Константинович Блюохер）在华之化名，原任远东人民共和国军事部长兼人民革命军总司令，其时受聘为广东革命政府首席军事顾问。

④ 日本陆军士官学校、保定军官学校。

⑤ 杨、臧原为驻扎福建的皖系将领，后移驻浙江，在一九二四年九月爆发的江浙战争中分任浙沪联军第二路副司令、第一路副司令，此次战争以浙方失败而告终。

日开练之始不行我制，待至练成时谓能听指挥，我决不信也。此致。

军官学校教员、学生同此不另。

孙文

并附步兵编制表一分〔份〕。其余炮兵、飞（代"骑"）兵、工兵、辎重车、机关枪、甲炮车未定。

革命军步兵编制

六人为一伍	兵数：六	官：〇
六伍为一列	兵数：三六	官：一
三列为一连	兵数：一〇八	官：四
六连为一营	兵数：六四四①	官（附二人）：二一
六营为一团	兵数：三八八八	官（附二人）：一二九
三团为一旅	兵数：一一六六四	官：三八八
三旅为一师	兵数：三八九九二②	官：一一六二

（此表人数定实，官数可酌量再加③。）

据原函影印件，载邓泽如编：《孙中山先生廿年来手札》，广州，述志公司一九二七年一月出版

复焦易堂告北伐各军名称改为建国联军函

（一九二四年十月八日）

易堂兄鉴：

九月二十七日函悉。经画西北，具见周详。毅力热诚，殊堪嘉尚。际此沪苏酣战，奉师南下，我军长驱直捣洪都，尤望西北各省乘机响应，使贼首尾不相顾。至北伐各军名称，西南各省多数主张用"建国军"名义，吾党早有《建国方略》、《建国大纲》之宣布，当然改为"建国联军"，以期一致。此复，顺颂

---

① 笔误，应为"六六八"。

② 笔误或计算有误，应为"三四九九二"。

③ 此表的官数，自第四行"二一"起计算有误。

勋祺

孙文

中华民国十三年十月八日

据原函影印件，广州、广东省社会科学院藏

复蒋中正告速成立革命委员会
并将黄埔械弹运韶关函

（一九二四年十月九日）①

　　革命委员会当要马上成立，以对付种种非常之事。汉民、精卫不加入，未尝不可。盖今日革命，非学俄国不可。而汉民已失此信仰，当然不应加入，于事乃为有济；若必加入，反多妨碍，而两失其用，此固不容客气也。精卫本亦非俄派之革命，不加入亦可。我党今后之革命，非以俄为师，断无成就。而汉民、精卫恐皆不能降心相从。且二人性质俱长于调和现状，不长于彻底解决。现在之不生不死局面，有此二人当易于维持，若另开新局，非彼之长。故只好各用所长，则两有裨益。若混合做之，则必两无所成。所以现在局面由汉民、精卫维持调护之。若至维持不住，一旦至于崩溃，当出快刀斩乱麻，成败有所不计。今之革命委员会，则为筹备以出此种手段，此固非汉民、精卫之所宜也。故当分途以做事，不宜拖泥带水以敷衍也。此复。

　　再：明日果有罢市之事，则必当火速将黄埔所有械弹运韶，再图办法。如无罢市，则先运我货前来，商械当必照所定条件分交各户可也。若兄烦于保管，可运至兵工厂或河南行营暂存俱可。即候

毅安

孙文

十月九日

据原函影印件，载佚名编：《总理遗墨》（十开线装本，
出版时间不详），广州、广东省社会科学院图书馆藏

---

　　①　原函未署年份。据函中内容判断，当为一九二四年。

致蒋中正告派陈兴汉帮手将黄埔械弹速运韶关函

（一九二四年十月九日）①

介石兄鉴：

　　兹着陈兴汉来帮手，尽将黄埔械弹运韶，以速为妙。

孙文

十月九日

据原函影印件，载谭延闿编：《总理
遗墨》第二辑，一九三〇年一月出版

致蒋中正告将商团枪弹筹运韶关函

（一九二四年十月十日）

介石兄鉴：

　　如明日果有罢市、反攻之事，则商团枪弹亦当与我货一齐运韶，为革命之用。盖有械，岂愁无人？运到，我自有办法也。酌之。

孙文

中华民国十三年十月十日

据原函影印件，载谭延闿编：《总理
遗墨》第二辑，一九三〇年一月出版

---

① 原函未署年份。据函中内容判断，系指一九二四年孙在韶关督师北伐事。

复蒋中正指示枪弹运韶关并告
舍长洲来韶关北伐函

（一九二四年十月十一日）①

介石兄鉴：

函、电皆悉。

今先答函：枪弹运韶，决不瓜分各军，乃用来练我卫队之用。汝为亦不能给以一枝。如有必要，只可将黄埔前时之枪给他。此八千一式之枪，一枝不可分散。到韶后甚多地方可以贮藏，我在此，断无人敢起心来抢也。至于运来时途上之保护，只在黄沙一段要小心，其他一路，则甲车与数百人便足，可由学生任之。黄沙并小坪一带可用张民达之队以保护之。其法：着张假作出发韶关，集于车站，黄沙大部、小坪小部，布置妥当，枪弹即上车，与学生同来便可。至于款项，现当将黄埔学校收束，俟到韶关再酌可也。

答电如下：北伐必可成功，无款亦出，决不回顾广州。望兄速舍长洲来韶，因有某军欲劫械，并欲杀兄。故暂宜避之，以待卫队练成再讲话。陈贼来攻，我可放去，由争食之军自相残杀可也。乱无可平，只有速避耳！或更邀汝为同带其可用之部队齐来尤好，望为商之。如何？速答。此复，即候

毅安

孙文

十月十一日

据原函影印件，载谭延闿编：《总理遗墨》第二辑，一九三〇年一月出版

---

① 原函未署年份。据函中内容判断，此函时间应在一九二四年。

致蒋中正望速运武器来韶关练革命军函

（一九二四年十月十一日）①

介石兄鉴：

新到之武器，当用以练一支决死之革命军；其兵员当向广东之农团、工团并各省之坚心革命同志招集，用黄埔学生为骨干，练兵场在韶关。故望兄照前令办理，将武器速运来韶，以免意外。至要，至要。

此意请转知鲍顾问，并请他向各专门家代筹妥善计画，及招致特种兵之人才为荷。

文

十月十一日

据原函影印件，载谭延闿编：《总理
遗墨》第二辑，一九三〇年一月出版

致蒋中正嘱与许崇智组织部队起义杀贼函

（一九二四年十月十二日）

介石兄鉴：

运械来韶，如不能立办到，则其次为分给我同志中之队伍肯为我杀奸杀贼者（此指官长与士兵皆一致者而言）。请兄与汝为细查其各部，何部有此决心不为奸商所摇动者，如有则合集之。要兄与汝为对彼众要约立决死之誓，必尽灭省中之奸兵奸商，以维持革命之地盘。此事当要部队一万人以上，上下一心。又要汝为先有决心，毫无犹豫。负完全责任，为我一干，便可将黄埔之械悉数给之，立即起义杀贼，绝无反顾。如汝为不能决断，则无论如何艰难危险，仍将械运来韶关，以练我之卫队。此事可与汝兄切实磋商，立即决断施行为要。

---

① 原函未署年份。据函中内容判断，此函时间应在一九二四年。

商团之七九弹，则运来北伐之用可也。

孙文

中华民国十三年十月十二日

据原函影印件，载谭延闿编：《总理
遗墨》第二辑，一九三〇年一月出版

复廖行超望竭力拥护革命委员会函

（一九二四年十月十一至十四日间）①

品卓兄鉴：

代电悉。兄既知商团之叵测，实大局之幸。查商团本多安分，不幸其中有一二十人甘为某国鹰犬，通番卖国，图倾覆革命政府；多数商人无知，为其愚弄而不觉。吾同志军人初亦失察，不奉行政府意旨，杀一警百，遂致养成其祸。今商团竟敢开枪屠杀庆祝革命纪念之学生与工人，残忍无法，举世所无。此可忍孰不可忍！对此野蛮举动，实非法律所能收效。

今授全权于革命委员会，使之便宜行事，以戡定祸乱。望兄等革命旗帜下之军人，务要竭力拥护革命委员会，俾得命令厉行，斯反革命之祸可望消熄也。此致。

小泉兄同此不另。

孙文

据原函影印件，载刘大年主编：《孙中山书信手
迹选》，北京，文物出版社一九八六年九月出版

---

① 原函未署日期。今据函内"今商团竟敢开枪屠杀庆祝革命纪念之学生与工人"判断，可知此函写于十月十日以后。又据孙文十月十五日致范石生、廖行超函称"两兄近已尽悉商团之阴谋，毅然与政府一致，以图挽救"等内容判断，此函应在十月十五日以前，今暂作十月十一至十四日间。

致范石生廖行超望速筹款接济北伐部队函

（一九二四年十月十五日）

小泉、品卓两兄鉴，

济民兄来言：两兄近已尽悉商团之阴谋，毅然与政府一致，以图挽救，甚幸慰也。惟当速发制人，先清内奸，方不致陷于夹击。敌计本北江先攻，东江后进，而后商团罢市内应。今则最后者最先发，其计已乱，粤局可无虞矣。

惟近闻浙、沪消息不佳，因此，赣南之敌必为之胆壮。若我此时不先出击，不日彼必来攻，我复陷于夹击，则不能制人矣。

现在北伐部队集中已毕，惟出发无费。济民兄言两兄尚可设法。此时万事皆备，只欠东风（所差少数）。若两兄能即筹拾万元，便可出发，则赣省必可收复。如此，则浙、沪虽失，我仍可摇动长江，为奉军之臂助。否则，奉败而西南亦必随之，理无幸免。此存亡所关，望两兄竭力筹此，以速为妙。此正千钧一发之时也。勉之勉之。

如能办到，悉要毫洋，交粤汉局长运韶为荷。

孙文

中华民国十三年十月十五日

据原函，北京，中国国家博物馆藏

致蒋中正论北伐必行函

（一九二四年十月十六日）

介石兄鉴：

枪械运韶，既未办到，尽交汝为，而条件今又以环境变迁无施行之必要。然则此械兄究以何用为最适宜？请详细考虑，以告我为望。

北伐志在必行，且必有大影响。樊钟秀所部数日前已破万安，收降卒一团，闻敌因此已疲于奔命。大军现尚无款出发，但二日后必令何雪竹队再出，以继樊之后尘，则敌必更恐慌矣。赵成梁要求若能得枪二千，则无款亦必出击江西。江西敌甚无斗志，亦无斗力，大军一出，必得江西全省，便可补上海之失。张静江有电催出师江西甚力，亦有"宁弃广东亦当为之"，此可见各省同志之望我，不可不有以慰之也。此次一出必能成大功可无疑义，望兄鼓励各人速出。一由东江击破陈逆①而出福建；一出江西，则川、湘各军必争先而出武汉，而中原可为我有。否则无论奉、直谁胜，西南必亡。际此时能进则存，不进则亡，必然之理也。望兄万勿河汉吾言，幸甚。

孙文

中华民国十三年十月十六日

据原函影印件，载谭延闿编：《总理遗墨》第二辑，一九三〇年一月出版

致刘守中望团结同志迅赴事机函

（一九二四年十月十八日）②

允臣③吾兄大鉴：

顷赵委员西山来粤，述及台端爱国之诚与贵部赴义之勇，至深佩慰。

曹、吴稔恶穷兵，举国义师一致声讨，大势所趋，即民意所在。潮流激荡之日，正贤豪奋起之时。望团结同志迅赴事机，以成大业。

此间北伐各军已入赣境，俟下南昌，即会师武汉，与诸君共定中原。陕军诸同志，并望一一转达也。余由赵委员面详。此颂

戎绥

孙文

十月十八日

据原函，北京、中国国家博物馆藏

---

① 指驻防东江一带的陈炯明部。

② 原函未署年份。据函中"此间北伐各军已入赣境"等内容判断，系指一九二四年北伐事。

③ 刘守中，字允丞（臣），陕西富平人，为陕西靖国军将领，原与冯玉祥等发动北京政变。

致胡汉民许崇智着古应芬到电力公司
收取红利以应北伐费用函

（一九二四年十月十八日）

汉民、汝为两兄鉴：

现在军队已完全集中韶关，务要速发乃能不失时机。据探樊钟秀已得万安，赣南之敌恐慌非常，多向南昌、吉安移动。赣州以南敌力甚薄，若我军快出，必可得赣南全部。惟出发费尚无着，迟恐失机，望竭筹十万，便可出发。

前日着湘芹往电力公司讨民国八年以前官股之红利，此等红利之数列在该公司年结之中。但因屡次政变，政府无人往问，该公司经理亦诈作不知，但断不能不认账。如他处无法立筹，即此一笔账为最整最快。请两兄协同设法助湘芹速收取之，以应北伐之费，至要至要。此致，即候

时祉

孙文

中华民国十三年十月十八日

据原函影印件，载佚名编：《总理遗墨》（十开线装本，出版时间不详），广州、广东省社会科学院图书馆藏

复蒋中正告枪枝分配及练兵等事函

（一九二四年十月十九日）①

介石兄鉴：

函悉。今撮要答复如左：

---

① 原函未署日期。按十月十六日，孙文致蒋中正函称："二日后必令何雪竹队再出"，此函曰："昨日何雪竹部始能继续出发"，今据此酌定为十月十九日。

一、我必要湘军及朱培德部全完出发后，乃能回省，大约要十日左右。

一、大本营决定在韶练兵，地址最好在马坝、南华寺之间，此地水土卫生极佳。

一、枪枝之置处当不能照第二议全交汝为，因彼未曾照我所定之计画施行也（指奸商奸兵同时要对付言）。

一、练兵一事为今日根本之图，枪枝处分当以此事为准。若用五千，则可以三千为北伐之用。如完全皆为练兵之用，则当不能移作他用。汝为果要一式之枪，可着之先整顿其部队。若能汰劣留良，得一万则可给与一万，得二万亦可给与二万。因俄船已来过此地，以后再来当更容易。如我确有可靠之兵，要枪来用，以后不成问题。此头一批之械，不过到来一试耳。以后只要问我有人耳，必可源源接济也。

其他之事，兄所见甚是。至于北伐出兵，此间自樊部出发而后，已使赣敌疲于奔命。昨日何雪竹部始能继续出发。如此出兵当然犯正兵家各个击破之所忌。然樊钟秀竟然冒此忌而出，未见敌有何能力击破也。吾料湘军与朱部一出，则赣南全部必为我有也。此答。

孙文

再：留备东江之七九子弹，当要拨伍拾万为湘军出赣之用。此物一到，湘军即发，幸勿延迟，至要至要。现在只欠朱部出发费耳。若此小款有着，则头一起之北伐军可全完出发矣。又及。

文

据原函影印件，载谭延闿编：《总理
遗墨》第二辑，一九三〇年一月出版

复许世英告赣粤近况并询能否践诺函

（一九二四年十月二十三日）

静仁先生左右：

得香港寄书，复得抵沪电示，极慰。马子贞来沪团结各部，想有效力。奉军

屡胜，我军亦大举入赣，贼不足平也。商团蓄谋叛逆，政府已屡加容忍而终不悛，不得已以武力解散，现已敉平，然为所牵制已不少矣。

东江尚无动作，来书所言果能实践否？津、沪消息望时相闻。专复，即颂近祺

孙文

十三年十月廿三日

据原函抄件，台北、中国国民党文化传播委员会党史馆藏

复蒋中正指示枪械运韶北伐及练兵调韶函

（一九二四年十月二十三日）①

介石兄鉴：

今早收到专人带来之信，匆匆作答，赶车寄回，尚有未尽之话。

兄言两月内可练一支劲旅，如现时已经开始训练，则不必移训练地到韶。因迁移费时，则两月断难成就。果期两月可用，则就现地加工便可。又所练之队为数几何，五千乎？抑八千乎？如是五千，则所余之三千枪，必要即日运韶，以利北伐。因赵成梁部在韶已练就徒手兵数千，彼要求加枪二千，必即日北伐，不求出发费。李国柱（湖南最热心之革命同志）亦需步枪一千，令他编入朱培德部内。如此则赵成梁一部有枪四千，朱培德一部有枪四千，湘军有枪万二千，此三部共枪二万（其他不计），向江西进取，未有不成功也。江西得后，则湖南不成问题。然后再合滇唐、川熊、黔袁②会师武汉，以窥中原，曹吴不足平也。

兄之新军，两月练好之后，立调来韶，听我差遣。若西南局面日有发展，当先巩固西南，然后再图西北。且最好能由西南打开一联络西北之交通线，如陕甘等地，则西北之经营乃容易入手。盖西北所欠者在人，如无捷径可通，专靠绕道海外，殊属艰难也。

---

① 原函未署日期。今据孙文有关分配械弹的前后函电分析，此函酌定为十月二十三日。

② 指滇军唐继尧、川军熊克武、黔军袁祖铭。

三千枪能速运来否？切望即答。

孙文

据原函影印件，载《孙中山先生手札墨迹》，
上海，太平洋书店一九二六年十一月出版

致国民党中央执行委员会指示处置
商团各机关房屋办法函

（一九二四年十月二十三日）

国民党中央执行委员会鉴：

　　今日电胡留守如下："前日占领之商团部所分所各机关房屋，当悉行充公，纵将来商团改换名目，亦永不发还再作商所之用，当用作党所或书报社，以为此次殉难者之纪念事绩。此令。孙文"等语。仰该会议筹办法，以如何用各房屋为最适宜，议决即照施行为荷。

孙文
中华民国十三年十月廿三日

据原函，台北、中国国民党文化传播委员会党史馆藏

致蒋中正请拨给朱培德机关枪函

（一九二四年十月二十四日）

介石兄鉴：

　　机关枪之数既无前预算之多，今又分配无余，而朱益之出发确急需此利器，请于学校内拨出壹枝，航空局与甲车队两处或拨两枝或壹枝，总共三枝，至少亦应给两支，以励军士出发之气可也。并附相当数目之子弹。此致，即候

时祉

孙文

十三、十、廿四

据原函影印件，载谭延闿编：《总理遗墨》第二辑，一九三〇年一月出版

致蒋中正指示抽出枪械支持北伐函

（一九二四年十月二十六日）

介石兄鉴：

　　枪械能否抽出三千枝来北伐，望兄为我切实一〈一〉打算。如其能之，我便可与赵成梁立严重之条件，不独要他北伐，且同时要他交回韶关防地为大本营练兵之用，实为两利也。因枪械一物尚可向前途设法，不忧无继也。若此时不把韶关廓清，则以后更难。如此，则吾党欲得一干净土为练军及试行民治之地亦不可得。故以三千枪（赵二千、朱①尚要一千）而易一南韶连②，其利实大，请兄为我酌夺。

　　如于练兵计画无碍，则连子弹（每枝配四百）一齐火速运韶。（何时起运，先电告知，以便即与赵、朱办交涉）

孙文

中华民国十三年十月廿六日

据原函影印件，载谭延闿编：《总理遗墨》第二辑，一九三〇年一月出版

---

① 即朱培德。
② 南韶连：广东北境之南雄、韶关、连州。

致胡汉民嘱任用张佑丞函

（一九二四年九十月间）①

张佑丞当给以一种名义，每月叁百元，以便活动。此致

汉民兄鉴

孙文

据原函影印件，载谭延闿编：《总理遗墨》第二辑，一九三〇年一月出版

复旅京广东同乡会告静养数日再行入京函

（一九二四年十二月二十四日）②

汝成、兆彬暨同乡先生公鉴：

顷诵公函，并晤陈润生君，知诸公此次对文北来逾格欢迎，无任惭感。惟近日肝病初愈，尚须静养数日，再行入京。届时当面聆教益，以伸乡谊。专此奉复，顺颂

公祉

孙文启

据《孙中山有终止入都之势》，载一九二四年十二月二十五日北京《顺天时报》

---

① 原函未署时间。孙文以"大本营公用笺"在韶关发交广州胡汉民，胡在孙来函即批"委以大本营参议，月薪三百元，汉民代行"。时胡汉民在广州代行大元帅职权，时间当在一九二四年九至十月。

② 此函所标时间系据十二月二十五日北京《顺天时报》云孙"昨日亲笔致函旅京广东同乡会"酌定。

附载：宋庆龄代复宫崎龙介函

（英译中）

（一九二四年十二月二十九日）

敬爱的宫崎龙介先生：

孙博士刚接到您二十四日的来信，他要我对您表示的好意多多致谢。

由于孙博士的病，我们忙于照料他，因此我们都没有时间给您写信。感谢前不久我们在日本时您给予的殷勤招待。

孙博士听说日本人民对他所致力的事业表示同情，他的朋友们正在竭尽全力推进日中的共同利益，很是感激。

这里的气候不好，我们将于三十一日离此赴北京。希望易地疗养会对孙博士有利，他最近得肝病后亟需好好休息。他还不能坐起来，但是正在好转。

祝您和您的弟弟好！

孙·罗莎蒙德①

一九二四年十二月二十九日

天津

又及：请将附信转交秋山定辅先生。

据宋庆龄亲笔英文原函，东京、宫崎蕗苳（宫崎
寅藏孙女）家藏，中国宋庆龄基金会研究中心编
《宫崎滔天家藏——来自日本的中国革命文献》
译出，北京，人民美术出版社二○一一年一月出版

附载：复清室内务府认为优待条件难再履行函②

（一九二五年一月九日刊载）

对于此事之意见，以为由法律常理而论，凡条件契约义在公守，若一方既已

---

① Rosamond（音译罗莎蒙德）是宋庆龄的英文名。

② 《清室优待条件》于一九二四年十一月间改订后，宝熙、绍英曾以清室内务府名义致函孙文，请为维持，希望恢复旧观。孙文阅悉后，即命秘书处复函。今据复函称，"中山先生对于此事之意，以为……"确定为孙文的函件收为附录。所标时间系北京《顺天时报》发表日期。

破弃，则难责他方之遵守。民国元年之所以有优待条件者，盖以当时清室既允放弃政权，赞成民治，消除兵争，厚恤民生，故有优待条件之崇报。然犹以国体既易民主，则一切君主制度仪式必须力求芟除，一以易民群之视听，一以杜帝制之再见。故于优待条件第三款载明"大清皇帝辞位以后，暂在宫禁，日后移居颐和园"。又于民国三年清皇室优待条件善后办法中第二款载称"清皇室对于政府文书及其他履行公权私权之文书契约，通用民国纪元，不通用旧历及旧时年号"。第三款载称"清帝谕告及一切赏赐，但行于宗族家廷〔庭〕以其属下人等，其对于官民赠给以物品为限，所有赐谥及其他荣典概行废止"。凡此诸端所以杜渐防微者至为周至，非但以谋民国之安全，亦欲使清皇室之心迹有以大白于国人也。乃自建国以来，清室既始终未践移宫之约，而与公书契券仍沿用"宣统"年号，对于官吏之颁给荣典赐谥等亦复相仍不改，是于民国元年优待条件及民国三年优待条件善后办法中清室应履行之各款，已悉行破弃。逮民国六年复辟之举，乃实犯破坏国体之大眚，优待条件之效用至是乃完全毁弃无余。清室已无再责民国政府践履优待条件之理，虽清室于复辟失败以后，自承斯举为张勋迫胁而成。斯言若信，则张勋乃为清室之罪人。然张勋既死，清室又予以忠武之谥，是实为奖乱崇叛，明示国人以张勋之大有造于清室，而复辟之举，实为清室所乐从。事实具在，俱可覆按。

综斯诸端，则民国政府对于优待条件势难再继续履行。吾所以认十一月间摄政内阁之修改优待条件，及促清室移宫之举，按之情理、法律皆无可议。所愿清室诸公省察往事，本时代之趋势，为共和之公民，享受公权，翼赞郅治，以消除享者之界限，现五族一家之实，使国人泯猜嫌之踪，遏疑乱之萌，较之徒拥一无谓之虚名者，利害相去，何啻万万？且溥仪先生年富识瞻，若于此时肆力学问，以闳其造就，则他日之事业，又讵可限量！以视踯躅于深宫之中，瞢然无所见闻者为益实多。此尤望诸公之高瞻远瞩，以力务其大也。

据《中山认优待条件应为取消》，载一九二五年一月九日北京《顺天时报》（三）

复田中义一告北上与段祺瑞接触近况函

（一九二五年一月二十二日）

田中将军麾右：

伊藤男爵来，获诵鱼①书，远承存注，至用铭感。

文去月抵津，适患肝脏病，卧床至今，对于时局未能多所贡献，深为焦〈虑〉。君以多年患难之交，故于段君被推当国之际，自广州致电赞同，且轻身北来，共商大计，文之诚意当已为段君及同志所了解。果此后文对于国是之主张能荷容纳，则金石之交必将始终不灼。回忆滞留神户，为时虽暂，亦既抒其怀抱，与贵邦人士相切劂；而卧病以来，又数承贵邦人士之关注，深为东亚民族结合前途生其希望。文对于段渝此可为麾右告者。义〔文〕卧病中，医生戒，未能与伊藤君畅谈，至歉至疚，谨为书达意，并谢盛谊。专此，敬请

台安

孙文谨启

一月二十二日

据原函影印件，台北、中国国民党文化传播委员会党史馆藏

---

① 鱼，即六日。

附：外文版本

TO THE UNDER SECRETARY OF THE STATE FOR THE COLONIES

August 13, 1909.

Sir:

I have the honour to submit for your favourable consideration the following request. It may be within your knowledge that some years ago I incurred the displeasure of the Chinese Government in my attempt at doing something to modernize and reform my country. During my stay in London in 1896 I was imprisoned in the Chinese Legation in Portland Place, and it was only by the strenuous action in the part of the English Government that I was free. Since then I have been staying in Japan and Singapore. My wife and family reside in Hong Kong and I am anxious to visit them. In 1896 the Governor in Council passed an act of banishment for five years against my residing in Hong Kong. At the expiration of this period I revisited Hong Kong but the government of Hong Kong repeated the act in 1902, so that it has been impossible for me to again visit Hong Kong until this five years time is ended. This period is now expired and I wish your gracious permission to proceed to Hong Kong to visit my family. Lately I have been for nearly 18 months a resident in Singapore and at various times I have had interviews with the Governor Sir John Anderson K. C. M. G. There has been nothing in my conduct while in Singapore to cause any disturbance, and once I allowed to have the permission to visit Hong Kong I will guarantee that I will engage in no political affairs nor in any way utilize my presence there to make capital out of any permission that may be given me to reside there. I regard Hong Kong as my second home for I was educated at the College ofmedicine there and my family have now settled there.

I have the honour to be

Sir

Yours obedient servant

Sun Yat-Sen

"Autographed Letter of Dr. Sun Yat-sen to the British Government in application for entry to Hong Kong", *Courtesy of the National Archives*, UK, August 13, 1909, 3 pages.

PRESIDENT SUN PLEDGES THE NEW REPUBLICAN
GOVERNMENT TO AID ANTI-OPIUM CAMPAIGN

Over 100 Missionaries and others gathered at the Chinese Y. M. C. A. yesterday evening at 6 p. m. to hear about the work of the International Reform, Bureau in China. The meeting was opened by prayer by Dr. Myers, Bishop Bashford, the chairman, then introducedthe subject of reform work in China.

...

The General Secretary E. W. Thwing, then spokeabout the aims and the work of the Bureau in China and said be [he] wished to have the heartiest co-operation with all the missionaries who are working for the uplift of the people.

...

Work of Bureau

...

Mr. Thwing had called on the Governor General in Canton and the authorities there were ready to do all in their power to put a stop to the habit [of growing opium] and to the trade. But they said that there must be a National policy and asked Mr. Thwing to see the President about the matter.

Letter From President

The following letter will show that he will take a strong stand in this matter①:

To the General Secretary of the International Reform Bureau, President's Office, Nanking, January 14th, 1912.

Thank you for your kind letter and your appreciation. I am very grateful for your help to our country for many years, in the work of Social reform. During this timeof peril and strife I feel sorry that the great question of opium prohibition has been some what neglec-

---

① Note from the translator: "the matter" indicates E. W. Thwing's appeal for anti-opium Movement mentioned above.

ted. But I want to say that as soon as our New Government is fully established that we will use our entire strength to put away this poison of opium. In this time of transition from the old to the new, many of our laws are not-complete, so I hope we may have the aid and co-operation of your Society in making up these deficiencies.

With my sincere respects,

SUN WEN.

(Translation)

"Missionaries Hear of Work of Reform Bureau", *The China Press* (Shanghai), January 18, 1912, Page 1.

SUN'S LETTER TO FRANCIS WLCLIAM DAMON

Nanking, 8th February, 1912

Mr. Francis W. Damon,

President: Mid-Pacific Institute

Dear Mr. Damon,

Accept my cordial thanks for your very kind and sympathetic letter brought to me by my son Sun Fo. It is no intruder but welcomed by me, as your letters will always be.

I am glad to know that the realization of my object in liberating China from the thraldom of the Manchus has given pleasure to my many foreign friends, and while at this I must not be oblivious to the fact that you have all along cheered and assisted me in my efforts to bring this great movement to a success. To you then I reiterate my thanks for the many kindnesses you have shown me and members of my party. Also I embrace this opportunity to express to you my sense of thankfulness for the interest and care you have shown to my son Sun Fo.

I likewise request you to give my regards to Mrs. Damon.

Yours sincerely,

Sun Yat-sen

（His signature）

"Sun's letter to Francis William Damon", posted on the website of "Dr. Sun Yat-sen Hawaii Foundation" （http://www. sunyatsenhawaii. org/）, February 8, 1912.

CHINESE OFFICIAL TELLS OF WORK FOR NEW REPUBLIC

By Ed. L. Keen
(London Cor. of the United Press)

London, May 4. —Sun Yat Sen, the father of New China, has disclosed to his best friend in the world, Dr. James Cantlie, one of London's most noted consulting surgeons, some of his plans for the proper upbringing of his child.

［…］ He has just received a long letter from Sun Yat Sen, dated Nankin, in which the writer discussed frankly the ideas he hoped to see carried out：

"The dethronement of the Manchus," he wrote, does not mean the complete salvation of China. We have an enormous amount of work ahead of us, which must be accomplished before China may be ranked as the Great Power in the family of nations. For one thing, I am glad to be able to tell you that we are going to have religious tolerance, I am sure that Christianity will flourish under the new regime. "

"Chinese Official Tells of Work For New Republic", *The Lima News* （Ohio, U. S. A. ）, April 5, 1912, Page 8.

SUN YAT-SEN SENDS LETTER TO MOOSE JAW: CHINAMEN FIGHTING ACT FORBIDDING EMPLOYMENT OF WHITE GIRLS GREATLY PLEASED

Moose Jaw, Sask. May 12. —While no prosecutions of Orientals have yet been made in connection with the infringement of the new provincial act, prohibiting the employment of white girls in their places or business, today's developments contained nothing less than a letter on the subject, to Frank Yee, restaurant keeper, from Dr. Sun Yat Sen. This has tremendously elated the Orientals, as they see in it a vindication of their policy to fight the act to a finish. The letter is as follows:

"For years China has been asleep, but the time has come when the young Chinese have awakened to western ideas. I shall see to it that new consuls are appointed at both Vancouver and Ottawa. The name of the man I have selected for Ottawa I will not disclose, but suffice to say that he is one of the most highly educated men in China. He will arrive in Vancouver some time during the summer and I may possibly be with him on a visit to Canada. In any event he will be instructed to lecture on the subject of the employment of white girls in Oriental places of Business in the principal cities and Moose Jaw will receive special attention."

Dr. Sun Yat Sen adds that in the event of the new law going into force, there would most certainly be a boycott formed in the big cities of China, and that the great trade between Canada and China on the Pacific would also be crippled by means of withdrawing a large number of Chinese now employed on the big C. P. R. liners plying between Vancouver and Hong Kong.

[···]

"Sun Yat Sen Sends Letter to Moose Jaw: Chinamen Fighting Act Forbidding Employment of White Girls Greatly Pleased", *Manitoba Free Press* (Winnipeg, Canada), May 14, 1912. Page 11.

DR. SUN YAT-SEN:

HE WRITES TO AN AMERICAN OF HIS HOPE FOR CHINA TO THE EDITOR OF THE TRIBUNE

Sir: I beg to convey to you the very important information that Dr. Sun Yat-sen, founder of the Chinese republic, my one-time fellow townsman of Hong Kong, the leading citizen of the New China, the greatest of the Chinese reformers, who organized and led the republican revolution; who was he first provisional President of the republic at Nanking, and who is at present the head of China's national railway and industrial development board, located at Shanghai, has sent me the following message to be conveyed to the American people. This message is really a semi-official message on behalf of the American people. It reads:

"I have the honor of acknowledging your letters, together with the newspaper interviews with you, urging America's prompt recognition of the Chinese republic. In reply I beg to inform you that your effort in conducting this campaign in China's interest is highly appreciated by me and my associates. We hope that your efforts for the recognition of China by the United States of America will be specially crowned with great success."

"SUN YAT-SEN"

Recognition of China—a customary international courtesy—is still delayed, but it is not because the Chinese republic and its leaders have not appealed to the American people.

John Stuart Thomson.

Jersey City, N. J. , Feb. 11, 1913

"Dr. Sun Yat-Sen: He Writes to an American of His Hope for China To the Editor of the Tribune". *New York Tribune*, February 13, 1913, Page 8.

THE HATCHING OF THE REVOLT

Sir, —While I can well understand a tendency amongst interested publicista [sic] to evince a certain amount of partisanship at the present time, yet I confess to complete inability to advance justification for the publication, without any attempt at verification, of such an entirely one-sided and grossly slanderous communication as appeared in your paper to-day under the heading "The Hatching of the Revolt", and purporting to be a statement of facts by a man recently in the "joint service" of General Chen Chi-mei and myself. As you did not afford me an opportunity to either admit or deny and disprove the incriminating and libellous statements referred to, I trust you will see your way to now concede me space wherein to refute in toto allegations which are as calumnious and false as they are specious and misleading.

The person to whom the highly sensational statements are attributed is one Woo Tsze-ting, a graduate of Harvard University, who is alleged to have asserted in a memorial to the Peking authorities that early in May he was appointed the joint secretary of General Chen Chi-mei and myself. So far from this being a truthful statement it is a deliberate and misleading falsehood. In point of fact I know no such person; nor has anyone bearing that name ever been in my service. For some time past I have been, as you are fully a-ware, in sole charge of the affairs of the Chinese National Railway Corporation, with which General Chen Chi-mei has in no way been connected. Furthermore, not only have General Chen Chi-mei and myself not worked or acted together in the conduct of the Corporation's affairs, but we have not live under one and the same roof. At one time, a Mr. Wu Sze-shu was employed as a secretary of the Railway Corporation but he was no Harvard graduate and his services were dispensed with about three months ago, and since then I have not seen him. It therefore goes without saying that the allegations (a) that a Mr. Woo Tsze-ting was in my service; (b) that he was appointed secretary to General Chen Chi-mei and myself early in May, and (c) that he left my service as recently as last

Saturday are wilful fabrications, obviously designed to lend colour to the other equally false and very libellous statement which follow it.

With reference to the assertion that before the alleged secretary had been long in my service "letters quoting the price of ammunition and dilating upon the most modern pattern of guns" were received and that "at a later period" inquiries were made respecting the "movements of more than a dozen battalions of troops stationed within the neighbourhood of Canton" are also deliberate falsehood, whilst the innuendoes therein contained are as calumnious in their purposes as are all the other exparte statements of the calumniator in question, whose "strange story", as you style it, is a tissue of such barefaced falsehoods that I refrain from encroaching on your space by dealing with them seriatim. Suffice to add therefore in this connection that I have never held any communications with Iung Kweshing since I expelled him from Nanking, either directly or indirectly, much less had dealings with him as alleged, and that my surprise such an exceedingly false and manifestly malicious screed should have found its way into your columns, without the smallest effort being made to verify even a tithe of the [⋯] charges is equalled only by my amazement on realizing from the hasty publication of such calumnies that no consideration is shown to the "armed body of men", the Annamite policemen whom the French authorities have kindly detailed to guard my house, who are represented as having been parties to a criminal conspiracy involving the liberty of a resident, who is stated to have been held a captive in my house for several days. Upon this I need not, however, dilate further than to express my astonishment at the lack of consideration which the publication of such wicked and wholly unauthenticated reflections upon the French Police Forces clearly demonstrates.

I am, etc.,

Sun Yat-sen

Avenue Paul Brunat,

Shanghai, August 1.

"The Hatching Of The Revolt". *The China Mail* (Hong Kong), August 8, 1913, Page 6.

A son excellence Sua Exa o senhor José Carlos da maia

Changhai, le 23 juin 1916

Mon cher Gouverneur,

C'est avec un réel plaisir que je viens vous exprimer mes sincères remerciements pour la bonté extrême que vous avez témoigné en maintes circonstances à tous mes amis politiques, surtout pendant les derniers évènements survenus non loin de Macao. Je ne saurai vous dire la reconnaissance profonde que je garderai pour tant de témoignage de sympathie de votre part. En vous exprimant ici les sentiments, je suis sur d'être l'interprète fidèle de tous les républicains chinois.

Je souhaite ardemment, mon cher Gouverneur, que l'ordre et la paix soient rapidement rétablis en Chine, afin que nous puissions, avec le concours et l'exemple de la république portugaise instaurer en Chine les principes et les bases d'une administration en rapport avec les aspirations du pays.

Agréez mon cher Gouverneur, l'assurance de ma considération la plus distinguée.

Sun Yat-sen

PEACE COMES TO CHINA

Former Chinese President, Later an Exile, and Now Restored to Position of Influence, Sees Hope Under New President, Li Yuen Hung.

That conditions in China have changed decidedly for the better since the death of Yuan Shi Kai, and that there is every reason to expect this betterment will continue, in the confident expression of Dr. Sun Yat-Sen, first president of the Chinese republic, in a letter written to his American representative, Austin P. Brown, of this city.

Dr. Sun declares that under the restored republic that has followed the elimination of Yuan, there is reason to hope that the expectations of republican China may be realised.

For himself, Dr. Sun says that, while be in out of politics, he is consulted by Li Yuan Hung the acting president on all important matters, both domestic and foreign.

The restoration of the Sun influence in China is a matter of the greatest international interest and significance. Sun is perhaps the most widely acquainted of the Chinese revolutionary leaders; a man of education, refinement, strictly modern and Occidental ideas and ideals.

Dr Sun's Influence Returns

Some of his enemies have latterly tried to discredit him, but have failed signally. He was in eclipse, and much of the time in exile, during the Yuan regime; but he is now back in a position of influence and even authority.

The recent publication of story that Dr. Sun had been searching the world to recover a sacred Chinese idol has called from the revolutionary leader an indignant and rather amused denial. It is an incident to his letter on conditions in China, which is the first authorized expression he has written direct to the States since the death of Yun. The letter follows:

63 Route Vallon, Shanghai, July 6（?）, 1916

My Dear Mr. Brown: I am indebted to you for several letters and clippings which you so kindly sent me. I left Tokyo about two months ago, and ever since then have been so occupied with my work that that I had to postpone writing you.

The situation owing to Yuan Shih Kal's death, has entirely changed and there was nothing to do but to save the country, and I worked for a compromise between the north and the south. I am glad to say that my effort has been successful.

Present Head Constitutional

According to the constitution, Li Yuen Hung has filled the Presidency. He is not of Yuan Shih Kai's type and seems to be anxious to please the people.

Anyway, he did not unite in the intrigue to crown Yuan Emperor.

He seeks my advice upon all the important national and foreign affairs, and though I am not personally in the political arena, my influence is as strong a ever, and the people are one with me.

Country in State of Evolution

The country is going from worst to better and I am satisfied with the changed condition and hope that everything will work out for the good of the country.

With reference to the clippings "China's Stolen God Finally Recovered" – you sent, I state that it is the most ridiculous and absurd invention I ever read of in any newspaper, and I hope that you will give publicity to my statement. I believe it was created by a man who wished to discredit my as much a possible.

Wonders Who Stuart Is

This Henry Clifford Stuart had sent me many open letters and notes, but I never took any notice of them, nor had any correspondence with him.

I wonder who he is and why he delighted in such nonsensical creations? Certainly it could hardly be a sane man who would spend his time in creating sensational trash.

In closing, I wish to thank you again for whatever assistance you have given me and hope that you will let me hear from you frequently.

You may publish this letter.

With best wishes, I am

Yours sincerely

SUN YAT-SEN

"Peace Comes to China", *The Washington Times*, August 6, 1916, Page 13.

SUN'S LETTER TO COMRADE

Feb. 11th, 1923.

Our Comrade,

Your letter has reached now for which please accept my thanks. Due report it to my delegate from Mukden.

I am sorry to say that we had already left the North.

With best wishes,

Yours Sincerely,

Y. S. Sun

"Sun's Letter to Comrade", www. iisg. nl（International Institute of Social History, Amsterdam, Holland）, February 11, 1923.